Bähr/Fischer-Winkelmann
Buchführung und Jahresabschluß

Gottfried Bähr
Wolf F. Fischer-Winkelmann

Buchführung und Jahresabschluß

3., vollständig überarbeitete Auflage

GABLER

Dr. Gottfried Bähr ist Universitätsprofessor für Betriebswirtschaftslehre an der Universität der Bundeswehr München.

Dr. Wolf F. Fischer-Winkelmann ist Universitätsprofessor für Betriebswirtschaftslehre an der Universität der Bundeswehr München.

Unter Mitarbeit von:
Dipl.-Kfm. Jörn Brandstätter, Dipl. oec. Robert P. Maier und Dipl.-Kfm. Michael Raab, Wissenschaftliche Mitarbeiter.

CIP-Titelaufnahme der Deutschen Bibliothek

Bähr, Gottfried:
Buchführung und Jahresabschluß / Gottfried Bähr;
Wolf F. Fischer-Winkelmann. – 3., vollst. überarb.
Aufl. – Wiesbaden: Gabler, 1990
    ISBN 3-409-31401-6
NE: Fischer-Winkelmann, Wolf F.:

1. Auflage 1978
2. Auflage 1987
3. Auflage 1990

Der Gabler Verlag ist ein Unternehmen der Verlagsgruppe Bertelsmann International.

© Betriebswirtschaftlicher Verlag Dr. Th. Gabler GmbH, Wiesbaden 1990
Lektorat: Gudrun Knöll

Das Werk einschließlich aller seiner Teile ist urheberrechtlich geschützt. Jede Verwertung außerhalb der engen Grenzen des Urheberrechtsgesetzes ist ohne Zustimmung des Verlags unzulässig und strafbar. Das gilt insbesondere für Vervielfältigungen, Übersetzungen, Mikroverfilmungen und die Einspeicherung und Verarbeitung in elektronischen Systemen.

Druck und Bindung: Präzis-Druck GmbH, Karlsruhe
Printed in Germany

ISBN 3-409-31401-6

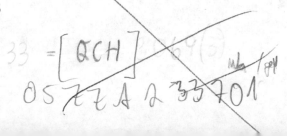

Vorwort zur 3. Auflage

Die 2. Auflage des vorliegenden Lehrbuchs hat im Hochschul- und Fortbildungsbereich sowie in der Buchhaltungs- und Bilanzierungspraxis eine überaus freundliche Aufnahme gefunden und war deshalb nach kurzer Zeit bereits vergriffen, was den Autoren Gelegenheit zur Überarbeitung und Einarbeitung gewonnener Erfahrungen gab.

In der vorliegenden *3. Auflage* wurde die Grundkonzeption des Werkes beibehalten, die vor 20 Jahren bereits entwickelt worden ist und sich in ''Vorläuferwerken'' im praktischen Einsatz sowie in der Lehre und Ausbildung ausgezeichnet bewährt hat. Es sind sämtliche Kapitel gründlich überarbeitet worden. Dabei wurden didaktische Verbesserungen vorgenommen sowie die *neueren gesetzlichen Entwicklungen* (Stand 1.1.1990) berücksichtigt. Anpassungen an Gesetzesänderungen waren insbesondere durch das Steuerreformgesetz 1990 (z.B. Wegfall der Preissteigerungsrücklage) und durch das Wohnungsbauförderungsgesetz (Änderungen bei der Wertaufholung und bei der ''umgekehrten Maßgeblichkeit'' etc.) notwendig.

Für die Mitarbeit bei der Vorbereitung dieser Auflage möchten wir unseren Mitarbeitern am Institut für Controlling, Herrn Dipl.-Kfm. Jörn Brandstätter, Herrn Dipl.oec. Robert P. Maier und Herrn Dipl.-Kfm. Michael Raab, herzlich insbesondere dafür danken, daß die Überarbeitung so schnell bewältigt werden konnte. Für die Anregungen aufgrund von Erfahrungen im praktischen Einsatz dieses Lehrbuchs danken wir Herrn Prof. Dr. Stephan List. Ganz besonderen Dank verdient darüber hinaus Frau Fernande Mandl, die die schwierige Aufgabe der Erstellung des Manuskripts übernommen und glänzend bewältigt hat.

Da das Werk von uns im Desktop-publishing-Verfahren vollständig produziert wurde, gehen damit auch sämtliche ''Druck-Fehler'' zu unseren Lasten. Für Hinweise auf Fehler, für Kritik und Anregungen wären wir unseren Lesern sehr dankbar.

Gottfried Bähr

Wolf F. Fischer-Winkelmann

Vorwort zur 2. Auflage

Das "Bilanzrichtlinien-Gesetz" war einer der Anlässe, die 1. Auflage von Buchführung und Bilanzen" vollständig zu überarbeiten und teilweise neu zu konzipieren. Es galt die neuen Rechnungslegungsvorschriften einzuarbeiten, es galt aber auch, die in den vergangenen Jahren mit dem Lehrbuch gemachten Erfahrungen zu verarbeiten. So hat es sich gezeigt, daß Probleme der Konzernrechnungslegung und der Sonderbilanzen den Lernstoff überfrachten und besser Sonderveröffentlichungen bzw. speziellen Lehrbüchern vorbehalten bleiben sollten. Mit Fragen der Konzernrechnungslegung und der Sonderbilanzen kommt erfahrungsgemäß der "Normal-Sterbliche" nur selten in Berührung, so daß man auf "akademische Trockenübungen" getrost verzichten und guten Gewissens auf die diesbezüglich spezielle Lehrbuchliteratur verweisen kann. Vor diesem Hintergrund erklärt sich die von uns vorgenommene Titeländerung in "Buchführung und Jahresabschluß".

In *Kapitel A* wird in Lernschritten das erforderliche Grundlagenwissen über die Buchführungs- und Abschlußtechnik **auf dem neuesten Stand** vermittelt: Um den Bedürfnissen der Praxis der Rechnungslegung Rechnung zu tragen, wurde konsequent nur mit dem seit Ende 1986 empfohlenen neuen Industriekontenrahmen gearbeitet.

Das *Kapitel B* behandelt systematisch und in Lernschritten aufgeteilt, getrennt nach Einzelkaufleuten und Personenhandelsgesellschaften auf der einen Seite und Kapitalgesellschaften auf der anderen Seite die Erstellung eines Jahresabschlusses nach dem seit dem 1.1.1987 geltenden Recht.

Eine Vielzahl von Abbildungen macht den Lernstoff für den Leser transparent und soll ihn im entscheidungsorietierten Denken schulen, weshalb auch ein Schwerpunkt auf der griffigen Darstellung bilanzpolitischer Entscheidungsprobleme bzw. bilanzpolitischer Gestaltungsmöglichkeiten liegt.

Anhand eines das gesamte Kapitel B durchziehenden Fallbeispiels zur Rechnungslegung einer Kapitalgesellschaft (GmbH) wird Schritt für Schritt der bilanzpolitische Gestaltungsspielraum im Hinblick auf die Ausübung von Bilanzierungs- und Bewertungswahlrechten unter zwei völlig verschiedenen Zielsetzungen demonstriert. Die Entwicklung einer **Bilanz I** (= *Erzielung eines möglichst maximalen Ergebnisses*) wird der Entwicklung einer **Bilanz II** (= *Erzielung eines möglichst minimalen Ergebnisses*) gegenübergestellt, um den bilanzpolitischen Spielraum bei gleicher Ausgangslage, jedoch unter vollkommen verschiedenen Leitmaximen aufzuzeigen.

Die sich gegenüber den Kapitalgesellschaften (hier: GmbH) ergebenden abweichenden bilanzpolitischen Gestaltungsmöglichkeiten für den Fall einer Personenhandelsgesellschaft (OHG) kann sich der Leser anhand einer selbständig zu bearbeitenden Aufgabe bewußt machen.

Diese didaktische und sehr praxisnahe Aufbereitung des Lernstoffes stellt, wie wir meinen, ein Novum dar, durch das sich das vorliegende Buch auch in dieser Beziehung von anderen Lehrbüchern abhebt.

Testfragen und ein Aufgabenkatalog mit Lösungen bieten außerdem dem Studierenden die Möglichkeit, sich das Grundlagenwissen selbständig zu erarbeiten, nach jedem Lernschritt seinen Lernerfolg selbst zu kontrollieren, sich im Lösen bilanzpolitischer Entscheidungsprobleme zu üben und sich auf Lehrveranstaltungen gezielt vorzubereiten.

Ohne Zweifel stellt dieses Lehrbuch, wie die Erfahrungen im praktischen Lehrbetrieb gezeigt haben, eine ausgezeichnete Grundlage für die Lehrveranstaltungen zur Prüfungsvorbereitung dar und ist sowohl für den Studierenden als auch für den Praktiker sehr gut geeignet, sich einen Überblick über die schwierige Materie zu verschaffen.

Wir möchten an dieser Stelle unseren Mitarbeitern Herrn Dipl.-Kfm. Dr. List und Herrn Dipl.-Kfm. Michael Raab für die tatkräftige Mitarbeit herzlich danken, ohne die es nicht gelungen wäre, in so kurzer Zeit die Um- und Neugestaltung zu bewältigen.

GOTTFRIED BÄHR

WOLF F. FISCHER-WINKELMANN

Inhaltsverzeichnis

KAPITEL A: Buchführung und Abschluß

KAPITEL B: Jahresabschluß

KAPITEL A: Buchführung und Abschluß

I. Grundlagen der Buchführung

> **Merke:** Buchführung ist die planmäßige, lückenlose, zeitgerechte und geordnete Aufzeichnung aller Geschäftsvorfälle in einer Unternehmung.

1. Aufgaben der Buchführung

Ohne die aktuelle, planmäßige, lückenlose und geordnete Aufzeichnung der täglichen zahllosen Geschäftsvorfälle würde in kürzester Zeit jeder Überblick über den Geschehensablauf in der Unternehmung verlorengehen.

Im einzelnen erfüllt die Buchführung folgende Aufgaben:

a) Sie muß einen sicheren Einblick in die Vermögenslage geben;

b) sie muß sämtliche Veränderungen der Vermögenswerte und der Schulden zahlenmäßig festhalten;

c) sie ermöglicht die Feststellung des Ergebnisses (Gewinn oder Verlust) des unternehmerischen Handelns;

d) sie dient als Grundlage für die Kostenrechnung und Preiskalkulation sowie für die betriebswirtschaftliche Statistik und Planungsrechnung;

e) sie bildet die Grundlage für die Berechnung der Steuern;

f) sie dient als Beweismittel für das innerbetriebliche Geschehen vor allen Behörden (z.B. bei Gericht).

2. Gesetzliche Grundlagen

Die Verpflichtung zur Buchführung ergibt sich hauptsächlich aus handels- und steuerrechtlichen Vorschriften. Sinn der Buchführungsvorschriften ist es, einheitliche Regelungen für die Erfassung und Wiedergabe des Buchungsstoffes sowie über dessen Aufbewahrung festzulegen. Nur so kann die Buchführung handels- und steuerrechtliche Beweiskraft erreichen (Dokumentationszweck) und ihrer Rechenschaftslegungs- und Informationsaufgabe gegenüber den Interessenten des aus ihr entwickelten Jahresabschlusses gerecht werden. In den gesetzlichen Vorschriften berücksichtigt werden dabei insbesondere die Interessen der Gläubiger und des Fiskus. Die Einhaltung der Vorschriften dient jedoch gleichzeitig der aktuellen Selbstinformation des Kaufmanns.

2.1 Handelsrechtliche Vorschriften

Nach § 238 Abs. 1 HGB ist jeder Kaufmann verpflichtet Bücher zu führen und in diesen seine Handelsgeschäfte und die Lage seines Vermögens nach den Grundsätzen ordnungsmäßiger Buchführung ersichtlich zu machen. Diese Vorschrift gilt allerdings gemäß § 4 HGB nur für sog. Vollkaufleute und nicht für die sog. Minderkaufleute.

Vollkaufleute sind alle Handelsgewerbetreibenden, im Handelsregister eingetragenen natürlichen Personen, Handelsgesellschaften (OHG, KG) und juristische Personen. Als Minderkaufleute bezeichnet man Kaufleute, die zwar ein Grundhandelsgewerbe i.S.d. § 1 HGB betreiben, bei denen jedoch die Art und der (geringe) Umfang des Geschäftsbetriebes keine kaufmännische Buchhaltung erfordern.

§ 240 Abs. 2 HGB verlangt ferner eine jährliche Bestandsaufnahme (Inventur), § 242 HGB die Aufstellung eines Abschlusses zum Ende jeden Geschäftsjahres. Was im einzelnen unter ordnungsmäßiger Buchführung zu verstehen ist, besagt das HGB nicht. Es enthält nur einige allgemeine formelle Vorschriften über die Führung der Handelsbücher (§§ 239, 257 HGB):

a) Der Kaufmann hat sich einer lebenden Sprache und der Schriftzeichen einer solchen zu bedienen.

b) Die Bedeutung verwendeter Abkürzungen, Ziffern, Buchstaben und Symbole muß eindeutig festliegen.

c) Eintragungen dürfen nicht in einer Weise verändert werden, daß der ursprüngliche Inhalt nicht mehr feststellbar ist.

d) Handelsbücher sowie Inventare und Bilanzen sind zehn Jahre, empfangene Handelsbriefe, Wiedergaben der abgesandten Handelsbriefe und Buchungsbelege sechs Jahre aufzubewahren. Die Aufbewahrungsfrist beginnt mit dem Schluß des Kalenderjahres, in dem die letzte Eintragung in das Handelsbuch gemacht, das Inventar aufgestellt, die Bilanz festgestellt, der Handelsbrief abgesandt oder der Buchungsbeleg entstanden ist.

2.2 Steuerrechtliche Vorschriften

Wer nach handelsrechtlichen Vorschriften Bücher zu führen hat, muß dies auch für Zwecke der Besteuerung tun; diese in § 140 AO enthaltene Verpflichtung wird als **derivative steuerliche Buchführungsverpflichtung** bezeichnet. Darüber hinaus hat aber das Steuerrecht die Verpflichtung, Bücher zu führen, auf einen noch weiteren Personenkreis ausgedehnt.

Nach § 141 Abs. 1 AO müssen Aufzeichnungen der Einnahmen und Ausgaben, jährliche Bestandsaufnahmen und regelmäßige Abschlüsse für die Zwecke der Besteuerung nach dem Einkommen, dem Ertrag und dem Vermögen von allen "gewerblichen Unternehmern" gemacht werden, bei denen zutrifft:

a) Gesamtumsatz von mehr als DM 500.000,-- oder

b) Betriebsvermögen über DM 125.000,-- oder

c) land- und forstwirtschaftliches Vermögen von mehr als DM 40.000,-- oder

d) Gewinn aus Gewerbebetrieb mehr als DM 36.000,-- oder

e) Gewinn aus Land- und Forstwirtschaft von mehr als DM 36.000,--.

Ist eine dieser Vorschriften erfüllt, dann greift auch in den Fällen, in denen keine handelsrechtliche Verpflichtung zur Buchführung besteht, eine **originäre steuerrechtliche Buchführungsverpflichtung** gemäß § 141 Abs. 1 AO ein. Darüber hinaus erweitert das Steuerrecht in §§ 145 ff. AO die formalen handelsrechtlichen Vorschriften über die Ordnungsmäßigkeit der Buchführung.

2.3   Besondere Richtlinien

Die Erkenntnis, daß ein geordnetes betriebliches Rechnungswesen nicht nur für den einzelnen Betrieb, sondern auch für die jeweilige Branche oder die Gesamtwirtschaft wichtig und vorteilhaft ist, führte zu verschiedenen Richtlinien und Anordnungen betreffend einer neuzeitlichen und einheitlichen Gestaltung und Organisation der Buchführung, z.B.:

a) Richtlinien zur Organisation der Buchführung zum 11.11.1937

b) Gemeinschaftskontenrahmen der Industrie (GKR) 1949/1971

c) Grundsätze und Gemeinschaftsrichtlinien für das Rechnungswesen 1950/1952

d) Entwicklung des Industriekontenrahmens (IKR) nach Erlaß des Bilanzrichtliniengesetzes 1986

Richtlinien und Grundsätze für das gesamte Rechnungswesen wurden vor allem von den einzelnen Wirtschaftsverbänden erlassen. Damit sollte eine sichere und allgemein verbindliche Grundlage für Betriebsvergleiche geschaffen werden, welche wesentlich zur Kontrolle und Steigerung der Wirtschaftlichkeit und Rentabilität von Unternehmen beizutragen vermögen.

2.4 Sonstige Aufzeichnungspflichten

Neben den handelsrechtlichen und steuerrechtlichen Buchführungspflichten, durch die alle Geschäftsvorfälle in zeitlicher und sachlicher Ordnung festgehalten werden, kennt man noch sog. Aufzeichnungspflichten für einzelne Berufsgruppen oder bestimmte Arten von Geschäftsvorfällen (z.B. Giftbuch des Apothekers oder das Kehrbuch des Schornsteinfegers).

Nach dem schon erwähnten § 140 AO sind Aufzeichnungspflichten, die nach anderen als nach den Steuergesetzen bestehen, auch im Interesse der Besteuerung zu erfüllen. Welche Ziele der Gesetz- oder Verordnungsgeber mit den jeweiligen Aufzeichnungspflichten verfolgt hat, ist dabei gleichgültig; es genügt, daß die Aufzeichnungen in irgendeiner Weise steuerlich ausgewertet werden können.

Es gibt zahlreiche Gesetze und Verordnungen, nach denen die Angehörigen bestimmter Berufsgruppen solchen Aufzeichnungspflichten unterworfen werden oder die bei Ausführung bestimmter Leistungen Aufzeichnungen zwingend vorschreiben. Auch das Steuerrecht enthält oder übernimmt Vorschriften, die die Aufzeichnung bestimmter Sachverhalte vorschreiben. Hier sind vor allem die übernommenen Verordnungen über die Führung des Wareneingangs- oder des Warenausgangsbuches zu nennen, die beide die Nachprüfbarkeit und Verprobung der Vollständigkeit der Buchführung sicherstellen sollen (§§ 143, 144 AO). Weitere wichtige Aufzeichnungspflichten ergeben sich aus dem Umsatzsteuergesetz (vor allem § 22 UStG) und im Zusammenhang mit der Einbehaltung der Lohnsteuer durch den Unternehmer (Führung eines Lohnkontos gemäß § 41 EStG).

2.5 Folgen der Verletzung von Buchführungs- und Aufzeichnungspflichten

Hat ein Steuerpflichtiger Buch- und Aufzeichnungspflichten nicht beachtet oder sind die Buchführungsunterlagen und Aufzeichnungen unvollständig oder formell oder sachlich unrichtig, so hat das Finanzamt laut Gesetzesbefehl (§ 162 AO) die Besteuerungsgrundlagen zu schätzen. Die Erfüllung der Buchführungs- und Aufzeichnungspflichten kann auch über sog. **Zwangsgelder** (§ 328 AO) erzwungen werden.

Das HGB kennt keine Sanktionen bei fehlender oder unzulänglich geführter Buchhaltung. Nur im Falle des Unternehmenszusammenbruchs und einer Schädigung von Gläubigern greift der Gesetzgeber ein und hat eine fehlende oder nicht ordnungsgemäße Buchhaltung erhebliche Konsequenzen. Man beschreibt die Rechnungslegungsvorschriften des HGB bezeichnenderweise als "konkursorientiert".

Mit dem ersten Gesetz zur Bekämpfung der Wirtschaftskriminalität vom 29.07.1976 (BGBl. I, 1976, S. 2034 ff.) wurden die bisher teilweise in der Konkursordnung von 1877 (§§ 239, 240 KO) geregelten Konkursstraftaten in das Strafgesetzbuch übernommen. Nach § 283 Abs. 1 StGB (vorsätzlicher Bankrott) wird mit Freiheitsstrafe bis zu fünf Jahren oder mit Geldstrafe bestraft, wer bei **Überschuldung** oder bei drohender oder eingetretener **Zahlungsunfähigkeit** (bereits bestehende Krise) Handelsbücher, zu deren Führung er gesetzlich verpflichtet ist, zu führen unterläßt oder so führt oder verändert, daß die Übersicht über seinen Vermögensstand erschwert wird (§ 283 Abs. 1 Nr. 5 StGB), oder wer Handelsbücher oder sonstige Unterlagen, zu deren Aufbewahrung ein Kaufmann nach Handelsrecht verpflichtet ist, vor Ablauf der für Buchführungspflichtige bestehenden Aufbewahrungspflichten beiseite schafft, verheimlicht, zerstört oder beschädigt und dadurch die Übersicht über seinen Vermögensstand erschwert (§ 283 Abs. 1 Nr. 6 StGB).

Ferner gilt es als Konkursstraftatbestand, wenn Bilanzen so aufgestellt werden, daß die Übersicht über die Vermögensgegenstände erschwert wird, oder wenn es unterlassen wird, die Bilanz oder das Inventar innerhalb der vorgeschriebenen Fristen aufzustellen (§ 283 Abs. 1 Nr. 7 a, b StGB).

Während § 283 Abs. 1 StGB eine bereits bestehende Krise voraussetzt, bestimmt § 283 b StGB, daß mit Freiheitsstrafe oder mit Geldstrafe bestraft wird, wer vorsätzlich oder fahrlässig Maßnahmen entsprechend § 283 Abs. 1 Nr. 5, 6, 7a, b StGB ergreift, ohne daß eine Krise i.S. von Überschuldung oder Zahlungsunfähigkeit besteht.

Daneben enthält auch das Steuerrecht Strafvorschriften, die bei Verletzung der Buchführungspflicht angewendet werden können. Werden buchungs- oder aufzeichnungspflichtige Geschäftsvorfälle vorsätzlich oder leichtfertig nicht oder unrichtig verbucht und wird dadurch eine Verkürzung von Steuereinnahmen ermöglicht, so liegt eine Steuergefährdung (§ 379 AO) vor, eine Ordnungswidrigkeit, die zu einer Geldbuße bis zu 10.000 DM führen kann. Ist eine leichtfertige Steuerverkürzung erwiesen, kann die Geldbuße bis zu 100.000 DM betragen (§ 378 AO). Ist der Tatbestand der vorsätzlichen Steuerhinterziehung oder auch nur der Versuch einer Steuerhinterziehung (§ 370 AO) erfüllt, kann eine Freiheitsstrafe bis zu fünf Jahren und eine Geldbuße bis zu fünf Millionen DM verhängt werden. Darüber hinaus knüpft das Steuerrecht eine Reihe von steuerlichen Vergünstigungen an die Bedingung, daß ordnungsmäßige Buchführung oder Aufzeichnungen vorliegen müssen. Dabei werden formelle Mängel neuerdings nicht mehr entscheidend gewertet, sofern die Buchhaltung materiell ordnungsgemäß ist.

3. Grundsätze ordnungsmäßiger Buchführung

Die gesetzlichen Vorschriften sagen (mit Ausnahme der bereits erwähnten weitgehend formellen Vorschriften der §§ 239 und 257 HGB sowie 145 ff. AO) wenig darüber aus, wie die Buchführung (doppelte Buchführung vgl. § 242 HGB) im einzelnen beschaffen sein muß. Nach § 238 Abs. 1 HGB muß jeder Kaufmann Bücher führen und in ihnen seine Handelsgeschäfte und die Lage seines Vermögens nach den **Grundsätzen ordnungsmäßiger Buchführung** ersichtlich machen. Diese Grundsätze ordnungsmäßiger Buchführung erlangen damit eine für die Praxis entscheidende Bedeutung.

Die Feststellung der handelsrechtlichen Grundsätze ordnungsmäßiger Buchführung (GoB) kann **induktiv** oder **deduktiv** erfolgen. Bei induktiver Ermittlung richtet sich der Inhalt der Grundsätze ordnungsmäßiger Buchführung weitgehend nach der sog. Verkehrsauffassung, also danach, was das allgemeine Bewußtsein der anständigen und ordentlichen Kaufmannschaft, die der Verpflichtung zur Buchführung sorgfältig nachkommen will, darunter versteht, wobei nicht der Maßstab eines "übermäßig gewissenhaften Kaufmanns" zugrunde gelegt werden darf. Man ermittelt die Grundsätze ordnungsmäßiger Buchführung auf deduktive Weise, wenn man sie aus den Zwecken der gesetzlichen Vorschriften zur Buchhaltung und Bilanz ableitet. In der Rechtsprechungs- und Verwaltungspraxis hat sich die von der Wissenschaft empfohlene deduktive Methode der Ermittlung der Grundsätze ordnungsmäßiger Buchführung weitgehend durchgesetzt.

Zu den Grundsätzen ordnungsmäßiger Buchführung i.w.S. rechnet man auch die Grundsätze ordnungsmäßiger Inventur und ordnungsmäßiger Bilanzierung, die ebenfalls formeller und materieller Natur sein können.

Grundsätze ordnungsmäßiger Buchführung i.w.S.

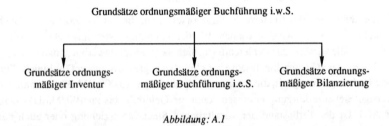

Grundsätze ordnungs-
mäßiger Inventur

Grundsätze ordnungs-
mäßiger Buchführung i.e.S.

Grundsätze ordnungs-
mäßiger Bilanzierung

Abbildung: A.1

Eine sehr weite Definition der Ordnungmäßigkeit (vgl. § 238 Abs. 1 HGB) besagt, daß eine Buchführung dann ordnungsgemäß ist, wenn sich ein **"sachverständiger Dritter"** jederzeit und ohne nennenswerten Zeitverlust aus den Aufzeichnungen ein zutreffendes Bild über die **Geschäftsvorfälle** und die **tatsächliche Vermögenslage** des Unternehmens machen kann.

Eine präzisere Umschreibung, was unter ordnungsmäßiger Buchführung zu verstehen ist, geben die Einkommensteuerrichtlinien in Abschnitt 29. Danach ist eine Buchführung ordnungsgemäß, wenn sie den Grundsätzen des Handelsrechts entspricht. Dies sei danach zu beurteilen, ob die für die kaufmännische Buchführung erforderlichen Bücher geführt werden, die Bücher förmlich in Ordnung sind und der Inhalt sachlich richtig ist. Die Geschäftsvorfälle müssen sich in ihrer Entstehung und Abwicklung buchmäßig verfolgen lassen. Der Steuerpflichtige und ein sachverständiger Dritter müssen sich in dem Buchführungswerk ohne große Schwierigkeiten und in angemessener Zeit zuverlässig zurecht finden können.

Vollständigkeit und Richtigkeit sind die Voraussetzungen für die **materielle Ordnungsmäßigkeit** der Buchführung; dazu gehören außerdem die teilweise komplizierten Fragen der Bewertung (vgl. Kapitel B). Klarheit und Übersichtlichkeit sind Voraussetzung für die **formelle Ordnungsmäßigkeit** der Buchführung. Ob eine Buchführung als ordnungsgemäß anzusehen ist, hängt nicht nur von der Beachtung der in §§ 239 und 157 HGB und in den

§§ 145 ff. AO angeführten Grundsätze ab, sondern auch von der Organisation der Buchführung, von der Art der geführten Bücher und von der Anwendung des Kontenrahmens durch Aufstellung eines individuellen Kontenplans. Die formelle Richtigkeit der Buchungen setzt einwandfreie Belege voraus und ist größtenteils eine Frage der zeitnahen, buchtechnisch folgerichtigen Verarbeitung. Mit ihr befaßt sich der erste Teil dieses Lehrbuchs.

4. Bedeutung der Belege für die Buchführung

Die ''Wahrheit'' der buchhalterischen Aufzeichnungen muß durch Belege jederzeit nachgewiesen werden können. Es ist deshalb ein Grundsatz ordnungsmäßiger Buchführung, nur aufgrund von ordnungsgemäßen Belegen zu buchen und diese für die jederzeitige Nachprüfbarkeit aufzubewahren.

Merke: Keine Buchung ohne Beleg!

Dieser Grundsatz ist auch in den ''Richtlinien zur Organisation der Buchführung'' von 1937 bereits enthalten: ''Für die einzelnen Buchungen müssen rechnungsmäßige Belege vorhanden sein, die geordnet aufzubewahren sind.''

Den größten Teil der Belege liefern die Geschäftsvorgänge und Beziehungen zu den Geschäftsfreunden. Sie bilden die sog. **natürlichen Belege**: Rechnungen, Rechnungsdurchschriften, Briefe, Frachtbriefe, Quittungen, Bankauszüge, Überweisungen, Zahlkarten-, Postanweisungsabschnitte etc. Natürliche Belege sind ferner die verschiedenen Vordrucke, die im Betrieb selbst verwendet werden: Lieferscheine, Materialentnahmescheine, Materialrückgabescheine, Lohnzettel, Lohnlisten etc.

Neben solchen natürlichen Belegen sind ggf. durch interne Buchungsanweisungen die **künstlichen Belege** anzufertigen, auf denen der zu verbuchende Vorgang niedergelegt ist: Quittungen über Privatentnahmen oder Reisespesen, Notizen über erforderliche Umbuchungen, Stornierungen (Rückbuchungen), Aufstellungen über Verrechnungsbuchungen etc. (= Eigenbelege).

Jederzeit muß eine Verbindung zwischen Beleg und Buchung hergestellt werden können, die eine nachträgliche retrograde (von der Buchung ausgehende) oder progressive (vom Beleg ausgehende) Kontrolle der Geschäftsvorfälle und ihrer buchhalterischen Verarbeitung ermöglicht. Zu diesem Zweck ist auf allen Belegen anzumerken, auf welchen Konten bzw. in welche Bücher sie verbucht worden sind (Kontierung, Buchungsanweisung). Dies kann auch allein durch eine durchgehende Numerierung geschehen, wenn dieselbe Numerierung bei der Buchung auf den einzelnen Konten wiederholt wird.

5. Testfragen

Beachte: Die letzten sieben Fragen sind nur mit Kenntnis des Inhalts von Abschnitt 29 EStR zu beantworten! Also, nachschlagen!

- Definieren Sie, was man unter Buchführung versteht!
- Welche Aufgaben erfüllt eine ordnungsgemäße Buchführung?
- Warum gibt es gesetzliche Vorschriften zur Buchführung?
- Woraus ergibt sich handelsrechtlich eine Verpflichtung zur Buchführung?
- Was schreibt das Handelsgesetzbuch im einzelnen den zur Buchführung Verpflichteten vor und was nicht?
- Was versteht man unter der derivativen steuerlichen Buchführungsverpflichtung?
- Wonach richtet sich im einzelnen die originäre steuerliche Buchführungsverpflichtung?
- Welche weiteren Vorschriften zur Ordnungsmäßigkeit der Buchführung enthält das Steuerrecht?
- Welche Zielsetzungen verfolgen die von einzelnen Wirtschaftsverbänden erlassenen Richtlinien zur Buchhaltung?
- Was versteht man unter Aufzeichnungspflichten?
- Welche Folgen kann die Verletzung der Buchführungspflichten haben?
- Welche maximale Strafandrohung steht auf den Versuch der Steuerhinterziehung?
- Wann kann eine Buchführung als ordnungsgemäß gelten?
- Wie unterscheiden sich induktive und deduktive Ermittlung der Grundsätze ordnungsmäßiger Buchführung?
- Was enthalten die Grundsätze ordnungsmäßiger Buchführung i.w.S.?
- Welche Bedeutung kommt den Belegen für die Buchhaltung zu?
- Was sind künstliche Belege?
- Wozu werden die Belege in der Buchungspraxis numeriert?
- Müssen alle Geschäftsvorfälle täglich aufgezeichnet werden?
- Welche Frist besteht für die steuerlich zwingende Verbuchung unbarer Geschäftsvorfälle in einem Geschäftsfreundebuch?
- Welche Aufgaben hat das Kontokorrentbuch?

- Was ist eine Offene-Posten-Buchhaltung?

- Unter welchen Voraussetzungen toleriert das Steuerrecht formelle Mängel in einer Buchhaltung?

- Kann es passieren, daß Rechnungen auch länger als sechs Jahre aufgehoben werden müssen?

- Genügt bei einer Buchführung mit Hilfe der elektronischen Datenverarbeitung, daß die buchungspflichtigen Geschäftsvorfälle auf Datenträgern gespeichert werden?

II. Inventur, Inventar und Bilanz

1. Die Inventur

1.1 Gesetzliche Grundlagen

Jeder Kaufmann hat bei Gründung seines Unternehmens und zum Schlusse eines jeden Geschäftsjahres seine **Vermögensteile** und **Schulden** festzustellen (vgl. § 240 Abs. 1 HGB und § 140 Abs. 1 AO).

Bei Gründung des Unternehmens muß die **Ausgangslage** festgehalten werden, weil nur dadurch Veränderungen gegenüber dieser Ausgangslage als Betriebsergebnis (Gewinn oder Verlust) meßbar werden. Zum Schluß eines jeden folgenden Geschäftsjahres ist jeweils eine erneute Ermittlung des Vermögens und der Schulden notwendig, damit die Veränderungen ermittelt werden können, und die Buchführung als Bestandsfortschreibung (**Soll**-Bestände) durch körperliche Überprüfung der tatsächlich vorhandenen Vermögenswerte und Schulden (**Ist**-Bestände) kontrolliert werden kann.

Die dazu notwendige Tätigkeit nennt man **Inventur**, das anzulegende Verzeichnis **Inventar**. In den Lägern, den Fabrikräumen, den Ladengeschäften und Kontoren muß durch Zählen, Messen, Wiegen aller am **Inventurstichtag** vorhandenen Vermögensgegenstände eine körperliche Bestandsaufnahme nach Art und Menge durchgeführt werden.

Daneben müssen auch alle **unkörperlichen Vermögensgegenstände** (z.B. Forderungen) und die Schulden, die sich aus Belegen und Büchern ergeben, wertmäßig festgestellt werden (sog. Buchinventur). Manche Unternehmen (z.B. die Banken) lassen sich den jeweiligen Kontostand vom Jahresende von ihren Geschäftsfreunden (Kunden und Lieferanten) durch Unterschrift bestätigen (Saldoanerkenntnis). Dadurch erhalten sie analog zur körperlichen Bestandsaufnahme der materiellen Vermögensgegenstände eine **Kontrolle der Buchbestände** von Forderungen und Schulden.

Nach der **mengenmäßigen** (= körperlichen) Erfassung aller Vermögensgegenstände und Schulden sind diese einzeln zu **bewerten**. Dafür hat der Gesetzgeber gewisse Mindestvorschriften im HGB erlassen (Vgl. §§ 252 - 256 HGB), die im Kapitel B ausführlich erläutert werden.

Bei der Durchführung der Inventur, der art-, mengen- und wertmäßigen Ermittlung der Bestände an Vermögen und Schulden, können folgende Aufnahmearten und Bewertungsgrundsätze Verwendung finden.

a) Einzelaufnahme

Es gilt handelsrechtlich wie steuerrechtlich der **Grundsatz der Einzelbewertung**, weshalb jedes einzelne Wirtschaftsgut des Anlage- und Umlaufvermögens (jede Maschine, jeder Kraftwagen, jede Forderung usw.) schon bei der Inventur für sich aufzunehmen und im Inventar gesondert auszuweisen ist, mögen die Wirtschaftsgüter auch in der Buchführung auf einem Konto und in der Bilanz in einem Posten zusammengefaßt sein.

Bei nicht körperlichen Wirtschaftsgütern (Forderungen, Verbindlichkeiten u.a.) sind als Hilfsmittel der Bestandsaufnahme Unterlagen innerhalb und außerhalb des Rechnungswesens heranzuziehen (Saldenlisten, Bank- und Postscheckauszüge, offene Rechnungen, Saldenbestätigungen, Tilgungspläne u.a.). Keinesfalls dürfen die Salden der Sachkonten ungeprüft in das Inventar übernommen werden. Die Abstimmung der Buchsalden mit dem Ergebnis der Bestandsaufnahme ist ein zweiter Arbeitsgang, der zugleich Kontrollfunktionen erfüllt.

b) Gruppenaufnahme

Soweit dies den Grundsätzen ordnungsmäßiger Buchführung entspricht, können bei der Aufstellung des Inventars gleichartige Vermögensgegenstände, bei denen nach der Art des Bestandes oder auf Grund sonstiger Umstände ein **gewogener Durchschnittswert** bekannt ist, zu einer Gruppe zusammengefaßt werden. Voraussetzung ist, daß es sich entweder um Vermögegensgegenstände des Vorratsvermögens oder um andere annähernd gleichwertige bewegliche Vermögensgegenstände handelt (vgl. auch Kap. B.IV.3.3.4). Die Gruppenbewertung, die handels- (§ 240 Abs. 4 HGB) und steuerrechtlich (Abschnitt 36 Abs. 4 EStR) anerkannt wird, ist sowohl beim Anlagevermögen wie beim Umlaufvermögen zulässig. Sie führt zu einer Vereinfachung der *Wert*ermittlung, nicht der *Mengen*aufnahme.

c) Festbestände

Soweit dies den Grundsätzen ordnungsmäßiger Buchführung entspricht, können bei der Aufstellung des Inventars Gegenstände mit einer **gleichbleibenden Menge** und mit einem **gleichbleibenden Wert** angesetzt werden, wenn ihr Bestand in seiner Größe, seinem Wert und seiner Zusammensetzung nur geringen Veränderungen unterliegt und ihr Gesamtwert für das Unternehmen von nachrangiger Bedeutung ist (vgl. auch Kap. B.IV.3.3.3). Jedoch ist i.d.R. alle drei Jahre eine körperliche Bestandsaufnahme durchzuführen. Die Festbewertung kommt handelsrechtlich wie steuerlich beim Anlagevermögen und bei Roh-, Hilfs- und Betriebsstoffen in Betracht (§ 240 Abs. 3 HGB, Abschnitt 36 Abs. 5 EStR). Durch die

Übernahme des Vorjahresansatzes entfallen regelmäßige Mengen- **und** Wertfeststellungen. Ersatzbeschaffungen (z.B. bei Gerüst- und Schalungsteilen) ändern in normalem Umfang den Vermögensansatz nicht, da sie nur die als unbrauchbar ausgeschiedenen Teile ersetzen.

d) Inventur mit Hilfe von Stichproben

Neben der körperlichen und buch(beleg-)mäßigen Aufnahme kann insbesondere für Vorräte an Roh-, Hilfs- und Betriebsstoffen sowie unfertigen Erzeugnissen eine Stichprobeninventur in Betracht kommen. Nach § 241 Abs. 1 HGB ist es zulässig, den Bestand der Vermögensgegenstände **nach Art, Menge und Wert** mit Hilfe anerkannter mathematisch-statistischer Methoden auf Grund von Stichproben zu ermitteln. Die Inventur mit Hilfe von Stichproben ist dann angebracht, wenn eine vollständige körperliche Bestandsaufnahme praktisch nicht möglich, mit zu großen Unsicherheiten behaftet oder nicht zumutbar ist, und die durch die Stichprobeninventur ermittelten Mengen und Werte der Bestände gleich genau oder genauer sind, als bei vollständiger körperlicher Bestandsaufnahme zu erwarten ist. In jedem Fall muß das so erstellte Inventar den gleichen Aussagewert wie ein aufgrund einer körperlichen Bestandsaufnahme erstelltes haben.

Merke: Die Inventur ist die obligatorische art-, mengen- und wertmäßige jährliche Bestandsaufnahme aller Vermögensgegenstände und Schulden des Unternehmens.

Auf die jährliche Bestandsaufnahme kann nicht verzichtet werden, da sie die Voraussetzung einer jeden ordnungsmäßigen Buchführung ist. Sie ermöglicht die Nachprüfbarkeit und vorherige Kontrolle der Bilanzansätze auf ihre Vollständigkeit und die Richtigkeit bzw. Zulässigkeit ihrer Bewertung; sie bildet ferner die notwendige Grundlage für die Eröffnung und den Abschluß der Buchführung einer Rechnungsperiode.

Maßgebend für die art-, mengen- und wertmäßige Erfassung des Vermögens und der Schulden sind grundsätzlich die Verhältnisse am Schluß des Geschäftsjahres, d.h. am Ende des Bilanzstichtages (= Inventurstichtag).

1.2 Inventurverfahren

§ 241 HGB sieht insbesondere für die körperliche Bestandsaufnahme der Vorräte die folgenden verschiedenen Möglichkeiten der Inventurdurchführung vor, wobei die Bestandsaufnahme verschiedener Vermögensgegenstände jeweils nach unterschiedlichen Verfahren erfolgen kann:

a) Stichtagsinventur (§ 240 Abs. 1 und 2 HGB)

Bilanzstichtag und Inventurstichtag fallen hier zusammen. Die Inventur zum Abschlußstichtag braucht steuer- und handelsrechtlich nicht am Bilanzstichtag selbst vorgenommen zu werden, muß jedoch höchstens **10 Tage vor oder nach dem Abschlußstichtag** (zeitnah) abgeschlossen sein, wobei sichergestellt sein muß, daß eine Vor- bzw. Rückrechnung auf den genauen Bestand am Abschlußstichtag möglich ist (vgl. Abschnitt 30 Abs. 1 EStR). Bei der Stichtagsinventur (Bilanzstichtagsinventur) handelt es sich um die sicherste Methode zur Überprüfung der am Bilanzstichtag effektiv vorhandenen Bestände.

Der Abschlußstichtag muß nicht mit dem Ende des Kalenderjahres übereinstimmen. Das Geschäftsjahr muß lediglich einen Zeitraum von (höchstens) 12 Monaten umfassen (§ 240 Abs. 2 HGB) und kann im übrigen zu jedem Zeitpunkt innerhalb des Kalenderjahres enden, i.d.R. zu einem Monatsultimo (so kann ein Geschäftsjahr z.B. laufen vom 01.04.01 bis 31.03.02). Mit der Wahl eines solchen vom Kalenderjahr "abweichenden Wirtschaftsjahres" kann der Kaufmann gleichzeitig den für seine Branche günstigsten Inventurstichtag bestimmen bzw. aus der Hauptsaison herauslegen in Zeiten, in denen seine Warenläger die niedrigsten Bestände haben.

Trotzdem kann die Inventur besonders im Hinblick auf die Erfassung der Vorräte am Abschlußstichtag noch unzumutbar zeitraubend (Betriebsunterbrechung oder -schließung) und schwierig sein (z.B. Witterungsbedingungen bei Freilägern im Winter). Für solche Fälle sieht das HGB weitere Erleichterungen der Inventur vor (sog. Inventurvereinfachungsverfahren).

b) Verlegte (Stichtags-)Inventur (§ 241 Abs. 3 HGB)

Statt einer echten Stichtagsinventur erlaubt das Handels- und Steuerrecht auch die Verlegung der Inventurarbeiten auf einen Zeitpunkt innerhalb der letzten **drei Monate vor** oder **zwei Monate nach** dem Abschlußstichtag (vgl. auch Abschnitt 30 Abs. 3 EStR). Die schriftlich festgehaltenen Inventurwerte müssen dann auf den Abschlußstichtag fortgeschrieben oder zurückgerechnet werden. Diese Fort- und Rückschreibung muß nicht mehr nach Art und Menge, sondern **nur noch wertmäßig** erfolgen. Hier wird auf den Bilanzstichtag gar kein Inventar mehr erstellt. Die Erleichterung bestehen darin, daß die Inventurarbeiten in ruhigere

Zeiten **verlegt** werden können, ohne daß es der mengenmäßigen Aufschreibung der Bestandsänderungen (wie bei der folgenden permanenten Inventur) bedarf.

Die zeitlich verlegte Inventur ist für alle körperlichen Vermögensgegenstände zugelassen, z.B. auch für Grundstücke. Die Anwendbarkeit ist ausgeschlossen für die Aufnahme von Beständen mit unkontrollierbaren Abgängen (z.B. durch Schwund, Verdunsten oder Verderb) oder von besonders wertvollen Vermögensgegenständen (vgl. Abschnitt 30 Abs. 4 EStR). Praktisch kommt dieses Verfahren aber in erster Linie für die Vorräte in Betracht, die nur geringen Preisschwankungen unterliegen.

Ein **Inventar auf den Bilanzstichtag** entfällt bei der verlegten Inventur; deshalb spricht das Gesetz von einem **besonderen Inventar** auf einen abweichenden Inventurstichtag. Für verschiedene Gruppen des Vorratsvermögens kann das besondere Inventar zu verschiedenen Stichtagen aufgestellt werden.

Die Errechnung bspw. des Warenbestandes zum Bilanzstichtag erfolgt dann nach folgender Formel (Vgl. Abschnitt 30 Abs. 3 Satz 9 EStR):

	Warenwert im besonderen Inventar (15.10.02)
+	Wert des Wareneingangs bis zum Bilanzstichtag (16.10.02 bis 31.12.02)
-	Wert des Wareneinsatzes bis zum Bilanzstichtag (16.10.02 bis 31.12.02)
=	Wert des Warenbestandes zum Ende des Geschäftsjahres zum 31.12.02

c) Permanente Inventur (§ 241 Abs. 2 HGB)

Mit ihr sollen verschiedene Mängel der Stichtagsinventur beseitigt werden. Der Bestand für den Bilanzstichtag kann bei der permanenten Inventur nach Art und Menge aus der in diesem Falle **obligatorischen Lagerkartei** (also buchmäßig) entnommen werden. Voraussetzung ist allerdings, daß die Lagerbücher belegmäßig nachgewiesene Einzelangaben über die Bestände und über alle Zu- und Abgänge während des Geschäftsjahres nach Tag, Art, Menge und Wert enthalten.

Während des Geschäftsjahres muß jedoch mindestens einmal zu einem beliebigen Zeitpunkt eine Überprüfung der Buchbestände der Lagerkartei durch eine **körperliche Bestandsaufnahme** erfolgen. Die permanente Inventur ist somit keine bloße Buchinventur, sondern eine Buchinventur mit beliebig vor- bzw. nachverlegter körperlicher Kontrolle. Bilanz- und Inventurtag fallen auseinander, das Inventar wird zum Bilanzstichtag buchmäßig erstellt. Es wird dabei in Kauf genommen, daß der buchmäßig ausgewiesene Bestand zum Abschlußstichtag (**Sollbestand**) evtl. nicht mit dem nur durch eine Stichtagsinventur feststellbaren **Istbestand** übereinstimmt.

Auch bei der permanenten Inventur gilt deren Nichtanwendbarkeit für die Aufnahme von Beständen mit unkontrollierbaren Abgängen oder von besonders wertvollen Vermögensgegenständen. Ihre Verwendung ist außerdem unzweckmäßig bei Gegenständen, bei denen laufend zahlreiche Veränderungen eintreten. Wo Veränderungen dagegen nur gering sind oder in größeren Schüben erfolgen, ist die permanente Inventur in der Industrie weit verbreitet, so z.B. für die Läger von Roh-, Hilfs- und Betriebsstoffen sowie für halbfertige und fertige Produkte. Verwendung findet sie auch beim Anlagevermögen, wo eine Bestandsbuchführung in Form von Anlagekarteien seit langer Zeit üblich und anerkannt ist (vgl. Abschnitt 31 Abs. 6 EStR).

Die Abstimmung der Buchbestände mit den tatsächlichen Beständen braucht im übrigen nicht für alle Vermögenswerte, für die eine permanente Inventur vorgesehen ist, gleichzeitig zu erfolgen, wodurch die Störungen im Betrieb durch Inventuraufnahmen auf ein Minimum begrenzt werden können. Festgestellte Soll-Ist-Abweichungen führen zu entsprechenden Korrekturen der Buchbestände der Lagerkartei während des Geschäftsjahres.

d) **Zusammenfassende Übersicht über die Inventurarten:**

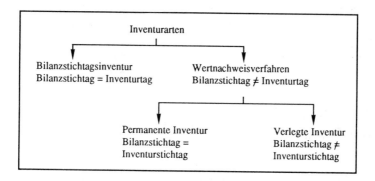

Abbildung: A.2

Wie bereits erwähnt, können die verschiedenen Inventurverfahren nebeneinander und zeitlich gestaffelt zur Anwendung kommen, wobei nur für eine geeignete Abgrenzung gesorgt werden muß, damit sowohl Doppelerfassungen wie auch Nichterfassungen vermieden werden. Bspw. kann in einer Firma folgendes Inventurschema festgelegt werden:

Vermögensgegenstände	Inventurverfahren
Sachanlagen	permanente Inventur (Abschnitt 31 Abs. 6 EStR)
Formen und Maschinenwerkzeuge	Festwert (Abschnitt 31 Abs. 5 EStR)

Finanzanlagen	Buchinventur
Rohstoffe und Ersatzteile	permanente Inventur (Abschnitt 30 Abs. 2 EStR)
Werkstattbestand	zeitlich verlegte Inventur
Handelswaren	zeitlich verlegte Inventur
Forderungen, Guthaben	Buchinventur Vergleich mit Saldoanerkenntnis
Schecks, Besitzwechsel	körperliche Aufnahme Vergleich mit Scheck-, Skonto und Wechselkopierbuch
Kasse	zeitlich verlegte Inventur
Verbindlichkeiten	Buchinventur, Vergleich mit angeforderten Kontoauszügen
Rückstellungen, Rechnungsabgrenzungsposten	Buchinventur und rechnerischer Nachweis

2. Das Inventar

Das Verzeichnis, das die durch eine Inventur festgestellten Vermögenswerte und Schulden aufnimmt, wird Inventar oder Bestandsverzeichnis genannt. Für einen bestimmten **Zeitpunkt** werden hierin die einzelnen vorhandenen Vermögenswerte und Schulden lückenlos, richtig, nachprüfbar, klar und übersichtlich nach Art, Menge und Wert zusammengestellt.

Merke: Das Inventar ist das ausführliche Verzeichnis über das art-, mengen- und wertmäßige Ergebnis der Inventur.

Als Vermögen sind nur die Betriebswerte in das Inventar aufzunehmen, die im **Eigentum** der Unternehmung stehen. Dabei ist der volle Wert anzusetzen, auch wenn der Vermögensgegenstand mit Schulden belastet ist. Die Pflicht zur lückenlosen Erfassung sämtlicher Vermögensgegenstände verlangt auch die Aufnahme ''wertloser'' oder bereits völlig abgeschriebener Gegenstände in Form eines **Merkpostens**. Als Schulden sind nur rechtlich begründete Fremdansprüche, nicht Eventualverpflichtungen (Bürgschaften, Garantieversprechen etc.) aufzunehmen.

Das Inventar ist mit Ort und Datum zu versehen und vom Unternehmer eigenhändig zu unterschreiben (§ 245 HGB). Bestandsverzeichnisse, die häufig in ein Inventarbuch eingetragen werden, sind mindestens 10 Jahre in zusammenhängender Folge aufzubewahren.

Das Inventar wird gegliedert in:

a)   Verzeichnis aller Vermögensteile (Rohvermögen)

b)   Verzeichnis aller Schulden (Fremdkapital)

Die Vermögensteile werden grundsätzlich nach ihrer zeitlichen Bindung im Unternehmen in zwei Gruppen unterschieden; das Anlagevermögen und das Umlaufvermögen.

Zum **Anlagevermögen** gehören alle Vermögensteile, die dauernd dem Betrieb zu dienen bestimmt sind und die zur Aufrechterhaltung des Betriebes dauerhaft notwendig sind. Dazu gehören z.b. Grundstücke, Gebäude, Maschinen, Fahrzeuge, Geschäfts- und Betriebsausstattung, Beteiligungen etc.

Als **Umlaufvermögen** gelten dagegen jene Vermögensteile, die nicht längere Zeit im Betrieb verbleiben, sondern durch Umsatzakte sich ständig verändern. Hierzu gehören z.B. Waren, Kundenforderungen, Besitzwechsel, Bank- und Postscheckguthaben oder Bargeld.

Die **Vermögensteile** werden im Inventar nach ihrer Liquidierbarkeit, d.h. mit zunehmender Liquidität (Geldnähe) gegliedert, also z.B. beginnend mit Grundstücken und endend mit dem Kassenbestand.

Die **Schulden** gliedert man nach ihrer Fälligkeit bzw. Dringlichkeit der Zahlung. Man unterscheidet die langfristigen Schulden (Hypotheken-, Darlehensschulden) von den mittel- und kurzfristigen Schulden (Lieferantenverbindlichkeiten, Bankschulden etc.).

Bildet man die Differenz zwischen der Summe aller Vermögensteile und der Summe aller Schulden, so erhält man als **Reinvermögen** das vom Unternehmer selbst dem Betrieb gewidmete **Eigenkapital**. Übersteigen die Schulden das Vermögen, ist das Unternehmen überschuldet. Diese Differenzbildung ist jedoch nicht Aufgabe des Inventars.

Beispiel für die Gliederung eines Inventars:

A)   Vermögensteile

    I.   Anlagevermögen

        1.   Bebaute Grundstücke
        2.   Unbebaute Grundstücke
        3.   Maschinen
        4.   Fuhrpark
        5.   Betriebs- und Geschäftsausstattung

II. Umlaufvermögen

    1. Waren
    2. Forderungen
    3. Bank/Postscheck
    4. Kasse

B) Schulden

    I. Langfristige Schulden (Laufzeit über 4 Jahre)

        1. Hypothekenschulden
        2. Darlehensschulden

    II. Kurz- und mittelfristige Schulden (Grenze 1 Jahr)

        1. Darlehensschulden
        2. Bankschulden
        3. Verbindlichkeiten

Das Inventar ist eine für einen bestimmten Stichtag gültige Aufstellung, die u.a. zur Ermittlung des **Reinvermögens** als einer statischen Größe (Zeitpunktgröße) dienen kann.

$$
\begin{array}{rl}
 & \text{Summe der Vermögensteile} \\
- & \underline{\text{Summe der Schulden}} \\
= & \text{Reinvermögen bzw. Eigenkapital}
\end{array}
$$

Mit Hilfe mehrerer Inventare kann man auch den **Erfolg** (Gewinn oder Verlust) für eine Rechenperiode (Zeitraumgröße) ermitteln.

3. Erfolgsermittlung durch Kapitalvergleich

Durch Vergleich des Inventars vom Ende eines Geschäftsjahres mit dem Inventar vom Ende des vorangegangenen Geschäftsjahres (komparativ statischer Vergleich) läßt sich anhand der eingetretenen Eigenkapitaländerung der zahlenmäßige Erfolg (Gewinn oder Verlust) des abgelaufenen Geschäftsjahres errechnen; über die Quellen und die Zusammensetzung des Erfolges sind dabei allerdings keine Angaben möglich.

Eigenkapital am Ende des Geschäftsjahres 02
-   Eigenkapital am Ende des vorangegangenen Geschäftsjahres 01
_____

=   Eigenkapitalmehrung oder Eigenkapitalminderung während
des Geschäftsjahres 02

Die so festgestellte Eigenkapitalveränderung entspricht jedoch nur dann dem Jahreserfolg, wenn während des abgelaufenen Geschäftsjahres weder **Kapitaleinlagen** noch **Kapitalentnahmen** durch den Unternehmer stattgefunden haben. Diese ändern nämlich definitionsgemäß ebenfalls die Größe Eigenkapital, sind jedoch keine erfolgswirksamen, sondern erfolgsneutrale Vorgänge (d.h. sie ändern nicht den Gewinn oder Verlust). Will man die Eigenkapitaländerungen auf Grund von Einlagen und Entnahmen des Unternehmers ausscheiden, so muß man die getätigten Entnahmen wieder hinzurechnen und die vorgenommenen Einlagen wieder abziehen. Die dann sich ergebende Eigenkapitalveränderung stellt den tatsächlichen Erfolg des abgelaufenen Geschäftsjahres dar.

Eigenkapital am Ende des Geschäftsjahres 02
-   Eigenkapital am Ende des vorangegangenen
Geschäftsjahres 01
_____

=   Eigenkapitalmehrung bzw. Eigenkapitalminderung
+   Entnahmen (Bar- oder Sachentnahmen) in 02
-   Einlagen (Bar- oder Sacheinlagen) in 02
_____

=   Gewinn bzw. Verlust des abgelaufenen Geschäftsjahres 02

| Merke: | Privatentnahmen vermehren eine Eigenkapitalmehrung bzw. vermindern eine Eigenkapitalminderung, Privateinlagen haben den umgekehrten Effekt. |

Beispiel:

| Eigenkapital II | 27.000,-- | 39.000,-- | 62.000,-- | 32.000,-- | 18.000,-- |
Eigenkapital I	23.000,--	45.000,--	47.000,--	23.000,--	37.000,--
Kapitalmehrung	4.000,--	--,--	15.000,--	9.000,--	--,--
Kapitalminderung	--,--	6.000,--	--,--	--,--	19.000,--
Privatentnahmen	6.000,--	9.000,--	4.000,--	6.000,--	23.000,--
Privateinlagen	--,--	--,--	20.000,--	2.000,--	8.000,--
Gewinn	10.000,--	3.000,--	--,--	13.000,--	--,--
Verlust	--,--	--,--	1.000,--	--,--	4.000,--

Abbildung: A.3

Die Erfolgsermittlung durch komparativ statischen Vergleich mehrerer Stichtagswerte (Inventarstichtage) läßt keine Aussagen über Quellen und Zusammensetzung des lediglich als absolute Differenz zweier Eigenkapitalgrößen ermittelten Erfolges zu. Als relativ "primitive" Erfolgsermittlungsmethode ist sie daher für die Praxis unbrauchbar. Sie läßt weder eine Analyse der Zusammensetzung des Erfolgs zu, noch ist sie für Zwecke der Kontrolle oder Besteuerung verwendbar, da Aussagen bzw. Aufzeichnungen für die Zeit zwischen den Stichtagen fehlen.

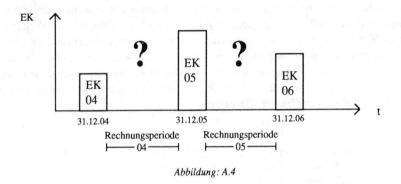

Abbildung: A.4

4. Die Bilanz

Das Inventar ist eine ausführliche und lückenlose Aufstellung sämtlicher Vermögensteile und Schulden. Die Warenvorräte werden z.B. nach Art und Menge einzeln aufgeführt, selbst wenn das Sortiment in die Tausende geht. Forderungen oder Verbindlichkeiten erfassen jede einzelne noch nicht bezahlte Kunden- bzw. Lieferantenrechnung. Das Inventar einer größeren Unternehmung kann daher ganze Bände füllen.

Gemäß § 242 Abs. 1 HGB ist die Bilanz der "das Verhältnis des Vermögens und der Schulden darstellende Abschluß". Die Bilanz hat somit **den gleichen Inhalt** wie das Inventar. Sie unterscheidet sich davon allerdings in formeller Hinsicht weitgehend, da sie gleichartige Inventarposten im Interesse der Übersichtlichkeit summarisch zusammenfaßt, sich auf die Darstellung des Wertes der Vermögensteile unter Verzicht auf Mengenangaben beschränkt und als Darstellungsform das Konto benutzt.

Merke: Die Bilanz ist die zusammengefaßte kontenmäßige Gegenüberstellung der Vermögensteile (Aktiva) und der Schulden (Passiva) eines Unternehmens, die durch das Reinvermögen (Eigenkapital) zum Ausgleich gebracht wird.

4.1 Der Inhalt der Bilanz

Während das **Inventar** eine ausführliche und genaue Zusammenstellung der Vermögensteile und Schulden darstellt, ist die **Bilanz** eine gedrängte Gegenüberstellung. Die linke Seite der Bilanz, die man als Aktiv- oder Vermögensseite bezeichnet, zeigt, in welcher Form das Vermögen vorhanden ist. Die rechte Seite der Bilanz, die man auch Passiv-, Kapital- oder Schuldenseite nennt, zeigt, wer die zur Anschaffung der aktiven Wirtschaftsgüter erforderlichen Mittel zur Verfügung gestellt hat. Während die Passivseite somit die Quellen des Kapitals, die Kapitalherkunft, angibt, zeigt die Aktivseite die Kapitalverwendung auf.

Vermögens- oder Aktivseite	Kapital- oder Passivseite
zeigt:	zeigt:
Kapitalverwendung	Kapitalherkunft
Vermögensformen	Vermögensquellen
Anlagevermögen	Eigenkapital
+	+
Umlaufvermögen	Fremdkapital

= Vermögen (Aktiva)   =   = Kapital (Passiva)

Abbildung: A.5

Die rechnerische Gleichheit beider Bilanzseiten kann in der sog. Bilanzgleichung zum Ausdruck gebracht werden:

Vermögensformen	=	Vermögensquellen
Aktiva	=	Passiva
Vermögen	=	Kapital

Setzt man für ''Kapital'' die Kategorien Eigenkapital + Fremdkapital in die Bilanzgleichung ein, so erhält man als erweiterte Bilanzgleichung:

	Vermögen	=	Eigenkapital + Fremdkapital
oder	Eigenkapital	=	Vermögen - Fremdkapital
oder	Fremdkapital	=	Vermögen - Eigenkapital

23

4.2 Unterschied zwischen Inventar und Bilanz

Rein formell unterscheidet sich die Bilanz vom Inventar dadurch, daß die Vermögenswerte und Schulden nicht untereinander (in Staffelform), sondern nebeneinander (in Kontenform) ausgewiesen werden. Die Bilanz verzichtet ferner auf Einzelangaben über Art und Menge sowie auf Einzelwerte; die Vermögenswerte und Schulden werden gruppenweise zusammengefaßt. Da das Inventar die Grundlage der Bilanz ist, man spricht deshalb auch von **Inventurbilanz**, haben beide den gleichen **materiellen Inhalt**; sie unterscheiden sich lediglich in **formeller Hinsicht**. Darüber hinaus können in die Bilanz zusätzliche Posten aufgenommen werden, die der Rechnungsabgrenzung dienen.

Wenn eine Bilanz Auskünfte über die **Vermögenszusammensetzung** und den **Kapitalaufbau** eines Unternehmens geben soll, so muß sie eine vollständige und übersichtliche Zusammenstellung der Vermögenswerte und Schulden nach einheitlichen Gliederungsgesichtspunkten sein. Die einheitliche Gliederung ist sowohl für den **internen Betriebsvergleich** (aufeinanderfolgende Bilanzen eines Unternehmens verschiedener Perioden) als auch für den **externen Betriebsvergleich** (Bilanzen verschiedener Unternehmen derselben Periode) von großem Vorteil. Dies ist von besonderer Bedeutung, weil die Bilanz als relativ statische Zeitpunktbetrachtung nur im (komperativ statischen) Vergleich mehrerer Bilanzen aussagefähig wird.

Merke: Die Bilanz basiert auf dem Inventar.

Grundsatz: Keine Bilanz ohne Inventar!

Die Bilanz enthält nur überprüfte Istbestände.

4.3 Gliederung der Bilanz

Aus den Gliederungsvorschriften des § 266 Abs. 2 und 3 HGB läßt sich folgendes Bild einer Bilanz entwickeln, wie nebenstehend wiedergegeben ist:

Bilanz

Aktiva   **Passiva**

Aktiva (Posten)	Kategorie	Gruppe		Gruppe	Kategorie	Passiva (Posten)
-Konzessionen, Rechte -Lizenzen -Geschäfts-o. Firmenwert -geleistete Anzahlungen	Immaterielle Vermögensgegenstände	Anlagevermögen	Eigenkapital			Gezeichnetes Kapital
						Kapitalrücklagen
-Grundstücke u. Bauten -techn. Anlagen u. Maschinen -andere Anlagen, Betriebs- und Geschäftsausstattung -geleistete Anzahlungen u. Anlagen im Bau	Sachanlagen	= Gebrauchsvermögen			Gewinnrücklagen	-gesetzliche Rücklage -Rückl. für eig. Anteile -satzungsmäß. Rücklagen -andere Gewinnrücklagen
						Gewinnvortrag / Verlustvortrag
-Anteile an verb. Unternehmen -Ausleihungen an verb. Untern. -Beteiligungen -Ausleihungen an Beteiligungsunternehmen -Wertpapiere des Anlagevermögens -sonstige Ausleihungen	Finanzanlagen	dient andauernd dem Betrieb		Rückstellungen		Jahresüberschuß/Jahresfehlbetrag
						Pensionsrückstellungen
						Steuerrückstellungen
						Sonstige Rücklagen
-Roh-,Hilfs-u. Betriebsstoffe -unfertige Erzeugnisse u. unfertige Leistungen -fertige Erzeugnisse u.Waren -geleistete Anzahlungen	Vorräte	Umlaufvermögen		Verbindlichkeiten		Anleihen
						Verbindlichkeiten gegenüber Kreditinstituten
-Forderungen aus Lieferungen u. Leistungen -Forderungen geg. verbundene Unternehmen -Forderungen geg. Beteiligungsunternehmen -sonstige Vermögensgegenstände	Forderungen u. sonst. Vermögensgegenstände	= Verbrauchsgegenstände				erhaltene Anzahlungen auf Bestellungen
						Verbindlichkeiten aus Lieferungen und Leistungen
						Wechselverbindlichkeiten
-Anteile an verbundenen Unternehmen -eigene Anteile -sonstige Wertpapiere	Wertpapiere	dient dem Betrieb nur kurzfristig	Fremdkapital			Verbindlichkeiten gegenüber verbundenen Unternehmen
						Verbindlichkeiten gegenüber Beteiligungsunternehmen
-Schecks -Kasse -Bank- u. Postgiroguthaben	Liquide Mittel					Sonstige Verbindlichkeiten
Aktive Rechnungsabgrenzung						Passive Rechnungsabgrenzung

Abbildung: A.6

25

5. Testfragen

- Wann spricht man von Inventur, wann von Inventar?

- Kann auf eine Inventur verzichtet werden?

- Was ist eine körperliche Bestandsaufnahme?

- Was verstehen Sie unter einer Buchinventur?

- Wozu dient ein Saldoanerkenntnis?

- Wodurch unterscheiden sich eine Bilanzstichtagsinventur und die daneben zugelassenen Wertnachweisverfahren für die Ermittlung des Wertes von Vermögen und Schulden zum Bilanzstichtag?

- Wodurch unterscheidet sich die permanente Inventur von der verlegten Inventur? Begründen Sie die Vor- und Nachteile beider Verfahren!

- Unter welchen Voraussetzungen ist die permanente Inventur nur erlaubt?

- Warum ist die permanente Inventur keine bloße Buchinventur?

- Erklären Sie aus dem Gesetz, warum für einzelne Vermögensgegenstände eine verlegte Inventur zu unterschiedlichen Zeitpunkten neben einer Stichtagsinventur für andere Vermögensgegenstände zulässig ist!

- Definieren Sie, was Sie unter einem besonderen Inventar verstehen!

- Welchen Inhalt hat ein Inventar?

- Wie ist ein Inventar gegliedert?

- Nennen Sie Vermögensteile, die zum Anlagevermögen gehören! Begründung!

- Welche Vermögenswerte gehören zum Umlaufvermögen?

- Wie erhält man das Eigenkapital aus dem Inventar?

- Nach welchem Schema läßt sich durch Kapitalvergleich ein Erfolg ermitteln?

- Wie wirken sich Privatentnahmen auf Eigenkapital und Erfolg aus?

- Welche Unterschiede sind zwischen einem Inventar und der Bilanz desselben Stichtages festzustellen?

- Definieren Sie, was Sie unter einer Bilanz verstehen!

- Erklären Sie den Inhalt der beiden Bilanzseiten!

- Was verstehen Sie unter der Bilanzgleichung?

- Was verstehen Sie unter der erweiterten Bilanzgleichung?

- Warum ist eine einheitliche, allgemein verbindliche Bilanzgliederung sinnvoll?

III. Wertänderungen in der Bilanz

Die Bilanz ist eine nur für einen ganz bestimmten Zeitpunkt gültige Gegenüberstellung von Vermögen und Kapital. Jeder einzelne Geschäftsvorfall nach dem Abschlußzeitpunkt bringt zwangsläufig eine Veränderung von mindestens zwei Bilanzwerten mit sich. Damit die **Bilanzgleichung** nämlich auch weiterhin gewahrt bleibt, muß jede Änderung eines Bilanzpostens gleichzeitig zu wenigstens einer korrespondierenden Änderung irgend eines anderen Bilanzpostens führen.

Dabei kann man die Geschäftsvorfälle in drei Gruppen einteilen. Die einen bewirken lediglich eine Änderung in der Zusammensetzung des Vermögens und/oder der Schulden, **ohne die Höhe des Eigenkapitals zu beeinflussen.** Man kann sie als Tauschvorgänge oder **Vermögens- bzw. Kapitalumschichtungen** bezeichnen, die sich erfolgsneutral auswirken. Daneben gibt es auch erfolgsneutrale Änderungen beider Bilanzseiten gleichzeitig. Eine andere Gruppe von Geschäftsvorfällen berührt grundsätzlich die Bilanzposition Eigenkapital und verändert sie jedesmal. Es handelt sich dabei um erfolgswirksame **Vermögens- und Kapitaländerungen.**

1. Erfolgsneutrale Vermögens- und Kapitalumschichtungen

Der Aktivtausch

Beim Aktivtausch werden mindestens zwei Bilanzposten der Aktivseite geändert, wobei die Zunahme eines (oder mehrerer) Aktivposten genau der Abnahme eines (oder mehrerer) anderer Aktivposten entspricht.

Beispiel: Wareneinkauf gegen Barzahlung. Hierbei nimmt der Warenbestand zu und der Kassenbestand um genau denselben Betrag ab.

Es ist einleuchtend, daß ein solcher Vorgang nur die Zusammensetzung des Vermögens ändert (Vermögensumschichtung) und weder die Summe der Aktiva (Bilanzsumme) noch das Eigenkapital beeinflußt, mithin erfolgsneutral ist. Definitionsgemäß ist nämlich für die Erfolgswirksamkeit eine Eigenkapitaländerung erforderlich.

Der Passivtausch

Beim erfolgsneutralen Passivtausch werden mindestens zwei Bilanzposten der Passivseite ohne eine Beeinflussung der Eigenkapitalgröße verändert.

Beispiel: Wir bezahlen eine Verbindlichkeit mit Wechsel. Hierbei nimmt die Postion Verbindlichkeiten ab und die Position Schuldwechsel analog zu; der Tauschvorgang berührt allein die Passivseite der Bilanz.

2.   Erfolgsneutrale Vermögens- und Kapitaländerungen

Aktiv-Passivtausch

Die erfolgsneutralen **Vermögensänderungen** betreffen beide Bilanzseiten gleichzeitig, sie ändern die Summe des Vermögens und des Kapitals. Dabei ergibt sich entweder eine gleichzeitige Werterhöhung von Aktiv- und Passivkonten (Aktiv-Passiv-Mehrung, Bilanzverlängerung) oder die gleichzeitige Wertverminderung beider Bilanzseiten um denselben Betrag (Aktiv-Passiv-Minderung, Bilanzverkürzung).

Beispiel: Wir kaufen Waren gegen Ziel. Die Aktivposten Warenvorräte und der Passivposten Verbindlichkeiten aus Warenlieferungen nehmen gleichzeitig in gleicher Höhe zu (= Bilanzverlängerung).

              Wird die Verbindlichkeit später mit einem Bankscheck beglichen, bewirkt dies eine Verminderung des Bankguthabens sowie der Verbindlichkeiten, die Bilanzsumme verringert sich (= Bilanzverkürzung).

3.   Erfolgswirksame Vermögens- und Kapitaländerungen

Bisher sind durch die Geschäftsvorfälle nur aktive und/oder passive Bestandspositionen der Bilanz mit Ausnahme der Position Eigenkapital verändert worden. Viele Geschäftsvorfälle bewirken jedoch nicht nur eine Umschichtung von Vermögenswerten und Schulden, sondern auch eine betragsmäßige Änderung der Eigenkapitalgröße.

Wenn uns bspw. die Bank Zinsen gutschreibt, wird zunächst als aktiver Bilanzposten das Bankguthaben erhöht. Da sich weder gleichzeitig ein anderer Vermögensbestand vermindert (also kein Aktivtausch), noch eine Position unter den Schulden erhöht (also auch keine

28

erfolgsneutrale Aktiv-Passiv-Mehrung), kann die notwendige korrespondierende Änderung zur Wiederherstellung des Bilanzgleichgewichts nach der Zinsgutschrift auf dem Bankkonto nur bei der Bilanzposition Eigenkapital vorgenommen werden. Das Eigenkapital wird betragsgleich erhöht, es ist ein Ertrag (= Eigenkapitalmehrung) zu verzeichnen gewesen. Der Geschäftsvorfall war in voller Höhe erfolgswirksam; es fand bilanziell eine Aktiv-Passiv-Mehrung statt.

Wenn wir eine Stromrechnung aus der Kasse bezahlen, nimmt zunächst der Kassenbestand ab, ohne daß wir einen anderen Bilanzposten - außer dem Eigenkapital - gleichzeitig ändern können. Die Bezahlung der Stromrechnung mindert den Kassenbestand und das Eigenkapital, es wurde ein Aufwand (= Eigenkapitalminderung) getätigt; bilanziell vollzog sich eine Aktiv-Passiv-Minderung.

Zu einer Eigenkapitaländerung kommt es auch, wenn sich zwei (oder mehrere) Aktiv- und/oder Passivposten um einen insgesamt unterschiedlichen Betrag ändern (teilweise erfolgswirksame Vermögensänderung, teilweise erfolgsneutrale Vermögensumschichtung). Die zur Wiederherstellung der Bilanzgleichung erforderliche korrespondierende Änderung wird in allen Fällen bei der Eigenkapitalposition vorgenommen. Definitionsgemäß ist dabei jede Eigenkapitaländerung ein Erfolg, die Eigenkapitalmehrung ein Ertrag, die Eigenkapitalminderung ein Aufwand.

Beispiel:

Verkaufen wir Waren, die wir für 1000,-- DM eingekauft haben bspw. für 1200,-- DM in bar, dann nimmt der Bestand an Waren um den Einkaufspreis von 1000,-- DM ab (Aktivtausch), und der Kassenbestand erhöht sich um 1200,-- DM ; die Differenz von 200,-- DM muß, da die Aktivseite der Bilanz jetzt um 200,-- DM höher geworden ist, als Ertrag zum Eigenkapital hinzugerechnet werden (Aktiv-Passiv-Mehrung).

Merke:	Aufwendungen und Erträge werden durch die Geschäftsvorfälle verursacht, die das Eigenkapital in seiner Höhe verändern. Aufwendungen vermindern und Erträge erhöhen dabei das Eigenkapital.

Die erfolgswirksame Erhöhung der Bilanzposition Eigenkapital (= Ertrag) resultiert gewöhnlich aus einer Aktivmehrung (z.B. Zinsgutschrift, Mieteingang, Warenverkauf über dem Einkaufswert, Anlagenverkauf über dem Buchwert) seltener aus einer Passivminderung (z.B. Schuldenerlaß durch Lieferer, Skontoabzug von Lieferantenverbindlichkeit). Umgekehrt ist die erfolgswirksame Verringerung der Bilanzposition Eigenkapital (= Aufwand) in der Regel das Ergebnis einer Aktivminderung (z.B. Zahlungen der Löhne, Mieten, Strom, Steuern, Versicherungen) und selten das einer Passivmehrung (z.B. wir werden schadenersatzpflichtig oder garantiepflichtig; eine Konventionalstrafe wird fällig).

Jeder beliebige buchungspflichtige Geschäftsvorfall in einem Unternehmen läßt sich stets unter einen der folgenden vier Grundtypen einordnen:

a)   Aktivtausch (Δ B = - Δ A)

b)   Passivtausch (Δ F = - Δ E)

c)   Aktiv-Passiv-Minderung (Δ C = Δ G)

d)   Aktiv-Passiv-Mehrung (Δ D = Δ H)

Es gibt keine Geschäftsvorfälle, die nicht in dieses System einzuordnen wären, gleichgültig, ob sie erfolgswirksam oder ganz bzw. teilweise erfolgsneutral sind.

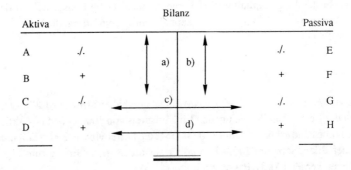

Abbildung: A.7

Ein betragsungleicher Aktivtausch führt gleichzeitig entweder zu einer Bilanzverlängerung (Ertragsfall) oder zu einer Bilanzverkürzung (Aufwandsfall). Rein erfolgswirksame Geschäftsvorfälle lösen als Aufwendungen eine Bilanzverkürzung und als Erträge eine Bilanzverlängerung aus.

4. Testfragen

- Warum löst jeder Geschäftsvorfall die Änderung von mindestens zwei Bilanzpositionen aus?

- Warum ist ein Aktiv- oder Passivtausch erfolgsneutral?

- Kann ein betragsgleicher Aktiv- oder Passivtausch auch erfolgswirksam sein?

- Wann spricht man von Bilanzverkürzung, wann von Bilanzverlängerung?

- Welche Geschäftsvorfälle ändern die Eigenkapitalgröße und sind trotzdem nicht erfolgswirksam?

- Beschreiben Sie einen Geschäftsvorfall, der einen Ertrag auslöst!

- Kann ein Aufwand das Resultat einer Passivminderung sein?

- Kann ein Geschäftsvorfall die Bilanzgleichung zerstören?

IV. Die Buchung auf den Bestandskonten

1.   Die Auflösung der Bilanz in Konten

Jeder der zahlreichen täglichen Geschäftsvorfälle ändert somit erfolgswirksam oder erfolgsneutral die Zusammensetzung der Bilanz und/oder der Bilanzsumme, ohne jedoch jemals die
Bilanzgleichung zerstören zu können. Theoretisch könnte man die durch einen einzelnen
Geschäftsvorfall ausgelösten Veränderungen bei verschiedenen Beständen jeweils durch
Aufstellung einer neuen, geänderten Bilanz erfassen. In der Praxis ist dies jedoch undurch-
führbar, weshalb man sich der Erfassung der zahlreichen Geschäftsvorfälle auf Konten
bedient, dem Fundament der eigentlichen Buchhaltung.

Merke: Als Konto bezeichnet man eine zweiseitig geführte Rechnung. Die linke Kontoseite bezeichnet man als Soll-, die rechte als Haben-Seite.

Bei der Auflösung der Bilanz in Konten wird für jeden Bilanzposten ein entsprechendes Konto
eröffnet. Sachlich ändert sich dadurch nichts. Die Bilanzposten werden lediglich aus der
Bilanz herausgenommen und als Einzelabrechnung in Kontoform geführt. Die einzelnen
Konten können jederzeit wieder zu einer Bilanz zusammengefügt werden.

Anfangsbilanz

Aktiva			Passiva	
Waren	7.000,--	Eigenkapital	6.000,--
Kasse	4.500,--	Verbindlichkeiten	5.500,--
	11.500,--		11.500,--

S	Waren	H		S	Eigenkapital	H
AB	7.000,-				AB	6.000,-

S	Kasse	H		S	Verbindlichkeiten	H
AB	4.500,-				AB	5.500,-

Abbildung: A.8

32

Das Konto wird zunächst auf der gleichen Seite, auf der die Position in der Bilanz steht, mit dem Anfangsbestand (AB) eröffnet. Der Anfangsbestand aller aktiven Bilanzpositionen steht somit immer im Soll, der Anfangsbestand aller passiven Bilanzposten im Haben. Man bezeichnet die Konten, die aktive Bilanzbestände aufnehmen als aktivische Bestandskonten oder kürzer Aktivkonten und diejenigen, die passive Bestände weiterführen als passivische Bestandskonten oder Passivkonten.

Die Bezeichnungen "Soll" und "Haben" für die beiden Seiten des Kontos haben sich mit der Zeit eingebürgert und sind lediglich historisch erklärbar. Sie wurden aus den beiden Seiten des Forderungskontos entwickelt: Der Schuldner **soll** zahlen, bzw. wir **haben** erhalten.

Soll	Forderungen		Haben
er **soll** zahlen	300	wir **haben** erhalten	180

Abbildung: A.9

Die Kontenseitenbezeichnungen, welche für das Forderungskonto üblich geworden sind, wurden später auf alle Konten übertragen, auch wenn sie dort ihren Erklärungsgehalt verloren haben. Genauso könnte man die Kontenseiten mit Links und Rechts bezeichnen. Die linke Kontoseite ist per Definition immer die Soll-Seite, ohne daß diesem Begriff (außer beim Forderungskonto) irgendein Erklärungsinhalt entnehmbar wäre.

2. Die Auswirkungen von Bestandsveränderungen

Das Konto ist eine zweiseitig geführte Rechnung, bei der die Bestandszugänge getrennt von den Bestandsabgängen aufgezeichnet werden. Es gibt zu jeder Zeit Auskunft über die laufende Veränderung der aus der Bilanz übernommenen Anfangsbestände auf Grund zwischenzeitlicher Zu- oder Abgänge. Dabei werden auf allen aktivischen wie passivischen Bestandskonten immer die Zugänge auf der Seite des Anfangsbestandes und alle Abgänge auf der Gegenseite verbucht.

S	Aktivkonto	H	S	Passivkonto	H
AB	Abgänge		Abgänge	AB	

Abbildung: A.10

Merke: Alle Zugänge (Bestandsmehrungen) stehen auf der Seite des Anfangsbestandes, da sie diesen vergrößern. Alle Abgänge stehen auf der dem Anfangsbestand gegenüberliegenden Seite.

Will man zu einem beliebigen Zeitpunkt den tatsächlichen Bestand des Kontos ermitteln, saldiert man die Minderungen mit den Beträgen auf der anderen Seite (Anfangsbestand + Mehrungen) und erhält auf diese Weise den Schlußbestand (SB). Das Konto wird abgeschlossen durch den Saldo, den Unterschiedsbetrag zwischen beiden Seiten des Kontos, der zum Ausgleich auf der kleineren Seite eingesetzt wird, damit Summengleichheit auf beiden Seiten des Kontos besteht.

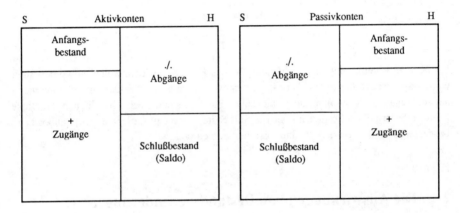

Abbildung: A.11

Merke: Saldieren nennt man die Ermittlung des Unterschieds zwischen den beiden Seiten des Kontos. Der Saldo ist der Posten, der auf die kleinere Seite des Kontos gesetzt wird, um die Summengleichheit zwischen Soll- und Habenseite des Kontos herzustellen. Dabei bezeichnet man einen Saldo stets nach der größeren Seite des Kontos: Ein Habensaldo steht somit im Soll und ein Sollsaldo im Haben.

3. Die doppelte Buchung

Es wurde bereits ausgeführt, daß jeder Geschäftsvorfall immer mindestens zwei Bilanzpositionen berühren muß, damit stets die Summengleichheit zwischen Aktiv- und Passivseite der Bilanz gewahrt bleibt. Aus diesem Grunde muß jeder Vorgang, der Anlaß zu einer Buchung gibt, zweimal verbucht werden, und zwar stets auf einem Konto im Soll und auf einem anderen Konto im Haben, wobei man zweckmäßigerweise immer mit der Sollbuchung beginnt.

Beispiele:

a) Wareneinkauf gegen Barzahlung von 5.000,-- DM (Aktivtausch). Auf dem Warenkonto erfolgt eine Bestandsmehrung, also Buchung im Soll; auf dem Kassenkonto stellt sich gleichzeitig eine Bestandsminderung ein, also Buchung im Haben.

b) Wir bezahlen eine Verbindlichkeit über 1500,-- DM mit einem Wechsel (Passivtausch). Es ergibt sich bei den Verbindlichkeiten eine Bestandsminderung (= Sollbuchung) und beim Konto Schuldwechsel eine Bestandsmehrung (= Habenbuchung).

c) Wareneinkauf auf Ziel für 8.000,-- DM (Aktiv-Passiv-Mehrung). Bestandsmehrung auf dem Warenkonto (= Sollbuchung). Bestandsmehrung auf dem Konto Verbindlichkeiten (= Habenbuchung).

d) Wir bezahlen den Schuldwechsel bar (Aktiv-Passiv-Minderung). Bestandsminderung bei den Schuldwechseln (= Sollbuchung). Bestandsminderung auf dem Kassenkonto (= Habenbuchung).

S	Kasse		H		S	Verbindlichkeiten		H
AB	- - -	a)	5.000,--		b)	1.500,--	AB	- - -
		d)	1.500,--				c)	8.000,--

S	Waren		H		S	Schuldwechsel		H
AB	- - -				d)	1.500,--	AB	- - -
a)	5.000,--						b)	1.500,--
c)	8.000,--							

Abbildung: A.12

Bei der Buchung auf den Konten spricht man von "belasten" (Lastschrift) bei Eintragungen auf der Sollseite und von "erkennen" (Gutschrift) bei Buchungen auf der Habenseite. Diese Begriffe treffen auf das Eigenkapitalkonto zu, werden aber für alle übrigen Konten ebenso verwandt.

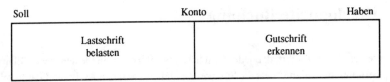

Abbildung: A.13

Ist eine Buchung unrichtig erfolgt (falsches Konto, falscher Betrag), so muß diese korrigiert werden, wobei die ursprüngliche Buchung grundsätzlich nicht ausgestrichen, sondern zunächst durch eine umgekehrte **Stornobuchung** aufgehoben wird, der dann die richtige Buchung folgt. Auch für die Stornobuchung gelten die Grundsätze der Doppelbuchung. Deshalb kann ein buchungstechnischer Fehler, wie z.B. die zweimalige Buchung desselben Vorgangs auf der Soll- oder der Habenseite, nicht durch eine Stornobuchung beseitigt werden. In solchen Fällen kann eine Streichung der falschen Eintragung vorgenommen und anschließend die richtige Kontoseite belastet bzw. erkannt werden.

System der Geschäftsvorfälle:

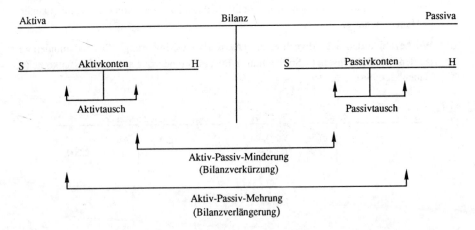

Bilanzveränderung	Sollbuchung	Habenbuchung
Aktivtausch	Aktivmehrung	Aktivminderung
Passivtausch	Passivminderung	Passivmehrung
Aktiv-Passiv-Mehrung	Aktivmehrung	Passivmehrung
Aktiv-Passiv-Minderung	Passivminderung	Aktivminderung

Abbildung: A.14

4. Buchungssatz und Kontenruf

Die von einem Geschäftsvorfall betroffenen Konten werden meist gleich auf dem Buchungsbeleg vermerkt und zunächst im Grundbuch in zeitlicher Reihenfolge eingetragen, bevor sie später geschlossen auf die Konten des Hauptbuches übertragen werden. Für diese Eintragung des Geschäftvorfalls im Grundbuch hat sich eine Darstellungsform entwickelt, die man als **Buchungssatz** bezeichnet. Dieser benennt die Konten, auf denen gebucht werden muß und zwar immer zuerst das Konto, auf dem die Sollbuchung erfolgen muß; die beiden Konten werden durch das Wörtchen ''an'' verbunden.

Beispiel:

Wareneinkauf auf Ziel 2.000,-- DM bei der Firma Teufel.

Buchungssatz:

    Konto Waren 2.000,-- DM   an   Konto Verbindlichkeiten Fa. Teufel 2.000,-- DM

Merke:	Keine Buchung ohne Gegenbuchung!

Nähere Erläuterungen zum Buchungssatz, die diese verständlich und nachvollziehbar machen sollen, bezeichnet man als **Buchungstext**. Die Eintragung im Grundbuch kann vereinfacht werden; es kann sowohl das Wort Konto als selbstverständlich entfallen, als auch der Betrag nur einmal genannt werden.

Der Buchungssatz lautet dann nur noch:

                Waren   an   Verbindlichkeiten 2.000,-- DM

Neben den sog. einfachen Buchungssätzen, bei denen nur zwei Konten angesprochen werden, gibt es noch sog. **zusammengesetzte Buchungssätze**, bei denen mehr als zwei Konten berührt werden. Im allgemeinen wird bei zusammengesetzten Buchungssätzen eine Seite (Soll oder Haben) nur einmal angesprochen - es kann jedoch auch durchaus auf Grund eines einzigen Geschäftsvorfalls sowohl die Soll- als auch die Habenseite mehrmals belastet bzw. erkannt werden müssen.

Beispiel:

Wareneinkauf für 2.000,-- DM gegen Zahlung von 1.000,-- DM in bar und Hingabe eines Wechsels über 1.000,-- DM.

Buchungssatz:

Wareneinkauf	2.000,-- DM	an	Kasse	1.000,-- DM
		an	Schuldwechsel	1.000,-- DM

In der Praxis wird bei der Buchung auf den Konten nicht nur Datum und Betrag, sondern auch das Gegenkonto vermerkt, der **Kontenruf**. Durch ihn entfällt die Notwendigkeit den Geschäftsvorfall durch einen Buchungstext zu erläutern weitgehend, da man ihn auf Grund des Kontenrufs leicht erkennen kann.

Beispiel:

Wareneinkauf auf Ziel für 2.000,-- DM.

Buchungssatz:

Waren an Verbindlichkeiten 2.000,-- DM

S	Waren	H		S	Verbindlichkeiten	H
AB	- - -				AB	- - -
Vbdl.	2.000,--				Waren	2.000,--

Abbildung: A.15

Der Kontenruf läßt sich weiter vereinfachen, wenn die Konten durch Ziffern gekennzeichnet werden. (vgl. unsere Ausführungen zum Kontenrahmen, Kap. A.VII).

5. Eröffnungsbilanzkonto und Schlußbilanzkonto

5.1 Das Eröffnungsbilanzkonto

Auch die Eröffnung der Bestandskonten geschieht durch doppelte Buchung, da stets gilt: Keine Buchung ohne Gegenbuchung. Die Eröffnung der Bestandskonten wird i.d.R. mit Hilfe eines Vermittlungskontos durchgeführt, das man Eröffnungsbilanzkonto nennt. Dieses Konto ist weiter nichts, als ein buchungstechnisches Hilfsmittel für die Kontoeröffnung und tritt dabei nur als notwendiges Gegenkonto für die Buchung der Anfangsbestände auf die Aktiv- und Passivkonten in Funktion. Gleichzeitig dient es der Kontrolle der Vollständigkeit der Bestandsübernahme aus der Schlußbilanz des Vorjahres.

Aktiva		Bilanz	Passiva
Waren	4.000,--	EK	2.500,--
Kasse	1.500,--	Vbdl.	3.000,--

S		Eröffnungsbilanzkonto	H
3. EK	2.500,--	1. Waren	4.000,--
4. Vbdl.	3.000,--	2. Kasse	1.500,--

S	Waren	H	S	EK	H
1. AB	4.000,--			3. AB	2.500,--

S	Kasse	H	S	Verbindlichkeiten	H
2. AB	1.500,--			4. AB	3.000,--

Abbildung: A.16

Die Buchungssätze lauten folglich:

1) Waren an Eröffnungsbilanzkonto 4.000,-- DM

2) Kasse an Eröffnungsbilanzkonto 1.500,-- DM

3) Eröffnungsbilanzkonto an Eigenkapital 2.500,-- DM

4) Eröffnungsbilanzkonto an Verbindlichkeiten 3.000,-- DM

oder allgemein:

Aktivkonten	an	Eröffnungsbilanzkonto
Eröffnungsbilanzkonto	an	Passivkonten

Auf dem Eröffnungsbilanzkonto erscheinen Vermögenswerte im Haben und die Schulden und das Eigenkapital im Soll, genau spiegelbildlich zur Bilanz. Bei den Eröffnungsbuchungen werden die Aktivkonten mit den Anfangsbeständen belastet und das Eröffnungsbilanzkonto dafür erkannt. Nachdem die Kontoeröffnung durchgeführt ist, hat das Eröffnungsbilanzkonto seine Funktion erfüllt - die Buchung der laufenden Geschäftsvorfälle auf den neueröffneten Konten kann beginnen.

Merke: Das Eröffnungsbilanzkonto ist das Gegenkonto zur Eröffnung der Bestandskonten; es ist das Spiegelbild der Eröffnungsbilanz.

In der Praxis ist die Benutzung des Eröffnungsbilanzkontos nicht unbedingt erforderlich; die Kontoneröffnung erfolgt dann einfach durch Übernahme der Bilanzwerte auf die entsprechenden Konten. Gegenkonten für die Buchungen auf den Aktivkonten sind dann die Bestände auf den Passivkonten und umgekehrt. Theoretisch denkt man sich dabei die Gegenbuchungen auf dem Eröffnungsbilanzkonto auf eine Sammelbuchung in einer Summe beschränkt:

S	Eröffnungsbilanzkonto		H
an verschiedene Passivkonten	5.500,-	von verschiedenen Aktivkonten	5.500,-

Abbildung: A.17

Aus Vereinfachungsgründen kann sogar auf die Übertragung der Anfangsbestände verzichtet werden, die regelmäßig zum Beginn des Geschäftsjahres noch nicht endgültig feststehen dürften (Inventur, spätere Bilanzerstellung, Änderung durch Steuerbescheide etc.). Die Anfangsbestände werden dann später direkt in die Hauptabschlußübersicht übernommen, während die Konten nur die laufenden Geschäftsvorfälle (Verkehrszahlen) erfassen.

Die Eröffnungsbuchungen werden aus den Beständen der Eröffnungsbilanz entwickelt, die grundsätzlich mit der Schlußbilanz der vorherigen Abrechnungsperiode identisch ist. Diese vollständige Entsprechung der Schlußbilanz eines Geschäftsjahres mit der Eröffnungsbilanz des darauffolgenden Geschäftsjahres bezeichnet man als Grundsatz der Bilanzidentität (§ 252 Abs. 1 Nr. 1 HGB).

> **Merke:** Das Eröffnungsbilanzkonto ist die spiegelbildliche Wiedergabe der Eröffnungs-
> bilanz der neu begonnenen Abrechnungsperiode, welche mit der Schlußbilanz
> der vorangegangenen Periode identisch ist.

5.2 Das Schlußbilanzkonto

Durch die stets zweifache, betragsgleiche Buchung eines jeden Geschäftsvorfalles im Soll und
im Haben bleibt die Bilanzgleichung immer erhalten. Daher können die Konten jederzeit zu
einer neuen Bilanz zusammengefügt werden. Dazu bedient man sich des sog. Schlußbilanzkontos, welches im System der doppelten Buchführung die Gegenbuchung zum Kontenabschluß ermöglicht.

> **Merke:** Das Schlußbilanzkonto ist das Gegenkonto für den Abschluß aller Bestandskon-
> ten.

Bei den Abschlußbuchungen werden die Aktivkonten für die Schlußbestände (SB) erkannt (=
Sollsaldo) und das Schlußbilanzkonto belastet. Umgekehrt werden die Passivkonten für die
Schlußbestände belastet (= Habensaldo) und das Schlußbilanzkonto erkannt.

S	Waren		H		S	EK		H
AB	4.000,--	Abgänge	6.500,--		SB	2.500,--	AB	2.500,--
Zugänge	5.000,--	SB	2.500,--					

S	Kasse		H		S	Verbindlichkeiten		H
AB	1.500,--	Abgänge	4.000,--		Abgänge	4.000,--	AB	3.000,--
Zugänge	6.500,--	SB	4.000,--		SB	4.000,--	Zugänge	5.000,--

S	Schlußbilanzkonto		H
Waren	2.500,--	EK	2.500,--
Kasse	4.000,--	Vbdl.	4.000,--
	6.500,--		6.500,--

Abbildung: A.18

Das Schlußbilanzkonto ist das Abschlußsammelkonto; es entsteht durch den Abschluß der
Konten und bestimmt sich im Aufbau nach der Buchführung. Die Schlußbilanz entspricht in
ihrem Aufbau dagegen dem Bilanzschema des § 266 Abs. 2 und 3 HGB. Obwohl die Schluß-

bilanz auf der Grundlage der Inventur erstellt wird, entspricht sie inhaltlich deshalb dem Schlußbilanzkonto, weil Abweichungen zwischen den tatsächlichen Ist-Beständen und den buchhalterischen Soll-Beständen vor dem Abschluß der Konten über das Schlußbilanzkonto zu berichtigen sind. Ob also bei der Inventur Bestandsdifferenzen festgestellt werden oder nicht, die Schlußbilanz entspricht immer der (gemäß dem Bilanzschema des § 266 Abs. 2 und 3 HGB) gegliederten Abschrift des Schlußbilanzkontos.

6. Testfragen

- Was ist ein Konto?
- Wann spricht man von einem Bestandskonto?
- Wo stehen die Anfangsbestände auf den Bestandskonten?
- Was wird im Haben eines Passivkontos gebucht?
- Auf welcher Seite der Bestandskonten bucht man die Zugänge?
- Wie erhält man den Schlußbestand eines Kontos?
- Was ist ein Saldo?
- Auf welcher Seite des Kontos steht ein Habensaldo?
- Warum muß jeder Geschäftsvorfall doppelt gebucht werden?
- Auf welcher Seite wird ein Konto belastet und erkannt?
- Erklären Sie die Stornobuchung!
- Warum kann man buchungstechnische Fehler wie z.B. eine zweimalige Buchung im Soll nicht durch eine Stornobuchung beseitigen?
- Erläutern Sie den Inhalt des Buchungssatzes!
- Was ist ein Buchungstext?
- Wann spricht man von zusammengesetzten Buchungssätzen?
- Erklären Sie den Kontenruf und seine Vorteile!
- Zu welchem Zweck verwendet man das Eröffnungsbilanzkonto?
- Warum kann die Übertragung der Anfangsbestände auf die Konten auch unterlassen werden?
- Bilden Sie die Buchungssätze für die Konteneröffnung mittels Eröffnungsbilanzkonto!
- Bilden Sie die Buchungssätze für den Kontenabschluß!
- Unter welcher Voraussetzung sind Schlußbilanzkonto und Schlußbilanz inhaltlich identisch?

V. Die Buchung auf dem Eigenkapitalkonto

1. Die Auflösung des Eigenkapitalkontos in Unterkonten

Erfolgswirksame Vermögensänderungen (Aufwendungen und Erträge) und erfolgsneutrale Vermögensänderungen (Privatentnahmen und -einlagen) ändern das **passivische Bestandskonto Eigenkapital**.

S	Eigenkapitalkonto	H
Minderungen: Aufwendungen Entnahmen Schlußbestand	Anfangsbestand Mehrungen: Erträge Einlagen	

Abbildung: A.19

Da die Mehrzahl aller Geschäftsvorfälle ganz oder teilweise erfolgswirksam ist und somit das Eigenkapital ändert, würde auf diesem Konto bald jeder Überblick verlorengehen. Außerdem würde bei der chronologischen Buchung aller betrieblichen und privaten Kapitaländerungen das echte Betriebsergebnis nicht unmittelbar ersichtlich sein. Aus diesen Gründen löst man das Eigenkapitalkonto in eine Reihe von Hilfs- oder Unterkonten auf: Erfolgskonten (Aufwands- und Ertragskonten) und Privatkonten (Privateinlagen- und -entnahmekonten).

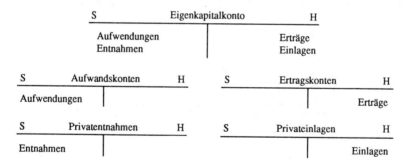

Abbildung: A.20

> **Merke:** Für alle Unterkonten des Eigenkapitalkontos gelten die gleichen Buchungsregeln wie für das Hauptkonto selbst: Wie bei allen Passivkonten stehen die Minderungen (und hier die Aufwendungen) im Soll, die Mehrungen (und hier die Erträge) im Haben.

2. Erfolgskonten als Unterkonten des Kapitalkontos

2.1 Aufgabe der Erfolgskonten

Es ist klar, daß allein die Veränderung des Bestandes auf dem Eigenkapitalkonto als Differenz zwischen der Summe verschiedener Erträge (z.B. Miet-, Zins-, Skonto- oder Provisionserträge) und der Summe verschiedener Aufwendungen (z.B. Löhne, Gehälter, Zinsen, Mieten, Spesen, Provisionen oder allgemeine Verwaltungskosten) wenig aussagefähig ist. Deshalb wird für jede Aufwands- und Ertragsart ein **getrenntes** Konto geführt, um Aufwendungen und Erträge laufend nach sachlichen Gesichtspunkten getrennt sammeln und analysieren zu können.

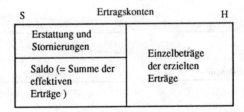

Abbildung: A.21

Aufwandskonten sammeln im Laufe des Geschäftsjahres alle Kapitalminderungen getrennt nach den einzelnen Aufwandsarten. In der Regel ist die Sollseite die größere Seite - der Saldo steht dann als Sollsaldo im Haben.

S   Ertragskonten   H

Erstattung und Stornierungen	Einzelbeträge der erzielten Erträge
Saldo (= Summe der effektiven Erträge)	

Abbildung: A.22

Die Ertragskonten sammeln laufend alle Kapitalerhöhungen getrennt nach den einzelnen Ertragsarten. In der Regel ist die Habenseite die größere Kontoseite, der Saldo steht als Habensaldo im Soll.

2.2 Abschluß der Erfolgskonten

Zum Ende des Geschäftsjahres werden alle Erfolgskonten wieder zusammengetragen und auf dem Gewinn- und Verlustkonto gesammelt, einem unmittelbaren Unterkonto des Kapitalkontos. Der auf den Erfolgskonten festgestellte Saldo wird in das Gewinn- und Verlustkonto gegengebucht.

Buchungssätze:

Gewinn- und Verlustkonto	an	Aufwandskonto
Ertragskonten	an	Gewinn- und Verlustkonto

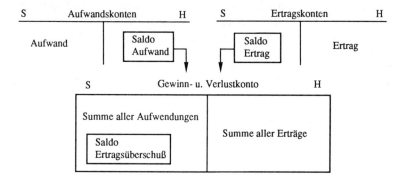

Abbildung: A.23

Der Saldo des Gewinn- und Verlustkontos, das ja ein Unterkonto des Eigenkapitalkontos ist, wird auf dieses übertragen. Steht der Saldo als Habensaldo im Soll des Gewinn- und Verlustkontos, übersteigen die Erträge die Aufwendungen der Abrechnungsperiode, es ist eine Kapitalmehrung, ein Gewinn erwirtschaftet worden. Steht der Saldo dagegen als Sollsaldo im Haben des Gewinn- und Verlustkontos, dann ist eine Kapitalminderung, ein Verlust zu verzeichnen.

Buchungssätze:

Gewinn- und Verlustkonto	an	Eigenkapital (bei Kapitalmehrung)
Eigenkapital	an	Gewinn- und Verlustkonto (bei Kapitalminderung)

45

So wie man das Abschlußkonto für die Bestandskonten als Schlußbilanzkonto und eine nach dem Bilanzschema des § 266 HGB gegliederte Abschrift davon als Schlußbilanz bezeichnet, so ist das Gewinn- und Verlustkonto innerhalb der Buchführung das Sammelkonto für die Erfolgskonten und die Gewinn- und Verlustrechnung eine gemäß dem Gliederungsschema des § 275 HGB angefertigte Abschrift desselben.

3. Privatkonten als Unterkonten des Kapitalkontos bei Nicht-Kapitalgesellschaften

Während das Gewinn- und Verlustkonto als Sammelkonto aller Aufwands- und Ertragskonten das Unterkonto des Kapitalkontos für alle betrieblich bedingten (erfolgswirksamen) Kapital-änderungen ist, hat das Privatkonto mit den Unterkonten Privateinlagen und -entnahmen die Aufgabe, alle privat verursachten Kapitalveränderungen festzuhalten. Da Kapitalgesellschaf-ten keine ''Privat''-Sphäre haben, findet man Privatkonten nur bei Einzelkaufleuten und Personengesellschaften. Es gelten auch hier die Buchungsregeln des Kapitalkontos.

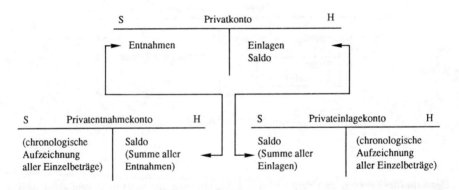

Abbildung: A.24

In der Praxis werden oft mehrere Privatentnahmekonten geführt, die eine spätere Herausrech-nung bestimmter Posten (wie z.B. Barentnahmen, Sachentnahmen, Privatsteuern, steuerlich abzugsfähige Sonderausgaben) ersparen sollen. Bei Personengesellschaften hat jeder Gesell-schafter ein oder auch mehrere Privatkontos. Abgeschlossen werden die Privatkonten unmit-telbar über das Eigenkapitalkonto, bzw. mittelbar, wenn vorher noch ein Privatsammelkonto zur Zusammenfassung der verschiedenen Privatkonten eingeschaltet wird, das dann seiner-seits mit einem Saldo auf das Eigenkapitalkonto übertragen wird.

Merke: Während die Erfolgskonten, welche die erfolgswirksamen Kapitalveränderungen sammeln, über das Gewinn- und Verlustkonto abgeschlossen werden, sind die die Privatkonten direkt über das Eigenkapitalkonto selbst abzuschließen.

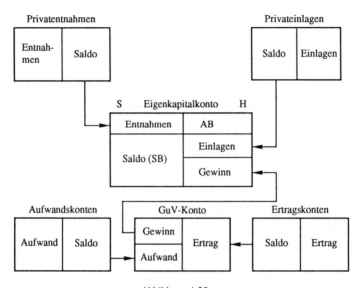

Abbildung: A.25

4. Zusammenhang der Konten und ihr Abschluß

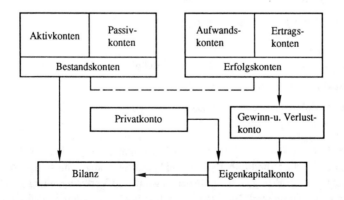

Abbildung: A.26

47

Für den buchungstechnischen Abschluß der Bestands- und Erfolgskonten (Abschlußbuchungen) ist die Einhaltung einer bestimmten Reihenfolge zweckmäßig:

1) Feststellung der Sollbestände auf den Bestandskonten und Vergleich mit den Istbeständen der Inventur (Fehlmengen infolge Schwund, Verderb oder Diebstahl sind als Aufwand auszubuchen):

   Buchungssatz:

   Aufwandskonto an Bestandskonto

   Mehrbestand (infolge versehentlicher Doppelerfassung als Aufwand oder Nichterfassung als Ertrag) führen zum

   Buchungssatz:

   Bestandskonto an Ertrag

2) Abschluß der Erfolgskonten über das Gewinn- und Verlustkonto

   a) Gewinn- und Verlustkonto an Aufwandskonten

   b) Ertragskonten an Gewinn- und Verlustkonto

3) Abschluß des Gewinn- und Verlustkontos über das Kapitalkonto

   a) Gewinn- und Verlustkonto an Kapitalkonto (bei Kapitalmehrung)

   b) Kapitalkonto an Gewinn- und Verlustkonto (bei Kapitalminderung)

4) Abschluß der Privatkonten über das Kapitalkonto

   a) Kapitalkonto an Privatentnahmen

   b) Privateinlagen an Kapitalkonto

5) Abschluß der Bestandskonten über das Schlußbilanzkonto

   a) Schlußbilanzkonto an Aktivkonten

   b) Passivkonten an Schlußbilanzkonto

Abweichend davon kann das Gewinn- und Verlustkonto, obwohl es ein Unterkonto des Kapitalkontos ist, auch direkt über das Schlußbilanzkonto abgeschlossen werden. Dadurch wird erreicht, daß der Erfolg nicht nur in der Gewinn- und Verlustrechnung, sondern auch in der Bilanz ausgewiesen wird. Der Erfolg steht hierdurch neben dem vorläufigen Endkapital als selbständiger Posten in der Bilanz. Zu Beginn des nächstfolgenden Geschäftsjahres muß der Erfolg dann allerdings auf das Kapitalkonto übertragen werden (Buchungssatz: Eröffnungsbilanzkonto an Kapitalkonto bzw. Kapitalkonto an Eröffnungsbilanzkonto, je nachdem, ob ein positiver oder negativer Erfolg als gesonderter Posten ausgewiesen war).

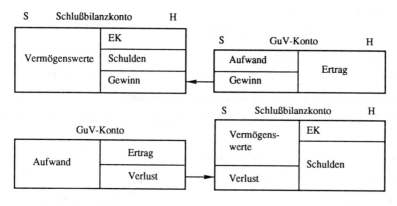

Abbildung: A.27

Eine Eigenkapitalmehrung bewirkt auf dem Schlußbilanzkonto (vor Übertrag aus dem GuV-Konto) einen Sollsaldo (Aktiva größer Passiva) und auf dem Gewinn- und Verlustkonto einen Habensaldo (Aufwand kleiner Ertrag). Ein Verlust führt zu einem Habensaldo auf dem Schlußbilanzkonto (Aktiva kleiner Passiva) und einem Sollsaldo auf dem Gewinn- und Verlustkonto (Aufwendungen größer Erträge).

5. Die doppelte Erfolgsermittlung

Der positive oder negative Erfolg wird in der doppelten Buchführung auf zweifache Weise ermittelt.

Ursache dafür ist die jeweils zweifache Verbuchung eines jeden Geschäftsvorfalles in insgesamt gleicher Höhe sowohl im Soll als auch im Haben. Jeder ganz oder teilweise erfolgswirksame Geschäftsvorfall ändert immer mindestens ein Bestandskonto und ein Erfolgskonto zugleich. Deshalb muß sich aus der Beständerechnung (Bilanz) und der Erfolgsrechnung zwingend ein gleichhoher korrespondierender Saldo ergeben, bevor das Gewinn- und Verlustkonto über das Schlußbilanzkonto abgeschlossen wird. Wird das Gewinn- und Verlustkonto über das Kapitalkonto abgeschlossen, dann ermittelt man den Erfolg aus der Beständerechnung durch Kapitalvergleichsrechnung, was im Prinzip dasselbe ist.

6. Testfragen:

- Erläutern Sie den Inhalt der beiden Seiten des Eigenkapitalkontos!
- Warum ist eine Auflösung des Kapitalkontos in Unterkonten notwendig?
- Erläutern Sie den Inhalt der Aufwandskonten!
- Wie wird auf den Ertragskonten gebucht?
- Bilden Sie die Buchungssätze für den Abschluß der Erfolgskonten!
- Was bedeutet ein Sollsaldo beim Abschluß des Gewinn- und Verlustkontos?
- Was bedeutet ein Sollsaldo auf dem Schlußbilanzkonto?
- Bilden Sie die möglichen Buchungssätze für den Abschluß des Gewinn- und Verlustkontos!
- Wie werden Privatkonten abgeschlossen?
- Kann das Eigenkapitalkonto einen Sollsaldo aufweisen?
- Warum stellt sich auf dem Schlußbilanzkonto immer ein gleichhoher Saldo wie auf dem Gewinn- und Verlustkonto ein?
- Welche Ursachen sind möglich, wenn der Saldo des Schlußbilanzkontos vom Saldo des Gewinn- und Verlustkontos abweicht?
- Worin unterscheidet sich die Gewinn- und Verlustrechnung vom Gewinn- und Verlustkonto?
- Wird das Gewinn- und Verlustkonto durch die Ergebnisse der Inventur beeinflußt?
- Kann die vorgesehene handelsrechtliche Gliederung der Gewinn- und Verlustrechnung erweitert oder eingeschränkt werden?
- In welcher Reihenfolge sollen die Abschlußbuchungen erfolgen?
- Warum ist die Einhaltung dieser Reihenfolge zweckmäßig?

VI. Die Buchung auf gemischten Konten

1. Die Besonderheit der gemischten Konten

Zwischen den Bestandskonten und den Erfolgskonten stehen die gemischten Konten, deren Besonderheit darin besteht, daß ihr Saldo teilweise einen **Bestand** und teilweise einen **Erfolg** darstellt. Während die reinen Bestandskonten als Salden nur Schlußbestände aufweisen, die nach der Überprüfung durch die Inventur in die Schlußbilanz übernommen werden, enthalten die Salden der Erfolgskonten nur reine Aufwendungen oder Erträge, die in der Gewinn- und Verlustrechnung zusammengefaßt werden. Die gemischten Konten, deren Saldo sowohl einen Bestand als auch einen Erfolg einschließt, korrespondieren beim Abschluß sowohl mit dem **Schlußbilanzkonto** als auch mit dem **Gewinn- und Verlustkonto**.

Als Beispiel für ein gemischtes Konto wird meist das ungeteilte Warenkonto angeführt. Werden Ein- und Verkäufe von Waren auf einem Konto gebucht, so enthält das Warenkonto sowohl Bestandszu- und -abgänge, als auch den Warenrohgewinn (= Verkaufserlöse - Einkaufswerte der abgesetzten Mengen), wenn zu höheren als den Einkaufspreisen verkauft wurde. Um den Warenrohgewinn aussondern zu können, muß erst durch Inventur der Schlußbestand an Waren ermittelt werden. Ohne Inventur ergäbe sich im folgenden Beispiel ein Sollsaldo von 200,- DM, in dem Bestands- und Erfolgsanteil untrennbar vermischt wären.

S	gemischtes Erfolgskonto		H
Anfangsbestand zu Einkaufspreisen	100	Abgänge zu Verkaufspreisen	300
Zugänge zu Einkaufspreisen	400	Saldo	200

Abbildung: A.28

Es gibt in der Praxis zahlreiche andere gemischte Konten, die man in zwei Gruppen einteilen kann. Bei der ersten Gruppe kann der Abschluß erst erfolgen, wenn durch Inventur der Schlußbestand ermittelt ist (gemischte Erfolgskonten) und bei der anderen Gruppe muß erst der Erfolgsanteil festgestellt und ausgebucht werden, bevor man den Schlußbestand erhält (gemischte Bestandskonten); die Benennung erfolgt somit nach dem jeweiligen **Restsaldo**.

2. Gemischte Erfolgskonten

2.1 Inhalt und Bedeutung

Von gemischten Erfolgskonten spricht man vor allem dann, wenn Zu- und Abgänge mit unterschiedlichen Werten auf einem Konto gebucht werden. Das ist z.B. der Fall beim gemischten Effekten- oder Devisenkonto und auch bei Anlagekonten, wenn Verkäufe nicht zum Buchwert erfolgen und zunächst mit dem Veräußerungserlös als Abgang gebucht sind.

Auf einem reinen aktivischen Bestandskonto ist immer die Sollseite größer als die Habenseite, es stellt sich daher regelmäßig ein Sollsaldo ein. Auf den gemischten Erfolgskonten findet sich dagegen in der Regel ein Habensaldo, da die im Haben gebuchten Abgänge meist zu über den Anschaffungs- oder Herstellungskosten liegenden Preisen erfolgen. Der Bestand und Erfolg sind in diesem Saldo so miteinander vermischt (sie kompensieren sich teilweise gegenseitig), daß sie sich buchmäßig ohne Inventur nicht trennen lassen.

Der per Inventur ermittelte Schlußbestand (300) wird bei gleichzeitiger Gegenbuchung auf dem Schlußbestandskonto stets im Haben eingesetzt. Der dann noch verbleibende Saldo ist Ertrag (oder Aufwand), der an das Gewinn- und Verlustkonto abgegeben wird.

Abbildung: A.29

Sind die Anschaffungskosten der veräußerten Vermögenswerte höher als die erzielten Verkaufserlöse, ergibt sich das folgende Bild:

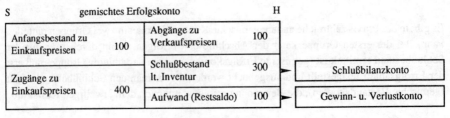

Abbildung: A.30

Hieraus wird deutlich, warum diese Art des gemischten Kontos als gemischtes Erfolgskonto bezeichnet wird. Der nach Abzug des Inventurbestandes verbleibende Restsaldo ist ein **Erfolg**, der Erfolgscharakter des Kontos überwiegt.

Beim gemischten Erfolgskonto ist ein Soll-Ist-Vergleich zwischen rechnerischem Buchbestand und Inventurfeststellungen nicht möglich, da sich der Schlußbestand buchhalterisch nicht entwickeln läßt.

2.2 Auflösung der gemischten Erfolgskonten

Nach den Grundsätzen ordnungsmäßiger Buchführung sollen die Bücher so beschaffen sein, daß aus ihnen jederzeit und ohne nennenswerten Zeitverlust die Vermögens- und Ertragslage des Unternehmens entnommen werden kann. Nach den "Grundsätzen und Gemeinschaftsrichtlinien für das Rechnungswesen" sind gemischte Konten möglichst zu vermeiden. Bei ihnen stimmt nämlich der Saldo (Buchbestand) regelmäßig weder mit dem tatsächlichen **Bestand** noch mit dem **Erfolg** überein.

Den Grundsätzen ordnungsmäßiger Buchführung entspricht es besser, wenn man sofort bei jeder Veräußerung den Abgang zum Buchwert erfaßt und den Veräußerungserfolg getrennt erfaßt. In der Praxis werden deshalb besondere Erfolgskonten für die Veräußerungsgewinne und -verluste eingerichtet, auf denen sofort bei der Veräußerung die Unterschiede zum Buchwert als Ertrag oder Aufwand ausgewiesen werden. Auf dem jeweiligen Bestandskonto wird der Abgang zum Buchwert, d.h. in der Regel zu Anschaffungskosten erfaßt, so daß dessen Buchbestand sich ceteris paribus stets mit dem tatsächlichen Bestand deckt.

Beispiel:

Wir verkaufen von 10 Aktien einer Brauerei, die im Vorjahr zu 250,-- DM das Stück erworben worden waren, 5 Stück für 1.350,-- DM; der Verkaufserlös wird uns auf dem Bankkonto gutgeschrieben.

Buchungssatz:

Bank	1.350,-- DM	an	Wertpapiere	1.250,-- DM
			Ertrag	100,-- DM

S	Bank	H	S	Wertpapiere		H	S	Ertrag (WP)		H
AB	.....		AB	2.500	1)	1.250			1)	100
1)	1.350				SB	1.250				

Abbildung: A.31

Das Wertpapierkonto läßt hier in jedem Augenblick die Ermittlung des rechnerischen Buchbestandes (SB 1.250,-- DM = 5 Stück) zu, da nunmehr auf beiden Seiten des Kontos zu Anschaffungswerten gebucht wurde. Dadurch ist die Kontrollfunktion der Inventur wiederhergestellt und ein wirksamer Soll-Ist-Vergleich möglich.

3. Gemischte Bestandskonten

Die gemischten Bestandskonten verlangen zuerst die Ermittlung des Erfolgsteils, der dann vom buchmäßig ausgewiesenen Bestand abgezogen wird; auf diese Weise erhält man den neuen Schlußbestand. Der Unterschied zu den gemischten Erfolgskonten besteht darin, daß nicht der Bestand durch Inventur ermittelt werden muß, um den Erfolg feststellen zu können, sondern daß erst die Errechnung des Erfolgsteils die rechnerische Ermittlung des Wertes des Schlußbestandes ermöglicht.

Zu dieser Kontengruppe gehören alle Sachkonten, die für abnutzbare Vermögensgegenstände des Anlagevermögens geführt werden. Hier überwiegt eindeutig der Bestandscharakter. Der Abschluß ist ohne vorherige körperliche Bestandsaufnahme möglich, weil die Vermögenswerte regelmäßig in Anlagenverzeichnissen oder Anlagenkarteien fortgeschrieben werden, und die Inventur allein der Mengenkontrolle dient.

Die Anschaffungs- oder Herstellungskosten abnutzbarer Vermögenswerte sind sowohl nach den handelsrechtlichen als auch nach den steuerrechtlichen Vorschriften abzuschreiben. Die Abschreibung soll vor allem die Wertminderung ausgleichen, die durch den betrieblichen Gebrauch der Vermögensbestände eintritt. Die ursprünglichen Anschaffungs- oder Herstellungskosten werden alljährlich um die Abschreibungsbeträge vermindert, die als Aufwand zu Lasten der Gewinn- und Verlustrechnung gebucht werden (vgl. zu den Abschreibungen Kap. A.X.)

Nur der nach der Abschreibung verbleibende Betrag geht als **Schlußbestand** in die Schlußbilanz ein. Durch die Abschreibungen werden die länger im Betrieb nutzbaren Vermögensgegenstände, die bei ihrer Anschaffung zunächst erfolgsneutral mit den vollen Anschaffungs- bzw. Herstellungskosten auf die Bestandskonten als Zugang zu buchen waren (Aktivtausch oder Bilanzverlängerung), allmählich im Laufe ihrer betriebsgewöhnlichen Nutzungsdauer gewinnmindernd verrechnet. Vor dem Abschluß enthalten die Aktivkonten des abnutzbaren Anlagevermögens neben dem Bestand noch einen Erfolgsteil (Abschreibungen), weshalb sie zu Recht den gemischten Konten zugerechnet werden. Eine Auflösung der gemischten Bestandskonten ist im Gegensatz zu den gemischten Erfolgskonten zunächst weder möglich noch notwendig.

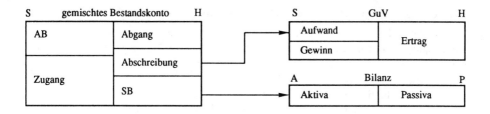

Abbildung: A.32

4. Zusammenhang der Konten und ihr Abschluß

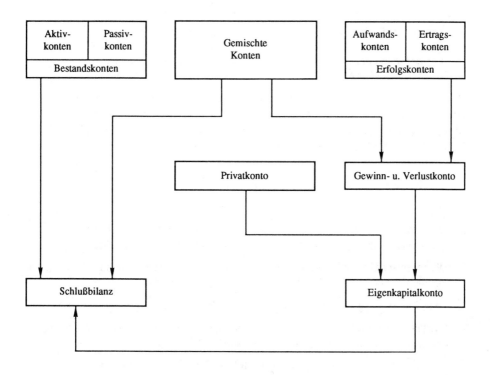

Abbildung: A.33

Buchungssätze für den Abschluß gemischter Konten:

1. Gemischtes Erfolgskonto:

    a) Aktivkonto: z.B. ungeteiltes Wertpapierkonto
        -   Schlußbilanzkonto   an   Wertpapiere (Inventurbestand)
        -   Wertpapiere   an   (a.o.) Erträge (bei Habensaldo)

        oder:
        -   (a.o.) Aufwendungen an Wertpapiere (bei Sollsaldo)

    b) Passivkonto: z.B. Rückstellungen
        -   Rückstellung   an   Bank (Verbrauch)
        -   Rückstellung   an   (a.o.) Erträge (bei Habensaldo)
            oder
        -   (a.o.) Aufwand   an   Rückstellung (bei Sollsaldo)

2. Gemischtes Bestandskonto: z.B. Maschinen

    -   Aufwendungen (Afa)   an   Maschinen (Erfolgsbuchung)
    -   Schlußbilanzkonto   an   Maschinen (Bestandsbuchung)

5. Testfragen

-   Was versteht man unter einem gemischten Erfolgskonto?
-   Wodurch unterscheidet es sich vom gemischten Bestandskonto?
-   Begründen Sie, warum der Saldo auf einem gemischten Erfolgskonto in der Regel weder dem tatsächlichen Bestand noch dem erwirtschafteten Erfolg entspricht!
-   Wann entspricht der Saldo eines gemischten Erfolgskontos genau dem erwirtschafteten Erfolg?
-   Wie wird das ungeteilte Effektenkonto abgeschlossen?
-   Kann man aus den Grundsätzen ordnungsmäßiger Buchführung eine Verpflichtung zur Auflösung der gemischten Erfolgskonten ableiten?
-   Kann ein Anlagekonto ein gemischtes Erfolgs- oder Bestandskonto sein, kann es keines von beiden oder beides zugleich sein?
-   Ist für den Abschluß der gemischten Bestandskonten eine Inventur nötig?
-   Begründen Sie die Notwendigkeit von Abschreibungen!

VII. Kontenrahmen und Kontenplan

1. Zweck und Bedeutung der Kontenrahmen

Die im Mittelpunkt des betrieblichen Rechnungswesens stehende Buchhaltung soll die verschiedensten Aufgaben erfüllen (vgl. Kap. A.I.1). Den vielfältigen externen Anforderungen kann eine Buchhaltung jedoch nur dann gerecht werden, wenn der Buchungsstoff nach einheitlichen Grundsätzen verarbeitet wird, auf die sich der Analytiker verlassen kann.

Dazu wurde bereits mit den ''Richtlinien zur Organisation der Buchführung'' von 1937 vom Reichskuratorium für Wirtschaftlichkeit (RKW) ein Erlaßkontenrahmen herausgegeben, welcher für Fertigungsbetriebe verbindlich war, aber auch zur Entwicklung von weiteren Pflichtkontenrahmen einzelner Wirtschaftszweige beitrug.

Der weiteren Vereinheitlichung des Rechnungswesens diente der vom Betriebswirtschaftlichen Ausschuß des Bundesverbandes der Deutschen Industrie (BDI) 1951 herausgegebene Gemeinschafts-Kontenrahmen (GKR). Obwohl nicht verbindlich, hat er doch stark zur einheitlichen Fortentwicklung des Rechnungswesens beigetragen. Auf seiner Grundlage wurden von den einzelnen Wirtschaftszweigen spezielle Branchen-Kontenrahmen (ca. 200) entwickelt. Die wichtigsten Kontenrahmen sind:

a) Kontenrahmen für den Einzelhandel

b) Kontenrahmen für den Groß- und Außenhandel

c) Gemeinschaftskontenrahmen der Industrie

1971 wurde ebenfalls vom Betriebswirtschaftlichen Ausschuß des BDI in Weiterentwicklung des GKR ein neuer Industriekontenrahmen nach einem anderen Gliederungsprinzip vorgelegt und zur Anwendung empfohlen. Im Laufe der Zeit hat sich der neue Industriekontenrahmen (IKR) durchgesetzt und wird von den meisten Unternehmen angewendet. 1986 wurde der ursprüngliche Industriekontenrahmen von 1971 vom Betriebswirtschaftlichen Ausschuß des BDI den durch die Bilanzrechtsreform bedingten Änderungen angepaßt.

> **Merke:** Kontenrahmen (Einheits- oder Gemeinschaftskontenrahmen) sind Organisationspläne für die Buchhaltung.

Branchenkontenrahmen sind von den Verbänden der einzelnen Wirtschaftszweige auf der Grundlage des GKR entwickelte spezielle Kontenrahmen für ihre Mitglieder.

Kontenpläne werden von den einzelnen Betrieben entsprechend dem für sie geltenden Branchen-Kontenrahmen nach ihren eigenen Bedürfnissen aufgestellt; ein Kontenplan ist eine geordnete Übersicht über sämtliche zu führenden Konten einer speziellen Unternehmung.

2. Aufbau des Gemeinschafts- und der Branchen-Kontenrahmen

Alle Kontenrahmen sind nach dem Zehnersystem gegliedert. Sie enthalten 10 **Kontenklassen** mit den Hauptkonten, die regelmäßig vorzukommen pflegen. Die Kontenklassen werden bezeichnet durch die einstelligen Ziffern 0 bis 9. Jedes in der Buchführung verwendete Konto kann einer dieser zehn Kontenklassen untergeordnet werden.

Die Klassenbildung entspricht weitgehend dem regelmäßigen Ablauf des Betriebsgeschehens (**Prozeßgliederung**) vom Einsatz des Anlagevermögens (Klasse 0) über die Finanzierung des Unternehmens mit flüssigen Mitteln (Klasse 1) zur Beschaffung der Roh-, Hilfs- und Betriebsstoffe sowie der Handelswaren (Klasse 3), bis zum betriebsbedingten Aufwand (Klasse 4 - 7) und den Erträgen aus dem Verkauf der Fertigerzeugnisse oder Handelswaren (Klasse 8) und schließlich der Erfolgsermittlung mittels der Abschlußkonten (Klasse 9).

Beispiel: Gemeinschaftskontenrahmen der Industrie:

Klasse 0	Klasse 1	Klasse 2	Klasse 3	Klasse 4	Klasse 5	Klasse 6	Klasse 7	Klasse 8	Klasse 9
Ruhende Konten Anlage-konten Kapital-konten	Finanz-konten	Abgren-zungs-konten	Konten der Roh- Hilfs- und Be-triebs-stoffe und Warenein-kaufs-konten	Konten der Kosten- und Leistungsrechnung				Erlös-konten	Ab-schluß-konten
				Kosten-arten	Verrech-nungs-konten	buchhal-terische Kosten-stellen-rechnung	Konten der un-fertigen und fertigen Erzeug-nisse		

Abbildung: A.34

Während die Klassen 0 bis 3 sowie 8 und 9 einheitlich für alle Unternehmungen gelten (Fertigung, Großhandel, Einzelhandel), sind die Klassen 4 bis 7 unterschiedlich gestaltet entsprechend der Eigenart der verschiedenen Wirtschaftszweige.

Jede Kontenklasse wird in 10 **Kontengruppen** untergliedert, die durch zweistellige Zahlen angegeben werden:

Kontenklasse 0	Anlage- und Kapitalkonten

Kontengruppe 00 Bebaute Grundstücke
Kontengruppe 01 Unbebaute Grundstücke
Kontengruppe 02 Maschinen und maschinelle Anlagen

Kontenklasse 1	Finanzkonten

Kontengruppe 10 Kasse
Kontengruppe 11 Postscheck und Bank
Kontengruppe 12 Wechsel, Schecks, Devisen

Innerhalb der Kontengruppe kann wiederum jede einzelne Gruppe in 10 **Kontenarten** (Untergruppen) unterteilt werden, z.B.

Kontenklasse 0   Anlage- und Kapitalkonten

Kontengruppe 00   Bebaute Grundstücke

Kontenart 000 Fabrikgebäude
Kontenart 001 Lagergebäude
Kontenart 002 Bürogebäude

Demnach kennzeichnet immer die erste Ziffer von links die Konten**klasse**, die zweite Ziffer die Konten**gruppe** und die dritte die Konten**art**. Bei Bedarf kann durch Anhängen einer zusätzlichen Ziffer noch eine weitere Unterteilung in **Kontenunterarten** vorgenommen werden.

3. Inhalt der Kontenklassen des Gemeinschaftskontenrahmens

Die Klasse 0 enthält die Konten, die im allgemeinen während des Jahres nur selten benutzt werden (sog. ruhende Konten). Hierher gehören auch die langfristigen Forderungen und Schulden sowie das Eigenkapital.

Die Klasse 1 umfaßt die Finanzkonten, auf denen die Bewegung der flüssigen Mittel, also insbesondere der laufende Geld- und Überweisungsverkehr gebucht wird, einschließlich der Veränderungen bei den kurzfristigen Forderungen und Verbindlichkeiten.

Die Klasse 2 enthält die Abgrenzungskonten. Sinn dieser Konten ist die gesonderte Erfassung solcher wirtschaftlicher Vorgänge, die nicht unmittelbar mit den Betriebsleistungen etwas zu tun haben. Sie sind nicht kalkulationsfähig und die Unterlassung ihrer Aussonderung würde das Betriebsergebnis, den durch die betriebliche Leistungserstellung bedingten Erfolg, verfälschen.

Die Klasse 3 enthält die Konten der Roh-, Hilfs- und Betriebsstoffe und bei Handelsbetrieben die Wareneinkaufskonten. Die Konten dieser Klasse sind Bestandskonten.

Die Klassen 4 bis 7 dienen der innerbetrieblichen Selbstkostenrechnung, d.h. der Kostenarten-, Kostenstellen- und Kostenträgerrechnung (sog. Betriebsbuchhaltung im Gegensatz zur Geschäfts- oder Finanzbuchhaltung). Hier unterscheiden sich die Kontenrahmen der Industrie und des Großhandels wesentlich. Für den Großhandel umfaßt die Klasse 4 die Boni und Skonti und erst die Klasse 5 die Kostenarten, während die Klasse 6 und 7 zur Verfügung stehen, wenn eine Kostenstellenrechnung aufgemacht werden soll, oder wenn mit dem Großhandel Nebenbetriebe verbunden sind, und deren Kosten getrennt erfaßt und ausgewiesen werden sollen.

Die Kontenklasse 8 (Warenverkaufskonten-Erträge) und 9 (Abschlußkonten) stimmen für den Großhandel und Industrie in ihrer Funktion weitgehend überein.

Der Aufbau der Gemeinschaftskontenrahmen richtet sich nach dem sog. **Prozeßgliederungsprinzip**, welches weitgehend auf den Vorschlägen von Schmalenbach beruht. Die Konten werden hierbei so angeordnet, wie es dem Ablauf der betrieblichen Prozesse entspricht. Allerdings entspricht der Aufbau der Gemeinschaftskontenrahmen weniger dem Betriebsablauf selbst als vielmehr dem Ablauf der Abrechnung, weshalb Kosiol vorschlägt, vom Prinzip der **Abrechnungsfolge** zu sprechen.

4. Gegenüberstellung der wichtigsten Branchen-Kontenrahmen

Vergleichen Sie hierzu die nebenstehende Gegenüberstellung verschiedener Branchen-Kontenrahmen (Abbildung: A.35).

5. Gliederung des Industrie-Kontenrahmens (IKR)

Da bei allen folgenden Ausführungen der Industrie-Kontenrahmen (IKR) zugrundegelegt wird, sei nachfolgend dessen Aufbau und Inhalt kurz aufgezeigt.

Auch der neue IKR ist nach dem dekadischen System aufgebaut und umfaßt 10 Kontenklassen mit bis zu 10 Kontengruppen. Sofern bei der Entwicklung spezieller Branchenkontenrahmen oder der betriebsindividuellen Kontenpläne ein Bedürfnis nach weitergehender Differenzierung besteht, können innerhalb der Kontengruppen drei- und mehrstellige Unterkonten geführt werden, bei denen lediglich sichergestellt sein muß, ''daß der Inhalt eines Unterkontos begrifflich nicht über den Rahmen des übergeordneten Kontos hinausgeht''.

Kont.-klasse	Einzelhandel	Großhandel	Industrie (alt)	Industrie (neu) 1971	Industrie 1986 (BiRiLiG)
0	Anlage- und Kapital- konten	Anlage- und Kapital- konten	Anlage- und Kapital- konten	Sachanlagen und immaterielle Anlagewerte	Immaterielle Vermögens- gegenstände und Sachanlagen
1	Finanzkonten	Finanzkonten	Finanzkonten	Finanzanlagen und Geldkonten	Finanzanlagen
2	Abgrenzungs- konten	Abgrenzungs- konten	Abgrenzungs- konten	Vorräte, Forde- rungen und aktive Rechnungsab- grenzung	Umlaufvermö- gen und aktive Rechnungsab- grenzung
3	Wareneinkaufs- konten	Wareneinkaufs- konten	Konten der Roh-, Hilfs- und Be- triebsstoffe	Eigenkapital, Wertberichti- gungen und Rückstellungen	Eigenkapital und Rückstellungen
4	Konten der Kostenarten	Boni und Skonti	Konten der Kostenarten	Verbindlichkei- ten und passive Rechnungsab- grenzungsposten	Verbindlichkei- ten und passive Rechnungsab- grenzungsposten
5	frei	Konten der	frei für Kosten und Leistungs- rechnung	Erträge	Erträge
6	frei	frei	frei für Kosten und Leistungs- rechnung	Material- und Personalaufwen- dungen, Ab- schreibungen und Wertberichti- gungen	Betriebliche Auf- wendungen
7	frei	frei	Konten der un- fertigen und fer- tigen Erzeugnisse	Zinsen, Steuern und sonstige Aufwendungen	weitere Aufwendungen
8	Erlöskonten	Warenverkaufs- konto	Erlöskonten	Eröffnung und Abschluß	Ergebnis- rechnungen
9	Abschlußkonten	Abschlußkonten	Abschlußkonten	Frei für Kosten- und Leistungs- rechnung	Kosten- und Leistungsrech- nung

Prozeßgliederungsprinzip   Abschlußgliederungsprinzip

Abbildung: A.35

Ausgehend von der Erkenntnis, daß auch in der Industrie nur eine Minderheit von Unternehmen eine Kosten- und Leistungsrechnung betreibt, jedoch allseits Buchführungspflicht besteht und aus diesen Büchern jederzeit die Vermögens- und Ertragslage entnehmbar sein muß, hat der Betriebswirtschaftliche Ausschuß des BDI eine strenge Trennung der Geschäfts- und Betriebsbuchführung in einem echten Zweikreissystem geschaffen:

Rechnungskreis I	Rechnungskreis II
Geschäftsbuchführung und Dokumentation	Kosten- u. Leistungsrechnung einschl. Abgrenzungsrechnung Klasse 9

Abbildung: A.37

Der neue Industrie-Kontenrahmen stellt sowohl für die Geschäftsbuchführung als auch die Kosten- und Leistungsrechnung jeweils einen selbständigen, in sich geschlossenen Rechnungskreis zur Verfügung. Beide Rechnungskreise führen - wenn auch unterschiedlich aufgeschlossen - zum gleichen Gesamtergebnis. Der große Vorteil dieser klaren Trennung liegt vor allem darin, daß es keine Klassen mehr mit Mischcharakter gibt, die sowohl der Aufnahme von Werten der Geschäftsbuchführung als auch der Betriebsabrechnung dienen (wie z.B. die Klasse 4 des GKR). Wer somit auf eine Kosten- und Leistungsrechnung verzichten will, dem stellt der IKR einen abgeschlossenen Rechnungskreis ausschließlich für die Zwecke der handels- und steuerrechtlichen Dokumentationspflichten zur Verfügung.

Auch hinsichtlich der zugrundegelegten Gliederungsprinzipien unterscheiden sich die beiden Rechnungskreise sehr deutlich. Die Kontenklassen 0 bis 8 des Rechnungskreises I sind so gestaltet, daß die einzelnen Kontengruppen grundsätzlich den nach dem Handelsgesetz ausweispflichtigen Positionen der Bilanz sowie der Gewinn- und Verlustrechnung entsprechen (vgl. dazu die Gliederungsvorschriften der §§ 266 und 275 HGB). Die Bilanz und die Gewinn- und Verlustrechnung ergeben sich hierbei ohne Umrechnungen und Umadressierungen unmittelbar aus den Salden der Kontengruppen in den Klassen 0 - 8 (Abschlußgliederungsprinzip). Dies ist zweifellos ein enormer arbeitstechnischer Rationalisierungserfolg.

Im einzelnen sieht der IKR für den dokumentarischen Rechnungskreis I die folgende Kontenstruktur vor:

Konten-klasse	Inhalt	Kontenart	Jahresabschluß
0	Immaterielle Vermögensgegen-stände und Sachanlagen		
1	Finanzanlagen	Aktivkonten	
2	Umlaufvermögen und aktive Rechnungsabgrenzung		Bestands-konten der Bilanz
3	Eigenkapital und Rückstellungen		
4	Verbindlichkeiten und passive Rechnungsabgrenzung	Passivkonten	
5	Erträge	Ertragskonten	Erfolgskonten der GuV-Rechnung
6	Betriebliche Aufwendungen	Aufwands-konten	
7	Weitere Aufwendungen		
8	Ergebnisrechnungen		

Abbildung: A.38

Die Konten werden damit in einer für die Funktion der Geschäftsbuchführung sinnvollen Weise geordnet, die Bilanzkonten und die Erfolgskonten und innerhalb dieser wieder die Aktiv- und Passiv- bzw. Aufwands- und Ertragskonten sind streng getrennt.

In den Anlagen zu diesem Buch finden Sie u.a. einen Industriekontenrahmen (IKR), der den folgenden Ausführungen zugrunde gelegt wird, und den Sie bei der Lösung der gestellten Aufgaben verwenden sollen.

6. Testfragen

- Was versteht man unter einem Kontenrahmen?
- Nach welchem Ordnungsprinzip wird ein Kontenrahmen gegliedert?
- Worin unterscheiden sich Kontenrahmen und Kontenplan?
- Was ist der Gemeinschaftskontenrahmen?
- Worin liegen die Unterschiede zwischen dem GKR für die Industrie und dem Kontenrahmen für den Großhandel?
- Worin weicht der Kontenrahmen für den Einzelhandel von dem des Großhandels ab?

- Worin unterscheiden sich der GKR für die Industrie und der neue IKR?
- Welchen Inhalt haben die Kontenklassen des Kontenrahmens für den Großhandel?
- Kann der Inhalt eines Kontenrahmens vom einzelnen Betrieb verändert werden?
- Was umschreibt man mit den Begriffen Prozeßgliederungsrinzip und Abschlußgliederungsprinzip?
- Bilden Sie Beispiele von Kostenarten und Kostenunterarten!

VIII. Grundlagen der Verbuchung im Einkaufs- und Verkaufsbereich

1. Roh-, Hilfs- und Betriebsstoffe sowie Fremdbauteile

Zu den Roh-, Hilfs- und Betriebsstoffen sowie Fremdbauteilen zählen alle Stoffe, die in einem Industrieunternehmen eingesetzt werden, um die eigenen Produkte herzustellen, unabhängig von den einzelnen Unternehmensbereichen, in denen diese Stoffe eingesetzt werden.

Unter **Rohstoffen** werden alle Stoffe verstanden, die unmittelbar in das herzustellende Erzeugnis eingehen und dessen Hauptbestandteile darstellen. Ihr Erwerb wird auf dem aktiven Bestandskonto

200 Rohstoffe

erfaßt (z.B. Holz, Stahl, Leder, Glas, Kohle, Zement, Stoffgewebe).

Unter **Hilfsstoffen** versteht man diejenigen Stoffe, die zwar auch unmittelbar in das zu erstellende Erzeugnis eingehen, jedoch nicht den Charakter des Erzeugnisses prägen, sondern lediglich die Rohstoffe und die eingebauten Fertigteile ergänzen. Vorräte davon werden auf dem aktiven Bestandskonto

202 Hilfsstoffe

erfaßt (z.B. Farben, Lacke, Nägel, Schrauben).

Unter **Betriebsstoffen** faßt man alle diejenigen Stoffe zusammen, die notwendig sind, um den Prozeß der Leistungserstellung durchzuführen, ohne daß sie in die Fertigprodukte eingehen. Sie werden auf dem Konto

203 Betriebsstoffe

zusammengefaßt (z.B. Schmierstoffe, Schleifmittel, Kühlmittel, Treibstoffe).

Unter **Fremdbauteilen** werden grundsätzlich alle bezogenen Fertigteile verstanden, die in die Produktion eingehen. Sie werden getrennt von den Handelswaren (Konto 228) auf dem Konto

201 Fremdbauteile

erfaßt (z.B. Beschläge, Kugellager, Dichtungen, Elektrik).

Auf den Konten 200, 201, 202 und 203 werden jeweils immer nur die Nettobeträge verbucht.

Beispiel:

Einkauf von Rohstoffen auf Ziel 400,-- DM netto.

Buchungssatz:

200 Rohstoffe   400,-- DM   an   440 Verbindlichkeiten 400,-- DM

Sobald Roh-, Hilfs- und Betriebsstoffe in die Produktion eingehen, d.h. verbraucht werden, müssen sie als **Kosten** erfaßt werden. Sie verlassen die Beständelager und werden in die Kontenklasse 6 umgebucht.

Die Abrechnung der Stoffe-Kosten (Stoffe-Bestands-Verbrauch), soweit diese für die primäre Leistungserstellung benötigt werden, erfolgt über die folgenden Aufwandskonten:

600 Aufwendungen für Rohstoffe
601 Aufwendungen für Fremdbauteile
602 Aufwendungen für Hilfsstoffe
603 Aufwendungen für Betriebsstoffe

Beispiel:

Rohstoffverbrauch in der Fertigung.

Buchung:

600 Aufwendungen für Rohstoffe   an   200 Rohstoffe

Der Abschluß der Aufwandskonten 600, 601, 602 und 603 erfolgt über das Gewinn- und Verlustkonto 802.

Buchungen:

802 Gewinn- und Verlustkonto   an   600 Aufwendungen für Rohstoffe

802 Gewinn- und Verlustkonto   an   601 Aufwendungen für Fremdbauteile

802 Gewinn- und Verlustkonto   an   602 Aufwendungen für Hilfsstoffe

802 Gewinn- und Verlustkonto   an   603 Aufwendungen für Betriebsstoffe

Der Abschluß der Bestandskonten 200, 201, 202 und 203 erfolgt über das Schlußbilanzkonto 801.

Buchungen:

801	Schlußbilanzkonto	an	200	Rohstoffe
801	Schlußbilanzkonto	an	201	Fremdbauteile
801	Schlußbilanzkonto	an	202	Hilfsstoffe
801	Schlußbilanzkonto	an	203	Betriebsstoffe

Die Verkaufserlöse der Fertigerzeugnisse werden auf dem Konto

510 Umsatzerlöse für eigene Erzeugnisse

erfaßt.

Beispiel:

Zielverkauf von Fertigerzeugnissen.

Buchung:

240 Forderungen aus Lieferungen
    und Leistungen

510 Umsatzerlöse für eigene
Erzeugnisse

2. Waren (Handelswaren)

Unter Waren (Handelswaren) werden diejenigen Erzeugnisse verstanden, die ein Industriebetrieb bezieht und **ohne weitere Be- oder Verarbeitung** im eigenen Unternehmen weiterveräußert. Diese werden getrennt von den Roh-, Hilfs- und Betriebsstoffen auf dem Wareneinkaufskonto

228 Waren (Handelswaren)

erfaßt.

Das Wareneinkaufskonto übernimmt zunächst im Soll den Anfangsbestand und sämtliche Zugänge während der Abrechnungsperiode zu Einstandspreisen. Als Einstandspreis gilt der Netto-Rechnungsbetrag nach Abzug der üblichen Rabatte zuzüglich der Bezugskosten. Im Haben des Wareneinkaufskontos werden Rücksendungen und Preisnachlässe (Gutschriften) sowie der Eigenverbrauch (Entnahme von Waren für private Zwecke) verbucht. Rücksendungen und Gutschriften werden häufig auf einem Unterkonto gesammelt (z.B. Konto 229), das aber über das Wareneinkaufskonto 228 (und nicht über die GuV) abgeschlossen werden muß.

Als typisches gemischtes Erfolgskonto kann das Wareneinkaufskonto erst nach erfolgter Inventur abgeschlossen werden (801 an 228), da die Verkäufe nicht laufend zu ihren Einstandspreisen im Haben des Wareneinkaufskontos verbucht werden.

S	228 Waren	H
AB	Rücksendungen und Preisnachlässe (Gutschriften) an Lieferer	
Zugänge zu Einstandspreisen	Eigenverbrauch	
	SB/ Inventurbestand	
	Wareneinsatz Abgänge zu Einstandspreisen	

Abbildung: A.39

Der **Erfolgsanteil** des Wareneinkaufskontos (Wareneinsatz = Verkäufe zu Einstandspreisen), bleibt stets als Sollsaldo übrig, wenn der durch die Inventur festgestellte Warenendbestand an das Schlußbilanzkonto abgegeben wird.

Die beim Verkauf der Handelswaren erzielten **Erlöse** werden getrennt von den Verkaufserlösen aus eigenen Fertigerzeugnissen auf dem Erfolgskonto

515 Umsatzerlöse für Waren

verbucht.

Der Erfolg des Industriebetriebes aus dem Zusatzgeschäft mit Handelswaren wird in der Gewinn- und Verlustrechnung durch eine Gegenüberstellung der **Einstandspreise** der verkauften Handelswaren (Wareneinsatz) und den **Verkaufserlösen** aus dem Vertrieb von Handelswaren ermittelt.

Buchungen zur Erfolgsermittlung des Warenverkehrs:

1)   801   Schlußbilanzkonto

                           228   Waren (Handelswaren)

Der Wareneinsatz stellt grundsätzlich Aufwand des Betriebes dar und wird auf dem Konto 228 Wareneinkauf als Erfolgssaldo ermittelt, nachdem der Schlußbestand gebucht worden ist. Als Abschluß des Kontos 228 Wareneinkauf wird der Wareneinsatz umgebucht auf das Konto

                           608   Aufwendungen für Waren

Die Aufwendungen (Konto 608) und die Umsatzerlöse (Konto 515) werden über das Gewinn- und Verlustkonto (Konto 802) abgeschlossen und somit einander gegenübergestellt:

2)   608   Aufwendungen für Waren

                           228   Waren (Handelswaren)

3)   802   Gewinn- und Verlustkonto

                           608   Aufwendungen für Waren

4)   515   Umsatzerlöse für Waren

                           802   Gewinn- und Verlustkonto

Im Ergebnis stehen sich somit auf dem Gewinn- und Verlustkonto der **Wareneinsatz** zu Einstandspreisen und die erzielten **Umsatzerlöse** zu Verkaufspreisen gegenüber (sog. Bruttoabschluß). Als Differenz ergibt sich in der GuV der **Rohgewinn** aus dem Verkauf der Handelswaren.

Bruttoabschluß der Warenkonten:

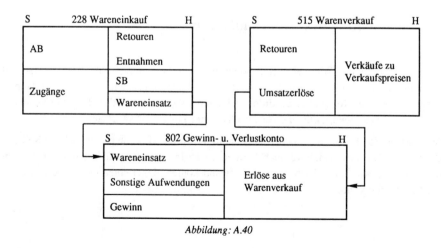

Abbildung: A.40

Beim sog. **Nettoabschluß** wird der Wareneinsatz aus dem Konto 228 Wareneinkauf nicht direkt auf das GuV-Konto übertragen, sondern erst einmal auf das Konto 515 Umsatzerlöse für Waren:

515 Umsatzerlöse   an   228 Wareneinkauf

Der Rohgewinn ergibt sich sodann als Restsaldo auf dem Warenerfolgskonto 515, von wo aus er in die GuV übertragen werden kann. Beim Nettoabschluß fehlen in der GuV Informationen über die Höhe der Umsatzerlöse und den dazugehörigen Wareneinsatz; die GuV weist nur den Saldo, das ''Rohergebnis'' aus (Vgl. § 276 HGB). Aus dieser Saldierung ergibt sich zwangsläufig ein Informationsverlust, wie er stets bei der Zusammenfassung von Einzelinformationen auftritt.

Nettoabschluß der Warenkonten:

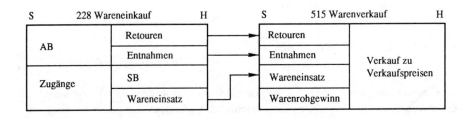

Abbildung: A.41

3. Verbuchung des Bezugsaufwandes

Zum wirtschaftlichen Wareneinsatz gehören auch alle beim Bezug von Roh-, Hilfs- und Betriebsstoffen sowie den Waren entstandenen Aufwendungen wie bspw. Postgebühren, Eingangsfrachten, Rollgelder, Speditionsgebühren, Wagenstandgelder, Transportversicherungen, Verpackungen, Zölle und Ausgleichsabgaben oder Verbrauchsteuern.

Sie erhöhen den Einstandspreis der eingekauften Stoffe und müßten demnach im Soll des entsprechenden Aktivkontos verbucht werden. In der Praxis werden für die einzelnen Arten des Bezugsaufwandes meist besondere Aufwandskonten eingerichtet, damit diese leichter überschau- und kontrollierbar sind.

Beispielsweise könnten folgende Unterkonten eingerichtet werden:

Konto 204   Bezugskosten für Rohstoffe
Konto 205   Bezugskosten für Hilfsstoffe
Konto 206   Bezugskosten für Betriebsstoffe
Konto 229   Bezugskosten für Handelswaren

Beispiel:

Eingangsfracht in Höhe von 417,-- DM wird bei Warenanlieferung durch den Spediteur bar bezahlt.

Buchungssatz:

229 Bezugskosten für Handelswaren   417,-- DM
                                288   Kasse   417,-- DM

Der Abschluß der Unterkonten für Bezugsaufwendungen muß über die entsprechenden Stoffe-Bestandskonten erfolgen.

Würde man im Rahmen eines Bruttoabschlusses der Stoffe-Bestandskonten die Bezugsauf-wendungen direkt über das Gewinn- und Verlustkonto abschließen, um diese Aufwendungen offen ersichtlich zu machen, entstünde eine sachliche Unrichtigkeit. Bei der Ermittlung des Wertes des Inventurbestandes werden durch die Verwendung von Einstandspreisen (ein-schließlich anteiligem Bezugsaufwand) im bilanziellen Stoffe-Bestand entsprechende Be-zugsaufwendungen mit aktiviert. Dadurch gehen normalerweise bei der Saldierung der Stoffe-Bestandskonten nur die auf die abgesetzten Mengen entfallenden Bezugsaufwendun-gen in den Wareneinsatz ein. Bei einem Bruttoabschluß der Bezugsaufwendungen direkt auf das Gewinn- und Verlustkonto wäre der Wareneinsatz um die aktivierten Bezugsaufwendun-gen zu niedrig bzw. die in die Gewinn- und Verlustrechnung übertragenen Bezugsaufwendun-gen um diesen Betrag zu hoch, die Gewinnauswirkung wäre im Saldo allerdings neutral.

4. Die Verbuchung von Rücksendungen

Die Verbuchung von Rücksendungen, die beispielsweise wegen Wandlung (Rücktritt vom Vertrag) oder Umtausch (in eine mängelfreie Lieferung) hervorgerufen wird, erfolgt direkt auf den entsprechenden Bestands- oder Erlöskonten, wobei auch eine Korrektur der Umsatz-steuer vorzunehmen ist (vgl. Kap. A.IX). Rücksendungen sind buchhalterisch wie Rückbu-chungen (Stornobuchungen) zu behandeln.

Rücksendungen vom Kunden bedeuten für uns eine Verminderung unserer Umsatzerlöse. Rücksendungen an unsere Lieferer bedeuten für uns eine Verminderung des Bestandes an Stoffen bzw. Handelswaren.

Beispiel: (Rücksendungen an Lieferer)

Einkauf von Rohstoffen auf Ziel 3.000,-- DM netto.

Buchung auf Grund des Rechnungseingangs:

200 Rohstoffe 3.000,-- DM

440 Verbindlichkeiten 3.000,-- DM

Buchung der Rücksendung aufgrund der Gutschriftsanzeige des Lieferers:

440 Verbindlichkeiten 3.000,-- DM

200 Rohstoffe 3.000,-- DM

Beispiel: (Rücksendungen vom Kunden)

Verkauf von Fertigerzeugnissen im Wert von 7.000,-- DM netto.

Buchung aufgrund der Ausgangsrechnung:

240 Forderungen 7.000,-- DM

510 Umsatzerlöse für eigene
Erzeugnisse 7.000,-- DM

Buchung der Rücksendung durch den Kunden auf Grund unserer Gutschriftsanzeige:

510 Umsatzerlöse für eigene
Erzeugnisse 7.000,-- DM

240 Forderungen 7.000,-- DM

Die Verbuchung von Rücksendungen geschieht somit in allen Fällen durch eine Umkehrbuchung (Stornierung) der ursprünglichen Buchung bei der Lieferung. Da die Lieferung an den Kunden das Konto 228 Wareneinkauf nicht tangiert hat (sondern nur 515 Warenverkauf), die Warenauslieferung also nur später in der Position Wareneinsatz berücksichtigt wird, berührt die Rücksendung vom Kunden das Wareneinkaufskonto ebenfalls nicht.

5. Die Buchung von Rabatten, Boni und Skonti

5.1 Rabatte

Rabatte sind besondere **sofortige Preisnachlässe** aus den verschiedensten Gründen.
Man kann sie einteilen in:

* Barzahlungsrabatte, vor allem im Einzelhandel nach dem Rabattgesetz;
* Mengen- und Treuerabatte, die bei der Abnahme größerer Mengen oder aufgrund langjähriger Geschäftsbeziehungen gewährt werden;
* Funktions- oder Handelsrabatte (Wiederverkäuferrabatte).

Rabatte werden im Unterschied zu Boni und Skonti (vgl. unten Kap. 5.2 und 5.3) **sofort** vom Rechnungsbetrag gekürzt und vermindern den Einstandspreis des Stoff- und Handelswarenbezuges bzw. den Verkaufspreis beim Warenabsatz. Nach herrschender Übung dürfen Rabatte in der Buchhaltung **nicht** gesondert erfaßt werden, d.h. Käufer wie Verkäufer verbuchen den Nettopreis. Naturalrabatte führen per Saldo zum gleichen Ergebnis, sie senken den durchschnittlichen Verkaufs- bzw. Einkaufspreis.

Beispiel:

	Listenpreis	2.800,-- DM
-	30 % Rabatt	840,-- DM
	Netto-Rechnungsbetrag	1.960,-- DM

Gebucht wird in diesem Fall nur der Netto-Rechnungsbetrag als Wareneingang oder Umsatzerlös. Werden Rabatte irrtümlich nicht sofort gewährt, sondern erst nachträglich eingeräumt oder werden sie nachträglich geändert (erhöht oder vermindert), ist eine entsprechende Korrektur unmittelbar auf dem Stoff-Bestands- bzw. Handelswarenkonto vorzunehmen, da es sich um Korrekturen der Einstands- bzw. Verkaufspreise handelt.

Beispiel:

Beim Warenbezug auf Ziel wurden 10% Rabatt eingeräumt (Listenpreis 2.800,-- DM) und eine Rechnung in Höhe von 2.520,-- DM ausgestellt.

Buchungssatz beim Rechnungseingang:

228   Handelswaren   2.520,-- DM

                                          440   Lieferantenverbind-
                                                 lichkeiten   2.520,-- DM

Wird nach Reklamation anerkannt, daß der Rabatt von 30% zu Recht gefordert werden kann, erteilt der Lieferant eine Gutschrift über 560,-- DM.

Buchungssatz nach Gutschriftserteilung:

440   Lieferantenverbindlichkeiten   560,-- DM

                                          228   Handelswaren   560,-- DM

Dadurch ist per Saldo der Handelswareneinkauf mit einem Nettopreis von 1.960,-- DM (= 70% des Listenpreises) verbucht.

5.2 Boni

Im Gegensatz zu den Rabatten sind die Boni **nachträgliche Preisnachlässe**, die grundsätzlich erst nach der Erfüllung gewisser Voraussetzungen gewährt bzw. beansprucht werden können. Häufig sind die Boni nach der Höhe des Umsatzes in einem bestimmten Zeitraum (Monat, Quartal, Jahr) gestaffelt.

Kundenboni stellen regelmäßig eine nachträgliche Erlösschmälerung dar und werden - soweit sie den zugehörigen Umsatzerlösen nicht direkt zurechenbar sind - auf dem Konto

517 Kundenboni (Erlösschmälerungen)

erfaßt. Wirtschaftlich stellen Kundenboni Aufwendungen dar; mit der Verbuchung im Soll auf dem Konto 517, welches der Kontenklasse Erträge zuzurechnen ist, wird man dem Charakter der Kundenboni als Erlösschmälerung gerechter als mit einer Aufwandsbuchung. Die Gewinnauswirkung ist in beiden Fällen identisch, nämlich eine Eigenkapitalminderung.

Lieferboni, die von einem Lieferanten gewährt werden, werden als nachträgliche Anschaffungskostenminderung angesehen, die regelmäßig zu einer Aufwandsminderung führen. Diese werden - soweit sie nicht direkt den zugehörigen Aufwandsarten zugerechnet werden können - auf dem Konto

619 Lieferboni (Aufwandsminderungen)

erfaßt. Wirtschaftlich sind Lieferboni eigentlich Erträge; ihre Verbuchung als Aufwandsminderung im Haben des Kontos 619 verdeutlicht lediglich ihre Verursachung.

Kundenboni:

517	Boni an Kunden	an	280	Zahlungsmittel
			oder	
			240	Forderungen

Lieferboni:

28	Zahlungsmittel	an	619	Boni von Lieferanten
oder				
440	Verbindlichkeiten			

Da Kunden- wie Lieferboni regelmäßig erst nach Ablauf bestimmter Abrechnungsperioden unter Zugrundelegung von historischen Umsatzzahlen errechnet und gutgeschrieben werden, betreffen sie meistens eine frühere und nicht die laufende Abrechnungsperiode. Ihre Zurechnung und eventuelle Verbuchung mit den sie verursachenden Erlösen ist aus diesem Grunde nicht möglich. Sie werden deshalb auf den selbständigen Aufwands- und Ertragskonten 618 und 516 erfaßt. Das hat den Vorteil, daß der jeweilige Bonus-Erfolg unmittelbar aus der GuV-Rechnung entnehmbar wird.

5.3 Skonti

Skonti sind Vergütungen für pünktliche Zahlung innerhalb einer bestimmten Frist. Sie werden häufig als Zinsabschlag angesehen, enthalten aber auch eine Prämie für die Einsparung von Risiken und Verwaltungsaufwand, die mit Zielverkäufen und der Realisierung der Forderungen sonst regelmäßig verbunden sind.

Kundenskonti stellen Nachlässe dar, die wir den Kunden gewähren. Sie werden als Erlösschmälerungen auf dem Konto

516 Kundenskonti (Erlösschmälerungen)

erfaßt.

Lieferskonti stellen Nachlässe dar, die uns der Lieferer gewährt. Sie werden als Anschaffungskostenminderungen erfaßt auf dem Konto:

618 Lieferskonti (Skontierträge)

Beispiel:

Beim Zieleinkauf von Handelswaren im Gesamtwert von 600,-- DM wurde ein Skontoabzug von 2% bei Zahlung innerhalb von 10 Tagen nach Rechnungsdatum zugebilligt.

Buchung der Ausgangsrechnung:

240 Forderungen   600,--

                    515 Umsatzerlöse   600,--

Buchung der Eingangsrechnung:

228 Wareneingang   600,--

                    440 Verbindlichkeiten   600,--

Buchung beim Lieferer bei Bezahlung:

280 Bank   588,-- DM
516 Kundenskonti   12,-- DM

                    240 Forderungen aus Lieferungen
                           und Leistungen   600,-- DM

Buchung beim Kunden bei Bezahlung:

440 Verbindlichkeiten aus
      Lieferung und Leistung   600,-- DM

                    280 Bank   588,-- DM
                    618 Lieferskonti   12,-- DM

Da die Skontiererfolge im Handel von großer Bedeutung sind (es gibt Warenhauskonzerne, die als Skontoertrag Beträge in Höhe ihrer Personalkosten aufweisen), werden sie auf getrennten Konten gesammelt und offen in der GuV-Rechnung ausgewiesen.

Skontoerträge, die nicht aus dem Bereich der Lieferungen und Leistungen (Vorräte) resultieren, sondern z.B. bei der Anschaffung von aktivierungspflichtigen Investitionsgütern entstehen, werden nicht dem Konto 618 erkannt, da sie als Anschaffungspreisminderungen anzusehen und nicht als Aufwandsminderungen interpretierbar sind.

Beispiel:

Beim Kauf einer Standbohrmaschine enthielt die Rechnung in Höhe von 32.000,-- DM das Angebot eines Skontoabzuges von 2% bei Zahlung innerhalb 10 Tagen.

Buchung bei Rechnungseingang:

072	Maschinen	32.000,--			
			440	Verbindlichkeiten	32.000,--

Buchung bei Überweisung

440	Verbindlichkeiten	32.000,--			
			288	Bank	31.360,--
			072	Maschinen	640,--

6. Die Berücksichtigung von Bestandsveränderungen an fertigen und unfertigen Erzeugnissen

Soweit Produktions- und Absatzmenge der Erzeugnisse innerhalb einer Rechnungsperiode übereinstimmen, ergibt sich der betriebliche Erfolg aus der Gegenüberstellung der Aufwendungen für die **Herstellung** der Produktion und den Umsatzerlösen für den **Verkauf** der produzierten Güter der Rechnungsperiode.

S	Gewinn- u. Verlustrechnung		H
Aufwendungen für die Herstellung der Produktion von 100.000 Einheiten	100.000,--	Umsatzerlöse für den Verkauf von 100.000 Einheiten	180.000,--
Gewinn	80.000,--		
	180.000,--		180.000,--

Abbildung: A.42

Da jedoch der Produktionsbetrieb in der Regel aus Gründen der Rationalisierung an einer stetigen Produktion interessiert ist, der Absatz aber häufig temporären Schwankungen unterliegt, sind Zwischenläger für die Halb- und Fertigprodukte notwendig, deren Bestand die Schwankungen ausgleicht. Der Produktionsbetrieb verkauft regelmäßig entweder mehr (= Lagerabbau) oder weniger (= Lageraufstockung) als in der Abrechnungsperiode gerade produziert worden ist. Aufgrund dieser Tatsache werden die fertigen und unfertigen Erzeugnisse in ihren Anfangs- und Endbeständen meist voneinander abweichen. Diese Bestandsveränderungen müssen verbucht werden.

Die Bestandskonten

> 210   Unfertige Erzeugnisse (UE)
>
> 220   Fertige Erzeugnisse (FE)

nehmen am Anfang des jeweiligen Geschäftsjahres im Rahmen der Eröffnungsbuchungen den jeweiligen Anfangsbestand im Soll auf und werden im übrigen bis zum Jahresabschluß nicht berührt.

Am Ende des jeweiligen Geschäftsjahres wird der jeweilige Schlußbestand der fertigen und unfertigen Erzeugnisse außerhalb der Buchführung durch Inventur ermittelt und zum Herstellungswert auf der Habenseite des entsprechenden Erzeugniskontos eingetragen. Das Gegenkonto ist das Schlußbilanzkonto (Konto 801).

Die Eintragung der Schlußbestände erfordert somit folgende Buchungen:

801	Schlußbilanzkonto	an	210	Unfertige Erzeugnisse
801	Schlußbilanzkonto	an	220	Fertige Erzeugnisse

Die jeweilige **Bestandsveränderung** ergibt sich durch den Saldo, wenn man auf den Konten ''Fertige Erzeugnisse'' und ''Unfertige Erzeugnisse'' den Schlußbestand mit dem Anfangsbestand saldiert.

Eine **Bestandsmehrung** liegt vor, wenn der Schlußbestand an unfertigen und fertigen Erzeugnissen größer als der Anfangsbestand ist. Dies besagt nichts anderes, als daß im Abrechnungszeitraum mehr Erzeugnisse hergestellt als verkauft worden sind.

Das Gewinn- und Verlustkonto weist in diesem Fall im Soll die Aufwendungen für die Produktion der größeren Herstellungsmenge aus, im Haben jedoch nur die Erträge für die kleinere Absatzmenge. Damit das Ergebnis nicht verfälscht wird, muß auf der Habenseite des Gewinn- und Verlustkontos noch der Mehrbestand als Ertrag ausgewiesen werden.

Kontenmäßig läßt sich der Fall einer Bestandsmehrung wie folgt veranschaulichen:

S	220	H	S	801	H
AB 50.000,--	SB 60.000,--		220 60.000,--		
Mehrbe-					
stand 10.000,--					
60.000,--	60.000,--				

S		802		H
Aufwendungen für die Produktion von 100.000 Einheiten in der Rechnungsperiode	100.000,--		Umsatzerlöse der Rechnungsperiode für den Verkauf von 90.000 Einheiten	162.000,--
Gewinn	?		Mehrbestand	10.000,--

Abbildung: A.43

Das Beispiel verdeutlicht, daß ohne Berücksichtigung der Bestandsmehrung als zusätzliche Ertragsposition der Gewinn fälschlicherweise zu niedrig mit 62.000 DM ermittelt werden würde, während er nach ''Neutralisation'' der Kosten der Bestandserhöhung (sie wird mit ihren Herstellungskosten als Ertrag angesetzt) 72.000 DM beträgt.

Eine **Bestandsminderung** hingegen liegt vor, wenn der Schlußbestand an unfertigen und fertigen Erzeugnissen kleiner ist als der Anfangsbestand. Dies besagt nichts anderes, als daß in der Rechnungsperiode mehr Erzeugnisse verkauft als hergestellt wurden (Lagerabbau).

Damit auch in diesem Fall das Ergebnis nicht verfälscht wird, müssen im Gewinn- und Verlustkonto den Verkaufserlösen außer den in dieser Rechnungsperiode entstandenen Herstellungsaufwendungen auch die Herstellungsaufwendungen der vom Lager entnommenen und im Vorjahr produzierten Erzeugnisse gegenübergestellt werden.

Kontenmäßig läßt sich der Fall einer Bestandsminderung wie folgt veranschaulichen:

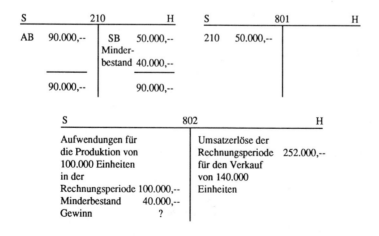

Abbildung: A.44

Das Beispiel verdeutlicht, daß ohne Berücksichtigung der Bestandsminderung als zusätzliche Aufwandsposition (= Vermögensabgang) der Gewinn fälschlicherweise zu hoch mit 152.000 DM ermittelt werden würde, während er nach Aufstockung der Aufwandsseite der GuV um die in der Vorperiode angefallenen Kosten für die Bestandsminderung nur noch 112.000 DM beträgt.

Aus Gründen der Übersichtlichkeit werden die Mehr- oder Minderbestände an unfertigen und fertigen Erzeugnissen regelmäßig jedoch nicht direkt auf dem Gewinn- und Verlustkonto gebucht, sondern zunächst auf den Erfolgskonten

> 521 Bestandsveränderungen an unfertigen Erzeugnissen
>
> 522 Bestandsveränderungen an fertigen Erzeugnissen

gesammelt.

Diese Konten erfassen im Soll die Minderbestände und im Haben die Mehrbestände. Nach Eintragung der jeweiligen Schlußbestände lt. Inventur auf den Konten 210/220 ergeben sich folgende Buchungen für die Salden (= Bestandsveränderungen) auf den Bestandskonten der Klasse 2 (= Aktiva):

a) Bestandsmehrung:

> 210 an 521
> 220 an 522

b) Bestandsminderung:

> 521 an 210
> 522 an 220

Im Anschluß daran erfolgt der Abschluß der Konten 521/522 über GuV. Im Falle eines Minderbestandes lauten dann die Abschlußbuchungssätze

> 801 an 521
> 801 an 522

Im Falle eines Mehrbestandes lauten die Abschlußbuchungssätze:

> 521 an 801
> 522 an 801

Zusammenfassend kann festgestellt werden, daß im Falle eines Abweichens der Herstellungs- von der Absatzmenge in der Rechnungsperiode sich der eigentliche Erfolg des Industriebetriebes erst unter Berücksichtigung der Bestandsveränderungen ergibt.

Ob die Gewinn- und Verlustrechnung nach dem **Gesamtkostenverfahren** (Konto 802) oder dem **Umsatzkostenverfahren** (Konto 803) gestaltet wird (vgl. dazu § 275 HGB), hat bezüglich der Bestandsveränderungen keinen Einfluß auf den Erfolg. In beiden Fällen erscheinen in der Bilanz als Vermögenspositionen unter der Rubrik Vorräte dieselben Lagerbestände, während in der Gewinn- und Verlustrechnung beim **Gesamtkostenverfahren** auf der Aufwandsseite sämtliche Kosten und auf der Ertragsseite zusätzlich zu den Umsatzerlösen die Bestandserhöhungen (bzw. auf der Aufwandsseite die Bestandsminderungen) erscheinen; beim **Umsatzkostenverfahren** werden die Herstellungskosten der **Bestandserhöhungen** im Ergebnis von den gesamten Herstellungskosten **gekürzt** bzw. die Herstellungskosten von **Bestandsminderungen** zu den gesamten Herstellungskosten der in der Periode produzierten Güter **addiert**. Es handelt sich somit lediglich um ein Ausweiswahlrecht.

7. Testfragen

* Erklären Sie den Unterschied zwischen Roh-, Hilfs- und Betriebsstoffen!

* Warum werden vom Industriebetrieb bezogene Waren (Handelswaren) getrennt von den Roh-, Hilfs- und Betriebsstoffen erfaßt?

* Warum werden für die Verbuchung des Bezugsaufwandes eigene Aufwandskonten eingerichtet?

* Wohin werden die Unterkonten für die Bezugsaufwendungen abgeschlossen?

* Wie sind Rücksendungen buchhalterisch zu behandeln?

* Worin liegt der Unterschied zwischen Rabatten, Boni und Skonti?

* Was versteht man unter Erlösminderungen?

* Wie werden Rabatte verbucht?

* Werden nachträglich gewährte Rabatte wie Boni behandelt?

* Warum sind Bestandsveränderungen der fertigen und unfertigen Erzeugnisse für die bilanzielle Erfolgsermittlung von Bedeutung?

IX. Die Umsatzsteuer in der Buchführung

1. Das System der "Mehrwertsteuer"

Jede "**Lieferung**" und "**sonstige Leistung**", die ein Unternehmer im Inland gegen Entgelt im Rahmen seines Unternehmens ausführt, ist umsatzsteuerbar; ferner unterliegen der Umsatzsteuer der **Eigenverbrauch** und die **Einfuhr** (Vgl. § 1 Abs. 1 UStG), während die Ausfuhr steuerfrei bleibt.

Steuerbare Umsätze (§ 1 Abs. 1 UStG) werden getätigt

1) durch einen Unternehmer,

2) im Inland,

3) gegen Entgelt,

4) im Rahmen seines Unternehmens.

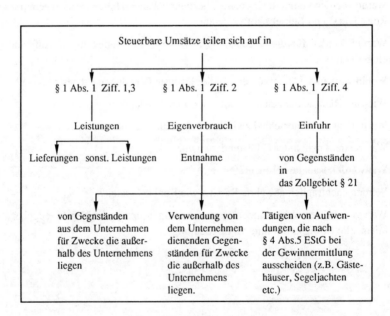

Abbildung: A.45

82

Die Umsatzsteuer selbst gehört nicht zum Entgelt, d.h. sie wird von einem Netto-Rechnungs-betrag erhoben (zur Vereinfachung wird in diesem Buch künftig stets ein Umsatzsteuersatz von 10% unterstellt):

	Netto-Rechnungsbetrag (= Entgelt)	1.000,-- DM
+	10% Umsatzsteuer	100,-- DM
	Brutto-Rechnungsbetrag	1.100,-- DM

Rechtstechnisch ist die Umsatzsteuer eine Verkehrsteuer, da sie an den Umsatz als Tatbestand des allgemeinen Rechtsverkehrs anknüpft. Wirtschaftlich gesehen ist sie dagegen eine echte Verbrauchsteuer, mit der allein der Endverbraucher von Lieferungen oder sonstigen Leistungen belastet werden soll, während der Unternehmer als Nicht-Endverbraucher unbelastet bleibt.

Dies erreicht man durch ein kompliziert anmutendes, im Grunde aber höchst einfaches System. Da das Finanzamt nicht jeden einzelnen Endverbraucher ausfindig machen und gemäß seinem Verbrauch besteuern kann, wird zunächst einmal **jeder** Umsatz eines Unter-nehmers der Steuerpflicht unterworfen. War es ein Umsatz an einen Endverbraucher, so wurde diesem die Steuer in Rechnung gestellt und von dem Unternehmer für das Finanzamt eingezogen. Die berechnete und kassierte Umsatzsteuer ist eine Schuld des Unternehmers an das Finanzamt; sie ist bei ihm lediglich ein durchlaufender Posten.

Tätigt der Unternehmer dagegen Umsätze an einen **anderen Unternehmer** für dessen Unternehmen, so sind diese Umsätze zwar ebenfalls steuerpflichtig, doch kann der Abnehmer-Unternehmer (der in diesem Fall kein Endverbraucher ist) die ihm berechnete Umsatzsteuer (**Vorsteuer**) sofort wieder gegenüber dem Finanzamt als Forderung geltend machen (das gilt auch für den Bezug von Investitionsgütern aller Art); für ihn ist die Umsatzsteuer also ebenfalls nichts weiter als ein durchlaufender Posten. Liefert er seinerseits wieder an einen Dritten weiter, so entsteht bei ihm sofort wieder eine Umsatzsteuerschuld. Der Unternehmer kann dann gegenüber dem Finanzamt seine Umsatzsteuerschuld gegen seine Umsatzsteuer-forderung aufrechnen (**Vorsteuerabzug**). Da in der Regel jeder Unternehmer zu höheren Preisen verkauft als er eingekauft hat, bleibt bei der Aufrechnung meist ein Differenzbetrag als Umsatzsteuerschuld an das Finanzamt, den der Unternehmer an das Finanzamt bezahlen muß (**Zahllast**). Dieser Differenzbetrag entspricht genau der Steuer auf den ''Mehrwert'', den der Unternehmer durch seine Tätigkeit erzielt hat, weshalb diese Form der Umsatzsteuer auch als ''Mehrwertsteuer'' bezeichnet wird.

Beispiel: jeweilige Zahllast

Unternehmer A

	Rechnung an B	1.000,-- DM
+	10% USt	100,-- DM
	zu bezahlen von B	1.100,-- DM

Finanzamt erhält von A   100,-- DM
die dieser von B kassiert hat

Unternehmer B

	Rechnung an C	1.500,-- DM
+	10% USt	150,-- DM
	zu bezahlen von C	1.650,-- DM

	Finanzamt erhält von B:	
	Umsatzsteuer (C)	150,-- DM
-	Vorsteuer (A)	100,-- DM
=	Zahllast B	50,-- DM

Unternehmer C

	Rechnung an D	2.200,-- DM
+	10% USt	220,-- DM
	zu bezahlen von D	2.420,-- DM

	Finanzamt erhält von C	
	Umsatzsteuer (D)	220,-- DM
-	Vorsteuer (B)	150,-- DM
=	Zahllast C	70,-- DM

                                                           220,-- DM

War D jetzt Endverbraucher, so hat er 220,-- DM Umsatzsteuer an C bezahlt, genau den Betrag, den die Unternehmer A, B und C zusammen an das Finanzamt abgeführt haben. Dabei betrug die abzuführende Umsatzsteuerschuld der einzelnen Unternehmer jeweils 10% ihrer Wertschöpfung.

In bestimmten Fällen ist jedoch auch ein Unternehmer Endverbraucher, z.B. wenn er Waren für seinen privaten Bedarf aus dem Betrieb entnimmt (nicht dagegen beim Erwerb von Investitionsgütern). Da er die ihm bei den Warenlieferungen berechnete Umsatzsteuer als Vorsteuer gegenüber dem Finanzamt geltend machen konnte, würde sein privater Warenverbrauch somit umsatzsteuerfrei sein; deshalb sieht das Umsatzsteuergesetz die Steuerpflicht des sog. **Eigenverbrauchs** vor, womit praktisch für die Entnahmen der Vorsteuerabzug wieder rückgängig gemacht wird.

Das Prinzip der Verbrauchsteuer verlangt, daß im zwischenstaatlichen Warenverkehr immer nur der Staat die Umsatzsteuer erheben darf, in dessen Hoheitsgebiet die Produkte verbraucht werden (Bestimmungslandprinzip). Deshalb muß eine Lieferung ins Ausland von der Umsatzsteuer, die sich auf den verschiedenen Handelsstufen im Inland angesammelt hat, entlastet werden. Dies erreicht man durch eine **Steuerbefreiung der Ausfuhr** unter Beibehaltung der Berechtigung zum Vorsteuerabzug.

Nehmen wir an, in unserem Beispiel würde der Unternehmer C an den ausländischen Abnehmer D liefern, dann könnte er 2.200,-- DM in Rechnung stellen und hätte keine Umsatzsteuerschuld an das Finanzamt; aus der Lieferung des B hätte er jedoch eine Umsatzsteuerforderung an das Finanzamt in Höhe von 150,-- DM, die zu einer völligen Rückerstattung der bereits bezahlten Umsatzsteuer auf allen Vorstufen führt. Jede **Ausfuhrlieferung** ist damit vollständig von jeglicher Umsatzsteuer entlastet.

Umgekehrt muß jede **Einfuhrlieferung** beim Grenzübertritt voll der Umsatzsteuer unterworfen werden, damit gleiche Wettbewerbsbedingungen bzw. eine gleiche Vorbelastung mit Umsatzsteuer wie bei inländischen Erzeugnissen hergestellt wird, ohne daß zunächst die Endverbraucher-Eigenschaft des Importeurs geprüft werden muß. Die bezahlte **Einfuhrumsatzsteuer** ist für den gewerblichen Importeur eine abzugsfähige Vorsteuer.

Beispiel:

Importeur B bezieht Waren aus dem Ausland.

	Rechnungsbetrag	1.000,-- DM
+	10% Einfuhr-USt	100,-- DM
	zu bezahlen von B	1.100,-- DM
	Lieferung an C zu	1.500,-- DM
+	10% USt	150,-- DM
	zu bezahlen von C	1.650,-- DM
	Finanzamt erhält von B:	
a)	Einfuhrumsatzsteuer	100,-- DM
b)	Zahllast	
	(150,-- DM - 100,-- DM)	50,-- DM
		150,-- DM

Regelfall ist die sog. **Soll-Besteuerung** im Gegensatz zu der auf Antrag möglichen **Ist-Versteuerung**. Jeder dem Unternehmer in Rechnung gestellte Umsatzsteuerbetrag kann sofort, d.h. beim nächsten Umsatzsteuer-Voranmeldetermin, gegenüber dem Finanzamt als Vorsteuer in Rechnung gestellt werden, gleichgültig, ob die Rechnung (und damit die berechnete Umsatzsteuer) inzwischen bezahlt worden ist oder nicht. Die vom Unternehmer Kunden in Rechnung gestellte Umsatzsteuer führt ebenfalls sofort zu einer Verbindlichkeit gegenüber dem Finanzamt (= Sollversteuerung nach **vereinbarten** Entgelten); ob die Rechnung sofort beglichen wird oder ein Zielkauf erfolgt ist, spielt dabei keine Rolle. Diese Regelung kann u.U. erhebliche Finanzierungsauswirkungen haben. Deshalb sieht § 20 UStG auf Antrag auch die Versteuerung nach **vereinnahmten** Entgelten (= Ist-Versteuerung) vor, wenn z.B. der Vorjahresumsatz nicht mehr als 250.000,-- DM betragen hat.

An die Erstellung von im umsatzsteuerrechtlichen Sinne ordnungsgemäßen Rechnungen (die ja Steuergutschriften enthalten) hat der Gesetzgeber strenge Anforderungen gestellt (Vgl. §§ 14 und 17 UStG). Nur den gesetzlichen Vorschriften entsprechend ausgestellte Rechnungen mit **gesondertem Steuerausweis** (Erleichterungen gelten für Kleinbeträge unter 200,-- DM, § 33 UStDV) berechtigen zum sofortigen Vorsteuerabzug (§ 15 UStG).

Bestimmte nach § 1 UStG steuerbare Umsätze werden nach § 4 UStG von der Umsatzsteuer befreit und sind damit nicht umsatzsteuerpflichtig. Man unterscheidet steuerfreie Umsätze mit vollem Vorsteuerabzug (z.B. die Ausfuhr), von solchen ohne Vorsteuerabzug (z.B. Kreditgeschäfte), darunter einige, bei denen auf die Steuerbefreiung verzichtet werden kann (z.B. Vermietung und Verpachtung), womit man sich die Berechtigung zum Vorsteuerabzug erhält. Ist ein Mieter bspw. umsatzsteuerpflichtiger Unternehmer, wird er grundsätzlich gegen eine Umsatzsteuerberechnung keine Einwendungen haben, während der Vermieter dadurch in den Genuß der Berechtigung zum Vorsteuerabzug kommt, wodurch sich seine Kalkulationsgrundlagen verändern.

Die degressive Wirkung der Umsatzsteuer bei steigendem Einkommen (infolge sinkender Verbrauchsausgaben) wird teilweise durch niedrigere Steuersätze für lebensnotwendige Güter abgeschwächt. So gibt es z.B. ermäßigte (halbe) Steuersätze für Grundnahrungsmittel. Damit existieren je nach verbrauchtem Wirtschaftsgut oder Dienstleistung unterschiedliche Umsatzsteuersätze.

2. Mehrwertsteuer-Konten in der Buchhaltung

Da die dem Unternehmer berechnete Umsatzsteuer eine Forderung und die von ihm berechnete Umsatzsteuer eine Verbindlichkeit gegenüber dem Finanzamt darstellen, müssen die Einzelbeträge zwischen den Voranmeldezeiträumen (i.d.R. ein Monat) auf besonderen Konten gesammelt werden.

2.1 Das Umsatzsteuer-Schuldkonto

Für die Erfassung der Abnehmern in Rechnung gestellten Umsatzsteuer wird ein besonderes Schuldkonto in der Kontenklasse 4 unter der Kontengruppe 48 (Sonstige Verbindlichkeiten) geführt.

480 Umsatzsteuer-Schuldkonto

Das Umsatzsteuerschuldkonto ist ein passives Bestandskonto, auf dem nach zwei Verfahren gebucht werden kann.

a) Nettoverfahren

Beim Nettoverfahren wird die buchmäßige Trennung von Entgelt und darauf entfallender Umsatzsteuer direkt bei jeder einzelnen Buchung vorgenommen.

Beispiel:

Kundenlieferung gegen bar für 1.100,-- DM incl. Umsatzsteuer.

Buchungssatz:

288 Kasse   1.100,-- DM

               515 Umsatzerlöse   1.000,-- DM
               480 Umsatzsteuer   100,-- DM

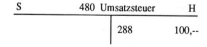

S	288 Kasse	H		S	515 Umsatzerlöse f. Waren	H
515/480	1.100,--				288	1.000,--

	S	480 Umsatzsteuer	H
		288	100,--

Abbildung: A.46

b) Bruttoverfahren

Nach dem Gesetz (§§ 63 Abs. 4 und 6 UStDV) kann der Unternehmer das Entgelt und die darauf entfallende Umsatzsteuer aus Vereinfachungsgründen auch in einer Summe aufzeichnen. Spätestens am Schluß eines jeden Voranmeldezeitraumes hat er dann allerdings die gesammelten Bruttobeträge in den Nettobetrag und die Umsatzsteuer zu trennen.

Beispiel:

Kundenlieferungen im Monat Juli gegen bar für 13.200,-- DM und auf Ziel für 9.350,-- DM jeweils incl. Umsatzsteuer.

Kumulierte Buchungssätze während des Monats:

288	Kasse	13.200,-- DM			
			515	Umsatzerlöse	13.200,-- DM
240	Forderungen	9.350,-- DM			
			515	Umsatzerlöse	9.350,-- DM

Am Ende des Monats wird die Umsatzsteuer aus dem Umsatzerlöskonto in einer Summe herausgebucht (Multiplikator 0,090909 bei einem Umsatzsteuersatz von 10%):

Buchungssatz:

515	Umsatzerlöse	2.050,-- DM			
			480	Umsatzsteuer	2.050,-- DM

S	288 Kasse	H		S	515 Umsatzerlöse f. Waren		H
515	13.000,--			480	2.050,--	288	13.200,--
						240	9.350,--

S	240 Forderungen	H		S	480 Umsatzsteuer		H
515	9.350,--					515	2.050,--

Abbildung: A.47

88

Durch die Umbuchung der Umsatzsteuer wird per Saldo das gleiche Ergebnis herbeigeführt, welches sich beim Nettoverfahren direkt ergibt. Das Bruttoverfahren ist zu empfehlen, wenn Unternehmer ihren Abnehmern üblicherweise keine Rechnungen ausstellen (Einzelhandel) oder wenn die Rechnungsbeträge nicht in Nettopreis und Umsatzsteuer aufgeteilt werden, was nach dem Gesetz bei Rechnungsbeträgen unter 200,-- DM zulässig ist (§ 33 UStDV). Der Vorteil des Bruttoverfahrens besteht dann darin, daß nicht bei jeder einzelnen Buchung die Umsatzsteuer herausgerechnet werden muß, sondern dies am Monatsende in einem Rechengang erfolgen kann.

Auf das Umsatzsteuer-Schuldkonto wird auch die Umsatzsteuer verbucht, die auf die Entnahme von Waren oder Gegenständen bzw. die Verwendung von Gegenständen für private Zwecke (z.B. private Telefon- oder Kfz.-Nutzung) zu entrichten ist.

2.2 Das Vorsteuerkonto

Das Vorsteuerkonto erfaßt die von anderen Unternehmern in Rechnung gestellte Umsatzsteuer (Vorsteuer). Sie ist im allgemeinen von der den Kunden in Rechnung gestellten Umsatzsteuer abzuziehen und mindert somit die an das Finanzamt abzuführende Umsatzsteuer-Zahllast. Das Vorsteuerkonto ist ein aktives Bestandskonto.

260 Vorsteuer-Konto

Wie auf dem Umsatzsteuerschuldkonto kann auch auf dem Vorsteuerkonto die Buchung nach dem Netto- oder dem Bruttoverfahren erfolgen.

Beispiel:

a) Kauf von Büromaterial für 242,-- DM incl. Umsatzsteuer gegen Barzahlung.

Buchungssätze entweder **netto (gleichzeitig)**:

680	Büromaterial	220,-- DM			
260	Vorsteuer	22,-- DM			
			288	Kasse	242,-- DM

oder **brutto (zeitverschieden)**:

680	Büromaterial	242,-- DM			
			288	Kasse	242,-- DM
260	Vorsteuer	22,-- DM			
			680	Büromaterial	22,-- DM

b) Kauf von Waren auf Ziel für 3.850,-- DM incl. Umsatzsteuer.

Buchungssätze **entweder**:

228 Waren (Handelswaren)   3.500,-- DM
260 Vorsteuer   350,-- DM
                          440 Verbindlichkeiten   3.850,-- DM

oder:

228 Waren (Handelswaren)   3.850,-- DM
                          440 Verbindlichkeiten   3.850,-- DM

260 Vorsteuer   350,-- DM
                          228 Waren (Handelswaren)   350,-- DM

Die Herausrechnung der Umsatzsteuer beim Bruttoverfahren kann auf der Ein- wie auf der Ausgangsseite bei dem hier stets unterstellten Steuersatz von 10% entweder mit Hilfe des Multiplikators von 0,090909 (= 9,0909%) oder des Divisors 11 erfolgen.

Merke:	Auf den Zahlungsmittelkonten und den Konten für Forderungen und Verbindlichkeiten wird immer der volle Brutto-Rechnungsbetrag incl. Umsatzsteuer gebucht; auf den Aufwands- und Erlöskonten sowie den Bestandskonten wird beim Nettoverfahren sofort und beim Bruttoverfahren per Saldo später immer nur der reine Netto-Rechnungsbetrag verbucht, während die Umsatzsteuer auf den Konten 260 Vorsteuer und 480 Umsatzsteuer gesammelt wird.

3. Abschluß der Mehrwertsteuerkonten

Am Ende eines jeden Voranmeldezeitraumes muß der Unternehmer aus seinen Aufzeichnungen ermitteln, ob und in welcher Höhe er eine Schuld oder eine Forderung an das Finanzamt hat. Aus diesem Grunde saldiert er das Vorsteuerkonto und überträgt dessen Saldo auf das Umsatzsteuer-Schuldkonto.

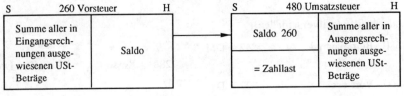

Abbildung: A.48

90

Ergibt sich auf dem Umsatzsteuerkonto ein Sollsaldo, dann hat der Unternehmer eine Forderung an das Finanzamt, die er auf Antrag erstattet erhält, wenn sie 1.000,-- DM übersteigt, ansonsten wird sie mit der nächstfolgenden Zahllast verrechnet. Ergibt sich ein Habensaldo, liegt eine Verbindlichkeit gegenüber dem Finanzamt vor; der Unternehmer hat diesen Betrag an das Finanzamt abzuführen.

Beim Jahresabschluß ist die Zahllast des letzten Monats zu passivieren, soweit sie noch nicht an das Finanzamt entrichtet worden ist; ein Vorsteuerüberschuß ist zu aktivieren.

4. Umsatzsteuer im Einkaufs- und Verkaufsbereich

Auf den Stoffe-Bestandskonten und den Umsatzerlöskonten werden - soweit die gebräuchlichere Nettoverbuchung gewählt wurde - grundsätzlich nur Netto-Rechnungspreise ohne Umsatzsteuer verbucht. Von besonderer Bedeutung bei der Verbuchung des Stoffverkehrs sind die nachträglichen Entgeltsminderungen. Als **Entgeltsminderungen** gelten insbesondere Preisnachlässe jeder Art, also Boni, Kürzungen aufgrund der Zahlungsbedingungen (Skontoabzüge), aber auch Entgeltsminderungen auf Grund von Mängelrügen (Gutschriften). Eine Entgeltsminderung liegt schließlich auch vor bei der Annulierung eines Geschäftes, bspw. durch Rücktritt vom Vertrag, sowie beim Forderungsausfall.

Die an das Finanzamt vom Lieferer abzuführende Umsatzsteuer und die vom Kunden beanspruchbare, seine Umsatzsteuerschuld vermindernde Vorsteuer richten sich synchron nach dem tatsächlich fließenden Entgelt. Das ''vereinbarte'' Entgelt ist grundsätzlich die Bemessungsgrundlage für die Umsatzsteuer. Ändert sich das Entgelt nachträglich, so ändert sich die Berechnungsgrundlage für die Umsatzsteuer bzw. für die Vorsteuer und damit diese selbst. § 17 Abs. 1 UStG sieht daher grundsätzlich eine **korrespondierende Berichtigung** der Umsatzsteuer beim Lieferanten **und** der Vorsteuer beim Abnehmer vor. In Höhe der Differenz zwischen ursprünglich berechneter und tatsächlich zu tragender Umsatzsteuer sind bei allen Entgeltsänderungen Korrekturbuchungen notwendig.

Beispiele:

a) Wir haben Waren (Handelswaren) im Netto-Rechnungspreis von 1.000,-- DM auf Ziel bezogen.

Buchungssatz:

228	Waren (Handelswaren)	1.000,-- DM		
260	Vorsteuer	100,-- DM		
			440 Verbindlichkeiten	1.100,-- DM

Wegen erheblicher Qualitätsmängel schicken wir die gesamte Lieferung wieder zurück.

Buchungssatz:

440 Verbindlichkeiten   1.100,-- DM
                        228 Waren (Handelswaren)   1.000,-- DM
                        260 Vorsteuer   100,-- DM

Da das Entgelt nachträglich wieder "aufgehoben" wurde, muß der Empfänger der Lieferung seinen ursprünglichen Vorsteuerabzug wieder stornieren.

b) Unser Kunde, der die Lieferung von Waren im Wert von 500,-- DM bereits bezahlt hatte, macht Qualitätsmängel geltend; wir erteilen eine Gutschrift über 20% des Rechnungsbetrages

Ursprünglicher Verkauf:

280 Bank   550,-- DM
                        515 Umsatzerlöse für Waren   500,-- DM
                        480 Umsatzsteuer   50,-- DM

Gutschrift:

515 Umsatzerlöse für Waren   100,-- DM
480 Umsatzsteuer   10,-- DM
                        440 Verbindlichkeiten   110,-- DM

Da die Umsatzerlöse (= Entgelt) per Saldo nach der Gutschrift nur DM 400,-- statt der ursprünglichen DM 500,-- betragen, wird vom Abnehmer dem Lieferer, und damit vom Lieferer gegenüber dem Finanzamt auch nur die geringere Umsatzsteuer (= DM 40,--) geschuldet.

Hinsichtlich der Verbuchung von Rabatten ergeben sich keine Besonderheiten. Umsatzsteuerlich bewirken sofortige Rabatte eine Kürzung des Entgelts, also der Bemessungsgrundlage für die Umsatzsteuer. Steuerpflichtiges Entgelt ist demnach immer der Netto-Rechnungsbetrag nach Abzug des Rabatts.

Beispiel:

	Listenpreis	2.800,-- DM
-	30% Großhandelsrabatt	840,-- DM
	Netto-Rechnungsbetrag	1.960,-- DM
+	Umsatzsteuer	196,-- DM
	Brutto-Rechnungsbetrag	2.156,-- DM

Werden Rabatte irrtümlich nicht sofort gewährt, sondern erst **nachträglich** eingeräumt oder werden sie nachträglich geändert (erhöht oder vermindert), ist dann neben der Korrektur auf den Stoffkonten auch eine Korrektur der Umsatzsteuer vorzunehmen, da sich deren Bemessungsgrundlage dann verändert hat.

Beispiele:

a) Kunde reklamiert fehlende Rabattgewährung und zieht bei seiner Banküberweisung 20% vom Brutto-Rechnungsbetrag (550,-- DM) ab.

Buchungssatz beim Lieferanten:

515	Umsatzerlöse für Waren	100,-- DM			
480	Umsatzsteuer	10,-- DM			
280	Bank	440,-- DM			
			240	Forderungen	550,-- DM

b) Lieferant kürzt unberechtigten Mengenrabatt von 30% auf den Bruttolistenpreis von 1.100,-- DM auf seiner Rechnung um 10%.

Buchungssatz beim Kunden:

228	Waren (Handelswaren)	100,-- DM			
260	Vorsteuer	10,-- DM			
			440	Verbindlichkeiten	110,-- DM

Am häufigsten treten nachträgliche Entgeltsminderungen im Einkaufs- und Verkaufsbereich in Form von Boni und Skonti auf. Wirtschaftlich betrachtet kommt die Gewährung eines (Umsatz-)**Bonus** beim Bonusgeber einer Erlösschmälerung und beim Abnehmer einer nachträglichen Einstandspreisminderung gleich. **Beide** Seiten haben deshalb entsprechende Korrekturen vorzunehmen.

Beispiel:

Wir erhalten vom Lieferanten eine Bonusgutschrift über 2% aus dem mit ihm getätigten Vorjahresumsatz von 450.000,-- DM (netto). Die Gutschrift lautet dann auf 9.000,-- DM zuzüglich 900,-- DM Umsatzsteuer = 9.900,-- DM.

Der Lieferant bucht:

5175	Kundenboni	9.000,-- DM			
480	Umsatzsteuer	900,-- DM			
			240	Forderungen	9.900,-- DM
			(440	Verbindlichkeiten aus L+L)	

Der Bonusberechtigte bucht:

440	Verbindlichkeiten aus L+L	9.900,-- DM			
(240	Forderungen)				
			6195	Lieferantenboni	9.000,-- DM
			260	Vorsteuer	900,-- DM

Die Umsatzsteuerkürzung beim Lieferanten ist eine Folge seiner Erlösschmälerung durch den gewährten Bonus; hat er endgültig für seine Warenverkäufe ein geringeres Entgelt erhalten, als er ursprünglich der Besteuerung zugrunde gelegt hatte, schuldet er dem Finanzamt gegenüber auch nur die (geringere) Umsatzsteuer auf das tatsächlich erhaltene Entgelt. Umgekehrt richtet sich die Vorsteuerabzugsberechtigung des Abnehmers danach, was ihm der Lieferant endgültig an Umsatzsteuer berechnet hat. Kürzt der Lieferant seine Umsatzsteuer gegenüber dem Finanzamt, muß der Abnehmer eine entsprechende Korrektur bei seiner Vorsteuer vornehmen. Jede Gutschrift für Boni oder nachträgliche Rabatteinräumung etc. (insgesamt 110%) enthält somit einen Steueranteil und ist bei der Verbuchung aufzuspalten in Umsatzsteuer- bzw. Vorsteuerkürzungsbetrag (10%) sowie die entsprechende Entgelts-minderung (100%). Ein Bonus von 5% vom Umsatz errechnet sich wie folgt:

	Umsatz 01 vor Bonus		Umsatz 01 abzüglich Bonus		Bonus 01
Entgelt	300.000,--	-	285.000,-- DM	=	15.000,-- DM
USt/VSt	30.000,--	-	28.500,-- DM	=	1.500,-- DM
Brutto	330.000,--	-	313.500,-- DM	=	16.500,-- DM

Völlig analog wird der häufigste Fall von Entgeltsminderungen behandelt, der **Skontoabzug**. Durch ihn verändert sich ebenfalls nachträglich die ursprüngliche Bemessungsgrundlage, was sowohl zur Reduzierung der Umsatzsteuer beim Lieferanten als auch zur Kürzung des Vorsteueranspruchs beim Abnehmer führen muß.

Beispiel:

1)	Netto-Rechnungsbetrag	200,-- DM
+	Umsatzsteuer	20,-- DM
	Brutto-Rechnungsbetrag	220,-- DM
-	2 % Skonto	4,40 DM
	Überweisungsbetrag	215,60 DM
2)	Netto-Rechnungsbetrag (alt)	200,-- DM
-	2 % Skonto	4,-- DM
	Netto-Rechnungsbetrag (neu)	196,-- DM
+	Umsatzsteuer	19,60 DM
	Überweisungsbetrag	215,60 DM

Es ist dabei gleichgültig, ob der Skontoabzug vom Brutto-Rechnungsbetrag vorgenommen wird (1) - er muß dann in eine Netto-Rechnungsbetragskürzung (4,-- DM) und eine Umsatzsteuerkürzung (0,40 DM) aufgeteilt werden - oder ob der Skontoabzug vom Netto-Rechnungsbetrag erfolgt (2), wobei sich die Netto-Rechnungsbetragskürzung sofort ergibt. Gleichzeitig läßt sich die Umsatzsteuerkürzung aus der Differenz zwischen der früher berechneten (20,-- DM) und der endgültigen Umsatzsteuer aufgrund des Skontoabzugs (19,60 DM) unmittelbar ablesen. Aus (2) wird deutlich, daß die Ursache für die Umsatzsteuerberichtigung die Änderung des steuerlichen Entgelts (von 200,-- DM auf 196,-- DM) infolge Skontoabzugs ist.

Buchungssatz beim Lieferer:

280	Bank	215,60 DM			
5165	Kundenskonti	4,-- DM			
480	Umsatzsteuer	0,40 DM			
			240	Forderungen	220,-- DM

Buchungssatz beim Kunden:

440	Verbindlichkeiten	220,-- DM			
			280	Bank	215,60 DM
			6185	Lieferskonti	4,-- DM
			260	Vorsteuer	0,40 DM

5. Sammelverbuchung der Umsatzsteuer

Bei der bisher stets unterstellten Nettoverbuchung wird die Umsatzsteuer bei jedem einzelnen den Warenverkehr betreffenden Geschäftsvorfall sofort getrennt verbucht (Einzelverbuchung der Umsatzsteuer). Am Ende des jeweiligen Voranmeldezeitraumes (i.d.R. am Monatsende) kann durch Übertragung des Saldos aus dem Vorsteuerkonto auf das Umsatzsteuer-Schuldkonto sofort die Zahllast bzw. Forderung gegenüber dem Finanzamt festgestellt werden.

Wählt man dagegen die nach § 63 Abs. 4 und 6 der UStDV zulässige Bruttoverbuchung, so bleibt die Umsatzsteuer zunächst bei allen den Warenverkehr betreffenden Geschäftsvorfällen unberücksichtigt, d.h. sie wird nicht gesondert verbucht. Auf den Konten erscheinen nur die Bruttobeträge einschließlich der Umsatzsteuer. Erst am Ende des Voranmeldezeitraumes, wenn für die Umsatzsteuervoranmeldung die Zahllast ermittelt werden muß, wird die Umsatzsteuer in einer Sammelbuchung aus den betreffenden Konten, auf denen vorher brutto verbucht worden ist, herausgerechnet und auf die Umsatzsteuerkonten umgebucht.

Inhalt der Umsatzsteuerkonten bei Brutto- wie Nettoverbuchung:

S	260 Vorsteuer	H
Beträge der in Eingangsrechnungen gesondert ausgewiesenen Vorsteuer	Berichtigungen infolge - Retouren an Lieferanten - Gutschriften - Skonti und Boni von Lieferanten	

S	480 Umsatzsteuer	H
Berichtigungen infolge - Retouren an Lieferanten - Gutschriften - Skonti und Boni an Lieferanten	Beträge der in Ausgangsrechnungen enthaltenen Umsatzsteuer	

Abbildung: A.49

In der Praxis wird die Umsatzsteuer auf Rechnungen an Unternehmer grundsätzlich gesondert ausgewiesen, auch wenn das Gesetz diesbezüglich keine Verpflichtigung, sondern nur das Recht des Empfängers enthält, den gesonderten Steuerausweis zu verlangen. Der Rechnungsempfänger kann nämlich nur dann Vorsteuerbeträge geltend machen, wenn sie in seinen Eingangsrechnungen gesondert ausgewiesen sind. Eine Ausnahme davon gilt nur für Rechnungen über Kleinbeträge (bis 200,-- DM), bei denen aber angegeben sein muß, daß und wieviel Prozent Umsatzsteuer im Rechnungsbetrag enthalten ist; in diesem Fall kann der Unternehmer die Vorsteuer selbst herausrechnen.

Der unbedingte Belegzwang für den Vorsteuerabzug ist erforderlich, weil zum einen nicht alle Umsätze steuerpflichtig sind (Steuerbefreiungen) und zum anderen verschiedene Steuersätze zur Anwendung kommen. Es kann also nicht dem Unternehmer überlassen bleiben, ob und in welcher Höhe er Vorsteuern verbucht; ausschließliche Grundlage dafür ist der Beleg mit dem gesonderten Steuerausweis. Schließlich sind Vorsteuerbeträge als kurzfristige Forderungen an das Finanzamt so gut wie Bargeld.

Bei der Sammelverbuchung der Umsatzsteuer ist deshalb darauf zu achten, daß die Bruttobeträge **getrennt nach Steuersätzen** verbucht werden und die nicht zum Vorsteuerabzug berechtigten Rechnungen nicht mehr von der Umsatzsteuerbereinigung erfaßt werden.

6. Testfragen

- Erklären Sie, warum man die Umsatzsteuer zu den Verbrauchsteuern zählt!

- Erklären Sie die Begriffe Vorsteuer, Zahllast und Entgelt!

- Erklären Sie, warum die Umsatzsteuer für Unternehmer erfolgsneutral ist!

- Wie kann man die Bezeichnung der Umsatzsteuer als Mehrwertsteuer erklären?

- Was versteht man unter einem Eigenverbrauch?

- Wie wird er umsatzsteuerlich behandelt?

- Warum unterwirft der Gesetzgeber neben Lieferungen und sonstigen Leistungen auch den Eigenverbrauch der Steuerpflicht?

- Weshalb ist die Ausfuhr steuerfrei und die Einfuhr steuerpflichtig?

- Warum ist der sofortige, volle Vorsteuerabzug auch bei Investitionsgütern zulässig?

- Was versteht man unter dem Begriff der Sollbesteuerung und was unter dem der Istbesteuerung?

- Erklären Sie den Unterschied bei der Verbuchung der Umsatzsteuer nach dem Netto- oder Bruttoverfahren!

- Welche formellen Vorschriften bestehen für Rechnungen, die zum Vorsteuerabzug berechtigten?

- Warum führen Entgeltminderungen zu Kürzungen der Vorsteuer beim Empfänger der Lieferung?

X. Bilanzmäßige Abschreibungen und Wertberichtigungen

1. Abschreibungen auf Anlagen

Die Ausgaben für die Anschaffungen **abnutzbarer** Gegenstände des Anlagevermögens, die dem Unternehmenszweck **länger als eine Abrechnungsperiode** zu dienen geeignet sind, können nicht sofort als Aufwand gewinnmindernd geltend gemacht werden, sondern sind zunächst auf den entsprechenden Bestandskonten der Klasse 0 zu aktivieren, von wo aus sie im Laufe der betriebsgewöhnlichen Nutzungsdauer pro rata temporis abgeschrieben werden können, indem am Ende einer jeden Abrechnungsperiode der aktuelle Wert (Buchwert) aller abnutzbaren Gegenstände des Anlagevermögens nach einem bestimmten Schätzverfahren (Abschreibungsmethode) bestimmt wird und der Differenzbetrag zum (höheren) Wert zu Beginn der Abrechnungsperiode als Aufwand gegengebucht wird.

Beispiel:

Kauf einer Verpackungsmaschine zum Netto-Rechnungspreis von 30.000,-- DM.

Buchungssatz:

076	Verpackungsmaschine	30.000,-- DM			
260	Vorsteuer	3.300,-- DM			
			280	Bank	33.000,-- DM

Die Aktivierung der Maschine auf einem Anlagekonto der Klasse 0 bewirkt zunächst lediglich einen erfolgsneutralen Aktivtausch. Investitionen lösen somit keine sofortige Gewinnminderung aus, wie von Laien häufig angenommen wird. Die Gewinnminderung erfolgt vielmehr verteilt auf die Jahre der Nutzung des Investitionsobjekts durch Verbuchung entsprechender planmäßiger Abschreibungen.

Man geht davon aus, daß sich der Nutzenvorrat in einem Anlagenobjekt durch die konkrete Nutzung im Leistungsprozeß allmählich verringert. Dabei unterstellt man im Rahmen der Finanzbuchhaltung, daß der Gesamtnutzenvorrat durch den pagatorischen Anschaffungswert repräsentiert wird. Dieser ist auf die Gesamtlebensdauer (= Nutzungsdauer) der Anlage so zu verteilen, wie es dem effektiven Nutzenverzehr am ehesten entspricht. Ähnlich wie die Anschaffung oder Herstellung von Anlagen sind auch Aufwendungen für Großreparaturen zu aktivieren, durch welche die Substanz vermehrt und der Nutzenvorrat bzw. die Nutzungsdauer wesentlich erhöht werden. Im Gegensatz dazu sind reine Erhaltungsaufwendungen (z.B. Reparaturen) sofort erfolgswirksam zu verbuchen.

1.1 Abschreibungsverfahren

Nach dem Verhältnis der absoluten Höhe der jährlichen Abschreibungsbeträge zueinander kann man die Abschreibungsmethoden in vier Gruppen einteilen, nämlich in Abschreibungen mit

      a)   gleichbleibenden,

      b)   fallenden,

      c)   steigenden und

      d)   unregelmäßigen

Jahresbeträgen. Dabei ist die Abschreibung mit steigendem, also progressiven Verlauf relativ selten; steuerlich ist sie unzulässig (vgl. § 7 EStG).

1.1.1 Lineare Abschreibung

Wird in jährlich gleichbleibenden Beträgen abgeschrieben, spricht man von linearer Abschreibung. Man erhält den Abschreibungsbetrag mit Hilfe der Formel:

$$\text{Abschreibungsbetrag} = \frac{\text{Anschaffungswert (evtl. - Schrottwert)}}{\text{Nutzungsdauer in Jahren}}$$

Ein Schrottwert ist nur zu berücksichtigen, wenn er von erheblichem Gewicht ist (z.B. bei Seeschiffen).

Beispiel:

Anschaffungswert einer Maschine 48.000,-- DM; geschätzte Nutzungsdauer 5 Jahre; Schrottwert 3.000,-- DM.

$$\text{Abschreibungsbetrag} = \frac{48.000,\text{-- DM} - 3.000,\text{-- DM}}{5}$$

$$\text{Abschreibungsbetrag} = 9.000,\text{-- DM (jährlich)}$$

Handelsrechtlich ist die zu erwartende Nutzungsdauer vom Unternehmer unter Berücksichtigung aller Umstände zu schätzen. Für steuerliche Zwecke existieren Verwaltungsanweisungen (sog. AfA-Tabellen, AfA = Absetzung für Abnutzung), in denen übliche Nutzungsdauern der verschiedensten Vermögenswerte fixiert sind. Der Steuerpflichtige kann aber jederzeit von diesen Erfahrungssätzen nach oben oder nach unten abweichen, wenn er dies ausreichend begründen kann.

Beispiele betriebsgewöhnlicher Nutzungsdauern verschiedener Vermögensgegenstände:

Lastwagen	4 Jahre	25	%	lineare Abschreibung
Anhänger	6 Jahre	16,67	%	lineare Abschreibung
Gabelstabler	5 Jahre	20	%	lineare Abschreibung
Maschinen	10 Jahre	10	%	lineare Abschreibung
Büromaschinen	5 Jahre	20	%	lineare Abschreibung
Büromöbel	10 Jahre	10	%	lineare Abschreibung
Panzerschränke	20 Jahre	5	%	lineare Abschreibung
Ladeneinrichtungen	8 Jahre	12,5	%	lineare Abschreibung

1.1.2 Degressive Abschreibung

Bei der Abschreibung in fallenden Jahresbeträgen ergibt sich ein degressiver Abschreibungsverlauf, wobei man zwei Erscheinungsformen unterscheidet:

- geometrisch degressive Abschreibung und
- arithmetisch degressive Abschreibung.

Im Fall der **geometrisch degressiven Abschreibung** wird die jährliche Abschreibungsquote mit einem gleichbleibenden Prozentsatz vom jeweiligen Restbuchwert berechnet, weshalb sie auch als **Buchwertabschreibung** bezeichnet wird. Während bei der Abschreibung nach einem gleichbleibenden Prozentsatz vom ursprünglichen Anschaffungswert sich ein linearer Verlauf der Abschreibungsbeträge ergibt, stellt sich bei der Abschreibung mit gleichbleibendem Prozentsatz vom (Rest-)Buchwert ein degressiver Abschreibungsverlauf ein, d.h. die Abschreibungsbeträge sinken von Jahr zu Jahr.

Beispiel:

	Anschaffungswert	30.000,-- DM
-	20% Abschreibung	6.000,-- DM
	Buchwert im 2. Jahr	24.000,-- DM
-	20% Abschreibung	4.800,-- DM
	Buchwert im 3. Jahr	19.200,-- DM
-	20% Abschreibung	3.840,-- DM
	Buchwert im 4. Jahr	15.360,-- DM
-	20% Abschreibung	3.072,-- DM
	Buchwert im 5. Jahr	12.228,-- DM

.
.
.
.

	Buchwert im 14. Jahr	1.649,27 DM
-	20% Abschreibung	329,85 DM
	Buchwert im 15. Jahr	1.319,42 DM

.
.
.

Buchwert im 21. Jahr	345,88 DM

Theoretisch führt die geometrisch degressive Abschreibung nie zu einem Buchwert von Null, da die Abschreibungsbeträge eine unendliche geometrische Reihe bilden. Um trotzdem zu einer Vollabschreibung zu kommen, geht man regelmäßig nach einigen Jahren bzw. spätestens gegen Ende der Nutzungsdauer von der geometrisch-degressiven zur linearen Abschreibung des Restbuchwertes über. Dabei wird der Restbuchwert zum Zeitpunkt des Übergangs verteilt auf die Restnutzungsdauer des Vermögensgegenstandes. Wird beispielsweise im vorstehenden Beispiel nach 10 Jahren (Gesamtnutzungsdauer 20 Jahre) zur linearen Abschreibung übergewechselt, verändern sich die Abschreibungsbeträge wie folgt:

Buchwert am Ende des 10. Jahres der Nutzung	3.205,50 DM
Linearer Abschreibungsbetrag während der gesamten Restnutzungsdauer von 10 Jahren, je	320,55 DM

Der Übergang zur linearen Restwertabschreibung erfolgt zweckmäßigerweise dann, wenn der bei Fortführung der degressiven Abschreibung auf das Übergangsjahr entfallende Abschreibungsbetrag unter dem Betrag liegen würde, der sich bei linearer Verteilung des Restbuchwertes auf die Restnutzungsdauer ergeben würde.

Die Wahl des degressiven Abschreibungssatzes ist von der Nutzungsdauer nur indirekt insoweit abhängig, als er nicht unter dem Satz der linearen Abschreibung liegen sollte. Sonst geht nämlich der eigentliche Effekt der degressiven Abschreibung, die hohen Anfangsabschreibungen, verloren und die Abschreibungen massieren sich gegen Ende der Nutzungsdauer, wenn bei relativ hohem Buchwert zur linearen Abschreibung übergegangen wird.

Soll bei Verwendung der geometrisch-degressiven Abschreibung auf einen vorgegebenen Restwert abgeschrieben werden, d.h. die Differenz zwischen Anschaffungswert (A) und Restwert (R) am Ende der Nutzungsdauer (n) auf die Jahre der Nutzung verteilt sein, so errechnet sich der Abschreibungs-Prozentsatz (p) nach folgender Formel:

$$p = 100 * \left(1 - \sqrt[n]{\frac{R}{A}} \right)$$

Beispiel:

Geometrisch degressiver Abschreibungssatz für eine Maschine mit :

A	=	40.000,-- DM
R	=	2.000,-- DM
n	=	8 Jahre
p	=	31,2344 %

Die jährlichen Abschreibungsbeträge belaufen sich während der Nutzungsdauer auf:

1. Jahr:	12.493,76 DM
2. Jahr:	8.591,41 DM
3. Jahr:	5.907,93 DM
4. Jahr:	4.062,63 DM
5. Jahr:	2.793,69 DM
6. Jahr:	1.921,10 DM
7. Jahr:	1.321,05 DM
8. Jahr:	908,43 DM
	38.000,-- DM

Das Steuerrecht schreibt im § 7 Abs. 2 Satz 2 EStG eine Begrenzung des Abschreibungsprozentsatzes bei Anwendung der geometrisch-degressiven Methode für bewegliche Anlagegüter vor, nach der

1. der Abschreibungsprozentsatz nicht höher als das **Dreifache** desjenigen Satzes sein darf, der sich bei linearer Abschreibung ergibt, und

2. daß er unabhängig von der ersten Bedingung **nicht mehr als 30 v.H.** betragen darf.

Beide Bedingungen müssen dabei gleichzeitig erfüllt sein.

Bei der vornehmlich in den USA gebräuchlichen **arithmetisch degressiven Abschreibung,** auch digitale Abschreibung genannt, ist die Bemessungsgrundlage der Anschaffungswert, von dem nach gleichmäßig fallenden Sätzen die jährlichen Abschreibungsbeträgen berechnet werden. Man bildet aus der Quersumme der Nutzungsjahre den Nenner des Abschreibungsbruches und verwendet als Zähler die Zahl des jeweiligen Nutzungsjahres in umgekehrter Reihenfolge. Hierbei muß jedoch darauf hingewiesen werden, daß die "digitale Abschreibung" nach deutschem Steuerrecht nicht mehr zulässig ist.

Beispiel:

Die Maschine hat einen Anschaffungswert von 82.500,-- DM und eine Nutzungsdauer von schätzungsweise 10 Jahren. Die Quersumme der Nutzungsjahre (1 + 2 + 3 + 4 + ... + 10) beträgt 55.

Man schreibt dann vom Anschaffungswert folgendermaßen ab:

Anschaffungswert	82.500,-- DM
1. Jahr 10/55 (18,18%)	15.000,-- DM
Buchwert Ende 1. Jahr	67.500,-- DM
2. Jahr 9/55 (16,36%)	13.500,-- DM
Buchwert Ende 2. Jahr	54.000,-- DM
3. Jahr 8/55 (14,54%)	12.000,-- DM
Buchwert Ende 3. Jahr	42.000,-- DM
4. Jahr 7/55 (12,73%)	10.500,-- DM
Buchwert Ende 4. Jahr	31.500,-- DM
5. Jahr 6/55 (10,91%)	9.000,-- DM
Buchwert Ende 5. Jahr	22.500,-- DM

Muß ein Schrottwert berücksichtigt werden, so schreibt man von dem um den Schrottwert verminderten Anschaffungswert ab. Im Unterschied zur geometrisch degressiven Abschreibung führt die digitale Abschreibung stets zu einem Buchwert von Null (bzw. dem Schrottwert) nach Ablauf der anfänglich unterstellten Nutzungsdauer. Anders als bei der Buchwertabschreibung ist bei der digitalen Abschreibung die Differenz zwischen den Abschreibungsbeträgen der aufeinanderfolgenden Jahre stets gleich hoch (im Beispiel 1/55 des Anschaffungswertes = 1.500,-- DM). Die Abschreibungsbeträge ergeben eine arithmetische Reihe, gegenüber einer geometrischen Reihe bei der Buchwertabschreibung, woraus sich die Bezeichnungen erklären.

Wirtschaftlich lassen sich degressive Abschreibungen damit begründen, daß in der Regel bei einem Anlagegut im Laufe der betrieblichen Nutzung ein ständig steigender Erhaltungsaufwand in späteren Jahren notwendig wird. Die höheren Abschreibungen in den ersten Jahren sollen dann der Ausgleich für die in diesen Jahren fehlenden Reparaturaufwendungen sein. Durch sie wird erst eine gleichmäßige Verteilung der gesamten Aufwendungen für das Anlagegut (Abschreibungen und Erhaltungsaufwand) auf die Jahre der Nutzung möglich. Daneben kann auch ein rascher technischer Fortschritt oder Modewechsel als Begründung für die Notwendigkeit degressiver bilanzieller Abschreibungen geltend gemacht werden, auch wenn dies auf die Höhe des Nutzungsverzehrs bzw. restlichen Nutzungsvorrats in der Regel keinen Einfluß hat.

1.1.3 Zulässigkeit der Abschreibungsverfahren

Das Handelsrecht verlangt nur, daß "planmäßige" Abschreibungen vorgenommen werden müssen (§ 253 Abs. 2 HGB). Der Plan muß die Anschaffungswerte "nach einer den Grundsätzen ordnungsmäßiger Buchführung entsprechenden Abschreibungsmethode auf die Geschäftsjahre verteilen, in denen der Gegenstand voraussichtlich genutzt werden kann". Das Handelsrecht schreibt somit weder ein bestimmtes Abschreibungsverfahren noch irgendwelche Abschreibungshöchstsätze vor.

Steuerliche Regelabschreibung ist die lineare Abschreibung; die geometrisch degressive Abschreibung ist nur bis zum Höchstsatz von 30% oder dem dreifachen linearen Satz zulässig, die digitale Abschreibung ist nicht möglich. Daneben ist, sofern dies wirtschaftlich begründet ist, als weitere planmäßige Regelabschreibung noch eine Abschreibung "nach Maßgabe der Leistung" zugelassen (Vgl. § 7 EStG). Voraussetzung für deren Anwendung ist, daß die tatsächlich abgegebene Leistung feststellbar ist (z.B. durch Stückzähler an einer Maschine).

Neben den planmäßigen oder ordentlichen Abschreibungen des normalen Wertverzehrs von Gegenständen des Anlagevermögens werden außerplanmäßige bzw. außerordentliche Abschreibungen zur Erfassung des nicht durch den normalen Gebrauch ausgelösten Wertverzehrs verbucht (z.B. Beschädigung oder Zerstörung durch Unfälle etc.; vgl. dazu Kapitel B.IV.3.1.2).

1.2 Verbuchung der Abschreibungen

Abschreibungen können direkt oder indirekt verbucht werden. Von **direkter Abschreibung** spricht man, wenn die Gegenbuchung (Haben) für die Aufwandsverbuchung "Abschreibung" (Soll) direkt auf dem Anlagekonto (Aktivkonto) erfolgt, das damit nach Saldierung den jeweils letzten Buchwert des Bestandes ausweist (man spricht auch von aktivischer Absetzung).

Im Falle der **direkten Abschreibung** wird also die Wertminderung **direkt** auf dem Anlagekonto gebucht (gemischtes Konto); Buchungssatz: 65 Abschreibungen an Anlagekonto. Das Anlagekonto wird danach mit seinem Saldo, der den Schlußbestand benennt, auf das Schlußbilanzkonto übertragen und das Abschreibungskonto wird als Aufwandskonto über das Gewinn- und Verlustkonto abgeschlossen. Bei der direkten Methode der Abschreibungsverbuchung erscheint auf dem Schlußbilanzkonto der jeweilige Buchwert der Anlagegüter, wobei man im letzten Jahr der angenommenen Nutzungsdauer, sofern kein Schrottwert verbleibt, nicht auf Null sondern stets auf den Erinnerungswert von 1,-- DM abschreibt.

Nach den Gliederungsvorschriften des HGB gemäß dem Bilanzrichtliniengesetz wird der direkte Ausweis von Abschreibungen vorgeschrieben; für die Erstellung des sog. Anlagegitters (§ 268 Abs. 2 HGB) werden jedoch die ursprünglichen Anschaffungs- bzw. Herstellungskosten wie auch die kumulierten Abschreibungen weiterhin gebraucht, so daß die indirekte Verbuchung für Abschreibungen im Anlagevermögen in den an das neue HGB angepaßten Kontenrahmen auch künftig vorgesehen ist, da das HGB nur Bilanz- bzw. GuV-Gliederungsvorschriften enthält, die Organisation der Buchführung jedoch nicht reglementiert.

Bei **indirekter Abschreibung** wird die Gegenbuchung auf einem Passivkonto (Wertberichtigung) vorgenommen, welches in der Bilanz dem unverändert zu Anschaffungswerten fortgeführten Aktivkonto gegenübersteht (passivische Absetzung); den Buchwert erhält man nach Saldierung beider Konten.

Beispiel:

Lineare Abschreibung auf einen neu erworbenen Pkw, Anschaffungswert 22.000,-- DM; Nutzungsdauer 4 Jahre.

1)   Direkte Abschreibungsverbuchung:

S	Pkw		H		S	Abschreibung		H
AB	22.000,--	Abschr.	5.500,--		Pkw	5.500,--	GuV	5.500,--
		SBK	16.500,--					

S	Schlußbilanzkonto	H		S	GuV	H
Pkw	16.500,--			Abschr.	5.500,--	

Abbildung: A.50

2) Indirekte Abschreibungsverbuchung:

S	Pkw		H
AB	22.000,--	SBK 22.000,--	

S	Abschreibung		H
Pkw	5.500,--	GuV. 5.500,--	

S	Wertberichtigung		H
SBK	5.500,--	Abschr. 5.500,--	

S	GuV		H
Abschr.	5.500,--		

S	Schlußbilanzkonto		H
Pkw AK	22.000,--		
- WB	5.500,--		
Pkw BW	16.500,--		

Abbildung: A.51

Sämtliche beweglichen Gegenstände des Anlagevermögens müssen gemäß steuerrechtlichen Vorschriften in ein Bestandsverzeichnis aufgenommen werden (Vgl. Abschnitt 31 EStR). Häufig wird in der Praxis eine sog. Anlagekartei geführt, in der für jeden einzelnen Anlagegegenstand eine Anlagekarte existiert, auf der eingetragen ist:

- Bezeichnung der Anlage

- Inventurnummer

- Zeitpunkt der Anschaffung

- Anschaffungswert (+ Nebenaufwendungen)

- voraussichtliche Nutzungsdauer

- Restwert (Schrottwert)

- Abschreibungen und Buchwert für jedes Jahr

Die zu verbuchenden Abschreibungsbeträge und deren Bemessungsgrundlagen lassen sich auf diese Weise schnell und zweifelsfrei ermitteln und übertragen. Werden Vermögensgegenstände während der Abrechnungsperiode angeschafft oder hergestellt, kann die Abschreibung für diese Abrechnungsperiode nur zeitanteilig (pro rata temporis) in Anspruch genommen werden, wobei im allgemeinen auf volle Monate aufgerundet wird.

In der Praxis wird fast ausschließlich nach einer Vereinfachungsformel verfahren, die dem Steuerrecht entspringt. Nach den Einkommensteuerrichtlinien ist nicht zu beanstanden, wenn bei beweglichen Wirtschaftsgütern, die in der ersten Jahreshälfte angeschafft oder hergestellt worden sind, die volle Jahresabschreibung und bei den in der zweiten Jahreshälfte angeschafften oder hergestellten Wirtschaftsgütern die Hälfte der Jahresabschreibung in Abzug gebracht wird (Abschnitt 43 Abs. 8 EStR).

2. Die Verbuchung von Anlageabgängen

Scheidet ein Anlagegut durch Veräußerung, Entnahme, Verschrottung oder infolge höherer Gewalt aus dem Unternehmen aus, muß vor der Verbuchung des Ausscheidens noch die anteilig bis zu seinem Ausscheiden angefallene Abschreibung verrechnet werden, damit der tatsächliche Restbuchwert feststeht und der wirkliche Erfolg des Anlageabgangs ermittelt werden kann. Je nachdem, ob der erzielte Gegenwert für den Anlageabgang höher, niedriger oder gleich dem Restbuchwert ist, ist der Geschäftsvorfall positiv, negativ oder gar nicht erfolgswirksam.

Obwohl die zeitanteilige Verrechnung der Abschreibungen betriebswirtschaftlich zutreffender ist, hat sie auf das Gesamtergebnis keinen Einfluß, sondern nur auf dessen Zusammensetzung, weshalb in der Praxis häufig als Veräußerungsgewinn (Erträge aus dem Abgang von Gegenständen des Sachanlagevermögens, Konto: 5462) bzw. -verlust (Verluste aus dem Abgang von Gegenständen des Sachanlagevermögens, Konto: 6962) einfach der Unterschied zwischen dem Erlös und dem Buchwert zu Beginn der Abrechnungsperiode ausgewiesen wird. Wird stattdessen zeitanteilig abgeschrieben, dient dies vornehmlich einer ordnungsgemäßen sachlichen Abgrenzung des Erfolgsausweises bzw. seiner Zusammensetzung.

Anlageabgänge müssen auf den Bestandskonten ausgebucht werden. Bei direkter Abschreibungsverbuchung ist auf den Bestandskonten der aktuelle Anlagewert durch den letzten Buchwert ausgewiesen. Die Verbuchung des Anlageabgangs und die Ermittlung seiner Erfolgswirksamkeit ist unmittelbar möglich.

Beispiel:

Lineare Abschreibung auf einen neu erworbenen PKW, Anschaffungskosten 22.000,-- DM; Nutzungsdauer 4 Jahre, Entnahme des PKW am 1. Juli des zweiten Jahres zum Schätzwert von 15.000,-- DM zuzüglich Umsatzsteuer (Abschreibungen direkt).

S	Pkw		H		S	Abschreibungen		H
AB	16.500,--	Abschr.	2.750,--		Pkw	2.750,--	GuV	2.750,--
		Entn.	13.750,--					

S	Kapital		H		S	Ertrag (Pkw)		H
Pkw	16.500,--	AB	50.000,--		GuV	1.250,--	Pkw-Entn.	1.250,--

S	USt		H		S	GuV		H
		Entn.	1.500,--		Abschr.	2.750,--	Ertrag (Pkw)	1.250,--

Abbildung: A.52

Bei indirekter Abschreibung muß vor der Verbuchung des Anlageabgangs erst die kumulierte Wertberichtigung aufgelöst werden (Wertberichtigungskonto an PKW-Konto), wonach sich auf dem Anlagekonto der Buchwert ergibt; danach wird wie oben der Anlageabgang verbucht.

3. Abschreibungen und Wertberichtigungen auf Forderungen

3.1 Zweifelhafte und uneinbringliche Forderungen

Forderungen sind erst in der Zukunft zu realisierende und deshalb mit Unsicherheit behaftete Vermögenswerte. Forderungen sind deshalb zu unterteilen in

(1)   einwandfreie (vollwertige) Forderungen,

(2)   zweifelhafte (dubiose) Forderungen,

(3)   uneinbringliche (wertlose) Forderungen.

Bei nur **zweifelhaften Forderungen** empfiehlt sich die Umbuchung auf ein spezielles Konto (zweifelhafte Forderungen), wodurch die weitere Verfolgung und buchmäßige Behandlung der Forderung erleichtert wird.

Buchungssatz:

244 Zweifelhafte Forderungen

> 240 Forderungen aus Lieferungen
> und Leistungen

Gemäß den GoB (Vgl. § 252 Abs. 1 Nr. 4 HGB: Vorsichtsprinzip als Ausfluß des Gläubiger-schutzprinzips) dürfen **uneinbringliche Forderungen** als wertlose Vermögenspositionen nicht in das Inventar oder die Bilanz aufgenommen werden; sie sind deshalb in voller Höhe auszubuchen (abzuschreiben). Ursachen für die endgültige Uneinbringlichkeit von Forderun-gen können z.b. sein: Einstellung des Konkurses mangels Masse; die Konkursmasse reicht nicht einmal zur Deckung der ''bevorrechtigten Forderungen'' aus (dabei ist zu berücksich-tigen, daß die Nichtbezahlung der Verbindlichkeiten eine Rückgängigmachung des vorge-nommenen Vorsteuerabzugs auslöst, also die Konkursforderungen erhöht); fruchtlose Zwangs-vollstreckung (Pfändung); eidesstattliche Versicherung des Schuldners; berechtigte Einrede der Verjährung etc.

Nur der tatsächliche, **endgültige** Forderungsausfall berechtigt zur **Vorsteuerkorrektur**, nicht bereits ein vermuteter, der lediglich zu einer Umbuchung auf das Konto Zweifelhafte Forderungen führt. In letzterem Fall kommt es jedoch nicht zu einer Änderung der Bemes-sungsgrundlage der Umsatzsteuer (vereinbartes Entgelt), so daß eine Umsatzsteuerkorrektur nicht erforderlich ist. Es müssen somit eindeutige Indizien wie Konkurs, Offenbarungseid etc. gegeben sein, bevor eine bereits abgeführte Umsatzsteuer erstattet wird.

Beispiel:

Eine Forderung in Höhe von 3.630,-- DM wird infolge Vermögenslosigkeit des Schuldners uneinbringlich.

Buchungssatz:

6951 Abschreibungen auf Forderungen 3.300,-- DM
     wegen Uneinbringlichkeit
480 Umsatzsteuer   330,-- DM
                            240 Forderungen   3.630,-- DM

Merke: Uneinbringliche Forderungen sind direkt über das Konto 6951 abzuschreiben. Gleichzeitig bedarf es der Korrektur der Umsatzsteuer auf Konto 480.

3.2   Wertberichtigungen auf Forderungen

Hat ein Schuldner z.B. trotz mehrfacher Mahnung keinerlei Zahlungen geleistet, ist ein Vergleich oder Konkurs beantragt, wird eine Forderung zweifelhaft und muß auf Konto 244 umgebucht werden. Zweifelhafte Forderungen sind nach dem Vorsichtsprinzip nur mit ihrem wahrscheinlichen Wert anzusetzen; jeder höhere Wertansatz wäre mit dem Gläubigerschutz-prinzip nicht vereinbar.

Die Bewertung zweifelhafter Forderungen kann nach drei verschiedenen Verfahren erfolgen:

    a)   Einzelwertberichtigung
    b)   Pauschalwertberichtigung
    c)   Mischverfahren

3.2.1 Einzelwertberichtigung

Bei der Einzelwertberichtigung werden die einzelnen Forderungen nach ihrem inneren Wert untersucht und die voraussichtlichen Verluste daraus unter Berücksichtigung aller Umstände, vor allem der Bonität des Kunden, geschätzt. Von den Verfahren der Forderungswertberichtigung, die grundsätzlich dem Unternehmer einen relativ weiten Ermessensspielraum lassen, ist die Einzelwertberichtigung zweifellos das genaueste und zuverlässigste Verfahren. Es setzt allerdings voraus, daß sich die Anzahl der Außenstände in Grenzen hält und der Unternehmer ausreichende Informationen über die finanziellen Verhältnisse seiner Kunden hat. Die durch Einzelprüfung errechnete Forderungsabschreibung kann nur direkt verbucht werden.

Buchungssatz bei Einzelwertberichtigung:

6951 Abschreibungen auf Forderungen

                                    244   Zweifelhafte Forderungen

Bemessungsgrundlage der Wertberichtigung ist stets nur der Netto-Rechnungsbetrag, da der Unternehmer beim endgültigen Forderungsausfall nur hinsichtlich dieses Betrages beschwert ist. Die in der Forderung enthaltene Umsatzsteuer darf dem Umsatzsteuerkonto bei endgültiger Uneinbringlichkeit wieder belastet werden (Vgl. § 17 Abs. 2 UStG), sie stellt dann eine (Rück-)Forderung gegenüber dem Finanzamt dar.

3.2.2 Pauschalwertberichtigung

Auch in den nicht als zweifelhaft angesehenen restlichen Forderungen, für die Informationen, die zu einer Einzelwertberichtigung berechtigen würden, fehlen, sind potentielle Ausfälle enthalten. Ist eine Einzelwertberichtigung nicht möglich, schätzt man auf der Grundlage betrieblicher Erfahrungswerte die voraussichtlichen Ausfälle pauschal unter Anwendung eines bestimmten Prozentsatzes auf den Netto-Gesamtbetrag der Forderungen. Materiell handelt es sich dabei um eine vereinfachte Form der Wertberichtigung einzelner Forderungen (also nicht aller Forderungen).

Da man die einzelnen gefährdeten Forderungen nicht kennt, folglich auch nicht als zweifelhaft ausbuchen kann, ist man auf eine unmittelbare pauschale Schätzung des vermutlichen Gesamtbetrages der Ausfälle angewiesen. Im Unterschied dazu ergibt sich der Gesamtbetrag der vermuteten Ausfälle bei der Einzelwertberichtigung erst mittelbar als Summe der Einzelabschreibungen. Pauschalwertberichtigungen sind jedoch nur noch wegen des "allgemeinen Kreditrisikos" zulässig.

Im Gegensatz zum speziellen Kreditrisiko, das eine Einzelwertberichtigung aufgrund zuverlässiger Informationen verlangt, umfaßt das allgemeine Kreditrisiko zahlreiche Imponderabilien, für die bestenfalls Erfahrungssätze aus der Vergangenheit zur Verfügung stehen. Zum allgemeinen Kreditrisiko gehören z.B. die Möglichkeit eines Forderungsausfalls infolge konjunktureller Abschwächung, bei Auslandsforderungen aufgrund politischer Maßnahmen, aber auch das allgemeine Ausfallrisiko, das einer Forderung selbst guter Bonität anhaftet, weil der Schuldner durch unvorhergesehene Ereignisse (z.B. Krankheit) in Zahlungschwierigkeiten geraten kann, sowie Bonitätsrisikien, die sich unvermeidbar bei der Erschließung neuer Märkte einstellen. Aber auch eine Reihe anderer Faktoren neben dem Ausfallwagnis sind für die Bemessung der Pauschalwertberichtigung zu berücksichtigen, so z.B. das Verzögerungsrisiko, Skonti und Boni, Rabatte und andere Preisnachlässe; kurz, alle Aufwendungen, die die Höhe des endgültigen Forderungseingangs herabsetzen bzw. mit der Forderungseintreibung verbunden sind.

Beispiel:

Der Brutto-Gesamtbetrag der Forderungen beträgt am Bilanzstichtag 385.000,-- DM und nach früheren Erfahrungen ist mit einem Ausfall von 4% des Forderungsbestandes zu rechnen.

$$385.000,\text{-- DM entspricht } 110\%$$
$$350.000,\text{-- DM entspricht } 100\%, \text{ davon } 4\% = 14.000,\text{-- DM}$$

Buchungssatz:

6951 Abschreibungen auf Forderungen 14.000,-- DM

	240	Forderungen	14.000,-- DM
		oder	
	360	Wertberichtigungen	14.000,-- DM

Der einmal auf der Grundlage der Betriebserfahrung ermittelte Prozentsatz für die Pauschalwertberichtigung darf nicht willkürlich, d.h. nicht ohne eine vernünftige Begründung geändert werden. Der Grundsatz der Bewertungsstetigkeit verlangt, daß er so lange beibehalten wird, wie sich die Verhältnisse, die seiner Festlegung zugrunde lagen, nicht wesentlich geändert haben.

In der Bilanz werden alle zuvor für jeden Kunden getrennt geführten Einzelkonten der Forderungen aus Lieferungen und Leistungen in einer Position zusammengefaßt (§ 266 Abs. 2 HGB: Position B III 1 der Bilanzgliederung). Auch wenn die Bilanzgliederungsvorschriften die aktivische Absetzung (d.h. direkte Absetzung) der Pauschalwertberichtigungen auf Forderungen verlangen, wird man buchhalterisch die Pauschalwertberichtigung auch in Zukunft passivisch absetzen, d.h. indirekt buchen, da dabei der tatsächliche (juristische) Forderungsbestand erkennbar bleibt und der Debitorensaldo mit den addierten Salden der Kundenkonten übereinstimmt. Dies erleichtert in der Folgeperiode die Auflösung des Kontos entsprechend den Zahlungseingängen. Das passivische ''Delkrederekonto'' (= 360 Wertberichtigungen auf Forderungen) wird dann während des Geschäftsjahres nicht angesprochen; es muß am Bilanzstichtag lediglich dem aktuellen Forderungsbestand angeglichen werden, bevor es zur Vorbereitung für den Jahresabschluß aktivisch mit dem Forderungsbestand verrechnet, d.h. von diesem abgesetzt werden kann.

3.2.3 Mischverfahren

In der Praxis wird überwiegend ein gemischtes Verfahren angewandt, wonach die zweifelhaften Forderungen einzeln bewertet werden, während von den übrigen Forderungen pauschale Abschläge vorgenommen werden. Die Forderungen, für die eine Einzelwertberichtigung erfolgt, scheiden natürlich für die Pauschalwertberichtigung aus. Das Mischverfahren ist immer dann angebracht, wenn einzelne Forderungen als zweifelhaft erkannt sind, darüberhinaus aber auch bei den übrigen Forderungen das allgemeine Kreditrisiko berücksichtigt werden soll. Wird das Mischverfahren angewendet, muß für die Pauschalwertberichtigung ggf. ein niedrigerer Pauschsatz angesetzt werden, da ein Teil des Ausfallrisikos über die Einzelwertberichtigung bereits berücksichtigt ist.

3.3 Buchungen beim endgültigen Forderungsverlust

3.3.1 Einzelwertberichtigte Forderungen

Wird eine Forderung uneinbringlich, muß sie in voller Höhe abgeschrieben werden; die Forderung geht in ihrem Bestand unter, sie wird aufgelöst. Sind auf diese Forderung vorher bereits vorsorglich Einzelwertberichtigungen vorgenommen worden, die in jedem Fall direkt zu verbuchen waren, wirft die Behandlung des endgültigen totalen Forderungsverlustes keine Probleme auf. Der Restbuchwert der Forderung geht eindeutig aus dem Konto 244 Zweifelhafte Forderungen hervor und kann über das spezielle Abschreibungskonto 6951 aufgelöst werden. Gleichzeitig erfolgt die Umsatzsteuerberichtigung durch Gegenbuchung des (noch voll enthaltenen) Umsatzsteuerbetrages im Soll des Umsatzsteuerschuldkontos.

Wird die Forderung stattdessen voll bezahlt, müssen die darauf entfallenden Abschreibungen wieder rückgängig gemacht werden, indem ein Ertrag (Konto: 5451) verbucht wird. Bezahlt der Kunde einen Teil der Forderung und wird der Rest als uneinbringlich angesehen, dann ergibt sich entweder ein Aufwand oder ein Ertrag, je nachdem, ob der Zahlungseingang unter oder über dem Restbuchwert der zweifelhaften Forderung liegt. Ist der Zahlungseingang geringer, wird mit der Differenz das Abschreibungskonto 6951 belastet, ist er höher, wird ein Ertrag gutgeschrieben.

Beispiel:

Auf die zweifelhafte Forderung an den Kunden Kuhblum ist im Vorjahr eine Abschreibung von 50% vorgenommen worden, so daß diese statt mit 2.200,-- DM nur noch mit 1.200,-- DM zu Buche steht. Unterstellt man, der Kunde bezahle jeweils unterschiedliche Beträge und die restliche Forderung müßte als uneinbringlich angesehen werden, ergäben sich folgende Buchungen:

a) Der Kunde bezahlt 2.200,-- DM (= 100%)

280	Bank	2.200,-- DM		
			244 Zweifelhafte Forderungen	1.200,-- DM
			5451 Erträge aus der Auflösung	
			der Einzelwertberichtigung	1.000,-- DM

b) Der Kunde bezahlt 1.650,-- DM (= 75%)

280	Bank	1.650,-- DM		
480	Umsatzsteuer	50,-- DM		
			244 Zweifelhafte Forderungen	1.200,-- DM
			5451 Erträge aus der Auflösung	
			der Einzelwertberichtigung	500,-- DM

c) Der Kunde bezahlt 1.100,-- DM (= 50%)

280	Bank	1.100,-- DM		
480	Umsatzsteuer	100,-- DM		
			244 Zweifelhafte Forderungen	1.200,-- DM

d) Der Kunde bezahlt 550,-- DM (= 25%)

280	Bank	550,-- DM			
480	Umsatzsteuer	150,-- DM			
6951	Abschreibungen auf				
	Forderungen	500,-- DM			
			244	Zweifelhafte Forderungen	1.200,-- DM

e) Der Kunde wird zahlungsunfähig

6951	Abschreibungen auf				
	Forderungen	1.000,-- DM			
480	Umsatzsteuer	200,-- DM			
			244	Zweifelhafte Forderungen	1.200,-- DM

Erbringt der Schuldner eine Teilleistung, und ist auch noch mit dem Eingang der restlichen bereits wertberichtigten Forderungen zu rechnen, darf keine Umsatzsteuerkorrektur vorgenommen werden. Ansonsten wird in den Fällen a), b) und c) wie vorstehend gebucht, also an Zweifelhafte Forderungen und, wenn die Zahlung den Restbuchwert der zweifelhaften Forderung übersteigt, an Ertrag. Im Falle d), wenn die Teilzahlung unter dem Restbuchwert liegt, lautet der Buchungssatz: Zahlungsmittel und Abschreibungen auf Forderungen an Zweifelhafte Forderungen.

3.3.2 Pauschalwertberichtigte Forderungen

Der teilweise oder vollständig endgültige Ausfall pauschal abgeschriebener Forderungen ist künftig buchhalterisch nur noch durch Ausbuchen der Forderung und entsprechender Umsatzsteuerkorrektur zu berücksichtigen (Vgl. oben: Behandlung uneinbringlicher Forderungen). Die Pauschalwertberichtigung selbst ist allein auf den jeweiligen Stichtagsbestand bezogen und wird durch einen einzelnen Forderungsausfall nicht korrigiert.

4. Testfragen

- Welche Abschreibungsmethoden werden in der Praxis angewandt?
- Warum wird die geometrisch-degressive Abschreibung auch Buchwertabschreibung genannt?
- Welche Abschreibungsart setzt ebenfalls beim Buchwert an?

- Welche Rolle spielt der Schrottwert bei den einzelnen Abschreibungsmethoden?

- Warum heißt die digitale Abschreibung auch arithmetisch degressive Abschreibung?

- Welche Rolle spielt die Nutzungsdauer bei den einzelnen Abschreibungsverfahren?

- Worin unterscheiden sich digitale und Buchwertabschreibung?

- Wie kann man die Anwendung degressiver Abschreibungsverfahren begründen?

- Bilden Sie ein Beispiel für eine Abschreibung "nach Maßgabe der Leistung"!

- Erklären Sie die verschiedenen Methoden der Verbuchung von Abschreibungen sowie deren Vor- und Nachteile!

- Was versteht man unter einer Anlagekartei? Was ist auf ihr im einzelnen verzeichnet?

- Wie wird abgeschrieben, wenn Vermögensgegenstände innerhalb des laufenden Geschäftsjahres angeschafft worden sind?

- Welchen Vorteil hat die zeitanteilige Abschreibungsverrechnung bei Zu- und Abgängen von Gegenständen des Anlagevermögens?

- Wann muß eine Forderung als zweifelhaft angesehen werden?

- Warum müssen zweifelhafte Forderungen ausgesondert werden?

- Wann ist eine Forderung uneinbringlich?

- Warum muß ein Forderungsausfall zu einer Korrektur der Umsatzsteuer führen?

- Kann auch eine zweifelhafte Forderung bereits zur Korrektur der Umsatzsteuer führen?

- Welche Voraussetzungen gelten für eine Einzelwertberichtigung von Forderungen?

- Welche buchhalterischen Folgen hat der Zahlungseingang einer Forderung in voller Höhe bei einzelwertberichtigter Forderung?

- Können Forderungsabschreibungen sofort rückgängig gemacht werden, wenn eine zweifelhafte Forderung wieder ''unzweifelhaft'' wird (z.B. infolge eines Lottogewinns oder einer größeren Erbschaft des Schuldners)?

XI. Personalkosten und Steuern

1. Die Verbuchung von Löhnen und Gehältern

Als Entgelt für die dem Unternehmer zur Verfügung gestellte Arbeitsleistung erhalten die Arbeiter **Löhne** und die Angestellten **Gehälter**. Aufgrund gesetzlicher Vorschriften ist jeder Arbeitgeber verpflichtet, bei der Zahlung von Löhnen und Gehältern stets Sozialversicherungsbeiträge sowie Lohn- und Kirchensteuer ordnungsgemäß zu errechnen, einzubehalten und an die zuständigen Stellen (Sozialversicherungsträger, Finanzamt) abzuführen. Der Arbeitgeber muß für jeden Arbeitnehmer ein **Lohnkonto** führen (vgl. § 41 EStG). Auf den Lohnkonten werden neben den genauen Personalien sämtliche Bezüge und die darauf entfallenden Abzugsbeträge festgehalten und nachgewiesen. Das Lohnkonto ist bis zum Ablauf des fünften Kalenderjahres, das auf die letzte eingetragene Lohnzahlung folgt, aufzubewahren (Verjährungsfrist: 5 Jahre). Die Sozialversicherungsträger und das Finanzamt nehmen regelmäßig Prüfungen der Lohn- und Gehaltsunterlagen vor und gewähren sich gegenseitig Amtshilfe.

Steuerschuldner bei der Lohn- und Kirchensteuer ist der Arbeitnehmer; der Arbeitgeber haftet jedoch für die ordnungsgemäße Einbehaltung und Abführung der Abzugsbeträge. Die gesetzlichen Sozialversicherungsbeträge (Renten-, Kranken- und Arbeitslosenversicherung) werden je zur Hälfte vom Arbeitgeber und Arbeitnehmer getragen. Der **Arbeitnehmeranteil** ist wie die vom Arbeitnehmer zu tragende Lohn- und Kirchensteuer von den Bruttobezügen einzubehalten, d.h. dem Arbeitnehmer wird nur eine Nettovergütung ausbezahlt.

	Bruttovergütung
-	Lohnsteuer
-	Kirchensteuer
-	Sozialversicherung
=	Nettovergütung

Der Bruttobetrag der Bezüge wird als Aufwand den Konten 620/630 belastet. Als Gegenkonto wird ein Zahlungsmittelkonto in Höhe der Nettobezüge erkannt und die einbehaltenen Abzugsbeträge gehen, da sie regelmäßig nicht sofort, sondern bis spätestens zum 10. des Folgemonats an die zuständigen Stellen abgeführt werden müssen, zunächst auf Konten der Gruppe 48 Sonstige Verbindlichkeiten.

> 483 Verbindlichkeiten gegenüber Sozialversicherungsträgern
>
> 489 Übrige sonstige Verbindlichkeiten

Auch der zusätzlich zum Bruttogehalt noch vom Unternehmer aufzubringende **Arbeitgeberanteil** zur Sozialversicherung wird auf Konto 483 erkannt und dem Konto 640/641 Arbeitgeberanteil zur Sozialversicherung belastet.

Beispiel:

Der Angestellte Dr. List bezieht im Dezember ein Bruttogehalt von 3.500,-- DM, wobei ihm (ledig = Steuerklasse 1) 587,41 DM an Lohnsteuer, 46,99 DM Kirchensteuer (8% der Lohnsteuer, in einzelnen Bundesländern jedoch 9%) sowie 628,25 DM Sozialversicherung (Arbeitnehmeranteil 17,95% des Bruttogehaltes) abgezogen werden. Seine Gehaltsabrechnung lautet:

Bruttogehalt	3.500,--	DM
- Lohnsteuer	587,41 DM	
- Kirchensteuer	46,99 DM	
- Sozialversicherung	628,25 DM	1.262,65 DM
Nettogehalt	2.237,35	DM

Buchungssätze bei Gehaltszahlung:

630 Gehälter   3.500,-- DM

               280 Bank   2.237,35 DM
               483 VB gegenüber Sozial-
                     versicherung   628,25 DM
               489 Übrige sonst.
                     Verbindlichkeiten   634,40 DM

641 Arbeitgeberanteil zur
     Sozialversicherung   628,25 DM

               483 VB gegenüber Sozial-
                     versicherung   628,25 DM

Buchungssatz bei Abführung der Abzugsbeträge:

483 VB gegenüber Sozial-
     versicherungsträgern   1.256,50 DM
489 Übrige sonstige
     Verbindlichkeiten   634,40 DM

               280 Bank   1.890,90 DM

Sind die abzuführenden Beträge am Bilanzstichtag noch nicht an das Finanzamt bzw. die Sozialversicherungsträger abgeführt, werden die Konten 483/489 über das Schlußbilanzkonto abgeschlossen (483/489 an 801) und erscheinen damit als Verbindlichkeiten in der Bilanz.

Kurzfristige Lohn- oder Gehaltsvorschüsse werden in den Kontengruppen sonstige Forderungen verbucht (also erfolgsneutraler Aktivtausch). In der Praxis werden kurzfristige Vorschüsse, die mit der nächstfolgenden Lohn- und Gehaltszahlung innerhalb derselben Abrechnungsperiode verrechnet werden können, oft unmittelbar in der Kontengruppe 62/63 verbucht. Das ist nur für die kurzfristige Erfolgsrechnung nachteilig, weil künftige Aufwendungen antizipiert werden, kann jedoch ansonsten nicht beanstandet werden. **Langfristige Vorschüsse** dürfen auf keinen Fall sofort einem Aufwandskonto belastet werden, sondern sind stets dem Konto 264 "Forderungen gegenüber Mitarbeitern" zu belasten.

Beispiel:

Der Angestellte Dr. List erhält auf sein am 28. Dezember fälliges Gehalt (Vgl. vorangegangens Beispiel) am 20. Dezemeber einen Vorschuß von 800,-- DM bar.

Buchungssätze:

a) Buchung am 20. Dezember:

264 Forderungen an Mitarbeiter	800,-- DM	
	288 Kasse	800,-- DM

b) Buchung am 28. Dezember:

630 Gehälter	3.500,-- DM	
	264 Forderungen an Mitarbeiter	800,-- DM
	280 Bank	1.437,35 DM
	489 Übrige sonst. Verbindlichk.	634,40 DM
	483 Verb. gegenüber Sozialersicherung	628,25 DM

641 Arbeitgeberanteil zur Sozialversicherung	628,25 DM	
	483 Verb. gegenüber Sozialversicherung	628,25 DM

Auch bei Arbeitern, die früher stets eine wöchentliche Entlohnung erhielten, gehen die Unternehmen inzwischen häufig aus Rationalisierungsgründen zur monatlichen Lohnabrechnung über. Teilweise werden jedoch noch wöchentlich oder alle 14 Tage Abschlagszahlungen geleistet, deren Höhe sich nach den Netto-Bezügen des Vormonats richtet. **Abschlagszahlungen** können sofort auf dem Lohnkonto verbucht oder einem besonderen Konto für Abschlagszahlungen belastet werden, was den Vorteil hat, daß auf dem Lohnkonto nur die endgültigen Lohnsummen erscheinen.

Sondervergütungen (z.B. Treueprämien, Jubiläumsgeschenke, Heiratsbeihilfen, Umzugskostenvergütungen etc.) werden ebenso wie die Aufwendungen für die berufliche Aus- und Weiterbildung auf der Kontengruppe 66 Sonstige Personalaufwendungen verbucht. Zu den freiwilligen sozialen Aufwendung (Konten 623/633) rechnet man vor allem betriebliche Versorgungszusagen und Personalverpflegung. Sachbezüge (z.B. freie Kost und Logie, Deputate; Konten 625/635) erhöhen mit ihrem Wert den Bruttoarbeitslohn und unterliegen voll dem Steuer- und Sozialversicherungsabzug.

2. Verbuchung der Steuern

Bei der Verbuchung der Steuern ist zu differenzieren, wer die Steuern nach dem Willen des Gesetzgebers tragen soll. Man unterscheidet die sogenannten **Personensteuern** (Privatsteuern) und die **Betriebsteuern** (Aufwandsteuern). Dabei gibt es auch solche Steuern, die fallweise sowohl Privatsteuern als auch Aufwandsteuern sein können. Eine gesonderte, abweichende Behandlung erfahren daneben die sogenannten durchlaufenden Steuern.

a)   Personensteuern

Bei den Privat- oder Personensteuern sind **natürliche oder juristische Personen** Steuersubjekt, d.h. die Steuern betreffen den oder die Unternehmer und sind von diesen Personen zu tragen. Personensteuern dürfen daher den steuerlichen Gewinn nicht mindern. Die Konten, auf denen die Personensteuern verbucht werden, hängen von der Rechtsform des buchführenden Unternehmens ab:

-    Einzelunternehmen und Personengesellschaften:

     Personensteuern von Einzelunternehmen und Personengesellschaften sind z.B. die Einkommensteuer, Kirchensteuer, Vermögensteuer oder die Erbschaft- und Schenkungsteuer. Werden diese Steuern aus Betriebsmitteln gezahlt, müssen sie als **Privatentnahmen** behandelt, also dem jeweiligen Privatkonto (Eigenkapitalkonto) belastet werden.

- Kapitalgesellschaften:

Personensteuern von Kapitalgesellschaften sind z.B. die Körperschaftsteuer oder die Vermögensteuer. Da Kapitalgesellschaften jedoch keine Privatsphäre haben und daher auch keine Privatkonten führen, werden die Körperschaft- und Vermögensteuerzahlungen zunächst erfolgswirksam auf gesonderten Konten, den Konten 771 "Körperschaftsteuer" und 701 "Vermögensteuer" verbucht. Dem **steuerlichen Gewinn** sind diese, zuvor gewinnmindernd verbuchten Beträge am Jahresende wieder **zuzurechnen**.

b)   Betriebsteuern

Die sogenannten Betriebsteuern werden auch als Aufwandsteuern bezeichnet, da sie nach dem Willen des Gesetzgebers als Aufwand den **steuerlichen Gewinn mindern** dürfen. Die Verbuchung der Betriebsteuern erfolgt unabhängig von der Rechtsform grundsätzlich in der Kontenklasse 7:

Betriebsteuern	Lastschrift auf Konto
Gewerbeertragsteuer	770
Gewerbekapitalsteuer	700
Verbrauchsteuern	708

Die Betriebsteuern werden bei Fälligkeit verbucht. Nachzahlungen für Betriebsteuern früherer Jahre sind auf dem entsprechenden Aufwandskonto als periodenfremde Aufwendungen (Konto 699), Rückerstattungen auf den entsprechenden Ertragskonten als periodenfremde Erträge (Konten 549) zu verbuchen. Säumniszuschläge auf Betriebsteuern werden auf das entsprechende Steuerkonto gebucht, während Steuerstrafen grundsätzlich den Gewinn nicht mindern dürfen und deshalb das Privatkonto belasten bzw. als nicht abzugsfähige Betriebsausgabe behandelt werden.

c)   Steuern, die sowohl Privat- als auch Aufwandsteuern sein können

Außer den eindeutig klassifizierbaren gibt es noch eine Reihe sonstiger Steuern, die **fallweise** sowohl **Privat- als auch Aufwandsteuern** darstellen können. Ihre Einordnung hängt davon ab, ob sie private oder betriebliche Ursachen haben. Resultieren sie aus privaten Vorfällen, sind sie stets als Privatentnahmen (bei Einzelfirmen oder Personengesellschaften) bzw. nicht abzugsfähige Betriebsausgabe (bei Kapitalgesellschaften) zu behandeln. Ist die Verursachung betrieblicher Natur, werden folgende Konten belastet:

120

• Grunderwerbsteuer	Aktivierung in der Kontengruppe 05
• Grundsteuer	Lastschrift auf Konto 702 Grundsteuer
• Kraftfahrzeugsteuer	Lastschrift auf Konto 703 Kraftfahrzeugsteuer
• Wechselsteuer	Lastschrift auf Konto 705 Wechselsteuer

d) Durchlaufende Steuern

Zwei Steuerarten stellen in der Buchführung lediglich durchlaufende Posten dar. Dies ist zum einen die **Umsatzsteuer**. Sie berührt nur die Bestandskonten 260 (Vorsteuer) und 480 (Umsatzsteuerschuldkonto) und ist dabei als durchlaufender Posten erfolgsneutral.

Gleiches gilt für die einbehaltene und abgeführte **Lohn- und Kirchensteuer**. Sie ist ebenfalls nicht als Betriebsteuer anzusehen, da sie vom Arbeitnehmer bezahlt wird; für den Betrieb wird sie als Bestandteil der Lohnkosten verbucht. Die Einbehaltung und Abführung der Lohn- und Kirchensteuer verläuft dann erfolgsneutral.

3. Testfragen

- Warum muß das Lohnkonto fünf Jahre nach der letzten Eintragung aufbewahrt werden?
- Worauf wird ein Lohnsteuerprüfer achten?
- Wofür haftet der Arbeitgeber im Lohnsteuerabzugsverfahren?
- Ist die Lohnsteuer eine Betriebsteuer?
- Wozu dient das Konto 483?
- Warum ist die Verbuchung kurzfristiger Vorschüsse auf dem Lohn- oder Gehaltskonto nicht zweckmäßig?
- Wie kann man Abschlagszahlungen verbuchen?
- Auf welchen Konto werden Fahrtkostenzuschüsse verbucht?
- Wonach richtet sich die Erfolgswirksamkeit von Steuern?
- Unter welchen Voraussetzungen ist die Kraftfahrzeugsteuer eine Betriebsteuer?
- Warum bucht man Verbrauchsteuern in der Kontenklasse 7?
- Ist die Rückerstattung einer Betriebsteuer erfolgswirksam?

XII. Buchungen im Rahmen des Wertpapierverkehrs und der langfristigen Verbindlichkeiten

1. Buchungen beim An- und Verkauf von Wertpapieren

Man unterscheidet zwei Arten von Wertpapieren. Dies sind zum einen die **Zinspapiere**, bei denen es sich um festverzinsliche Werte handelt, die dem Inhaber einen Gläubigerstatus einräumen, zum anderen sind dies die **Dividendenpapiere**, die ihren Inhaber zum Teilhaber machen, der anteilig am Gewinn partizipiert (Dividende) und damit keine feste Verzinsung erhält. Die Verbuchung der Wertpapiere hängt von der mit dem Kauf verfolgten Absicht ab. Werden Wertpapiere nur angeschafft, um kurzfristig liquide Mittel anzulegen, zählen sie zum **Umlaufvermögen** (Kontengruppe 27). Sind sie dagegen dazu bestimmt, auf Dauer dem Betrieb zu dienen, werden sie als **Finanzanlagevermögen** geführt (Kontengruppe 15).

Wertpapieran- und -verkäufe können, wenn sie nicht zahlreich sind, auf einem **gemischten Erfolgskonto** vorgenommen werden, auf dem sowohl der Bestand, als auch Kursgewinne und Verluste aus An- und Verkauf festgehalten werden bzw. auf dem direkt abgeschrieben wird. Hierbei muß am Ende der Abrechnungsperiode dem gemischten Wertpapierkonto der Inventurbestand gutgeschrieben werden, wonach sich als Erfolg entweder ein Sollsaldo (= Verluste aus dem Abgang von Wertpapieren des Umlaufvermögens: Konto 746) oder ein Habensaldo (= Erträge aus Wertpapieren des Umlaufvermögens: Konto 578) einstellt.

Bei der Bewertung des Inventurbestandes ist zu unterscheiden, ob es sich um Wertpapiere des Umlauf- oder des Anlagevermögens handelt. Grundsätzlich sind beide mit den **Anschaffungskosten** zu bewerten. Bei Wertpapieren des Umlaufvermögens besteht jedoch die **Pflicht**, zu den (veröffentlichten) Kursen des Bilanzstichtages zu bewerten, falls diese unter den Anschaffungskosten bzw. unter dem letzten Bilanzansatz liegen (§ 253 Abs. 3 HGB). Bei Wertpapieren des Finanzanlagevermögens besteht dagegen ein **Wahlrecht** zwischen der Bewertung zu den Anschaffungskosten bzw. dem letzten Bilanzansatz und dem niedrigeren Börsenpreis am Abschlußstichtag, soweit es sich nicht um eine voraussichtlich dauernde Wertminderung handelt (§ 253 Abs. 2 und 279 Abs. 1 HGB; vgl. auch Kap. IV des Teiles B dieses Buches).

Zu den Anschaffungskosten der Wertpapiere gehören neben dem Kaufpreis auch sämtliche **Nebenkosten des Erwerbs**, wie z.B. Bank- und Maklerspesen oder die Börsenumsatzsteuer. Bei Wertpapieren des Anlagevermögens sind die Nebenkosten zwingend zu aktivieren. Können die Wertpapiere als solche des Umlaufvermögens angesehen werden, wird in der Praxis häufig die Verbuchung der Nebenkosten beim Ankauf gleich auf dem Konto 759 Sonstige Zinsen und ähnliche Aufwendungen vorgenommen und die Wertpapiere erscheinen nur mit ihrem reinen Kurswert auf dem Konto 27 Wertpapiere des Umlaufvermögens. Dies ist jedoch nur zulässig, wenn die Wertpapiere bis zum Bilanzstichtag schon wieder veräußert sind. Sind sie hingegen am Bilanzstichtag noch nicht veräußert, müssen die Wertpapiere mit ihren Anschaffungswerten bilanziert werden, d.h. inclusive der Nebenkosten, wenn nicht ein niedrigerer Börsenkurs maßgeblich ist, mit dem die Nebenkosten dann grundsätzlich abgeschrieben sind.

Beim Wertpapierverkauf können dem Verkaufserlös zur Ermittlung des Veräußerungsgewinns bzw. -verlusts nur dann die tatsächlichen Anschaffungskosten gegenübergestellt werden, wenn die **Identität** des veräußerten mit einem bestimmten angeschafften Wertpapier nummernmäßig nachgewiesen werden kann. Dies ist nicht möglich bei Wertpapieren, die sich in einem Girosammeldepot befinden; sie müssen mit den durchschnittlichen Anschaffungskosten dem Verkaufserlös gegenübergestellt werden.

Steuerlich gilt vereinfachend die Fiktion, daß die Wertpapiere mit dem höchsten Anschaffungskurs als zuerst veräußert gelten, womit ein Veräußerungsgewinn so gering wie möglich gehalten werden kann.

Beispiel:

a)   Kauf von Mannesmann-Aktien im Nennwert von 20.000,-- DM bei einem Kurs von 140% zur kurzfristigen Geldanlage. Angefallene Spesen: 800,-- DM.

1. entweder:

27	Wertpapiere	28.800,-- DM			
			280	Bank	28.800,-- DM

2. oder:

27	Wertpapiere	28.000,-- DM			
759	Sonstige Zinsen und ähnliche Auf wendungen	800,-- DM			
			280	Bank	28.800,-- DM

b)   Verkauf der Aktien zum Kurs von 150% abzüglich 800,--DM Spesen.

1. entweder:

280	Bank	29.200,-- DM			
			27	Wertpapiere	28.800,-- DM
			578	Erträge aus Wertpapieren des Umlaufvermögens	400,-- DM

2. oder:

280   Bank   29.200,-- DM
                                              27   Wertpapiere   28.000,-- DM
                                             578   Erträge aus Wert-
                                                   papieren des Um-
                                                   laufvermögens   1.200,-- DM

3. oder:

280   Bank   29.200,-- DM
759   Sonstige Zinsen
      und ähnliche Auf-
      wendungen   800,-- DM
                                              27   Wertpapiere   28.000,-- DM
                                             578   Erträge aus Wert-
                                                   papieren des Um-
                                                   laufvermögens   2.000,-- DM

c)   Verkauf der Aktien beim Kurs von 120% abzüglich 640,-- DM Spesen.

1. entweder:

280   Bank   23.360,-- DM
746   Verluste aus dem
      Abgang von Wert-
      papieren des Um-
      laufvermögens   5.440,-- DM
                                              27   Wertpapiere   28.800,-- DM

2. oder:

280   Bank   23.360,-- DM
746   Verluste aus dem
      Abgang von Wert-
      papieren des Um-
      laufvermögens   4.640,-- DM
                                              27   Wertpapiere   28.000,-- DM

Merke: Durch Verkauf von Wertpapieren des Umlaufvermögens realisierte Kursverluste werden über Konto 746 Verluste aus dem Abgang von Wertpapieren des Umlaufvermögens und Kursgewinne über Konto 578 Erträge aus Wertpapieren des Umlaufvermögens gebucht. Abschreibungen auf einen niedrigeren Tageskurs im Rahmen des Jahresabschlusses erfolgen dagegen auf das Konto 742 Abschreibungen auf Wertpapiere des Umlaufvermögens.

Seit 1969 werden Börsenkurse für amtlich gehandelte Papiere in Deutschland in DM je Stück (Stückkurs) und nicht mehr in Prozenten des Nennwertes ausgedrückt, wie das im Ausland schon seit jeher üblich ist. Die Wahl der Stückelung (= Unterteilung des Grundkapitals in Aktien von Nennbeträgen von 50,-- DM, 100,-- DM oder einem Vielfachen davon) ist den Gesellschaften freigestellt, wobei sehr viele börsennotierte Aktiengesellschaften sich für die 50,-- DM Aktie entschieden haben. In diesem Buch beziehen sich alle Stückkursangaben immer auf eine 50,-- DM Aktie.

2. Die Verbuchung von Stückzinsen

Der Käufer von festverzinslichen Wertpapieren hat in der Regel Anspruch auf jährliche oder halbjährliche Zinszahlungen und auf den nominellen Rückzahlungsbetrag. Auch bei festverzinslichen Wertpapieren können sich Schwankungen der Stückkurse ergeben, weil der Anleger eine dem jeweiligen allgemeinen Zinsniveau entsprechende effektive Rendite verlangt, die bei festgesetztem Zinssatz nur über einen variablen Stückkurs erreichbar ist.

Wird ein festverzinsliches Wertpapier zwischen zwei Zinsterminen veräußert, z.B. zwischen dem 01.02. und dem 01.08. am 01.05., und erwirbt der Käufer das Wertpapier **mit laufendem Zinsschein**, dann wird ihm beim nächsten Zinstermin der volle halbjährliche Zinsbetrag ausbezahlt. Aus diesem Grunde belastet die Bank den Käufer am Kauftag mit dem auf den Verkäufer entfallenden Zinsanteil (Stückzinsen). Erwirbt der Käufer das Zinspapier **ohne laufenden Zinsschein**, zieht er dem Verkäufer den auf ihn entfallenden Anteil am Zinsertrag vom Kaufpreis ab.

Beispiel:

Die Bank kauft in unserem Auftrag am 01. Mai 5.000,-- DM 8%-ige M-Anleihe; F/A (= Zinstermine Februar/August); mit laufendem Zinsschein zum Kurs von 98%; Stückzinsen 100,-- DM; Bankspesen 26,-- DM.

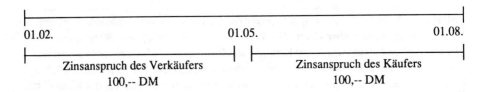

01.02.	01.05.	01.08.
Zinsanspruch des Verkäufers 100,-- DM	Zinsanspruch des Käufers 100,-- DM	

Buchungssatz:

27	Wertpapiere	4.900,-- DM			
75	Zinsen	100,-- DM			
759	Sonstige Zinsen und ähnliche Aufwendungen	26,-- DM			
			280	Bank	5.026,-- DM

Die Bank verkauft in unserem Auftrag am 01.12. 3.000,-- DM der M-Anleihe ohne laufenden Zinsschein zu einem Stückkurs von 48,-- DM. Bankspesen 18,-- DM.

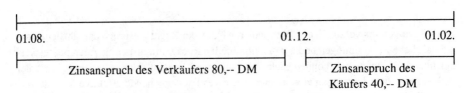

01.08.	01.12.	01.02.
Zinsanspruch des Verkäufers 80,-- DM	Zinsanspruch des Käufers 40,-- DM	

Buchungssatz:

280	Bank	2.822,-- DM			
75	Zinsen	40,-- DM			
759	Zinsen und ähnliche Aufwendungen	18,-- DM			
			27	Wertpapiere	2.880,-- DM

759	Zinsen und ähnliche Aufwendungen	60,-- DM			
			27	Wertpapiere	60,-- DM

Wäre mit laufenden Zinsschein verkauft worden, müßte gebucht werden:

280	Bank	2.942,-- DM		
759	Zinsen und ähnliche Aufwendungen	18,-- DM		
			27 Wertpapiere	2.880,-- DM
			578 Erträge aus Wertpapieren des UV	80,-- DM

759	Zinsen und ähnliche Aufwendungen	60,-- DM		
			27 Wertpapiere	60,-- DM

Die zum Bilanzstichtag aufgelaufenen aber noch nicht fälligen Zinsen der zum Betriebsvermögen gehörenden festverzinslichen Wertpapiere sind als Sonstige Forderungen (Konto 266) zu aktivieren (Vgl. zur zeitlichen Abgrenzung auch Kap. XIV dieses Teiles).

Beispiel:

Am 31.12.01 befinden sich 8.000,-- DM 9%-ige G-Anleihen F/A im Betriebsvermögen. Von den am nächsten Zinstermin (01.02.02) fälligen Halbjahreszinsen in Höhe von 360,-- DM entfallen 5/6 (August bis Dezember 01) auf das abzuschließende Geschäftsjahr und sind als sonstige Forderungen zu aktivieren.

Buchungssatz:

266	Sonstige Forderungen	300,-- DM		
			578 Erträge aus Wertpapieren des UV	300,-- DM

Werden am 01.02.02 die Halbjahreszinsen von 360,-- DM gutgeschrieben, lautet der Buchungssatz:

280	Bank	360,-- DM		
			266 Sonstige Forderungen	300,-- DM
			578 Erträge aus Wertpapieren des UV	60,-- DM

Damit sind die Zinserträge betragsmäßig so abgegrenzt, wie sie verursachungsgerecht in die beiden Geschäftsjahre gehören. Erfolgte ein Verkauf ohne laufenden Zinsschein und ist dieser am Ende des Geschäftsjahres noch nicht eingelöst worden, wird analog gebucht.

Merke:	Stückzinsen sind keine Anschaffungskosten des Wertpapiers, da sie nicht in wirtschaftlichen Zusammenhang mit dem Erwerb des Wertpapiers stehen, sondern mit dem Erwerb des Zinsanspruchs; bezahlte Stückzinsen sind als Zinsaufwendungen, erhaltene Stückzinsen als Zinserträge zu verbuchen.

3. Behandlung von Beteiligungserträgen

"Beteiligungen sind Anteile an anderen Unternehmen, die bestimmt sind, dem eigenen Geschäftsbetrieb durch Herstellung einer dauernden Verbindung zu jenen Unternehmen zu dienen" (Vgl. § 271 Abs. 1 HGB).

Als Beteiligungen gelten gesellschaftsrechtliche Anteile an Kapitalgesellschaften oder Personengesellschaften und ihnen wirtschaftlich gleichstehende gesellschaftsähnliche Kapitalanlagen (z.B. stille Beteiligung). Im betriebswirtschaftlichen Sinne spricht man von einer Beteiligung, wenn sich jemand

- auf Dauer
- mit dem Einsatz von Kapital
- mit dem Ziel der Einflußnahme
- mit Gewinnanspruch und Verlustrisiko
- und Anspruch auf Liquidationserlös

an einem Unternehmen beteiligt. Die Einflußnahme auf die Geschäftsführung geschieht entweder durch eigene Mitarbeit oder durch Ausübung eines bloßen Stimmrechts bei den Beschlußfassungen der Unternehmensorgane. Im Zweifel gilt bei Kapitalgesellschaften ein Anteilsbesitz von über 20% als Beteiligung (Vgl. § 271 Abs. 1 HGB). Beteiligungen sind gesondert auszuweisen (Vgl. § 266 Abs. 1 Satz 1 HGB). Auch nicht in Wertpapieren verbriefte Anteilsrechte kommen als Beteiligungen in Betracht, z.B. Anteile an einer GmbH, OHG und KG, bei denen die Möglichkeit einer Verbriefung der Anteilsrechte gar nicht gegeben ist.

Die **Erträge aus Beteiligungen** sind ebenso wie die Wertpapiererträge nicht erst bei der Zahlung, sondern bereits bei der **Entstehung des Anspruchs** zu erfassen. Bei **Kapitalgesellschaften** ist zur Entstehung des Gewinnanspruchs ein Beschluß der dafür zuständigen Organe (bei der Aktiengesellschaft Vorschlag durch den Vorstand; Beschluß durch die Hauptversammlung; bei der GmbH Beschluß der Gesellschafterversammlung) notwendig, eine Gewinnausschüttung in bestimmter Höhe vorzunehmen. In allen Bilanzen, die nach einem solchen Beschluß aufgestellt werden, ist der aus einer Beteiligung resultierende Gewinnanspruch als Sonstige Forderung zu aktivieren; die Gegenbuchung geschieht erfolgswirksam auf dem Konto Erträge aus Beteiligungen (Kontengruppe 55). Die Aktivierung nicht ausgeschütteter Gewinne rechtlich *selbständiger* Beteiligungsgesellschaften ist mit den Grundsätzen ordnungsmäßiger Buchführung nicht vereinbar. Bei **Personengesellschaften** ist ein formeller Beschluß für die Entstehung des Gewinnanspruchs der Gesellschafter nicht vorgesehen; hier wird grundsätzlich mit dem Ablauf des Geschäftsjahres dieselbe Buchung vorgenommen: Sonstige Forderungen an Erträge aus Beteiligungen.

4. Verbuchung von Damnum und Agio

Das Damnum (Darlehensabschlag, Disagio) ist die bei einer Darlehensvergabe vereinbarte Differenz zwischen dem **Auszahlungsbetrag** und dem **Rückzahlungsbetrag**. Es kann als eine neben der laufenden Verzinsung geforderte zusätzliche Nutzungsvergütung für die Kapitalüberlassung aufgefaßt werden. Die Verbuchung des Damnums erfolgt als zinsähnlicher Aufwand, **verteilt auf die Laufzeit** der Darlehens. Handelsrechtlich darf (§ 250 Abs. 3 HGB) und steuerlich muß (Abschn. 37 Abs. 3 EStR) das Damnum aktiviert (Konto 290) und verteilt auf die Laufzeit des Darlehens abgeschrieben werden (Konto 754).

Beispiel:

Ein Unternehmer hat am 02.01. ein Darlehen über 100.000,-- DM aufgenommen, das nach 5 Jahren in einer Summe getilgt werden soll. Disagio 2%.

Buchungssatz:

280	Bank	98.000,-- DM			
290	Disagio	2.000,-- DM			
			42	Darlehen	100.000,-- DM

Am Bilanzstichtag wird gebucht:

754	Abschreibung auf Disagio	400,-- DM			
			290	Disagio	400,-- DM

Daneben werden die laufenden Zinszahlungen auf das Konto 756 Zinsen für Verbindlichkeiten verbucht.

Bei sog. Tilgungsdarlehen mit jährlich abnehmendem Zinsaufwand kann eine Verteilung des Zinscharakter tragenden Damnums entsprechend dem Anteil des Zinses an den Jahresleistungen (Annuitäten) erfolgen.

Sonstige Geldbeschaffungskosten sind, soweit sie dem Darlehensnehmer vom Darlehensgeber in Rechnung gestellt werden (z.B. Abschluß- oder Verwaltungskosten etc.) steuerlich ebenfalls wie ein Damnum auf die Laufzeit des Kredits zu verteilen, sofern es sich nicht um Beträge handelt, ''bei deren Verteilung das Ergebnis künftiger Jahre nur unwesentlich berührt wird'' (Abschn. 37 Abs. 3 EStR). Geldbeschaffungskosten, die **Dritten gegenüber** entstehen (Vermittlungsgebühren o.ä.), sind dagegen im Zeitpunkt der Fälligkeit als Betriebsausgabe abziehbar.

Wird die Schuld vorzeitig getilgt, ist das nicht verbrauchte Damnum als Aufwand des Jahres zu verbuchen, in dem die vorzeitige Tilgung erfolgt. Bei einer Verkürzung der Laufzeit eines Kredits muß das restliche Damnum auf die neue Restlaufzeit verteilt werden, während bei einer Laufzeitverlängerung keine Neuverteilung verlangt wird.

Ist vereinbart, daß bei Fälligkeit des Darlehens ein **Darlehensaufgeld** (Agio) mit der Darlehenssumme zu entrichten ist, während die Darlehensauszahlung zum vollen Nennbetrag erfolgt, ist entsprechend wie beim Disagio zu verfahren. Der Mehrbetrag ist kein Aufwand im Jahr der Zahlung, sondern anteilig Aufwand aller Jahre der gesamten Laufzeit des Darlehens. Zu passivieren ist immer der Rückzahlungsbetrag.

Beispiel:

Der Unternehmer erhält am 02.01. das vereinbarte Darlehen in Höhe von 100.000,-- DM und es wird ein Agio von 2% festgelegt:

Buchungssatz:

280	Bank	100.000,-- DM		
290	Agio	2.000,-- DM		
			42 Darlehen	102.000,-- DM

Am Bilanzstichtag wird gebucht:

754	Abschreibungen auf Agio	400,-- DM		
			290 Agio	400,-- DM

Das Agio ist bekannter bei der Emission von Aktien (Verbot der Unterpari-Emission) und bei der Umwandlung von Wandelobligationen in Aktien. Das Agio ist nach Abzug der Emissionskosten der gesetzlichen Rücklage zuzuführen. Beim Aktionär erhöht es den Anschaffungswert (Nennwert + Agio = Emissionskurs).

5. Bewertung der Wertpapiere im Jahresabschluß

Wie bereits erwähnt, müssen die Wertpapiere des Umlaufvermögens (und können bei vorübergehender Wertminderung die Wertpapiere des Anlagevermögens) nach dem sog. **Niederstwertprinzip** bewertet werden, d.h. von zwei möglichen Wertansätzen - Anschaffungskosten bzw. letzter Bilanzansatz oder niedrigerer Börsenkurs - ist immer der niedrigere Börsenkurs der Bewertung zugrundezulegen.

Beispiel:

Das Konto Wertpapiere enthält am Bilanzstichtag:

A-Aktien	Nennwert	5.000,-- DM	Anschaffungsstückkurs	150,-- DM
B-Aktien	Nennwert	10.000,-- DM	Anschaffungsstückkurs	100,-- DM
M-Obligation	Nennwert	10.000,-- DM	Anschaffungskurs	102 %

Kurse am Bilanzstichtag:

A-Aktien	Stückkurs	` 145,-- DM
B-Aktien	Stückkurs	110,-- DM
M-Obligationen	Kurswert	99 %

Ermittlung der Abschreibungsbeträge:

	A-Aktien	B-Aktien	M-Obligationen
Kurswert am Kauftag	15.000,-- DM	20.000,-- DM	10.200,-- DM
Kurswert am Bilanzstichtag	14.500,-- DM	22.000,-- DM	9.900,-- DM
Abschreibung	500,-- DM	-,--	300,-- DM
Neuer Buchwert	14.500,-- DM	20.000,-- DM	9.900,-- DM

Buchungssatz:

742	Abschreibungen auf Wertpapiere des UV	800,-- DM			
			27	Wertpapiere	800,-- DM

Beachte: Stückkurs ist der Börsenwert für eine 50,-- DM Aktie!

Das Beispiel verdeutlicht, daß nur die **nicht realisierten Verluste** abgeschrieben werden müssen, während **nicht realisierte Gewinne** (B-Aktien) nicht ausgewiesen werden dürfen (sog. **Imparitätsprinzip**).

S	Wertpapiere		H
AB	15.000,--	742	800,--
AB	20.000,--	801	44.400,--
AB	10.200,--		
	45.200,--		45.200,--

Abbildung: A.53

6. Testfragen

• Wonach richtet sich die Aufnahme von Wertpapieren in Kontenklasse 1 oder 2?

• Wie verhindert man, daß das Wertpapierkonto ein gemischtes Erfolgskonto wird?

• Was besagt ein Sollsaldo auf dem gemischten Wertpapierkonto nach der Verbuchung des Schlußbestandes?

• Wie erfolgt die Inventur bei Wertpapieren?

• Wonach richtet sich der Inventurwert von Wertpapieren?

• Wie behandelt man die Anschaffungsnebenkosten des Wertpapiererwerbs in der Buchhaltung?

• Wann bedarf es eines Identitätsnachweises bei Wertpapieren?

• Auf welchen Konten bucht man realisierte und auf welchen Konten am Bilanzstichtag noch nicht realisierte Kursgewinne und -verluste von Wertpapieren?

• Was bezeichnet man mit den Termini Nennwert, Stückelung und Stückkurs?

• Was sind Stückzinsen und wie verbucht man sie?

• Was bedeuten die Ausdrücke "mit laufenden Zinsschein" und "ohne laufenden Zinsschein"?

• Sind Stückzinsen Anschaffungskosten des Wertpapiers?

• Wann kann man unter betriebswirtschaftlichem Aspekt von einer Beteiligung sprechen?

- Zu welchem Zeitpunkt sind die Beteiligungserträge aus den einzelnen Gesellschaftsformen buchhalterisch zu erfassen?

- Warum wird steuerlich das Damnum und die sonstigen Geldbeschaffungskosten, die vom Darlehensgeber berechnet werden, nicht sofort im Jahr der Darlehensaufnahme erfolgswirksam verbucht?

- Kann man das Damnum auch degressiv abschreiben?

- Was versteht man unter dem sog. "Imparitätsprinzip"?

XIII. Buchungen im Wechselverkehr

1. Grundbegriffe

Der Wechsel ist eine Urkunde, ein schuldrechtliches Wertpapier, das ein Zahlungsversprechen enthält. Man unterscheidet eigene Wechsel (Solawechsel) und gezogene Wechsel (Tratte). Mit dem **eigenen Wechsel** verpflichtet sich der Aussteller des Wechsels, selbst an einem bestimmten Tag (Verfalltag) eine bestimmte Geldsumme (Wechselsumme) an eine bestimmte Person (Wechselnehmer) oder deren Order zu zahlen (Zahlungsversprechen). Dagegen ist ein **gezogener Wechsel** eine Urkunde, durch die der Aussteller eine Person anweist (Bezogener, Wechselschuldner), an ihn oder einen Dritten (Wechselnehmer oder Remittent) zu einem bestimmten Zeitpunkt eine bestimmte Summe zu zahlen. Beim Solawechsel ist der Aussteller selbst der Wechselschuldner, beim gezogenen Wechsel dagegen der Bezogene, sobald er den Wechsel akzeptiert, d.h. durch Unterschrift anerkannt hat.

Nach den zugrundeliegenden ''Grundgeschäften'' der Beteiligten unterscheidet man den **Handelswechsel** (auch Warenwechsel), wenn z.B. ein Verkäufer (Aussteller) den Kaufpreis gegen Hereinnahme eines vom Käufer (Bezogener oder Akzeptant) gezeichneten Wechsels mit entsprechender Laufzeit stundet, vom **Finanzwechsel** (auch Kredit- oder Gefälligkeitswechsel), dem kein Warengeschäft zugrundeliegt. Mithin ist der Solawechsel meist ein Finanzwechsel.

Wie der Scheck entsteht auch der Wechsel weitgehend unabhängig vom jeweiligen Grundgeschäft (z.B. Warenverkauf) als **abstrakte Verbindlichkeit**. Da Wechsel- und Scheckverpflichtungen in Urkunden mit zwingend festgelegten Inhalt (§ 1 Scheckgesetz und § 1 Wechselgesetz lesen!) verbrieft sein müssen, wird jeder Inhaber des Wechsels oder Schecks legitimiert, wodurch beide an Dritte übertragen (indossiert) werden können, die dann ihrerseits gegenüber dem Bezogenen berechtigt werden. So kann beispielsweise der Wechselaussteller den Wechsel benutzen, um damit seinerseits eine Verbindlichkeit zu zahlen, indem er den Wechsel an einen seiner Lieferanten weitergibt (**Indossierung**).

Stellt ein Verkäufer als Aussteller (Trassant) einen Wechsel (Tratte) auf einen Käufer als Bezogenen (Trassat) aus, so weist er diesen an, jedem durch die Urkunde als Berechtigten ausgewiesenen (**Wechselnehmer oder Remittent**), eine bestimmte Summe an einem bestimmten Tage zu zahlen. Hat der Bezogene seine Annahmeerklärung (durch ''Querschreiben'') auf den Wechsel gesetzt, so bezeichnet man das Papier als sein **Akzept** und ihn als **Akzeptanten**.

Bei den an einem gezogenen Wechsel beteiligten Personen sind also regelmäßig zu unterscheiden:

a)   der Aussteller (Trassant)
b)   der Bezogene (Trassat/Akzeptant)
c)   der Wechselnehmer (Remittent)

wobei der Wechselnehmer entweder der Aussteller oder ein beliebiger Dritter sein kann, an den der Aussteller den Wechsel weitergegeben hat. Mit der Weitergabe des Wechsels tritt der Aussteller seine Forderung gegenüber dem Bezogenen an den neuen Wechselnehmer ab, wodurch dieser berechtigt wird, die Forderung am Verfalltag (auf dem Wechsel angegebener Zahlungstermin) geltend zu machen.

Häufig werden Warenwechsel von Bezogenen guter Bonität vor dem Verfalltag an eine Bank verkauft (**Diskontierung** des Wechsels). Diese zahlt als Kaufpreis nicht die volle Wechselsumme, sondern zieht den Zins für die zwischen dem Tag des Ankaufs und dem Tag der Fälligkeit liegende Zeit ab. Der Zwischenzins wird Diskont genannt und liegt meist 1 - 2% über dem jeweiligen Diskontsatz der Deutschen Bundesbank, da die diskontierenden Geschäftsbanken die Wechsel meist an die Landeszentralbanken weiterverkaufen (**Rediskontierung**; allerdings nur Warenwechsel erster Adressen). Die Erhöhung oder Senkung des Diskontsatzes der Bundesbank ist damit ein wirtschaftspolitisches Mittel, um das allgemeine Zinsniveau und das Ausmaß der Kreditgewährung zu beeinflussen.

Dem jetzigen Wechselnehmer haftet, wenn der Bezogene nicht zahlt, jeder, der vor ihm den Wechsel angenommen und durch Indossament übertragen hat. Durch die Möglichkeit des **Wechselrückgriffs** (Regreß) treten neben den Akzeptanten als Hauptschuldner noch **sämtliche Indossanten**, an die sich der Remittent beim Rückgriff in beliebiger Reihenfolge halten kann. Löst ein Indossant den Wechsel ein, so kann er wiederum seine Vormänner in Regreß nehmen.

Der Verfall des Wechsels kann durch Vereinbarung einer späteren Verfallzeit (**Prolongation**), die mit der Ausstellung eines neuen Wechsels (Prolongationswechsel) verbunden sein muß, ausgeschlossen werden. Ist der Wechsel am Verfalltag noch im Besitz des Ausstellers (Inkassowechsel), wird er vernichtet und durch Prolongationswechsel ersetzt. Hat der Aussteller den Wechsel indossiert, übergibt er dem Bezogenen gegen den Prolongationswechsel den zur Einlösung des fälligen Wechsel notwendigen Betrag. Wird der Wechsel nicht eingelöst und auch nicht prolongiert, geht er zu Protest. Der **Wechselprotest** ist eine öffentliche Beurkundung darüber, daß der Wechsel dem Bezogenen zur rechten Zeit (Verfallzeit) und am rechten Ort (Zahlungsort) erfolglos zur Zahlung bzw. Annahme vorgelegt wurde. Es wird dabei eine Protesturkunde ausgestellt, die Voraussetzung für den Rückgriff auf den Vormann (**Reihenrückgriff**) oder einen anderen Indossanten (**Sprungrückgriff**) ist.

In der Buchhaltung unterscheidet man **Besitzwechsel** und **Schuldwechsel**, d.h. man unterscheidet wie zwischen Kundenforderungen und Lieferantenverbindlichkeiten, also somit zwischen Wechselforderungen (Konto 245) und Wechselverbindlichkeiten (Konto 45). Sobald ein Wechsel in den Verkehr gelangt oder akzeptiert wird, muß er vom Aussteller versteuert werden. Die **Wechselsteuer** wird durch Steuermarken entrichtet, welche die Bundespost vertreibt. Sie beträgt für Inlandswechsel 15 Pfennig pro angefangene 100,-- DM. Die Wechselsteuermarken sind auf der Rückseite des Wechsels aufzukleben und zu entwerten, indem auf jeder einzelnen Wertmarke der Tag der Entwertung mit Tinte, Schreibmaschine oder durch Stempel eingetragen wird.

2. Buchungen im normalen Wechselverkehr

2.1 Normales Wechselgrundgeschäft

Füllt ein Aussteller (Lieferant) eine Tratte aus und schickt sie dem Bezogenen (Kunden) mit der Aufforderung zur Annahme, so löst dieser Vorgang noch keine Buchung aus. Erst wenn der Bezogene den Wechsel **akzeptiert** und zurückgeschickt hat, wird dieser buchhalterisch erfaßt. Beim Aussteller wird eine Forderung aus Warenlieferung durch eine abstrakte Wechselforderung ersetzt (Aktivtausch) und beim Akzeptanten eine Verbindlichkeit aufgrund von Warenlieferungen durch eine Wechselschuld (Passivtausch). Der Aussteller wird regelmäßig nur dann mit einer über die normalen Zahlungsziele hinausgehenden Forderung einverstanden sein, wenn er (neben der hier nicht weiter berücksichtigten Wechselsteuer) **Wechselspesen und Zinsausfall** entweder zusätzlich zum Forderungsbetrag oder in die Wechselsumme eingerechnet erhält. Diese Beträge **erhöhen das umsatzsteuerliche Entgelt** für die ursprüngliche Lieferung und sind vom Aussteller der Umsatzsteuer zu unterwerfen; beim Akzeptanten ergibt sich dadurch eine sofort abzugsfähige Vorsteuer.

Beispiel:

Warenverkauf auf Ziel, Warenwert 34.000,-- DM.

Lieferer bucht:

240	Forderungen	37.400,-- DM		
			515	Umsatzerlöse
				für Waren 34.000,-- DM
			480	Umsatzsteuer 3.400,-- DM

Kunde bucht:

228	Waren (Handelswaren)	34.000,-- DM		
260	Vorsteuer	3.400,-- DM		
			440	Verbindlichkeiten 37.400,-- DM

Wird ein 90-Tage-Wechsel unter Einberechnung von 10% Zins (p.a.) und 65,-- DM Wechselspesen in die Wechselsumme vom Bezogenen akzeptiert und zurückgeschickt, wird folgendermaßen gebucht:

Lieferer bucht:

245	Besitzwechsel	38.500,-- DM			
			240	Forderungen	37.400,-- DM
			573	Diskonterträge	935,-- DM
			675	Kosten des Geldverkehrs	65,-- DM
			480	Umsatzsteuer	100,-- DM

Kunde bucht:

440	Verbindlichkeiten	37.400,-- DM			
753	Diskontaufwand	935,-- DM			
675	Kosten des Geldverkehrs	65,-- DM			
260	Vorsteuer	100,-- DM			
			45	Schuldwechsel	38.500,-- DM

Bei der Einlösung des Wechsels (Inkasso), d.h. Bezahlung durch den Akzeptanten (Wechselschuldner) erlöschen Wechselschuld und Wechselforderung:

Lieferer bucht:

280	Bank	38.500,-- DM			
			245	Besitzwechsel	38.500,-- DM

Kunde bucht:

45	Schuldwechsel	38.500,-- DM			
			280	Bank	38.500,-- DM

2.2 Wechselindossierung

Hat der Aussteller seinerseits Lieferantenschulden, dann kann er den von seinem Kunden akzeptierten Wechsel an seinen Lieferanten (L) weitergeben, wenn dieser damit einverstanden ist. Er indossiert den Wechsel, indem er ihn auf der Rückseite unterschreibt. Deckt die Wechselsumme die Verbindlichkeit des Ausstellers gegenüber seinem Lieferanten, dann ist seine Schuld **buchmäßig untergegangen**.

Aussteller bucht:

440	Verbindlichkeiten	38.500,-- DM			
			245	Besitzwechsel	38.500,-- DM

Rechtlich allerdings besteht seine Verbindlichkeit gegenüber L weiter, weil die Wechselannahme regelmäßig nur zahlungshalber und nicht an Zahlungs Statt erfolgt. Geht der Wechsel zu Protest, lebt die alte Verbindlichkeit aus dem ursprünglichen Liefergeschäft wieder auf und L macht seinen Vormann, hier den Aussteller regreßpflichtig. Wird bei der Weitergabe des Besitzwechsels vereinbart, daß die Wechselkosten (Steuer, Spesen, Porti) sowie Diskontzinsen jeweils vom Vormann zu tragen sind, der damit seine Verbindlichkeit abdeckt, unterliegen diese erneut der Umsatzsteuer.

Beispiel:

L übernimmt den Wechsel mit der Wechselsumme über 38.500,-- DM stellt aber seinerseits für 60 Tage Zinsen (= 641,66 DM bei 10% p.a.) und 40,-- DM Wechselspesen in Rechnung, indem er lediglich einen Betrag von 37.750,18 DM gutschreibt.

L bucht:

245	Besitzwechsel	38.500,-- DM			
			240	Forderungen	37.750,18 DM
			675	Kosten des Geldverkehrs	40,-- DM
			573	Diskontertrag	641,66 DM
			480	Umsatzsteuer	68,16 DM

Aussteller bucht:

440	Verbindlichkeiten	37.750,18 DM			
675	Kosten des Geldverkehrs	40,-- DM			
753	Diskontaufwand	641,66 DM			
260	Vorsteuer	68,16 DM			
			245	Besitzwechsel	38.500,-- DM

2.3 Wechseldiskontierung

Gibt der Aussteller seinen Besitzwechsel statt an seinen Lieferanten an seine Bank weiter, läßt er den Wechsel also "diskontieren", dann wird ihm von der Bank ebenfalls nicht der volle Wechselbetrag gutgeschrieben, sondern ein um die Zinsen bis zum Fälligkeitstag und die banküblichen Spesen gekürzter Betrag. Der **Diskont** (nicht die Wechselspesen!) ist in diesem Falle eine **nachträgliche Entgeltsminderung:** Nur der nach Kürzung der Umsatzsteuer verbleibende Betrag darf auf dem Konto 753 Diskontaufwendungen verbucht werden. Nimmt der Aussteller diese ihm zustehende Umsatzsteuerverkürzung vor, ist er gemäß § 17 Abs. 1 UStG verpflichtet, dem **Akzeptanten davon Mitteilung zu machen**, wodurch dieser zu einer korrespondierenden Kürzung seiner Vorsteuer verpflichtet wird.

Beispiel:

Der Aussteller gibt seinen Besitzwechsel über 38.500,-- DM an seine Bank weiter, welche ihm 962,50 DM Zins und 80,-- DM Spesen berechnet und einen Betrag von 37.457,50 DM gutschreibt.

Aussteller bucht:

280	Bank	37.457,50 DM			
753	Diskontaufwand	962,50 DM			
675	Kosten des Geldverkehrs	80,-- DM			
			245	Besitzwechsel	38.500,-- DM
480	Umsatzsteuer	87,50 DM			
			753	Diskontaufwand	87,50 DM

Akzeptant muß nach Information buchen:

753	Diskontaufwand	87,50 DM			
			260	Vorsteuer	87,50 DM

Es handelt sich somit um eine erfolgswirksame Umsatzsteuer- bzw. Vorsteuerkorrektur, die in der Praxis häufig aus Unkenntnis und wegen des vermeintlich damit verbundenen Aufwandes unterbleibt. Wird die effektive Minderung des Diskontzinses an den Akzeptanten weitergegeben, erhält er eine Gutschrift auf die ursprünglich entrichteten und beim Aussteller als Diskonterträge verbuchten Zinsen:

573	Diskonterträge	87,50 DM			
			240	Forderungen	87,50 DM

Im Zusammenhang mit der Informationspflicht des § 17 Abs. 1 UStG besteht zu einer Gutschrift keine Verpflichtung. Wird die Gutschrift erteilt, neutralisiert sich damit die Erfolgswirksamkeit der Umsatzsteuerkorrektur.

Merke: a) Ein vom Lieferanten (Aussteller oder Remittent) für die Wechselannahme in Rechnung gestellter Zins erhöht in jedem Fall nachträglich das Entgelt für die jeweils zugrundeliegende Lieferung, ist also nicht als eine ansonsten umsatzsteuerfreie Kreditgewährung anzusehen; die Wechselspesen unterliegen als Entgelt für zusätzliche Leistungen des Unternehmers ohnehin der Umsatzsteuer.

> **Merke:** b) Von einer Bank bei der Diskontierung in Abzug gebrachter Zins vermindert das Entgelt für die dem Handelswechsel zugrundeliegende Leistung und kann vom Aussteller bzw. dem jeweiligen Remittenten umsatzsteuermindernd berücksichtigt werden, wenn dem jeweiligen Empfänger der Lieferung Mitteilung davon gemacht wird. Die von der Bank berechneten Spesen führen nicht zu einer umsatzsteuerwirksamen Entgeltverminderung.

Es ist also stets zu unterscheiden, ob der Lieferant Zinsen berechnet (a) oder ihm Zinsen von der Bank in Rechnung gestellt werden (b); berechnet der Lieferant ihm von der Bank berechnete Zinsen weiter, wird nach (a) verfahren. Die Fälle (a) und (b) treffen in der Praxis nicht selten zusammen.

Beispiel:

Der Lieferant stellt einen Wechsel über den Betrag seiner Forderung aus Warenlieferung in Höhe von 37.400,-- DM aus, den der Kunde akzeptiert. Nach Diskontierung des Akzepts bei seiner Bank berechnet der Aussteller die von der Bank ihm in Rechnung gestellten Zinsen (= 935,-- DM) und Spesen (= 65,-- DM) an den Akzeptanten weiter.

Lieferer bucht:

280	Bank	36.400,-- DM			
753	Diskontaufwand	935,-- DM			
675	Kosten des Geldverkehrs	65,-- DM			
			240	Forderungen	37.400,-- DM

480	Umsatzsteuer	85,-- DM			
			753	Diskontaufwand	85,-- DM

240	Forderungen	1.006,50 DM			
			573	Diskontertrag	850,-- DM
			675	Kosten des Geldverkehrs	65,-- DM
			480	Umsatzsteuer	91,50 DM

Akzeptant bucht:

440	Verbindlichkeiten	37.400,-- DM			
753	Diskontaufwand	850,-- DM			
675	Kosten des Geldverkehrs	65,-- DM			
260	Vorsteuer	91,50 DM			
			45	Schuldwechsel	37.400,-- DM
			440	Verbindlichkeiten	1.006,50 DM

753	Diskontaufwand	85,-- DM		
			260 Vorsteuer	85,-- DM

Wirtschaftlich trägt damit der Akzeptant voll die von der Bank berechneten 935,-- DM Diskontzinsen und schuldet an den Aussteller bzw. behält als Vorsteuerabzug nur den auf die Wechselspesen entfallenden Umsatzsteuerbetrag (6,50 DM), den der Aussteller seinerseits per Saldo dem Finanzamt schuldet.

3. Wechselprolongation

Ist der Bezogene am Fälligkeitstage zur Einlösung des Wechsels nicht in der Lage, muß er den Aussteller um **Prolongation** ersuchen, wenn er den drohenden Wechselprotest verhindern will. Hat der Aussteller den Wechsel behalten und nicht an einen Dritten oder eine Bank weitergegeben, kann er einen neuen Wechsel ausstellen und den fälligen Wechsel zurückgeben, wenn der Prolongationswechsel akzeptiert ist. In der Regel werden für den Prolongationswechsel **erneut Zinsen und Spesen** zuzüglich Umsatzsteuer berechnet, die der Bezogene entweder bar entrichten muß, oder die die Wechselsumme des Prolongationswechsel erhöhen.

Beispiel:

Der Bezogene kann den Wechsel über 38.500,-- DM am Verfalltag nicht einlösen und bittet daher den Aussteller um Prolongation. Der Aussteller berechnet für Prolongation um 60 Tage 640,-- DM Zins und 40,-- DM Spesen, die der Bezogene zuzüglich Umsatzsteuer bar entrichtet. Die Beteiligten müssen den Austausch des alten Wechsels gegen den über einen gleichhohen Betrag ausgestellten Prolongationswechsel nur im sog. Wechselkopierbuch, in dem die einzelnen Wechsel geführt werden, nicht dagegen auf den Wechselkonten verzeichnen. Bezüglich des Prolongationsaufwandes buchen

der Aussteller:

288	Kasse	748,-- DM		
			573 Diskontertrag	640,-- DM
			675 Kosten des Geldverkehrs	40,-- DM
			480 Umsatzsteuer	68,-- DM

der Akzeptant:

753	Diskontaufwand	640,-- DM
675	Kosten des Geldverkehrs	40,-- DM
260	Vorsteuer	68,-- DM

288 Kasse	748,-- DM

Hat der Aussteller das Akzept an einen Dritten bzw. seine Bank **weitergegeben** und ist er mit einer Prolongation einverstanden, dann muß er seinem Kunden das Geld zur Einlösung des Wechsels zur Verfügung stellen, wozu er ebenfalls nur gegen Erstattung von Zinsen und Spesen und die Ausstellung eines Prolongationswechsels bereit sein wird; verweigert er die Prolongation, muß er mit einer Regreßforderung ohnehin rechnen. Gebucht wird ebenso, wie oben dargestellt, nur daß jetzt der **Prolongationswechsel zusätzlich erfaßt** werden muß:

Aussteller:

245 Besitzwechsel   38.500,-- DM

         280 Bank   38.500,-- DM

288 Kasse   748,-- DM

         573 Diskontertrag   640,-- DM
         675 Kosten des Geldverkehrs   40,-- DM
         480 Umsatzsteuer   68,-- DM

Akzeptant:

280 Bank   38.500,-- DM

         45 Schuldwechsel   38.500,-- DM

753 Diskontaufwand   640,-- DM
675 Kosten des Geldverkehrs   40,-- DM
260 Vorsteuer   68,-- DM

         288 Kasse   748,-- DM

4. Wechselprotest und Rückgriff

Löst der Bezogene am Fälligkeitstage den Wechsel nicht ein, geht er zu **Protest**, wenn es zu keiner Prolongation kommt. Es ergibt sich für alle am Wechsel Beteiligten die **Haftpflicht** nach dem Wechselrecht, die **letztlich den Aussteller** trifft. Protestwechsel müssen buchmäßig sofort auf ein **gesondertes Protestwechselkonto** oder Rückwechselkonto umgebucht werden. Das Konto 675 wird mit den verauslagten Protestkosten u.a. belastet.

Die beim Rückgriff verrechneten **Aufwendungen** (Zinsen, Protestkosten und Spesen) gelten als **nicht umsatzsteuerbarer Schadenersatz** und unterliegen daher nicht der Umsatzsteuer. Die Verzugszinsen sind für den Rückgriffnehmer ein Ertrag und die in Rechnung gestellten Protestkosten und Porti eine Rückerstattung von Aufwendungen, die vorher auf Konto 675 (Kosten des Geldverkehrs) verbucht worden sind.

Beispiel:

Geht das Akzept über den Betrag von 38.500,-- DM zu Protest und entstehen 400,-- DM Protestkosten, so bucht ein Remittent:

246 Protestwechsel   38.500,-- DM

                              245 Besitzwechsel   38.500,-- DM

675 Wechselkosten (Kosten
     des Geldverkehrs)   400,-- DM

                              288 Kasse   400,-- DM

Nimmt der Remittent den Aussteller in Regreß und schickt ihm eine Rückgriffsrechnung über den Wechselbetrag zuzüglich Protestkosten von 400,-- DM, Wechselspesen 60,-- DM sowie Zinsen 120,-- DM, dann bucht dieser:

240 Forderungen   39.080,-- DM

                          573 Diskonterträge   120,-- DM
                          675 Kosten des Geldverkehrs   460,-- DM
                          246 Protestwechsel   38.500,-- DM

Der Regreßverpflichtete verbucht die Rückgriffsforderung seines Lieferanten als normale Verbindlichkeit auf dem Konto 440 (wiederaufgelebte Warenschuld):

246 Protestwechsel   38.500,-- DM
753 Diskontaufwand   120,-- DM
675 Kosten des Geldverkehrs 460,-- DM

                          440 Verbindlichkeiten 39.080,-- DM

Bezahlt der Regreßpflichtige (Buchung: 440 an 280) und kann er seinerseits nicht mehr Regreß nehmen, dann muß er den Protestwechsel je nach den weiteren Erfolgsaussichten entweder teilweise oder ganz als **außerordentlichen Forderungsverlust** abschreiben.

5. Rückstellung für Wechselobligo

Wie bei allen anderen Forderungen kann auch bei Wechseln eine **Wertberichtigung** vorgenommen werden, solange sie nicht weitergegeben sind. Sind die Wechsel jedoch indossiert oder diskontiert, so ist dadurch buch- und bilanzmäßig die ursprüngliche Forderung untergegangen, so daß die Möglichkeit der Wertberichtigung nicht mehr gegeben ist. Dennoch muß die Möglichkeit der Inanspruchnahme aus den weitergegebenen Wechseln durch einen entsprechenden Passivposten zum Ausdruck gebracht werden, der **Rückstellung für Wechselobligo**. Neben den Gesichtspunkten, die für die Bildung einer Pauschalwertberichtigung für das allgemeine Kreditrisiko maßgeblich sind, kommen bei der Bildung des Wechselobligos noch andere in Betracht, die voraussichtlich zu einer Verminderung der bereits ausgewiesenen Erträge führen: Künftige Bearbeitungskosten, Aufwendungen infolge Prolongation oder Wechselprotest sowie Zinsen, soweit diese Kosten nicht weiter verrechnet werden können. Für die Höhe der Rückstellung sind **Erfahrungssätze** heranzuziehen und etwaige **Rückgriffsmöglichkeiten** zu berücksichtigen. Die Bildung der Rückstellung für das Wechselobligo geschieht durch den Buchungssatz: Aufwandskonto (Konto 6982) an Wechselobligo (Konto 393).

Die **Auflösung des Wechselobligos** kann auf verschiedene Art vorgenommen werden. Entweder wird zunächst bei Regreßverpflichtung das Rückstellungskonto belastet und ein eventueller Überschuß am Jahresende über das Gewinn- und Verlustkonto aufgelöst oder man sammelt alle Regreßansprüche, für die nicht ihrerseits Rückgriffsmöglichkeit besteht, auf einem besonderen Aufwandskonto und schließt dieses über das Gewinn- und Verlustkonto ab unter gleichzeitiger Neubildung des Wechselobligos entsprechend den umlaufenden Kundenwechseln. In der Schlußbilanz sind Besitzwechsel zum diskontierten Barwert zu bewerten. In der Wechselsumme enthaltene Zinsen für künftige Abrechnungsperioden sind ertragsmindernd abzugrenzen.

6. Testfragen

* Was versteht man unter einem Solawechsel?

* Wodurch unterscheidet er sich vom gezogenen Wechsel?

* Kann ein noch nicht akzeptierter Wechsel indossiert werden?

* Welche gesetzlich vorgeschriebenen Bestandteile muß ein Wechsel haben?

* Wodurch unterscheiden sich Handels- von Finanzwechseln?

* Warum gilt der Wechsel als "abstrakte" Verbindlichkeit?

* Was heißt: "Das Recht aus dem Papier folgt dem Recht am Papier"?

- Erklären Sie die Begriffe Trassant, Akzeptant, Tratte, Remittent, Trassat, Akzept und Verfalltag!

- Was gibt der Diskontsatz der Deutschen Bundesbank an?

- Erklären Sie das Indossament!

- Was versteht man unter dem Wechselrückgriff?

- Was ist ein Prolongationswechsel?

- Wodurch unterscheiden sich Sprungrückgriff und Reihenrückgriff?

- Warum trennt man Protestwechsel von den übrigen Besitzwechseln?

- Was sind Wechselsteuermarken und wie verwendet man sie?

- Welche umsatzsteuerliche Auswirkungen haben vom Aussteller dem Akzeptanten, von der diskontierenden Bank dem Aussteller und vom Rückgriffsberechtigten dem Regreßpflichtigen berechnete Zinsen?

- Begründen Sie, warum ein Aussteller eine Wechselprolongation u.U. verweigert, obwohl er bei der Rückgriffshaftung doch unausweichlich zahlen muß?

- Können Kundenwechsel pauschal wertberichtigt werden oder muß hier eine Einzelwertberichtigung stattfinden?

- Aus welchem Grund bildet man Rückstellungen für Wechselobligo?

XIV. Die zeitlichen Abgrenzungen

Zeitliche Abgrenzungen dienen der Trennung des Erfolgs verschiedener Abrechnungsperioden. Sie dienen dem Ziel, Aufwendungen und Erträge unabhängig vom damit verbundenen Zahlungsmittelabfluß oder -zufluß so zu erfassen, daß sie periodengerecht dem Geschäftsjahr zugeordnet werden, dem sie wirtschaftlich zuzurechnen sind.

1. Antizipationen

1.1 Sonstige Forderungen und Sonstige Verbindlichkeiten

Die Buchung während des Geschäftsjahres setzt einen Geschäftsvorfall voraus, der in der Regel entweder zu Einnahmen oder Ausgaben bzw. zu Forderungen oder Verbindlichkeiten führt, wobei stets uno actu ein Ertrag oder ein Aufwand verbucht worden ist, sofern es sich nicht bloß um eine erfolgsneutrale Vermögensumschichtung gehandelt hat.

Der Bilanzstichtag ist ein relativ willkürlicher Schnitt durch das Betriebsgeschehen. Vor und nach dem Abschlußstichtag werden laufend Einnahmen erzielt und Ausgaben getätigt. Betreffen Einnahmen und Ausgaben nach dem Bilanzstichtag wirtschaftlich noch das alte Geschäftsjahr, dann müssen sie, obwohl sie erst im Folgejahr vereinnahmt bzw. verausgabt werden, noch im alten Jahr erfolgswirksam gebucht werden:

Aufwandskonten	an	Sonstige Verbindlichkeiten
Sonstige Forderungen	an	Ertragskonten

Beispiele:

Hat der Betrieb am 31.12. noch die Dezembermiete für Geschäftsräume zu bezahlen, dann muß diese am Jahresende als Aufwand gebucht werden, auch wenn die Zahlung objektiv noch nicht erfolgt ist. Durch die Buchung: 670 Mieten an 489 Sonstige Verbindlichkeiten geht die Dezembermiete mit den übrigen Mietaufwendungen an das Gewinn- und Verlustkonto, während die noch zu zahlende Miete auf der Passivseite der Bilanz erscheint.

Bekommt der Betrieb für ein Darlehen nachschüssig am 30.06. und am 31.12. Zinsen, so verbucht er am 31.12. beim Abschluß, wenn die Zinsen noch nicht eingegangen sein sollten: 266 Sonstige Forderungen an 576 Zinsen aus Forderungen. Dadurch wird ein Ertrag, der noch nicht zu Einnahmen geführt hat, dem Gewinn- und Verlustkonto gutgeschrieben und in der Bilanz als Aktivum ausgewiesen, weil er wirtschaftlich zum abgelaufenen Geschäftsjahr gehört.

In beiden Fällen werden künftige Einnahmen und Ausgaben als Erträge und Aufwendungen der abgelaufenen Abrechnungsperiode erfaßt, sie werden aufgrund ihrer wirtschaftlichen Verursachung im alten Geschäftsjahr **antizipiert** (vorweggenommen).

Die antizipativen Positionen können auch nur teilweise das alte Jahr betreffen. In einem solchen Fall wird nur der wirtschaftlich auf das alte Jahr entfallende Teil zeitlich abgegrenzt.

Beispiele:

Wir haben einem Kunden am 1. September ein Darlehen in Höhe von 5.000,-- DM zum Zins von 6 % zahlbar halbjährlich nachschüssig, ausbezahlt. Wirtschaftlich gesehen ist nur der Zins für die Zeit vom 01.09. bis 31.12. (= 4 Monate) als Ertrag des alten Geschäftsjahres zu verbuchen:

Buchungssatz:

266 Sonstige Forderungen   100,-- DM

            576   Zinsen aus Forderungen   100,-- DM

Wir haben 2.000,-- DM Z-Obligationen zu 6% F/A am 31.12. in Besitz. Der Zins vom 01.08. bis 31.12. gehört wirtschaftlich ins alte Jahr:

Buchungssatz:

266 Sonstige Forderungen   50,-- DM

            578   Erträge aus Wert-
                  papieren des UV   50,-- DM

Werden umsatzsteuerpflichtige Antizipationen geschuldet bzw. gefordert, so ist die Umsatzsteuer wie üblich zu verbuchen, wenn die Beträge nur das alte Jahr berühren. In diesen Fällen ist die Leistung stets bereits erbracht, womit auch die Umsatzsteuer fällig geworden ist, d.h. als Vorsteuer bzw. Umsatzsteuer verbucht werden kann, sofern nicht erst eine Rechnung erteilt sein muß.

Beispiele:

Am Bilanzstichtag schuldet ein gewerblicher Mieter noch die Miete für Dezember in Höhe von 500,-- DM zuzüglich 50,-- DM Umsatzsteuer; der Gesamtbetrag wird erst im Januar vereinnahmt:

Buchungssatz:

266 Sonstige Forderungen 550,-- DM

              5401 Erlöse aus Vermietung
                    und Verpachtung 500,-- DM
              480 Umsatzsteuer 50,-- DM

Wir bezahlen dem Fabrikanten vierteljährlich eine Leasingpauschale für einen zur Verfügung gestellten LKW in Höhe von 600,-- DM zuzüglich 60,-- DM Umsatzsteuer; wird die Pauschale für das letzte Quartal erst im Folgejahr überwiesen, muß am 31.12. gebucht werden:

671 Leasing 600,-- DM
260 Vorsteuer 60,-- DM

              489 Sonstige Verbind-
                    lichkeiten 660,-- DM

Betreffen Antizipationen teilweise das alte und das neue Geschäftsjahr, richtet sich die umsatzsteuerliche Behandlung nach § 13 UStG (Entstehung der Steuerschuld) und § 15 UStG (Voraussetzungen für den Vorsteuerabzug). Soweit die auf die Teilbeträge entfallende Umsatzsteuer noch nicht entstanden ist bzw. Vorsteuer noch nicht verrechnet werden kann, müssen die sonstigen Forderungen und Verbindlichkeiten zwar mit der (anteiligen) Umsatzsteuer verbucht werden, die umsatzsteuerliche Gegenbuchung kann jedoch nicht auf den Konten 260/480 erfolgen, sondern wird zweckmäßigerweise auf besonderen Konten (noch nicht geschuldete Umsatzsteuer Konto 481, noch nicht verrechenbare Vorsteuer Konto 2629) gesammelt und bei Fälligkeit bzw. Rechnungserstellung umgebucht. Im folgenden Jahr werden dann die Sonstigen Verbindlichkeiten bzw. die Sonstigen Forderungen beim Zahlungsvorgang in Höhe der Antizipation entweder belastet oder erkannt.

Beispiele:

Gehen am 1. März die Halbjahreszinsen für das obige Darlehen an einen Kunden über 5.000,-- DM ein, dann wird gebucht:

280 Bank 150,-- DM

              266 Sonstige Forderungen 100,-- DM
              576 Zinsen aus Forderungen 50,-- DM

Wird die Nutzungsvergütung für den Lkw an den Lieferanten am 5. Januar bezahlt, lautet die Buchung:

489 Sonstige Verbindlichkeiten 660,-- DM

              280 Bank 660,-- DM

Damit werden die entsprechenden Aufwands- und Ertragskonten im neuen Jahr automatisch nur noch in Höhe des auf den neuen Abrechnungszeitraum entfallenden Erfolgs belastet bzw. erkannt.

> **Merke:** Aufwendungen und Erträge, die wirtschaftlich ganz oder teilweise im alten Geschäftsjahr verursacht sind, aber erst im neuen Jahr zu Ausgaben bzw. Einnahmen führen, sind im Jahresabschluß zeitlich abzugrenzen, indem sie erfolgswirksam verbucht werden unter Gegenbuchung auf den Konten 489 Sonstige Verbindlichkeiten bzw. 266 Sonstige Forderungen.

1.2 Rückstellungen (§ 249 HGB)

Nach § 240 Abs. 1 und 2 HGB ist jeder Kaufmann verpflichtet, seine Vermögensgegenstände und seine Schulden zu erfassen. Im Interesse des Gläubigerschutzes hat er dabei nicht nur die definitiv feststehenden Schulden als Verbindlichkeiten festzuhalten, sondern auch ungewisse Schulden, wenn mit einer Beanspruchung durch einen Gläubiger mit einiger Wahrscheinlichkeit gerechnet werden muß. Solche ungewissen Verbindlichkeiten werden mit dem passivischen Bilanzkonto ''Rückstellungen'' erfaßt.

Das HGB nennt in § 249 verschiedene Rückstellungsgruppen (ausführlich dazu Teil B), wovon die der ungewissen Verbindlichkeiten am wichtigsten ist. Ungewisse Verbindlichkeiten sind solche, die dem Grunde und/oder der Höhe nach noch nicht eindeutig feststehen, wirtschaftlich jedoch im abgelaufenen Geschäftsjahr verursacht sind und deshalb diesem erfolgswirksam belastet werden müssen.

Durch die Buchung:

Aufwandskonto an Rückstellungen

wird dem Jahr der wirtschaftlichen Verursachung der Schuld der Aufwand belastet, während eine spätere Zahlung der Schuld dann erfolgsneutral bleibt (Aktiv-Passiv-Minderung), soweit sie in ihrer Höhe der gebildeten Rückstellung entspricht:

Rückstellungen an Zahlungsmittel

Typische Beispiele für ungewisse Schulden, für die Rückstellungen zu bilden sind, sind z.B.:

- Prozeßrisikien
- Bürgschaftsrisikien
- Wechselobligo
- Pensionsverpflichtungen
- Garantieverpflichtungen
- Patentverletzungen
- Rekultivierungsverpflichtungen

Während die Bildung von Rückstellungen hauptsächlich Anlaß zu Meinungsverschiedenheiten bezüglich der richtigen bzw. zulässigen Höhe gibt, ist ihre Auflösung unproblematisch. Muß für einen durch eine Rückstellung berücksichtigten Sachverhalt später Zahlung geleistet werden, lautet die (dann erfolgsneutrale) Buchung:

37(38)(39) Rückstellungen

                  28   Finanzkonto

Entsteht später wider Erwarten keine Zahlungsverpflichtung oder beläuft sich diese auf einen geringeren Betrag als bei der Rückstellungsbildung für notwendig gehalten wurde, wird ein Ertrag aus der Auflösung von Rückstellungen gebucht:

37(38)(39) Rückstellungen

                  28   Finanzkonto
                  5481 Erträge aus der Auflösung
                        von Rückstellungen

Die Rückstellung ist erfolgswirksam aufzulösen, sobald die Voraussetzungen für die Aufrechterhaltung nicht mehr gegeben sind. Liegen ausreichende Informationen darüber vor, daß mit einer Inanspruchnahme durch den potentiellen Gläubiger nicht mehr gerechnet werden muß, ist die betreffende Rückstellung im Rahmen der nächstfolgenden Jahresabschlußarbeiten aufzulösen.

Sind die späteren Zahlungen höher als der dafür rückgestellte Betrag, ist der überschießende Betrag als (periodenfremder) Aufwand zu erfassen.

37(38)(39)   Rückstellungen
699   Periodenfremde Aufwendungen
                    28   Finanzkonto

Nach § 253 Abs. 1 Satz 2 HGB sind Rückstellungen nur in Höhe des Betrages anzusetzen, der nach vernünftiger kaufmännischer Beurteilung notwendig ist. Der Kaufmann ist weitgehend auf Schätzungen angewiesen, wobei die Umstände, die der Schätzung zugrundegelegt wurden, objektiv nachprüfbar sein müssen. Für manche Rückstellungen gibt es Erfahrungssätze (z.B. Garantie- oder Kulanzrückstellung) bzw. Berechnungsvorschriften (z.B. Pensionsrückstellungen oder Handelsvertreter-Ausgleichsanspruch). Je nach dem Rückstellungsanlaß kann der Kaufmann die Rückstellungshöhe nach einer Einzelbewertung, Pauschalbewertung oder einem Mischverfahren bestimmen.

Merke: Rückstellungen werden stets durch den Buchungssatz Aufwand an Rückstellungen gebildet. Ihr Verbrauch für die Zahlung der Schuld erfolgt durch die Buchung Rückstellung an Zahlungsmittelkonto.

Mit den Rückstellungen nicht zu verwechseln sind die sog. Rücklagen, das zusätzliche, gewöhnlich durch Selbstfinanzierung (Gewinnthesaurierung) gebildete Eigenkapital. Rückstellungen haben dagegen Fremdkapitalcharakter. Von den Verbindlichkeiten unterscheiden sie sich dadurch, daß deren Existenz dem Grunde und der Höhe nach unzweifelhaft ist, während Rückstellungen gerade für dem Grunde und/oder der Höhe nach ungewisse Schulden zu bilden sind.

2. Transitorien

Enthalten die Aufwands- und Ertragskonten am Jahresende Beträge, die wirtschaftlich auf spätere Geschäftsjahre entfallen, müssen sie ebenfalls abgegrenzt werden. Es handelt sich hierbei um Ausgaben oder Einnahmen, die ganz oder teilweise Aufwand oder Ertrag des nächsten oder eines späteren Jahres sind. Da sie zunächst mit dem Zahlungsvorgang im abgelaufenen Geschäftsjahr erfolgswirksam verbucht worden sind, werden sie mittels sog. aktiver und passiver Rechnungsabgrenzungsposten in der spätere Abrechnungsperioden betreffenden Höhe neutralisiert.

Beispiel:

Die Jahresmiete von 12.000,-- DM für eine Produktionshalle wurde am 1. Juni für ein Jahr im voraus bezahlt.

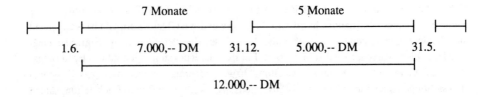

Buchung am 1. Juni:

670 Mieten   12.000,-- DM

            280 Bank   12.000,-- DM

Würde diese Verbuchung nicht teilweise korrigiert, würde das am 31. Dezember ablaufende Geschäftsjahr mit einem zu großen Aufwand für Mieten belastet bleiben. Es wird deshalb der auf den neuen Abrechnungszeitraum nach dem 31. Dezember entfallende Betrag von 5.000,-- DM wieder durch eine Habenbuchung aus dem Aufwandskonto 670 herausgenommen und einem bilanziellen Verrechnungskonto belastet:

Buchung am 31. Dezember:

293 Aktive Rechnungs-
    abgrenzung   5.000,-- DM
            670 Mieten   5.000,-- DM

Das Konto 293 geht in das Schlußbilanzkonto ein (801 an 293) und das Konto 670 wird mit seinem (verminderten) Saldo in Höhe von 7.000,-- DM auf das Gewinn- und Verlustkonto abgeschlossen (802 an 670).

S	670 Mieten		H
...	12.000,--	293	5.000,--
		802	7.000,--

S	293 Aktive Rechnungsabgrenzung		H
670	5.000,--	801	5.000,--

S	802 Gewinn- u. Verlustkonto	H
670	7.000,--	

S	801 Schlußbilanzkonto		H
293	5.000,--		

Abbildung: A.54

Im neuen Jahr wird nach der Auflösung der Eröffnungsbilanz in Konten der Posten ''Aktive Rechnungsabgrenzung'' wieder aufgelöst:

670 Mieten	5.000,-- DM		
		293 Aktive Rechnungs-abgrenzung	5.000,-- DM

Damit ist das Aufwandskonto mit dem auf die neue (oder eine spätere) Abrechnungsperiode entfallenden Aufwand sofort wieder belastet.

Beispiel:

Wir bezahlen unsere Büromiete (ohne Umsatzsteuer) am 1.12. für ein Vierteljahr voraus. Betrag 1.500,-- DM.

Buchung am 1. Dezember:

670 Miete	1.500,-- DM		
		280 Bank	1.500,-- DM

Buchung am 31. Dezember:

293 Aktive Rechnungs-abgrenzung	1.000,-- DM		
		670 Miete	1.000,-- DM

802 Gewinn- und Verlust-konto	500,-- DM		
		670 Miete	500,-- DM

801 Schlußbilanzkonto	1.000,-- DM		
		293 Aktive Rechnungs-abgrenzung	1.000,-- DM

Buchung am 2. Januar:

670 Miete	1.000,-- DM		
		293 Aktive Rechnungs-abgrenzung	1.000,-- DM

Ein **passiver Rechnungsabgrenzungsposten** (Konto 490) ist anzusetzen, wenn Einnahmen vor dem Abschlußstichtag wirtschaftliche Erträge für eine bestimmte Zeit nach dem Abschlußstichtag sind.

Beispiel:

Wird am 31.12. festgestellt, daß unser Mieter die Januarmiete in Höhe von 700,-- DM bereits überwiesen hat, dann muß am 31. Dezember gebucht werden:

280 Bank	700,-- DM		
		5401 Erlöse aus Vermietung und Verpachtung	700,-- DM

5401 Erlöse aus Vermietung und Verpachtung	700,-- DM		
		490 Passive Rechnungs- abgrenzung	700,-- DM

5401 Erlöse aus Vermietung und Verpachtung	700,-- DM		
		802 Gewinn- und Verlust- konto	700,-- DM

490 Passive Rechnungs- abgrenzung	700,-- DM		
		801 Schlußbilanzkonto	700,-- DM

Buchung am 2. Januar:

490 Passive Rechnungs- abgrenzung	700,-- DM		
		5401 Erlöse aus Vermietung und Verpachtung	700,-- DM

Der gegen Schluß des Geschäftsjahres eintretende Zahlungseingang kann als Ertrag nicht etwa aus Vereinfachungsgründen nicht bzw. erst im Folgejahr verbucht werden, da er im Schluß-saldo des Zahlungsmittelkontos auf jeden Fall bereits zu erfassen ist (Inventurprinzip).

Merke:	Aktive und passive Rechnungsabgrenzungsposten berichtigen Aufwendungen und Erträge, die bereits infolge Ausgaben und Einnahmen im alten Jahr gebucht sind, wirtschaftlich jedoch ganz oder teilweise in die Erfolgsrechnung des neuen oder eines späteren Jahres gehören. Das Konto 29 Aktive Rechnungsabgrenzung berichtigt zu hohe Aufwendungen. Das Konto 49 Passive Rechnungsabgrenzungen berichtigt zu hohe Erträge.

3. Zusammenhänge zwischen den einzelnen Abgrenzungen

Mit den zeitlichen Abgrenzungen werden Einnahmen und Ausgaben als Vorgänge des Zahlungsverkehrs (finanzwirtschaftliche Betrachtung) gegenüber Erträgen und Aufwendungen als Kriterien der Erfolgsrechnung (erfolgswirtschaftliche Betrachtung) abgegrenzt. Aufwendungen und Erträge sind nichts anderes als periodisierte Ausgaben und Einnahmen; außerperiodisch sind sie deckungsgleich, d.h. Aufwendungen und Erträge führen früher oder später immer zu Ausgaben und Einnahmen.

Für die einzelne abgegrenzte Periode gilt:

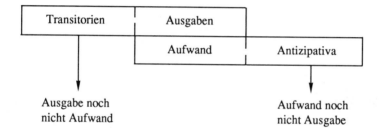

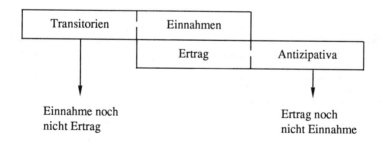

Abbildung: A.55

| Geschäftsvorgang | | Buchung im alten Jahr | Gewinnauswirkung im neuen Jahr | Art der Abgrenzung |
im alten Jahr (jetzt)	im neuen Jahr (später)			
Ausgabe	Aufwand	aktive Rechnungs-abgrenzung	mindert den Aufwand	Transitorien
Einnahme	Ertrag	passive Rechnungs-abgrenzung	mindert den Ertrag	
Aufwand	Ausgabe	sonstige Verbindlichkeiten	erhöht den Aufwand	Antizipativa
Ertrag	Einnahme	sonstige Forderungen	erhöht den Ertrag	

Abbildung: A.56

4. Testfragen

- Warum besteht eine Verpflichtung zu zeitlichen Abgrenzungen?
- Erklären Sie den Unterschied zwischen Antizipativa und Transitorien!
- Nennen Sie Beispiele für Antizipativa, die ganz oder teilweise abgegrenzt werden müssen und bilden Sie die notwendigen Buchungssätze!
- Erklären Sie die umsatzsteuerlichen Auswirkungen von Antizipationen!
- Erklären Sie, wodurch buchungstechnisch die Erfolgswirksamkeit der Antizipationen hergestellt wird, obwohl die Zahlungsvorgänge noch ausstehen!
- Wozu müssen Rückstellungen gebildet werden?
- Wodurch unterscheiden sich Rückstellungen von den übrigen Antizipativa?
- Nennen Sie Beispiele für zulässige Rückstellungen!
- Wie bestimmt man die Höhe der Rückstellungen?
- Was sind Rücklagen?
- Nennen Sie Beispiele für transitorische Posten!

- Erklären Sie, wie man buchhalterisch durch den Ansatz von aktiven und passiven Rechnungsabgrenzungsposten periodenfremde Einnahmen und Ausgaben bezüglich der abgelaufenen Abrechnungsperiode neutralisieren kann!

- Warum stellt die Verbuchung der Umsatzsteuer bei Transitorien kein Problem dar?

- Grenzen Sie die Begriffe Ausgaben/Aufwendungen, Einnahmen/Erträge und Aufwendungen/Kosten gegeneinander ab!

- Worin unterscheiden sich Transitorien und die periodenfremden Aufwendungen?

XV. Jahresabschlußtechnik

1. Vorbereitende Abschlußarbeiten

Wichtigste obligatorische Abschlußvorbereitung ist die Durchführung einer ordnungsmäßigen **Inventur** und die Erstellung des **Inventars**. Auf jeden Fall muß vor dem endgültigen Kontenabschluß bzw. der Aufstellung der Schlußbilanz und der Gewinn- und Verlustrechnung eine Soll-Ist-Abstimmung dergestalt vorgenommen werden, daß die buchhalterisch ermittelten Kontenbestände (Soll) durch die Inventurfeststellung (Ist) entweder bestätigt oder bei Abweichungen erfolgswirksam auf diese zurückgeführt bzw. seltener aufgefüllt werden.

Darüber hinaus sind noch eine Reihe sog. **vorbereitender Abschlußbuchungen** notwendig, bevor im einzelnen der Kontenabschluß durchgeführt werden kann. Zu den wichtigsten vorbereitenden Abschlußbuchungen zählen die Umbuchung des Erfolgsteils (z.B. Abschreibungen) der gemischten Bestandskonten, die Umbuchung von Unterkonten auf die Hauptkonten (z.B. Bezugskosten) sowie die zeitlichen Abgrenzungen (Antizipationen und Transitorien).

Als vorbereitende Abschlußbuchungen kommen somit insbesondere in Betracht:

a) Abschreibungen auf Anlagen

    direkt: 65   Abschreibungen   an   05-08 Anlagen

    indirekt: 65   Abschreibungen   an   36 Wertberichtigungen

b) Umbuchung der zweifelhaften Forderungen

    244   Zweifelhafte Forderungen   an   240   Forderungen

c) Abschreibungen auf Forderungen

    aa) Einzelwertberichtigungen

          6951   Abschreibungen auf   an   244   Zweifelhafte Forderungen
                   Forderungen

    bb) Pauschalwertberichtigungen

          6953   Pauschalwertberich-   an   240   Forderungen
                   tigungen auf Forderungen

d) Rechnungsabgrenzung

    aa)   Antizipationen

6/7	Aufwandskonten	an	489	Sonstige Verbindlichkeiten
266	Sonstige Forderungen	an	5	Ertragskonten
6/7	Aufwandskonten	an	37/38/39 Rückstellungen	

    bb)   Transitorien

29	Aktive Rechnungs-abgrenzung	an	6/7	Aufwandskonten
5	Ertragskonten	an	49	Passive Rechnungs-abgrenzung

e) Stoffe-Bestandskonten

    aa)   Umbuchung der Bezugskosten - Stoffe-Bestandskonten

200	Rohstoffe	an	204	Bezugskosten für Rohstoffe
202	Hilfsstoffe	an	205	Bezugskosten für Hilfsstoffe
203	Betriebsstoffe	an	206	Bezugskosten für Betriebsstoffe
228	Handelswaren	an	229	Bezugskosten für Handelswaren

f) Umbuchung der Privatkonten auf Kapital

    aa)   Berichtigung der Erfolgskonten um Privatanteile

3002	Privatkonto (Entnahme)	an	6/7	Aufwandskonten
5	Erfolgskonten	an	3002	Privatkonto (Einlage)

    bb)   Umbuchung der Privatkonten

30	Kapital	an	3002	Privatkonto (Entnahme)
3002	Privatkonto (Einlage)	an	30	Kapital

g)   Aufrechnung der Umsatzsteuerkonten

480   Umsatzsteuer   an   260   Vorsteuer

2. Der buchhalterische Jahresabschluß

Damit der Jahresabschluß (Schlußbilanz und Gewinn- und Verlustrechnung) aufgestellt werden kann, müssen zunächst sämtliche Konten abgeschlossen (=saldiert) werden, was mit den sog. **Abschlußbuchungen** geschieht.

a)   Abschluß der Erfolgskonten

802   Gewinn- und Verlustkonto   an   Aufwandskonten der Klasse 6/7

Ertragskonten der Klasse 5   an   802   Gewinn- und Verlustkonto

b)   Abschluß des Gewinn- und Verlustkontos

802   Gewinn- und Verlustkonto   an   30   Kapitalkonto (Gewinnfall)

30   Kapitalkonto   an   802   Gewinn- und Verlustkonto
                                                            (Verlustfall)

c)   Abschluß aller Bestandskonten

801   Schlußbilanzkonto   an   0/1/2 Aktive Bestandskonten

3/4   Passive Bestandskonten   an   801   Schlußbilanzkonto

Nach der Durchführung der Abschlußbuchungen muß sich auf dem Schlußbilanzkonto Summengleichheit beider Kontenseiten einstellen, ohne daß dazu ein Saldo notwendig wäre.

3. Der Jahresabschluß in der Betriebsübersicht

In der Wirtschaftspraxis wird meist vor dem endgültigen Abschluß der Konten eine Probebilanz zu Kontrollzwecken erstellt, die auch als **Hauptabschlußübersicht**, Abschlußtabelle oder Betriebsübersicht bezeichnet wird. Damit will man vor allem Buchungsfehler rechtzeitig, d.h. vor dem Jahresabschluß, aufdecken und berichtigen sowie die vorbereitenden Abschlußarbeiten übersichtlich zusammenfassen. In der Betriebsübersicht können noch richtigstellende oder bilanztaktische Umbuchungen durchgeführt werden, weil die einzelnen Konten unsaldiert mit ihren Soll- und Habensummen übernommen werden. Sie wird als statistische Übersicht außerhalb der eigentlichen Buchführung erstellt, steht also in keinem kontenmäßigen Zusammenhang mit dieser; die Buchführung liefert lediglich das zugrundeliegende Zahlenmaterial.

3.1 Einfache Betriebsübersicht

In ihrer einfachsten Form enthält die Betriebsübersicht neben der Kontenvorspalte vier Doppelspalten:

0 - Kontenarten

1 - Summenbilanz (Rohbilanz)

2 - Saldenbilanz (Restbilanz)

3 - Vermögensbilanz (Schlußbilanz)

4 - Erfolgsbilanz (Gewinn- und Verlustrechnung)

Die **Summenbilanz** übernimmt von allen Konten die unsaldierten Summen der Soll- und Habenseite. Da beim Buchen immer die Bilanzgleichung zu wahren ist, muß die Summe sämtlicher Konten-Sollseiten gleich der Summe sämtlicher Konten-Habenseiten sein, womit eine erste Kontrolle möglich wird. Besteht keine Summengleichheit, so ist das in den meisten Fällen die Folge eines Fehlers, bei dem ein Vorgang nur einmal oder zweimal auf der gleichen Seite gebucht wurde. Erst wenn durch entsprechende Korrekturen die Summengleichheit hergestellt worden ist, kann mit der Betriebsübersicht fortgefahren werden.

Die anschließende **Saldenbilanz** wird aus der Summenbilanz entwickelt, wobei die Beträge der Summenbilanz für die einzelnen Konten saldiert werden und der Saldo auf der jeweiligen Überschußseite in die Saldenbilanz eingetragen wird. Der Saldo steht also *nicht* auf der Seite in der Saldenbilanz, auf der er beim Kontenabschluß zu finden ist; wenn man so will, steht in der Saldenbilanz vielmehr die "Gegenbuchung" zum Saldo auf dem Konto, ein Sollsaldo also im Soll (!) und ein Habensaldo im Haben (!) der Saldenbilanz. Auf den Konten steht der Saldo nur wegen des Ausgleichs auf der kleineren Seite; er bleibt jedoch immer der Saldo der größeren Seite, wehalb er ja auch Sollsaldo heißt, obwohl er zum Kontenausgleich im Haben steht.

Konten	Summenbilanz		Saldenbilanz		Schlußbilanz		Erfolgsbilanz	
	S	H	S	H	S	H	S	H
08 Geschäftsausstattung	8.000	2.400	5.600		5.600			
30 Kapital	2.500	24.000		21.500		21.500		
280 Bank	6.500	5.000	1.500		1.500			
288 Kasse	3.400	2.900	500		500			
440 Verbindlichkeiten	2.600	19.400		16.800		16.800		
228 Wareneinkauf	34.000	1.300	32.700		29.100		3.600	
68 Aufw. f. Kommunikation	1.800		1.800				1.800	
65 Abschreibungen	2.400		2.400				2.400	
50 Umsatzerlöse	1.600	7.800		6.200				6.200
	62.800	62.800	44.500	44.500	36.700	38.300	7.800	6.200
Reinverlust					1.600			1.600
					38.300	38.300	7.800	7.800

Abbildung: A.57

Ergibt die getrennte Addition der Soll- und der Habenspalte der Saldenbilanz wiederum Summengleichheit, ist das die Gewähr dafür, daß die Salden richtig errechnet und auf der richtigen Seite in die Saldenbilanz eingetragen wurden, anderenfalls muß der Fehler gesucht werden, bevor in der Betriebsübersicht fortgefahren werden kann.

Die Saldenbilanz gibt die Salden der reinen Bestandskonten an die Vermögensbilanz und die Salden der reinen Erfolgskonten an die Erfolgsrechnung ab. Von den gemischten Konten geht der Bestand in die Vermögensbilanz und der Erfolg in die Erfolgsrechnung ein. Dabei müssen die Salden auf die gleiche Seite übertragen werden, auf der sie in der Saldenbilanz ausgewiesen sind.

Stellt sich bei der Addition der Soll- und Habenspalten von Vermögens- und Erfolgsbilanz eine gleichhohe Differenz als Fehlbetrag zur Summengleichheit ein, so ist damit der **Reingewinn** bzw. **Reinverlust** ermittelt. Im Falle eines Reingewinns steht der zur Herstellung der Summengleichheit notwendige Saldo als Ausgleichsposten auf der Passivseite der Vermögensbilanz und auf der Aufwandsseite der Erfolgsbilanz; bei Verlust steht er auf der Aktiv- bzw. Ertragsseite.

3.2 Erweiterte Betriebsübersicht

Während die einfache Betriebsübersicht für kleinere Betriebe ausreicht, verwendet man in größeren Betrieben Betriebsübersichten mit bis zu 8 Spalten. Dabei beginnt man mit einer Spalte **Eröffnungsbilanz**. Da infolge des Bilanzzusammenhangs die Eröffnungsbilanz inhaltlich voll mit der Schlußbilanz des Vorjahres übereinstimmen muß, diese Schlußbilanz aber grundsätzlich am 02.01. noch nicht vorliegt, sondern erst erheblich später, bucht man ab 02.01. auf Konten, auf denen keine Anfangsbestände eingetragen worden sind. Holt man dies auch nicht während des Jahres nach, muß dies spätestens bei den Abschlußarbeiten im Rahmen der Betriebsübersicht berücksichtigt werden.

Die zweite Spalte übernimmt dann aus der Buchhaltung die reinen **Verkehrszahlen**, das sind die Summen der Umsätze auf der Soll- und Habenseite (ohne Anfangsbestände) aller Konten. Addiert man die ersten beiden Spalten horizontal und ohne gleichzeitig zu saldieren zusammen, erhält man als dritte Spalte die Summenbilanz. Durch Saldierung ergibt sich als vierte Spalte die Saldenbilanz I.

Der Beispielsfall sieht dann folgendermaßen aus:

Konten	Eröffnungsbilanz		Verkehrszahlen		Summenbilanz		Saldenbilanz I	
	S	H	S	H	S	H	S	H
08 Geschäftsausstattung	8.000				8.000		8.000	
30 Kapital		6.300	2.500	17.700	2.500	24.000		21.500
280 Bank	600		5.900	5.000	6.500	5.000	1.500	
288 Kasse	100		3.300	2.900	3.400	2.900	500	
440 Verbindlichkeiten		2.400	2.600	17.000	2.600	19.400		16.800
228 Wareneinkauf			34.000	1.300	34.000	1.300	32.700	
68 Aufw. f. Kommunikation			1.800		1.800		1.800	
65 Abschreibungen								
50 Umsatzerlöse			1.600	7.800	1.600	7.800		6.200
	8.700	8.700	51.700	51.700	60.400	60.400	44.500	44.500

Abbildung: A.58

Im Unterschied zur einfachen Betriebsübersicht, bei der sämtliche vorbereitenden Abschlußbuchungen, einschließlich der inventurbedingten Korrekturen noch auf den Konten aufgeführt werden müssen, bevor deren Seitensummen in die Summenbilanz als erste Spalte übernommen werden können (in der Betriebsübersicht sind also keine Umbuchungen mehr möglich), setzt man die erweiterte Betriebsübersicht nach der Saldenbilanz I mit einer Umbuchungsspalte fort.

Diese **Umbuchungsspalte** nimmt alle vorbereitenden Abschlußbuchungen auf, die dann nicht mehr auf den Konten erfolgen müssen, von denen man ohnehin nur die reinen Verkehrszahlen übernimmt, und die häufig nicht mehr abgeschlossen werden. Bei der Arbeit mit der erweiterten Betriebsübersicht wird das Konto zur Sammelstelle bloßer Verkehrszahlen "degradiert". Die sechste Spalte weist dann als **Saldenbilanz II** die durch die Umbuchungsspalte veränderte Saldenbilanz I aus, deren Positionen nun auf die Vermögens- bzw. Erfolgsbilanz übertragen werden können. Trägt man gleich die Inventurwerte in die Vermögensbilanzspalte ein (Inventurbilanz), kann man den Soll-Ist-Vergleich zwischen der Saldenbilanz I und der Vermögensbilanz vornehmen und die Ist-Abweichungen in der Umbuchungsspalte erfolgswirksam ausbuchen, womit dann die Werte der Bestandskonten in der Saldenbilanz II und der Inventurbilanz übereinstimmen.

Konten	Umbuchungen		Saldenbilanz II		Schlußbilanz		Erfolgsbilanz	
	S	H	S	H	S	H	S	H
08 Geschäftsausstattung		2.400	5.600		5.600			
30 Kapital				21.500		21.500		
280 Bank			1.500		1.500			
288 Kasse			500		500			
440 Verbindlichkeiten				16.800		16.800		
228 Wareneinkauf			32.700		29.100		3.600	
68 Aufw.f.Kommunikation			1.800				1.800	
65 Abschreibungen	2.400		2.400				2.400	
50 Umsatzerlöse				6.200				6.200
	2.400	2.400	44.500	44.500	36.700	38.300	7.800	6.200
Reinverlust					1.600			1.600
					38.300	38.300	7.800	7.800

Abbildung: A.59

Die Umbuchungsspalte dient der Umbuchung von Konto zu Konto nach dem Prinzip der Doppelbuchung. Die Summen im Soll und Haben der Umbuchungsspalte müssen deshalb gleich groß sein, nur dann ist auch Summengleichheit der nachfolgenden Saldenbilanz II zu erwarten.

Die Betriebsübersicht zeigt die Entwicklung aller Bestandskonten **von der Eröffnungsbilanz bis zur Schlußbilanz** und die Entwicklung der Erfolgskonten und gemischten Konten zur Gewinn- und Verlustrechnung. Sie ist deshalb von großem Informationswert für den Unternehmer und interessierte Dritte (z.B. Fiskus). Von **Probebilanz** wird deshalb gesprochen, weil die Betriebsübersicht frühzeitig Fehleraufdeckung ermöglicht und dem Unternehmer einen ersten Gesamtüberblick über den Erfolg der betreffenden Abrechnungsperiode bietet, der oft noch Anlaß zu bilanztaktischen Umbuchungen unter Ausnutzung der von Handels- und Steuerrecht eingeräumten Bilanzierungs- und Bewertungswahlrechte gibt. (Vgl. hierzu Kapitel B dieses Buches).

Merke:	Die Betriebsübersicht ist eine statistische Zusammenstellung aller Salden mit Soll-Haben-Vergleich als Rechenkontrolle, eine probeweise Ableitung von Bilanz und Erfolgsrechnung zur Überprüfung der richtigen Ermittlung des Geschäftsergebnisses und eine exakte Buchungsunterlage für die Abschlußbuchungen.

Beispiel einer achtspaltigen Betriebsübersicht:

Kon-ten	Eröffnungs-bilanz		Verkehrs-zahlen		Summen-bilanz		Salden-bilanz I		Umbu-chungen		Salden-bilanz II		Vermögens-bilanz		Erfolgs-bilanz	
	S	H	S	H	S	H	S	H	S	H	S	H	S	H	S	H

Abbildung: A.60

165

4. Testfragen

- Welche Bedeutung kommt der Inventur im Rahmen der Abschlußarbeiten zu?

- Welche Konten könnte man ohne Inventur nicht abschließen? Nennen Sie einige Beispiele!

- Was rechnet man zu den vorbereitenden Abschlußbuchungen?

- In welcher Reihenfolge wird der Buchungsabschluß durchgeführt?

- Ändert sich die Reihenfolge, wenn man den Abschluß mittels Betriebsübersicht vornimmt?

- Welchen Inhalt hat die einfache Betriebsübersicht?

- Warum bezeichnet man die Summenbilanz auch als "Rohbilanz"?

- Welche Ursachen sind möglich, wenn sich keine Summengleichheit der Soll- und Habenspalte der Summenbilanz einstellt?

- Wo stehen die Salden in der Saldenbilanz?

- Worin kann die Ursache liegen, wenn die Saldenbilanz nicht summengleich ist, obwohl sie aus einer summengleichen Summenbilanz entwickelt wurde?

- Wie kann man die einfache Betriebsübersicht erweitern?

- Was ist unter den Verkehrszahlen zu verstehen?

- Welche Aufgaben kann die Umbuchungsspalte erfüllen?

- Warum bezeichnet man die Schlußbilanz auch als Inventurbilanz?

- Inwiefern kann man die Betriebsübersicht auch als Probebilanz ansehen?

- Was ist der Fall, wenn sich nach der Übertragung der Salden aus der Saldenbilanz II in die Schluß- und Erfolgsbilanz innerhalb dieser Summengleichheit einstellt?

XVI. Die Organisation der Buchführung

1. Die einzelnen Bücher der Buchführung

Um alle Geschäftsvorfälle ordentlich zu erfassen, bedarf es in der Buchführung gegliederter Aufzeichnungen in Büchern und Konten. Die Grundsätze ordnungsmäßiger Buchführung verlangen (handels- wie steuerrechtlich)

a) die zeitliche oder chronologische Ordnung,

b) die sachliche oder systematische Ordnung und

c) die ergänzende Ordnung durch Nebenaufzeichnungen.

Die chronologische Aufzeichnung erfolgt in den **Grundbüchern**. Durch ihre Teilung entstehen dann die verschiedenen Methoden der doppelten Buchführung. Die Grundbücher sollen während der Aufbewahrungsfristen jederzeit und ohne größere Mühe ermöglichen, einen einzelnen Geschäftsvorfall bis zu seinem Beleg zurückzuverfolgen.

Das Grundbuch nimmt nach den vorkontierten Belegen die Eröffnungsbuchungen, die Buchung der laufenden Geschäftsvorfälle, die vorbereitenden Abschlußbuchungen und die Abschlußbuchungen auf. Alle Grundbucheintragungen müssen außerdem auf die entsprechenden Sachkonten des Hauptbuches und ggf. in bestimmte Nebenbücher übertragen werden. Damit bildet das Grundbuch die wichtigste Grundlage der gesamten Buchführung.

Um die Übernahme der Geschäftsvorfälle ins Hauptbuch zu erleichtern, wird vor einer kurzen Erläuterung des Geschäftsvorfalles meist der **Buchungssatz** vermerkt. Ob die Grundbuchungen vor oder gleichzeitig mit der Übertragung auf die Sach- und Personenkonten des Hauptbuches erfolgen, ist eine Frage der Buchführungsorganisation. Bei der sog. **Übertragungsbuchführung** wird die Übertragung der Grundbuchaufzeichnungen in das Hauptbuch später, bei der sog. **Durchschreibebuchführung** wird die Übertragung gleichzeitig mit der Grundbucheintragung in einem Arbeitsgang vollzogen. Der einzelnen Bücher bedarf es nur bei der Übertragungsbuchführung.

Das wichtigste Grundbuch ist das Kassenbuch, das tägliche Aufzeichnungen erfordert. Bank- und Postscheckauszüge können als Grundbücher verwendet werden. Auch eine geordnete Belegablage (sog. Offene Posten Buchhaltung) kann auf Dauer die Funktion der Grundbuchaufzeichnungen erfüllen. Bei Kreditgeschäften sind die Entstehung der Forderungen und Schulden und ihre Tilgung grundsätzlich als getrennte Geschäftsvorfälle zu behandeln. (vgl. zu den steuerlichen Vorschriften für Grundbuchaufzeichnungen Abschnitt 29 Abs. 2 und 3 EStR).

Die sachliche Gliederung des Buchführungsstoffes erfolgt auf den Konten des **Hauptbuches**. Grundlage der Eintragungen im Grundbuch sind die Belege. Dagegen werden die Eintragungen ins Hauptbuch gemäß den Grundbuchaufzeichnungen vorgenommen. Das Hauptbuch übernimmt auf den für die einzelnen Posten der Bilanz und Erfolgsrechnung eingerichteten Konten den Buchungsstoff nach sachlicher Ordnung; alle Grundbuchungen, die sachlich zusammengehören, werden auf dieselben Konten übertragen. Die Übernahme des Buchungsstoffes in das Hauptbuch kann auch gruppenweise erfolgen. Aus dem Inhalt des Hauptbuches kann der Kaufmann jederzeit einen Abschluß machen, der ihm den erforderlichen Einblick in die Vermögens-, Finanz- und Ertragslage seines Unternehmens gewährt, den das Handelsgesetzbuch verlangt.

Grund- und Hauptbuch müssen außerdem noch durch **Nebenbücher** ergänzt werden, die außerhalb des Kontensystems stehen und bestimmte Hauptbuchkonten erläutern. Das wichtigste Nebenbuch ist das Geschäftsfreunde- und Kontokorrentbuch, das nach steuerlichen Vorschriften in jeder Buchführung obligatorisch vorhanden sein muß (vgl. Abschnitt 29 Abs. 2 und 4 EStR). Daneben gibt es noch das Waren- oder Lagerbuch, das Besitzwechselbuch, das Schuldwechselbuch, das Lohn- und Gehaltsbuch und das Anlagenbuch. Die Nebenbücher werden überwiegend in Karteiform geführt.

Im **Geschäftsfreundebuch** werden sämtliche Forderungen und Verbindlichkeiten gegenüber den Geschäftsfreunden von ihrer Entstehung bis zur Begleichung für jeden einzelnen Kunden bzw. Lieferanten dargestellt. Es werden also neben den Sachkonten Forderungen und Verbindlichkeiten im Hauptbuch, die summarisch den gesamten unbaren Geschäftsverkehr aufnehmen, in der Nebenbuchhaltung sog. Personenkonten für einzelne Geschäftsfreunde geführt. Der Inhalt der verschiedenen Personenkonten ergibt den Inhalt des jeweils entsprechenden Sachkontos, da jede Buchung auf den Sachkonten Forderungen und Verbindlichkeiten gleichzeitig auf die Personenkonten des Kontokorrentbuchs übertragen werden muß, wozu im Grundbuch ein Übertragungsvermerk notwendig ist. Am Jahresende erfolgt die Abstimmung des jeweiligen Sachkontos anhand einer Saldenliste, die aus den Personenkonten aufgestellt wird. Die Saldenlisten sind die Grundlage für die Positionen Forderungen und Verbindlichkeiten im Inventar (''lt. besonderem Verzeichnis'').

2. Buchführungssysteme

Für die kaufmännische Buchführung gibt es zwei Buchführungssysteme:

a) die einfache Buchführung und
b) die doppelte Buchführung

Davon hat sich die doppelte Buchführung im Laufe der Zeit soweit durchgesetzt, daß die einfache Buchführung heute praktisch bedeutungslos geworden ist. Zudem macht § 242 HGB die doppelte Buchführung für Kaufleute zur Pflicht.

2.1 Die einfache Buchführung

Bei der einfachen Buchführung muß ein Inventar und eine Bilanz aufgestellt und der Gewinn durch Bestandsvergleich errechnet werden. Außerdem sind die einzelnen Geschäftsvorfälle gemäß den Grundsätzen ordnungsmäßiger Buchführung festzuhalten.

Dazu wird ein Grundbuch geführt, das regelmäßig in ein Kassenbuch und ein Tagebuch ("Memorial") aufgeteilt wird, da die baren von den unbaren Geschäftsvorfällen getrennt werden müssen. Die Eintragung in diesen Grundbüchern bildet die Grundlage für die Eintragung auf den Geschäftsfreundekonten. Die Konten der Geschäftsfreunde sind bei regem Kreditverkehr deshalb wichtig, da sie jederzeit zuverlässig und schnell über den Stand der Forderungen (Debitoren) und Verbindlichkeiten (Kreditoren) unterrichten; sie werden im Hauptbuch oder Personenkonten-Hauptbuch (auch Kontokorrentbuch) festgehalten.

In den Grundbüchern wird nur in zeitlicher Reihenfolge (chronologisch) gebucht, ein Hauptbuch mit Sachkonten, auf denen die Geschäftsvorfälle nach sachlichen Gesichtspunkten geordnet nochmals gebucht werden, fehlt. In den Grundbüchern werden nur die Geschäfte, die mit Geschäftsfreunden abgewickelt werden, besonders hervorgehoben und laufend auf das Personenkonten-Hauptbuch übertragen. Besonders kennzeichnend ist das Fehlen von Erfolgskonten, auf denen laufend die Aufwendungen und Erträge gebucht werden. Dadurch kann der Gewinn nur auf einfache Weise, nämlich durch Bestandsvergleich ermittelt werden. Auch die Inventur ist keine bloße Kontrolle der buchhalterisch fortgeführten Anfangsbestände, sondern die einzige Möglichkeit der Feststellung des Betriebsvermögens.

Einfache Buchführung

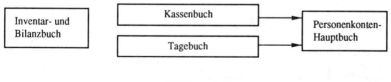

Abbildung: A.61

2.2 Doppelte Buchführung

Bei der doppelten Buchführung werden alle Geschäftsvorfälle im Gegensatz zur einfachen Buchführung nicht nur in zeitlicher Reihenfolge in Grundbüchern, sondern auch in sachlicher Ordnung im Hauptbuch festgehalten. Hier werden systematisch alle Vorgänge nach ihrer Vermögens- und ihrer Erfolgswirkung getrennt erfaßt. Das Hauptbuch, in dem für alle Bilanz- und Erfolgsposten ein Sachkonto eröffnet wird, hat eine völlig andere Bedeutung als das Hauptbuch bei der einfachen Buchführung; während es bei der einen ein reines Personalkonten-Hauptbuch ist, wird es bei der doppelten Buchführung als Sachkonten-Hauptbuch geführt.

Daneben gibt es das Geschäftsfreundebuch (Kontokorrentbuch) mit den Personenkonten, das dem Hauptbuch der einfachen Buchführung entspricht. Für alle Debitoren zusammen gibt es wie für alle Kreditoren ebenfalls ein Sachkonto im Sachkonten-Hauptbuch. In ihrer einfachsten und heute kaum noch gebräuchlichen Form (sog. "italienische Buchführung") zeigt sich bei der doppelten Buchführung die gleiche Dreiteilung wie bei der einfachen Buchführung.

Italiensche Buchführung

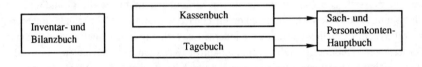

Abbildung: A.62

Ebenfalls heute nur noch selten zu finden ist die sog. "deutsche Form der doppelten Buchführung". An die Stelle der direkten Übertragung aus den Grundbüchern in das Hauptbuch (es bestehen regelmäßig mehrere Grundbücher: Kassenbuch, Einkaufsbuch, Verkaufsbuch, Tagebuch), die bei Kreditgeschäften auch in einer geordneten Belegablage bestehen können, ist eine zusammengefaßte Übertragung mittels eines Sammelbuches getreten. Außerdem erfolgt eine Trennung der Sach- und Personenkonten.

Deutsche Form der doppelten Buchführung

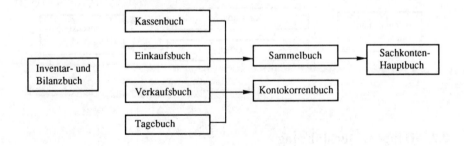

Abbildung: A.63

Die Suche nach einer rationelleren Form der Datensammlung führte zur Entwicklung eines Journalhauptbuches, in das die Geschäftsvorfälle tageweise eingetragen werden, um dann sogleich in eine Anzahl nebengeordneter Sachkonten übertragen zu werden; es bedraf also keines besonderen Hauptbuches mehr für die Sachkonten. Daneben werden selbstverständlich wieder das Inventar- und Bilanzbuch sowie ein Kontokorrentbuch geführt.

Amerikanische Buchführung

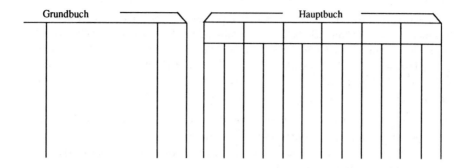

Abbildung: A.64

Diese Form der Buchführung wird heute vornehmlich in kleineren Betrieben angewandt, wenn sich die Zahl der Sachkonten in Grenzen hält.

Neben diesen sog. Übertragungsbuchhaltungen wird in zunehmenden Maße mit Durchschreibeverfahren gearbeitet. Dabei werden die Tagebücher (oder Journale) und Hauptbücher in lose Blätter aufgelöst. Man legt dann eine Grundbuchseite auf ein Kontenblatt oder umgekehrt und schreibt von einem auf das andere durch, vollzieht also Grundbuchung und Hauptbuchung mit einer Niederschrift, wodurch Übertragungsfehler unmöglich sind. Entweder zeigt also die Journalseite die Durchschrift (Original-Journal-Methode) oder auf dem Kontenblatt steht die Urschrift und auf der Journalseite die Durchschrift (Original-Konto-Methode). Praktisch bietet heute jede größere Organisationsmittelfirma die verschiedensten Spielarten von Durchschreibebuchhaltungen an, die jedoch alle nach dem gleichen Grundprinzip gestaltet sind.

Original-Konto-Methode

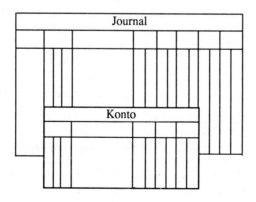

Abbildung: A.65

3. Buchführung mit elektronischer Datenverarbeitung

Die Masse des bereits in Betrieben mittlerer Größenordnung laufend zu bewältigenden Buchführungsstoffes führte sehr bald zu einer Anwendung der elektronischen Datenverarbeitung auch auf dem Gebiet der Finanzbuchhaltung. Neben einer erheblichen Rationalisierung bei der Dateneingabe, der Speicherung und der jederzeit abrufbaren Dokumentation und Information brachten vor allem die schier unerschöpflichen Möglichkeiten der Verarbeitung und Auswertung des erfaßten Datenmaterials zusätzliche Vorteile.

Die Buchführung mit Hilfe der elektronischen Datenverarbeitung kann grundsätzlich mit einer eigenen elektronischen Datenverarbeitungsanlage ("im Haus") durchgeführt werden oder der Anlage eines externen Rechenzentrums (auch als Buchführung "außer Haus" oder "Fernbuchführung" bezeichnet).

Letztere hat die Vorzüge der EDV auch für die Bewältigung der Buchführungsaufgaben kleiner und kleinster Betriebe erschlossen und liefert auch ihnen rasch und automatisch statistische Auswertungen zur Beurteilung der Geschäftsentwicklung (kurzfristige Erfolgsrechnung, Kosten- und Erfolgsanalyse, Kennziffern etc.).

Bei allen Systemen der EDV-Buchführung außer Haus müssen die beim Anwender anfallenden Buchungsdaten dem entfernten Rechenzentrum mittels sog. Datenträger zur Verarbeitung zugeleitet werden. Der Datenträger entsteht bei der Datenerfassung und enthält den Buchungsstoff in maschinenlesbarer Form.

Bei der Datenerfassung wird stets neben dem Datenträger zur Kontrolle eine Eingabeliste (Primanota) mit erstellt. Während der Datenträger entweder an das Rechenzentrum geschickt oder diesem die Daten zur Verarbeitung und Auswertung per Datenübermittlung übertragen werden, verbleibt die Primanota als Urschrift der Datenerfassung (Funktion des Grundbuches) zur Kontrolle beim Kaufmann.

Der Hauptvorteil der Datenerfassung zur elektronischen Weiterverarbeitung gegenüber herkömmlichen manuellen Buchführungssystemen liegt darin, daß nur noch ein verkürzter Buchungssatz gebildet werden muß, der aus Konto, Gegenkonto und Betrag besteht. Alle übrigen Buchführungsarbeiten, also die Übertragung der Geschäftsvorfälle auf Sach- und Personenkonten, der Ausdruck von Journalen, Summen- und Saldenlisten bis hin zu fertigen Bilanzen und Erfolgsrechnungen übernimmt das Buchhaltungsprogramm. Gleichzeitig entfallen rein rechnerische Abstimmungsarbeiten. Schließlich können bei Verwendung entsprechender Kontierungsschlüssel automatisch Mehrwertsteuer, Vorsteuer und Umsatzsteuer-Zahllast ermittelt und fertige Umsatzsteuer-Voranmeldungen ausgedruckt werden.

Bei jedem Buchführungssystem werden Belege geordnet, vorkontiert, in verschiedene Bücher eingetragen und von dort auf Konten übertragen. Aus den Konten wird schließlich die Bilanz und Erfolgsrechnung gefertigt. Dies beschreibt nachfolgendes Ablaufdiagramm:

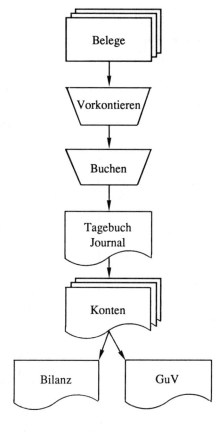

Abbildung: A.66

Wird die Buchführung mit Hilfe der EDV bewältigt, müssen die Belege ebenfalls manuell vorkontiert werden, wie bei jeder anderen Buchführung auch. Die in den vorhergehenden Kapiteln erarbeiteten Grundsätze der doppelten Buchführung behalten dabei ihre volle Gültigkeit; es sind lediglich zusätzliche Regeln zu beachten, die sich aufgrund des EDV-Einsatzes ergeben. Die vorkontierten Belege sind vom Anwender als Daten zu erfassen, wobei ein Datenträger entsteht, der die Daten in maschinenlesbarer Form enthält und die Grundlage für die Verarbeitung im Rechenzentrum bildet.

Nach Verarbeitung des Datenträgers sendet das Rechenzentrum die Auswertungen in Form von Journalen (evtl. mit Fehlerprotokoll zur Korrektur von Eingabefehlern), Konten und Summen- und Saldenlisten an den Anwender zurück. Dieser hat zusätzlich noch die Möglichkeit, aus den im Rechenzentrum gespeicherten Daten die Bilanz und Erfolgsrechnung abzurufen, die allerdings auch manuell aus den ausgedruckten Konten entwickelt werden kann.

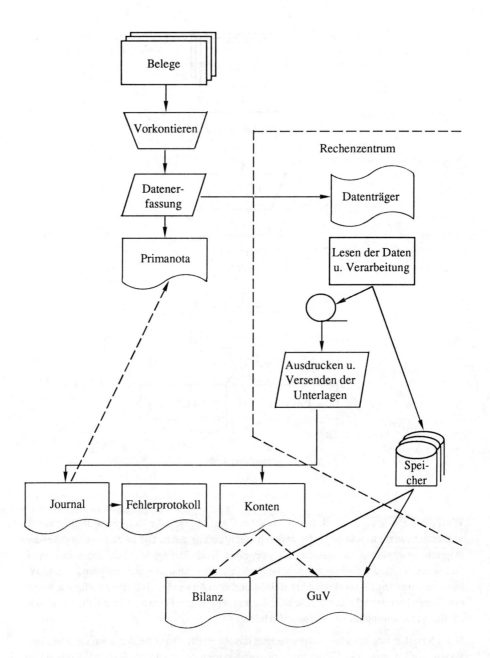

Abbildung: A.67

Da die Buchhaltung mit Hilfe der elektronischen Datenverarbeitung an dieser Stelle nur sehr rudimentär behandelt werden konnte, sei auf die entsprechende Spezialliteratur verwiesen.

4. Testfragen

- Welche Funktion erfüllen die Grundbücher in der Buchführung?

- Was ist eine Offene-Posten-Buchhaltung?

- Auf welcher Grundlage wird das Hauptbuch geführt?

- Warum genügen Grundbuchaufzeichnungen allein nicht?

- Wozu dienen Nebenbücher? Welche kennen Sie?

- Was ist der Unterschied zwischen Personenkonten und den zugehörigen Sachkonten?

- Was bezeichnet man als Saldenliste und wozu dient sie?

- Wodurch ist die sog. "einfache Buchführung" gekennzeichnet?

- Wie ermittelt man bei der einfachen Buchführung den Gewinn?

- Welche Rolle spielt dabei die Inventur?

- Worin liegt der Hauptunterschied zwischen der doppelten und der einfachen Buchführung?

- Wie kann man die korrekte Übertragung aller Geschäftsvorfälle zwischen den verschiedenen Büchern gewährleisten?

- Welche manuellen Tätigkeiten kann bei EDV-Buchhaltung das Programm der Datenverarbeitungsanlage übernehmen?

- Welcher Unterschied besteht zwischen den beiden Endprodukten der Datenerfassung, Primanota und Datenträger?

XVII. Stellung der Buchhaltung im Rechnungswesen der Unternehmung

1. Die herkömmliche Einteilung des betrieblichen Rechnungswesens

Die laufende Buchführung bildet zusammen mit der Jahresbilanz und der Gewinn- und Verlustrechnung, die beide aus den Zahlenwerten der laufenden Buchführung entwickelt werden, nur einen Teilbereich des betrieblichen Rechnungswesens.

Die laufende Buchführung spiegelt im Zeitablauf alle betrieblichen Ereignisse von der Gründung eines Unternehmens bis zu dessen Auflösung in Zahlen wieder, die

a) zu einem Werteverbrauch (Aufwand) oder Wertezuwachs (Ertrag), oder

b) zu Änderungen in der Höhe und/oder der Zusammensetzung des Vermögens, der Schulden und des Eigenkapitals eines Unternehmens führen.

Nach Ablauf einer Rechungsperiode wird

a) durch die Bilanz ein Einblick in die finanzielle Struktur (Vermögens- und Kapitalstruktur) des Unternehmens und

b) durch die Erfolgsrechnung (Gewinn- und Verlustrechnung) in die Größen und Quellen des wirtschaftlichen Erfolges

vermittelt.

Muß der Jahresabschluß aufgrund gesetzlicher Vorschriften veröffentlicht werden oder wird er freiwillig Außenstehenden zugänglich gemacht, so dient er

a) der Rechnungslegung und

b) der Information der Aktionäre, Kreditgeber, Lieferanten, Finanzbehörden, der sog. ''Öffentlichkeit'' usw. über die Vermögens-, Finanz- und Ertragslage eines Unternehmens, deren Entwicklung sich in der unternehmensexternen gewöhnlich nicht zugänglichen Buchführung dokumentiert und verfolgt werden kann.

Nach der traditionellen Einteilung umfaßt das betriebliche Rechnungswesen die folgenden **vier Teilgebiete:**

1. Buchführung und Jahresabschluß

Beide wurden inhaltlich in diesem Teil des Buches vorgestellt.

2. Kostenrechnung

Die Kostenrechnung erfaßt, verteilt und rechnet die bei der Leistungserstellung und Leistungsverwertung in einem Unternehmen entstehenden Kosten den Kostenträgern zu, um eine Grundlage für die Ermittlung (Kalkulation) des Angebotspreises zu gewinnen bzw. die Preisuntergrenze bestimmen zu können. Weiter ermöglicht die Kostenrechnung, die ihre Zahlen der Buchhaltung entnimmt, kurzfristig den Erfolg festzustellen und das Betriebsgeschehen auf seine Wirtschaftlichkeit hin zu kontrollieren.

3. Betriebsstatistik

Sie liefert aus den Zahlen der Buchhaltung, der Bilanz, der Kostenrechnung und anderen Unterlagen für Kontroll- und Planungszwecke benötigte Informationen.

4. Betriebliche Planung

Sie umfaßt Einzelpläne für betriebliche Teilbereiche wie z.B. Beschaffungspläne, Finanzierungspläne, Produktionspläne, Absatzpläne, Investitionspläne usw., Zusammenfassungen von Einzelplänen oder die Aufstellung von Gesamtplänen für die Gestaltung des zukünftigen Unternehmensgeschehens.

Es entspricht teils der historischen Entwicklung und teils den traditionellen Gepflogenheiten, wenn auch in neueren Lehrbüchern diese vierfache Unterteilung des betrieblichen Rechnungswesens beibehalten und die Buchhaltung deutlich von der Kostenrechnung, der Statistik und der betrieblichen Planung abgegrenzt wird. Sachlich befriedigend und dem gegenwärtigen Stande entsprechend ist diese Einteilung des betrieblichen Rechnungswesens aber nicht. Die mangelhafte Sachlogik erkennt man bereits daran, daß z.B. Buchhaltung und Kostenrechnung als zwei verschiedene Teilgebiete dargestellt werden, obwohl sich Teile der Kostenrechnung wie Kostenarten- und Kostenstellenrechnung in der Buchhaltung finden. Genauso werden statistische Verfahren gleichermaßen in der Betriebsstatistik wie in der Kostenrechnung angewandt. Vollends fragwürdig und revisionsbedürftig erscheint diese klassische Einteilung des betrieblichen Rechnungswesens, wenn man die im folgenden dargestellten Entwicklungen auf dem Gebiet der Unternehmensführung bzw. Unternehmensplanung betrachtet.

2. Die neuere Interpretation des betrieblichen Rechnungswesens

In den letzten Jahrzehnten haben sich die Auffassungen über das betriebliche Rechnungswesen zu ändern begonnen. Eine Ursache für die veränderte Sicht des Rechnungswesens eines Unternehmens war das steigende Interesse der Wissenschaft, Praxis und Politik an den Planungs- und Entscheidungsprozessen in Unternehmen sowie an den Möglichkeiten zu ihrer Verbesserung (Optimierung).

Es ist keine neue Erkenntnis der letzten Jahre, daß das Planen (= prospektives "Denkhandeln") und das Entscheiden in Unternehmen auf Informationen angewiesen ist, und die Qualität wie auch die Quantität der verfügbaren Informationen die Güte der betrieblichen Leistungen wie auch der die Betriebe betreffenden externen Planungen und Entscheidungen beeinflußt. Neu ist jedoch, daß die Planungs- und Entscheidungsprozesse in Unternehmen besonders herausgestellt werden, und ein systematisches Vorgehen wie auch eine zunehmende Verwendung der von der Wissenschaft angebotenen Methoden zur Gewinnung, Aufbereitung und Verarbeitung der entscheidungsrelevanten Informationen praktiziert bzw. für erstrebenswert gehalten wird. In dem Maße, in dem die Planungs- und Entscheidungsprozesse auf allen Ebenen der Unternehmenshierarchie und in allen Teilbereichen des Unternehmensgeschehens sowie die Interessen von Unternehmensexternen an Informationen über Unternehmen gegenüber früher stärker ins Blickfeld rücken, erfährt das betriebliche Rechnungswesen eine Umdeutung.

Die betriebliche Planung wird nicht mehr wie früher als ein Teilgebiet des Rechnungswesens angesehen, sondern das betriebliche Rechnungswesen wird als ein wesentlicher Bestandteil des Informationssystems eines Unternehmens betrachtet, das die zur zweckmäßigen Lösung der Planungs- und Entscheidungsprobleme in- und außerhalb der Unternehmung notwendigen Informationen zu liefern hat. Gegenüber der Planung hat das betriebliche Rechnungswesen jetzt gleichsam eine "dienende" Funktion. Knapp umschrieben umfaßt der Aufgabenbereich des betrieblichen Rechnungswesens nun die Gewinnung und Verarbeitung quantitativer (d.h. durch Zahlen ausdrückbarer) Informationen für die Unternehmenspolitik bzw. für unternehmensexterne Personen oder Gruppen, die für ihre Entscheidungen diese Informationen benötigen bzw. einen Anspruch darauf besitzen. Somit hat das betriebliche Rechungswesen eine unternehmensinterne Informationsfunktion und eine unternehmensexterne Informationsfunktion.

Die **unternehmensexterne Informationsfunktion** des betrieblichen Rechnungswesens läßt sich bspw. am Fall des "Kleinaktionärs" klarmachen. Die einzigen Möglichkeiten, sich über das Unternehmen zu informieren, an dem er beteiligt ist, sind für den Kleinaktionär der veröffentlichte Jahresabschluß und die eventuell in der Hauptversammlung erhältlichen Auskünfte. Auch wenn seine Informationswünsche größer sind, ist er - mangels Machtmittel - auf die Informationen angewiesen, die ihm die Unternehmensleitung über den Jahresabschluß bzw. in der Hauptversammlung unter Beachtung gesetzlicher Vorschriften zukommen lassen will. In der gleichen Situation wie der Kleinaktionär stehen i.d.R. die meisten unternehmensexternen Personen oder Gruppen, die etwas über das Unternehmensgeschehen erfahren wollen.

Die **unternehmensinterne Informationsfunktion** des betrieblichen Rechnungswesens sei ebenfalls an einem Beispiel aus der Buchhaltung verdeutlicht. Die Buchhaltung als Teil des betrieblichen Rechnungswesens bildet im Zeitablauf in chronologischer Reihenfolge die Veränderungen in der Vermögens-, Finanz- und Ertragslage eines Unternehmens ab. Zeigen z.B. die laufend in der Buchhaltung gespeicherten und jederzeit abrufbaren Informationen an, daß das "Ist" der Vermögens-, Finanz- und Ertragslage eines Unternehmens mit dem von der Unternehmensleitung geplanten "Soll" nicht übereinstimmt, also "Störungen" in dem geplanten Ablauf des Unternehmensgeschehens eingetreten sind, dann lösen diese Kontrollinformationen Entscheidungsprozesse zur Beseitigung dieser "Störungen" aus.

Wenn man ein Unternehmen als ein zielgerichtetes, informationsgewinnendes und -verarbeitendes System ansieht und diese Informationsgewinnungs- und -verarbeitungsprozesse als drei Teilbereiche: "Planung, Realisation des Geplanten und Kontrolle der Realisation" einteilt, dann gehört das betriebliche Rechnungswesen gleichermaßen zum Bereich der Planung wie Kontrolle. Es liefert dem Kontrollbereich Informationen über das Ist wie über Abweichungen des Geplanten vom Wirklichen, die neue Entscheidungsprozesse bzw. Informationsprozesse auslösen können.

Die Kontrollfunktion des betrieblichen Rechnungswesens (damit auch der Buchhaltung) als Teilfunktion der unternehmensinternen Informationsfunktion zeigt in recht vereinfachter Form das folgende Schaubild, das den Unternehmensprozeß als Planungs-, Entscheidungs-, Realisations- und Kontrollprozeß darstellen sowie auf einige Informationsaspekte aufmerksam machen soll:

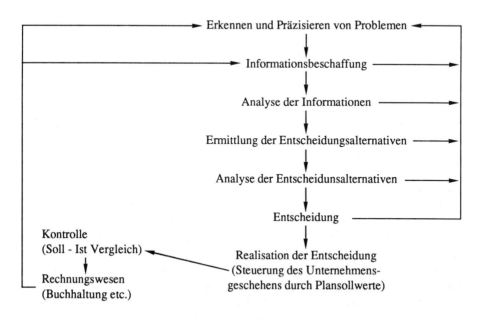

Abbildung. A.67

179

KAPITEL B: Jahresabschluß

I. Vorbemerkungen

1. Einführung in die Problemstellung

Das vorige Kapitel führte in die Grundlagen der Buchführung und in die Technik der doppelten Buchführung ein. Soweit dabei Probleme der Erstellung eines Jahresabschlusses berührt wurden, beschränkten sich die Ausführungen mehr auf die formale buchungstechnische Seite.

Wir befassen uns in diesem Kapitel auch mit dem Jahresabschluß und damit auch mit der Bilanzerstellung, aber nicht mehr von der buchungstechnischen Seite her. Daß es bei der Erstellung der Bilanz, der Gewinn- und Verlustrechnung usw. Probleme zu lösen gibt, die mit der doppelten Buchführung **als System** nichts zu tun haben, wurde bereits früher bspw. bei der Beschäftigung mit Fragen der Abschreibungen und Rückstellungen deutlich: Wie hoch können oder dürfen die Abschreibungsbeträge sein? Von welchem Basiswert ist bei der Bemessung der Abschreibungsbeträge auszugehen? Darüber und über andere bei der Fertigung des Jahresabschlusses auftauchende Fragen und Probleme soll in diesem Kapitel in systematischer Weise Klarheit verschafft werden. Wo bereits aufgrund des bisherigen Lernprogramms Kenntnisse vorausgesetzt werden können, werden wir uns kurz fassen bzw. zurückverweisen.

Der Inhalt des Jahresabschlusses wird durch die Ergebnisse der laufenden Buchführung und die im Inventar niedergelegten ''Ergebnisse'' der Inventur bestimmt. An diesen bekannten Sachverhalt erinnert nochmals der folgende Merksatz:

Merke: Der Jahresabschluß ist kein eigenständiges, für sich zu verstehendes Zahlenwerk, sondern eine zusammenfassende Form der Rechnungslegung eines Unternehmens über sein Vermögen, seine Schulden, Aufwendungen und Erträge.

Mit der Jahresbilanz und der Gewinn- und Verlustrechnung legen die Unternehmen Rechnung über das abgelaufene Geschäftsjahr.

Merke: Alle Kaufleute sind gesetzlich verpflichtet eine Bilanz und Gewinn- und Verlustrechnung zu erstellen. Bilanz und Gewinn- und Verlustrechnung bilden den **Jahresabschluß** (§ 242 HGB, lesen!). Kapitalgesellschaften haben ihren Jahresabschluß um den sog. ''**Anhang**'' zu erweitern (§ 264 Abs.1 S.1 HGB, lesen!).

Wo die in diesem Kapitel behandelten Probleme in der Finanzbuchhaltung eines Unternehmens angesiedelt sind, zeigt das nachfolgende Schaubild, das zugleich - in vereinfachter Form - die Beziehungen zwischen der laufenden Buchführung eines Unternehmens, der Inventur (Inventar) und dem Jahresabschluß (Bilanz und Gewinn-und Verlustrechnung) in Erinnerung ruft.

In dem Schaubild soll zugleich die Erweiterung des Jahresabschlusses für Kapitalgesellschaften um einen Anhang deutlich gemacht werden. Von diesem sog. **erweiterten Jahresabschluß** wird in den weiteren Ausführungen ausgegangen.

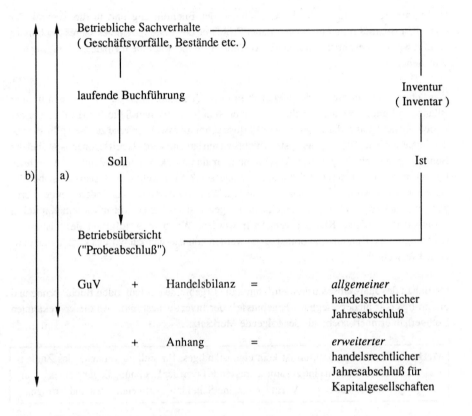

a) Jahresabschluß *für alle* Kaufleute

b) *Erweiterter* Jahresabschluß für Kapitalgesellschaften

Abbildung: B.1

Die "Erweiterungen" des Jahresabschlusses von Kapitalgesellschaften sind im HGB unter dem Abschnitt "Ergänzende Vorschriften für Kapitalgesellschaften" geregelt.

Hier kommt das System des dritten Buches zum Ausdruck: Entsprechend dem Grundsatz "Vom Allgemeinen zum Speziellen", werden in einem ersten Schritt die allgemeinen Vorschriften für alle Kaufleute (§§ 242 bis 263 HGB) und in einem zweiten Schritt die für Kapitalgesellschaften (§§ 264 bis 289 HGB) zusätzlich zu beachtenden ergänzenden Vorschriften behandelt.

> **Merke:** Der erste Abschnitt regelt für **Einzelkaufleute** und **Personenhandelsgesellschaften** den handelsrechtlichen Jahresabschluß abschließend! Die Vorschriften des zweiten Abschnittes sind nur von **Kapitalgesellschaften ergänzend** zum ersten Abschnitt zu beachten!

Kapitalgesellschaften haben nach § 264 Abs.1 S.1 HGB zusätzlich zum Jahresabschluß einen **Lagebericht** aufzustellen.

Das Schaubild auf der folgenden Seite zeigt das System des dritten Buches des HGB im Überblick.

Abbildung: B.2

2. Ziele bzw. Aufgaben des Jahresabschlusses

Bevor wir uns mit Problemen bei der Aufstellung von Jahresabschlüssen im allgemeinen bzw. von Kapitalgesellschaften beschäftigen können, ist es zweckmäßig, kurz auf die verschiedenen Interessenten am Jahresabschluß einzugehen. Denn der Jahresabschluß als Teil des betrieblichen Rechnungswesens hat einen *instrumentalen Charakter*, d.h. eine ''dienende'' Funktion: Er soll zum einen, wie die anderen Teile des betrieblichen Rechnungswesens auch, die für die Lösung von unternehmensinternen bzw. -externen Planungs- und Entscheidungsproblemen notwendigen Informationen liefern und zum andern ist er Teil der Publizitätspolitik der Unternehmen (Information der Öffentlichkeit und Selbstdarstellung des Unternehmens).

Die Art, Menge und Qualität der Informationen, die ein Jahresabschluß bieten können soll, hängen von den Interessen ab, die mit der Erstellung des Jahresabschlusses verknüpft werden. Im § 242 HGB wird nur festgelegt, daß am Schluß eines jeden Geschäftsjahres der Kaufmann einen das ''Verhältnis seines Vermögens und seiner Schulden'' darstellenden Abschluß (Bilanz) sowie eine ''Gegenüberstellung der Aufwendungen und Erträge'' (Gewinn- und Verlustrechnung) zu erstellen hat. Aus diesen Gesetzesformulierungen läßt sich nicht ablesen, welchen Zwecken ein Jahresabschluß genügen soll oder welche Zielsetzungen mit der Erstellung eines Jahresabschlusses verfolgt werden sollen.

Um diese in etwa zu erfahren, müßte auf den gesamten Kreis der Interessenten eines Jahresabschlusses zurückgegriffen werden.

Für Kapitalgesellschaften bezweckt der Gesetzgeber (§ 264 Abs.2 HGB, lesen!), daß der Jahresabschluß ''unter Beachtung der Grundsätze ordnungsmäßiger Buchführung ein den tatsächlichen Verhältnissen entsprechendes Bild der Vermögens-, Finanz- und Ertragslage zu vermitteln'' hat. Welchen ''Inhalt'' diese gesetzliche Zwecksetzung hat, soll hier nicht näher untersucht werden. Für unsere Überlegungen ist auch die Zwecksetzung des Gesetzes von untergeordneter Bedeutung, da es **nicht ausreicht,** nur *die* Ziele zu betrachten, die der ''Gesetzgeber'' mit seinem Zwang zur Aufstellung erreicht sehen will. Denn die gesetzgebe-

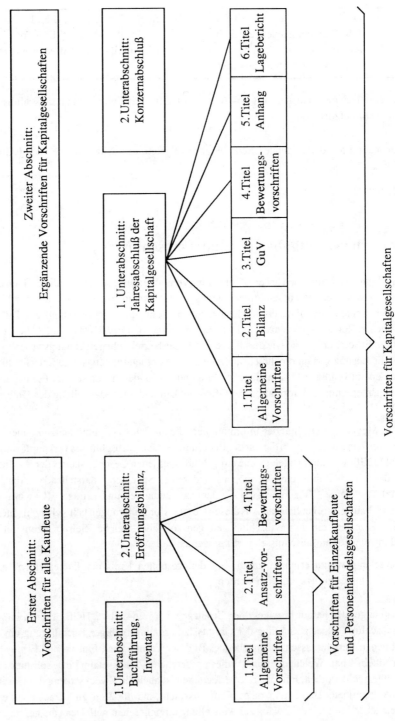

Drittes Buch des HGB

Erster Abschnitt:
Vorschriften für alle Kaufleute

Zweiter Abschnitt:
Ergänzende Vorschriften für Kapitalgesellschaften

1.Unterabschnitt:
Buchführung, Inventar

2.Unterabschnitt:
Eröffnungsbilanz,

2.Unterabschnitt:
Konzernabschluß

1. Unterabschnitt:
Jahresabschluß der
Kapitalgesellschaft

1.Titel
Allgemeine
Vorschriften

2.Titel
Ansatz-vor-
schriften

4.Titel
Bewertungs-
vorschriften

1.Titel
Allgemeine
Vorschriften

2.Titel
Bilanz

3.Titel
GuV

4.Titel
Bewertungs-
vorschriften

5.Titel
Anhang

6.Titel
Lagebericht

Vorschriften für Einzelkaufleute
und Personenhandelsgesellschaften

Vorschriften für Kapitalgesellschaften

Abbildung: B.2

186

rischen Ziele müssen nicht mit den Zielvorstellungen übereinstimmen, die von den Erstellern eines Jahresabschusses verfolgt werden oder die von anderen unternehmensinternen und/oder -externen Interessenten mit einem Jahresabschluß verbunden werden.

Da der Jahresabschluß **als solcher** keine Ziele bzw. Aufgaben besitzen kann, sondern nur Menschen Träger von Zielen oder von Aufgaben sein können, bedeutet dies zugleich,

1. daß es äußerst mißverständlich, irreführend und teils indoktrinär ist, wie das oft geschieht, von **den** Zielen bzw. **den** Aufgaben des Jahresschlusses zu sprechen, und daß man zweckmäßiger von Zielen **der** Ersteller bzw. von Aufgaben **für** die Ersteller eines Jahresabschlusses sprechen sollte, wenn deren Zielvorstellungen nicht mit denen anderer Jahresabschlußinteressenten übereinstimmen;

2. daß es **so viele** Ziele des Jahresabschlusses **im Sinne** von Zielen **für** die Ersteller eines Jahresabschlusses gibt, wie im konkreten Falle Interessentengruppen für einen bestimmten Jahresabschluß vorhanden sind. Deren in den Jahresabschluß gesetzten Erwartungen können je nach Interessenlage (Informationsbedürfnis) bzw. Zusammensetzung des Personenkreises verschieden sein;

3. daß in der Literatur vorfindbare Aufstellungen über **die** Ziele bzw. **die** Aufgaben "des" Jahresabschlusses jeweils nur eine (meist nicht eingehend begründete) Auswahl von Erwartungen darstellen, die Interessenten durch die Ersteller eines Jahresabschlusses erfüllt sehen möchten.

Der folgende beispielhafte Überblick über oft genannte Ziele und Zwecke des handelsrechtlichen Jahresabschlusses bei Kapitalgesellschaften (als publizitätspflichtige Unternehmen) möchte nur annäherungsweise einen Eindruck von der Vielfalt der Zwecke vermitteln, die dieser Jahresabschluß als "Nachrichtenspeicher" erfüllen können soll, wobei hier nicht diskutiert werden kann, ob mit den aufgeführten Zielen für die Ersteller eines Jahresabschlusses eine **eindeutige** und **operable** Aufgabenstellung umschrieben wird.

Es wird bspw. behauptet, der Gesetzgeber (?) wolle mit dem Zwang zur Rechnungslegung bei der Kapitalgesellschaft folgende Ziele erreichen:

a) Schutz der Gläubiger und Anteilseigner

b) Dokumentation des Geschäftsgebarens (Rechenschaftsfunktion)

c) Sicherung des Rechtsverkehrs

d) Zwang zu einer periodischen Selbstinformation der Unternehmensführung über die wirtschaftliche Lage des Unternehmens

e) Offenlegung von Herrschafts- und Abhängigkeitsverhältnissen nach außen.

Als Ziele "der" Anteilseigner werden genannt (postuliert):

a) Unverfälschter Einblick in die Vermögens-, Finanz- und Ertragslage "ihres" Unternehmens

b) Rechenschaftsbericht über die Verwaltung ihres Kapitals

c) Einblick in und Kontrolle über die Gewinnermittlung und Gewinnverteilung.

Als weitere Gruppe werden i.d.R. die Gläubiger (Lieferanten, Kreditgeber, usw.) herausgegriffen und ihnen folgende Ziele zugeschrieben:

a) Wunsch nach Information über die Kapital- und Vermögensstruktur des Unternehmens bzw. deren Veränderung und über die Entwicklung des Erfolgs und der Liquidität (z.B. als Basis für die Gewährung, Kündigung oder Verlängerung von Krediten)

b) Verhinderung der Ausschüttung "übermäßiger" Gewinne

c) Aufdeckung fragwürdiger Geschäftspraktiken.

Die übrigen, in dieser Aufzählung nicht genannten Interessenten werden zu einer Sammelgruppe "Interessierte Öffenlichkeit" (Arbeitnehmer, Kunden, potentielle Anleger und Gläubiger, Gewerkschaften, staatliche Institutionen und Behörden, Wirtschaftspresse usw.) zusammengefaßt, wobei ihnen ein Interesse

a) an zuverlässigen Informationen über die Vermögens-, Finanz-und Ertragslage und

b) an einem Schutz vor "unangenehmen" Überraschungen zugeschrieben wird.

Betreffen die Gruppen "Anteilseigner", "Gläubiger" und die "Interessierte Öffenlichkeit" den Kreis der **externen** Jahresabschlußinteressenten, so wird die Unternehmensführung, die im allgemeinen dem Kreis der Ersteller des Jahresabschlusses zuzurechnen ist, als Repräsentanten der **internen** Jahresabschlußinteressenten herausgestellt. Für sie sei der Jahresabschluß, so wird oft behauptet,

a) u.U. eine Informationsquelle für die Vorbereitung von Entscheidungen und zur Kontrolle des Betriebsprozesses,

b) eine Rechenschaftslegung und Erfüllung einer gesetzlichen Pflicht und

c) eines der vielen Instrumente der Unternehmenspolitik, nämlich der Publizitätspolitik (nach innen und außen).

Ob ein Jahresabschluß, präzise, ob die jeweiligen Jahresabschlußersteller alle die aufgezählten Ziele (Aufgaben) erfüllen können, kann hier nicht erörtert werden, soll aber zumindest **in Frage gestellt werden**, und eine Aufgabenstellung sein, die jeder, der das folgende Kapitel durcharbeitet, anhand der kommenden Einsichten differenziert beantworten kann.

Merke:	Der Jahresabschluß ist ein Rechenschaftslegungsinstrument und als solches ein Instrument der Publizitätspolitik zur Beeinflussung von Entscheidungen. Die Rede von *"den"* Zielen ist irreführend, es gibt so viele Ziele für Jahresabschlüsse (Jahresabschlußersteller), wie es Interessenten an Jahresabschlüssen gibt.

3. Verhältnis zwischen Jahresabschluß und Steuerbilanz

Im Rahmen des bisherigen Arbeits- und Lernprogramms wurden großteils handelsrechtliche Aspekte der Finanzbuchhaltung berührt. Es existieren, wie bereits früher erwähnt, aber auch steuerrechtliche Buchführungsvorschriften, und man weiß aus dem Alltagsleben, daß der ''Staat'' an den Einkünften (Gewinnen) partizipiert (partizipieren möchte).

Diese Buchführungsvorschriften sind bei der steuerlichen Gewinnermittlung zu beachten, d.h. der Steuergesetzgeber schreibt bestimmte Regeln vor, nach denen die steuerlichen Einkünfte (Gewinne) zu berechnen sind.

Einkünfte sind nach § 2 Abs. 2 Nr. 1 EStG (lesen!) bei Land- und Forstwirtschaft, Gewerbebetrieb und selbständiger Arbeit der Gewinn. Gewinn ist bei den **Einkünften aus Gewerbebetrieb** das tatsächlich erwirtschaftete Periodenergebnis. Dieser Gewinn ist Ausgangsgrundlage für die Steuerbemessung bei der Einkommen-, Körperschaft- und Gewerbeertragsteuer und muß vom Steuerpflichtigen im Rahmen der ihm gesetzlich auferlegten Steuererklärungspflicht dem zuständigen Finanzamt gegenüber deklariert werden.

Zu ermitteln ist der Gewinn entsprechend der Verweisung in § 2 Abs.2 Nr.1 EStG prinzipiell nach den §§ 4 bis 7k EStG.

Der § 4 Abs.1 EStG enthält zunächst eine Definition des Gewinns und gleichzeitig ein einfaches Gewinnermittlungsverfahren, den sog. ''komparativ-statischen Betriebsvermögensvergleich'' (§ 4 Abs.1 S.1 EStG lesen!).

§ 4 Abs.1 EStG schreibt vor, daß der steuerpflichtige Gewinn eines Wirtschaftsjahres nach der folgenden Formel zu ermitteln ist:

Betriebsvermögen am 31.12.02

./.   Betriebsvermögen am 31.12.01

+   Entnahmen 1.1. - 31.12.02

./.   Einlagen 1.1. - 31.12.02

_____

=   Gewinn in 02

Das ist im Prinzip nichts anderes als die "Formel" einer Jahresbilanz.

Dieser einfache Vermögensvergleich nach § 4 Abs.1 EStG ist ein primitives Gewinnermittlungsverfahren, weil es **nur** den **absoluten Erfolg** erkennen läßt. Und es ist auch ein **leicht manipulierbares** Gewinnermittlungsverfahren, da es nicht zweifelsfrei überprüfbar ist, denn

a) es müssen **weder** die **Betriebseinnahmen** noch **Betriebsausgaben** aufgezeichnet werden und

b) die **Entnahmen** und **Einlagen** sind nicht nachprüfbar.

Wegen der Primitivität des einfachen Vermögensvergleiches wird in der **kaufmännischen Praxis** der tatsächlich erwirtschaftete Periodengewinn auf der Grundlage der doppelten Buchführung mit Hilfe der Bilanz unter Beachtung der §§ 5 bis 7 k EStG ermittelt. Die daraus resultierende sog. **"Steuerbilanz"** (präzise **Ertragsteuerbilanz**) haben die Unternehmen als buchführungspflichtige oder freiwillig buchführende Gewerbetreibende **neben** der Steuererklärung dem Finanzamt zur Feststellung der Steuerbemessungsgrundlagen einzureichen.

Obwohl dem Finanzamt eine "Steuerbilanz" einzureichen ist, bedeutet dies aber nicht, daß die Unternehmen in jedem Falle **neben** dem handelsrechtlichen Jahresabschluß auch noch für die Zwecke des Finanzamts eine **gesonderte** Steuerbilanz erstellen müßten. Denn als "Steuerbilanz" gilt **jede**, den einschlägigen steuerrechtlichen Vorschriften **genügende Vermögensübersicht**!

Die Erstellung einer gesonderten Steuerbilanz ist dann **unnötig**, wenn

a) die Handelsbilanz steuerlichen Vorschriften entspricht, d.h. unter deren Berücksichtigung erstellt wurde, oder

b) die Handelsbilanz durch Zusätze oder Anmerkungen an die steuerlichen Normen angepaßt, d.h. "korrigiert" wurde.

Der Unterschied zwischen den möglichen Arten der Erstellung einer Steuerbilanz ist im Grunde mehr formaler Natur, wenn man berücksichtigt, daß die meisten Unternehmen buchführungspflichtig sind und deshalb von ihnen nach § 5 EStG jeweils das Betriebsvermögen anzusetzen ist, das nach den handelsrechtlichen Grundsätzen ordnungsmäßiger Buchführung auszuweisen ist. Diese in § 5 Abs.1 EStG enthaltene Bestimmung bezeichnet man als das **Prinzip der Maßgeblichkeit** der Handelsbilanz für die Steuerbilanz. Es verlangt, daß der buchführungspflichtige Steuerpflichtige **grundsätzlich** für die Ansätze in der Steuerbilanz auf den nach handelsrechtlichen Grundsätzen erstellten und rechtsgültigen Jahresabschluß zurückgreifen muß, falls nicht zwingende steuerliche Vorschriften andere Ansätze gebieten.

Diese **prinzipielle Übernahme** des handelsrechtlichen Buchführungsergebnisses für die Zwecke der steuerlichen Gewinnermittlung bedeutet, daß der **einfache Betriebsvermögensvergleich** nach § 4 Abs.1 EStG grundsätzlich nur noch für **Land-** und **Forstwirte** bzw.

kleinere **Gewerbetreibende** und **selbständig Tätige** offensteht, die erlaubtermaßen keine Bücher führen, weil sie weder ein nennenswertes Betriebsvermögen haben noch größere Umsätze oder Gewinne erzielen.

> **Merke:** Die **Steuerbilanz** ist **keine selbständige**, sondern im Prinzip eine aus dem Jahresabschluß **abgeleitete** Bilanz. Der Gundsatz der Maßgeblichkeit wird dann **durchbrochen**, wenn handelsrechtlich gültige Wertansätze gegen zwingende steuerrechtliche Normen verstoßen.

Graphisch läßt sich das Verhältnis zwischen handelsrechtlichem Jahresabschluß und Steuerbilanz so veranschaulichen:

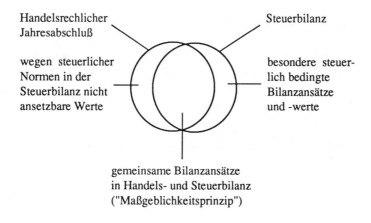

Handelsrechlicher Jahresabschluß

Steuerbilanz

wegen steuerlicher Normen in der Steuerbilanz nicht ansetzbare Werte

besondere steuerlich bedingte Bilanzansätze und -werte

gemeinsame Bilanzansätze in Handels- und Steuerbilanz ("Maßgeblichkeitsprinzip")

Abbildung: B.3

Wenn auch in der gesetzlich verankerten grundsätzlichen **Abhängigkeit** der steuerlichen Gewinnermittlung von der ordnungsmäßigen Buchführung und Bilanzierung ein **Fundamentalprinzip** steuerrechtlicher Bilanzierung fixiert ist, so heißt das nicht, daß keine Ausnahmen möglich wären.

Denn:

> **Merke:** In den Fällen, in denen der Staat aus **außerfiskalischen** (z.B. infrastrukturpolitischen oder sonstigen wirtschaftspolitischen) Gründen den Unternehmen die Möglichkeit zu einer **Steuerersparnis** anbietet, kann dieses Angebot zu einer ''**Umkehrung des Maßgeblichkeitsprinzips**'', d.h. zu einer Umkehrung des Abhängigkeitsverhältnisses der Steuerbilanz vom handelsrechtlichen Jahresabschluß führen.

Will nämlich ein Unternehmen diesen steuerlich zulässigen Wertansatz, der zu einer Steuerersparnis bzw. -verschiebung führt, in seiner Steuerbilanz verwenden, muß es diesen Wert auch im Jahresabschluß ansetzen bzw. darf ihn steuerlich nur ansetzen, wenn dies auch im handelsrechtlichen Jahresabschluß geschah (z.B. Sonderabschreibungen, erhöhte Absetzungen). In solchen Fällen wird dann praktisch die Steuerbilanz für den **handelsrechtlichen Jahresabschluß maßgeblich** (§ 5 Abs.1 Satz 2 EStG, lesen!).

Diese **"umgekehrte Maßgeblichkeit"** ist handelsrechtlich insbesondere in § 254 HGB gesetzlich verankert, wonach Abschreibungen in der Handelsbilanz vorgenommen werden können, um Vermögensgegenstände mit dem niedrigeren Wert anzusetzen, der auf einer nur steuerrechtlich zulässigen Abschreibung beruht. Für Kapitalgesellschaften gilt dieses Abschreibungswahlrecht gemäß § 279 Abs.2 HGB nur dann, falls das Steuerrecht die Anerkennung des niedrigeren Wertes davon abhängig macht, daß sich dieser Wert aus der Handelsbilanz ergibt.

Merke: In all den Fällen, in denen der Gesetzgeber die Inanspruchnahme wirtschaftspolitisch bedingter Steuervergünstigungen davon abhängig macht, daß die für die Steuerbilanz zum Zwecke der Steuerersparnis oder -verschiebung gewählten Wertansätze **zuvor** im handelsrechtlichen Jahresabschluß angesetzt worden sind, wird das Maßgeblichkeitsprinzip zu einer bloßen Formalität, wenn das Unternehmen Steuern oder Zinsen (im Falle der Steuerverschiebung) sparen will. Denn dann **muß** die Unternehmung ihren handelsrechtlichen Jahresabschluß **allein** nach steuerrechtlichen Überlegungen aufstellen.

Geht man davon aus, daß auch lediglich einführende Erläuterungen zum handelsrechtlichen Jahresabschluß die Praxis nicht vernachlässigen sollen, dann rechtfertigen mindestens **zwei Gründe** die Einbeziehung steuerrechtlicher Bilanzierungs- und Bewertungsvorschriften:

a) Die eben angedeutete "umgekehrte Maßgeblichkeit" der Steuerbilanz für den handelsrechtlichen Jahresabschluß. Die Beachtung steuerrechtlicher Normen bei der handelsrechtlichen Bilanzierung kann der Realisierung "unternehmerischer" Zielsetzungen in vielfältiger Weise förderlich sein.

b) Die **Abschlußpraxis** vieler Unternehmen (insbesondere Einzelkaufleute und Personenhandelsgesellschaften) sieht so aus, daß ihr handelsrechtlicher Jahresabschluß die **Steuerbilanz** ist. Viele Betriebe verzichten auf einen eigenen handelsrechtlichen Jahresabschluß und stellen nur eine Steuerbilanz auf ("**Einheitsbilanz**"). Diese Unternehmen möchten einen erhöhten Arbeitsaufwand vermeiden und berücksichtigen deshalb die steuerlichen Vorschriften bereits bei der laufenden Buchführung, der Inventur und Erfolgsrechnung.

Die Einbeziehung steuerrechtlicher Vorschriften bzw. der Verweis darauf bedeutet nicht, daß etwa eine systematische Darstellung des Bilanzsteuerrechts geboten wird oder dessen Kenntnis verlangt werden könnte. Kernstück dieses Kapitels sind die handelsrechtlichen Rechnungslegungsvorschriften; steuerrechtliche Aspekte der Probleme werden lediglich ergänzend und zur Abrundung behandelt.

4. Allgemeine Grundsätze für die Erstellung eines Jahresabschlusses

Wie bereits oben festgestellt, trennt das Handelsgesetzbuch für die Rechnungslegung, d.h. für die Erstellung des Jahresabschlusses streng zwischen Einzelkaufleuten und Personenhandelsgesellschaften auf der einen Seite und Kapitalgesellschaften auf der anderen Seite.

Die Kapitalgesellschaften ihrerseits werden eingeteilt in

- kleine

- mittelgroße und

- große

Kapitalgesellschaften (§ 267 Abs. 1, 2 und 3 HGB, lesen Sie bitte, es lohnt sich!).

Das folgende Schaubild zeigt die **Einteilung der Größenklassen** entsprechend den Größenmerkmalen *Bilanzsumme, Umsatz* und *Anzahl der Arbeitnehmer.*

Größenklassen der Kapitalgesellschaften	Bilanzsumme (DM Mio)	Umsatz (DM Mio)	Arbeitnehmer (Jahresdurchschnitt)
klein	$\leqq$ 3,9	$\leqq$ 8,0	$\leqq$ 50
mittelgroß	> 3,9 $\leqq$ 15,5	> 8,0 $\leqq$ 32,0	> 50 $\leqq$ 250
groß	> 15,5	> 32,0	> 250

Abbildung: B.4

> **Merke:** Die Rechtsfolgen, die an die verschiedenen Größenklassen geknüpft sind, treten nur dann ein, wenn *zwei* der drei angeführten Merkmale an den Abschlußstichtagen von *zwei* aufeinanderfolgenden Geschäftsjahren **über-** oder **unterschritten** werden (§ 267 Abs.4 HGB).

Die Einteilung der Kapitalgesellschaften in Größenklassen hat insbesondere Bedeutung für die Prüfung des Jahresabschlusses, die Offenlegung sowie für die Gliederung von Bilanz und Gewinn- und Verlustrechnung (siehe dazu die späteren Ausführungen in Kapitel B. II.).

Die Größenklasseneinteilung der Kapitalgesellschaften wird an dieser Stelle deshalb eingeführt, da die nachfolgend zu besprechenden "Allgemeinen Grundsätze" einen teilweise größenklassenabhängigen Geltungsbereich haben.

Soll der handelsrechtliche Jahresabschluß ein Instrument der Rechenschaftslegung und auch eine Informationsquelle für die jeweiligen Interessenten sein, dann sind für die formale und inhaltliche Gestaltung allgemein verbindliche Regelungen erforderlich.

Der Gesetzgeber hat im "1. Abschnitt" des Dritten Buches des HGB solche allgemeinverbindlichen Prinzipien normiert.

Diese **"Allgemeinen Grundsätze"** gelten für **alle Kaufleute!**

Im folgenden werden diese "Allgemeinen Grundsätze" in systematischer Form skizziert, wobei sich Überschneidungen mit späteren Ausführungen nicht vermeiden lassen.

Einen zusammenfassenden Überblick über Inhalt und strukturellen Zusammenhang gibt die nachfolgende Abbildung.

Abbildung: B.5

(1.) Maßgeblichkeit der Grundsätze ordnungsmäßiger Buchführung:

§ 243 Abs.1 HGB schreibt vor, daß der Jahresabschluß nach den Grundsätzen ordnungsmäßiger Buchführung aufzustellen ist.

Für Kapitalgesellschaften heißt es in § 264 Abs.2 S.1 HGB, daß der Jahresabschluß unter **Beachtung** der Grundsätze ordnungsmäßiger Buchführung zu erstellen ist.

Die Bedeutung der Grundsätze ordnungsmäßiger Buchführung für die Erstellung eines Jahresabschlusses als übergeordnete Grundsätze besteht in ihrer Hilfsfunktion zur Ausfüllung von Gesetzeslücken, zur Lösung von Zweifelsfragen und zur Fortentwicklung der Rechnungslegung im Sinne einer Anpassung an geänderte wirtschaftliche Verhältnisse.

```
┌─────────────────────────────────────────────────────────────────────┐
│          Allgemeine Grundsätze für den Jahresabschluß                 │
└─────────────────────────────────────────────────────────────────────┘

      ┌────────────────────────────────────────────────────────────┐
      │  1.   Grundsätze ordnungsmäßiger Buchführung                 │
      │       § 243 Abs.1 HGB                                        │
      └────────────────────────────────────────────────────────────┘

      ┌────────────────────────────────────────────────────────────┐
      │  2.   Grundsatz der Klarheit und Übersichtlichkeit           │
      │       § 243 Abs.2 HGB                                        │
      └────────────────────────────────────────────────────────────┘

      ┌────────────────────────────────────────────────────────────┐
      │  3.   Grundsatz der fristgerechten Erstellung                │
      │       § 243 Abs.3 HGB                                        │
      └────────────────────────────────────────────────────────────┘

      ┌────────────────────────────────────────────────────────────┐
      │  4.   Grundsatz der Vollständigkeit                          │
      │       § 246 Abs.1 HGB                                        │
      └────────────────────────────────────────────────────────────┘

      ┌────────────────────────────────────────────────────────────┐
      │  5.   Grundsatz des Bruttoausweises                          │
      │       § 246 Abs.2 HGB                                        │
      └────────────────────────────────────────────────────────────┘

      ┌────────────────────────────────────────────────────────────┐
      │  6.   Grundsatz der Bilanzidentität                       *  │
      │       § 252 Abs.1 Nr.1 HGB                                   │
      └────────────────────────────────────────────────────────────┘

      ┌────────────────────────────────────────────────────────────┐
      │  7.   Grundsatz der Unternehmensfortführung               *  │
      │       § 252 Abs.1 Nr.2 HGB                                   │
      └────────────────────────────────────────────────────────────┘

      ┌────────────────────────────────────────────────────────────┐
      │  8.   Grundsatz des Abschlußstichtages                    *  │
      │       § 252 Abs.1 Nr.3 HGB                                   │
      └────────────────────────────────────────────────────────────┘

      ┌────────────────────────────────────────────────────────────┐
      │  9.   Grundsatz der Einzelbewertung                       *  │
      │       § 252 Abs.1 Nr.3 HGB                                   │
      └────────────────────────────────────────────────────────────┘

      ┌────────────────────────────────────────────────────────────┐
      │  10.  Grundsatz der Periodenabgrenzung                    *  │
      │       § 252 Abs.1 Nr.5 HGB                                   │
      └────────────────────────────────────────────────────────────┘

      ┌────────────────────────────────────────────────────────────┐
      │  11.  Grundsatz der Bewertungsstetigkeit                  *  │
      │       § 252 Abs.1 Nr.6 HGB                                   │
      └────────────────────────────────────────────────────────────┘

          ┌──────────────────────────────────────────────────────┐
          │  12a.  Realisationsprinzip § 252 Abs.1 Nr.4 HGB    *  │
          └──────────────────────────────────────────────────────┘
      ┌────────────────────────────────────────────────────────────┐
      │  12.  Grundsatz der Vorsicht                              *  │
      │       § 252 Abs.1 Nr.4 HGB                                   │
      └────────────────────────────────────────────────────────────┘
          ┌──────────────────────────────────────────────────────┐
          │  12b.  Imparitätsprinzip § 252 Abs.1 Nr.4 HGB      *  │
          └──────────────────────────────────────────────────────┘

      ┌────────────────────────────────────────────────────────────┐
      │  13.  Grundsatz der Bewertung zu Anschaffungskosten          │
      │       § 253 Abs.1 HGB                                        │
      └────────────────────────────────────────────────────────────┘
```

* Abweichung nur in begründeten Ausnahmefällen zulässig (§ 252 Abs.2 HGB)

Abbildung: B.5

(2.) Grundsatz der Klarheit und Übersichtlichkeit:

Nach § 243 Abs.2 HGB muß der Jahresabschluß klar und übersichtlich sein. Dieser Grundsatz gilt für alle Kaufleute. Für Kapitalgesellschaften wirkt sich dieser Grundsatz in den zwingend einzuhaltenden Gliederungsvorschriften für Bilanz und Gewinn- und Verlustrechnung (§§ 266 und 275 HGB) aus.

Die gesetzlich vorgeschriebene Gliederung von Bilanz sowie Gewinn- und Verlustrechnung ist von Kapitalgesellschaften als Mindestumfang einzuhalten. U.U. ist im Interesse von Klarheit und Übersichtlichkeit eine Erweiterung geboten.

Für Nicht-Kapitalgesellschaften kommt dem Grundsatz der Klarheit und Übersichtlichkeit mangels expliziter Gliederungsvorschriften besondere Bedeutung zu. Die Forderung nach Klarheit und Übersichtlichkeit des Jahresabschlusses kann dazu führen, daß für die Gliederung des Jahresabschlusses von Personenhandelsgesellschaften die Mindestgliederung für sog."kleine Kapitalgesellschaften" als Auslegungshilfe bedeutsam wird. Insoweit würden dann die Vorschriften für Kapitalgesellschaften auf den allgemeinen Teil des dritten Buches des Handelsgesetzbuches durchschlagen!

(3.) Grundsatz der fristgerechten Erstellung

Nicht-Kapitalgesellschaften haben gemäß § 243 Abs.3 HGB den Jahresabschluß lediglich innerhalb der einem ordnungsgemäßen Geschäftsgang entsprechenden Zeit aufzustellen - eine sehr dehnbare Vorschrift!

Große und **mittelgroße** Kapitalgesellschaften dagegen müssen ihren Jahresabschluß innerhalb der ersten drei Monate des Geschäftsjahres für das abgelaufene Geschäftsjahr erstellen (§ 264 Abs.1 S.2 HGB).

Kleine Kapitalgesellschaften können ihren Jahresabschluß auch später erstellen, soweit dies einem ordentlichen Geschäftsgang entspricht, wobei das Gesetz jedoch höchstens sechs Monate nach dem Bilanzstichtag zuläßt (§ 264 Abs.1 S.3 HGB).

Merke: Die Vorschrift für kleine Kapitalgesellschaften gibt eventuell einen gewissen Anhaltspunkt dafür, welche Aufstellungsfrist der Gesetzgeber noch für "innerhalb eines ordnungsgemäßen Geschäftsganges" akzeptieren könnte bzw. wollte. Mehr als sechs Monate wären danach nicht mehr als "innerhalb eines ordnungsgemäßen Geschäftsganges" anzusehen. Dies würde bedeuten, daß auch Einzelkaufleute und Personenhandelsgesellschaften ihren Jahresabschluß spätestens sechs Monate nach dem Bilanzstichtag zu erstellen haben. Zwingend ist diese Interpretation jedoch nicht!

(4.) Grundsatz der Vollständigkeit

In den Jahresabschluß sind **sämtliche** Vermögensgegenstände, Schulden, Rechnungs-abgrenzungsposten, Aufwendungen und Erträge aufzunehmen (§ 246 Abs.1 HGB).

> **Merke:** Das Vollständigkeitsgebot bezieht sich **nur** auf einen **mengenmäßigen** Ausweis, der Bereich der Bewertung ist damit **nicht** angesprochen.

Voraussetzungen für einen **mengenmäßigen** Ausweis im Sinne des Vollständigkeits-gebotes sind:

a) Es muß ein bilanzierungsfähiger Vermögensgegenstand bzw. eine bilanzierungsfä-hige Schuld vorliegen.

Ein Vermögensgegenstand in diesem Sinne ist jedes selbständig verkehrsfähige Gut. Vermögensgegenstand ist also nur, was Gegenstand des Rechtsverkehrs sein kann.

Schulden sind Verpflichtungen des Unternehmens zu einer Geld- oder geldähnlichen Leistung, die am Bilanzstichtag hinsichtlich Bestehen, Höhe und Fälligkeit festlie-gen oder hinreichend sicher erwartet werden.

b) Vermögensgegenstände oder Schulden müssen dem Unternehmen wirtschaftlich zuzurechnen sein.

''Wirtschaftliche Zurechnung'' bedeutet hier, daß das Unternehmen die tatsächliche wirtschaftliche Verfügungsmacht über einen Vermögensgegenstand hat bzw. die Schuld durch das Unternehmen wirtschaftlich verursacht worden ist.

c) Vermögensgegenstände oder Schulden müssen am Bilanzstichtag auch tatsächlich vorhanden sein. Hierin kommt das später noch zu besprechende ''Stichtagsprinzip'' zum Ausdruck.

d) Schließlich müssen Anschaffungs- bzw. Herstellungskosten im Zusammenhang mit Vermögensgegenständen bzw. Schulden angefallen sein.

(5.) Grundsatz des Bruttoausweises

Dieses im § 246 Abs.2 HGB normierte Verrechnungsverbot besagt, daß Aktiva nicht mit Passiva, Aufwendungen nicht mit Erträgen und Grundstücksrechte nicht mit Grund-stückslasten verrechnet werden dürfen.

In diesem Grundsatz konkretisiert sich der oben bereits angesprochene Grundsatz der Klarheit und Übersichtlichkeit. Man kann im Zusammenhang mit dem Grundsatz des Bruttoausweises auch von einem im Gesetz festgelegten **Saldierungsverbot** sprechen, wodurch einer möglichen Bilanzverschleierung vorgebeugt wird.

(6.) Grundsatz der Bilanzidentität

Nach § 252 Abs.1 Nr.1 HGB müssen die Wertansätze in der Eröffnungsbilanz des Geschäftsjahres mit den in der Schlußbilanz des vorhergehenden Geschäftsjahres angesetzten Werten übereinstimmen.

Merke: Diese sog. "formelle Bilanzidentität" ergibt sich zwingend aus dem Buchführungssystem, da hier stets Schlußbilanz des abgelaufenen Geschäftsjahres gleich Eröffnungsbilanz des laufenden Geschäftsjahres ist.

(7.) Grundsatz der Unternehmensfortführung

Bei der Bewertung der im Jahresabschluß ausgewiesenen Vermögensgegenständen und Schulden ist grundsätzlich von der Unternehmensfortführung auszugehen (§ 252 Abs.1 Nr.2 HGB). Dieses Prinzip besagt nichts anderes, als daß, solange das Unternehmen fortgeführt werden kann, eine Bewertung der Vermögensgegenstände zu **Liquidationswerten** nicht in Frage kommt. Durch den Grundsatz der Unternehmensfortführung, auch "Going-concern-Prinzip" genannt, erfährt der Grundsatz der Bewertung zu **Anschaffungskosten** (s.u.) eine zusätzliche gesetzliche Stütze.

Merke: Die Bewertung ist solange nach dem Grundsatz der Unternehmensfortführung vorzunehmen, wie dem nicht tatsächliche oder rechtliche Gegegenheiten entgegenstehen.

(8.) Grundsatz der Maßgeblichkeit des Abschlußstichtages

Für die Bewertung von Vermögensgegenständen und Schulden sind grundsätzlich die Verhältnisse am Abschlußstichtag maßgebend (§ 252 Abs.1 Nr.3 HGB), d.h. die Ursache für eine Wertänderung muß *vor* dem Abschlußstichtag liegen.

Merke: Wertänderungen, deren Ursache **nach** dem **Bilanzstichtag** liegt, können **nicht mehr** berücksichtigt werden. Eine **Ausnahme** gilt für die Bewertung des **Umlaufvermögens** insoweit, als hier Abschreibungen vorgenommen werden dürfen, um Wertänderungen aufgrund künftiger Wertschwankungen vorgreifen zu können (§ 253 Abs.3 S.3 HGB).

Ansonsten können lediglich Wertänderungen berücksichtigt werden, die zwar ihre Ursache im abgelaufenen Geschäftsjahr haben, aber erst zwischen Bilanzstichtag und Zeitpunkt der Erstellung der Bilanz bekannt werden (**wertaufhellende Informationen**).

(9.) Grundsatz der Einzelbewertung

Vermögensgegenstände und Schulden sind einzeln zu bewerten (§ 252 Abs.1 Nr.3 HGB). Auf diese Weise wird verhindert, daß sich Wertentwicklungen einzelner Vermögensgegenstände kompensieren. In der Praxis führt dieser Grundsatz jedoch teilweise zu erheblichen Schwierigkeiten, weshalb es auch gesetzlich fixierte Ausnahmeregelungen gibt (Festwert, Gruppenwert, Bewertung nach Verbrauchsfolgen usw.; siehe dazu auch die Ausführungen in Kapitel B. IV. 3.3).

(10.) Grundsatz der Periodenabgrenzung

Nach § 252 Abs.1 Nr.5 HGB sind Aufwendungen und Erträge des Geschäftsjahres im Jahresabschluß unabhängig von den Zeitpunkten der entsprechenden Zahlungen zu berücksichtigen. Damit ist das Prinzip der periodengerechten Gewinnermittlung im Sinne einer verursachungsgerechten Periodenzuordnung von Aufwendungen und Erträgen im Gesetz verankert.

(11.) Grundsatz der Bewertungsstetigkeit

§ 252 Abs.1 Nr.6 HGB schreibt vor, daß die bei der Erstellung des vorhergehenden Jahresabschlusses angewandten Bewertungsmethoden beibehalten werden **sollen**.

Merke:	Dieser Bewertungsgrundsatz, als Sollvorschrift ausgestaltet, versteht sich als Willkürverbot für den Wechsel von Bewertungsmethoden.

(12.) Grundsatz der Vorsicht

Ein Bewertungs- d.h. ein Entscheidungsproblem wäre für das bilanzierende Unternehmen nicht existent, wenn am Abschlußstichtag nur liquide Mittel (sog. ''Nominalwertgüter'' wie Bargeld, Postgiro- und Bankguthaben) vorhanden wären. Dies ist aber nicht der Fall. Bei den anderen zu bilanzierenden Gütern läßt sich wegen der objektiven bzw. subjektiven Ungewißheit über die tatsächlichen Verhältnisse und zukünftigen Entwicklungen in Bezug auf den zu bewertenden Bilanzgegenstand kein sicherer, eindeutiger Wert fixieren, sondern nur in gewissen Bandbreiten schätzen. Man denke nur an die Ungewißheit über die Nutzungsdauer von Anlagen, die Unsicherheit bei der Bewertung von Forderungen, die Ungewißheit über die Entwicklung auf den Beschaffungs- und Absatzmärkten, die Schätzproblematik bei der Dotierung von Rückstellungen usw.

Merke: Um den Schätzungsspielraum (Bewertungsspielraum) prinzipiell in Grenzen zu halten (und zugleich dem wirtschaftlichen Risiko Rechnung zu tragen) und um überhöhte Gewinnausschüttungen zu Lasten der Haftungssubstanz zu vermeiden, muß die Bewertung dem **Prinzip der kaufmännischen Vorsicht** entsprechend geschehen.

Als zentraler Rechnungslegungsgrundsatz ist dieses **Vorsichtsprinzip** mit seinen beiden Ausprägungen, nämlich dem **Imparitätsprinzip** für vorhersehbare Risiken und Verluste und dem **Realisationsprinzip** für die Berücksichtigung von Gewinnen, gesetzlich normiert.

Merke: Es ist *vorsichtig* zu bewerten, namentlich sind alle vorhersehbaren Risiken und Verluste, die bis zum Abschlußstichtag entstanden sind, zu berücksichtigen, selbst wenn diese erst zwischen dem Abschlußstichtag und dem Tag der Aufstellung des Jahresabschlusses bekanntgeworden sind; Gewinne sind nur zu berücksichtigen, wenn sie am Abschlußstichtag realisiert sind (§ 252 Abs.1 Nr.4 HGB).

Das Vorsichtsprinzip gilt als fundamentaler Rechnungslegungsgrundsatz und soll im wesentlichen einem Gläubigerschutz dienen, d.h. überhöhte Ausschüttungen und damit Aufzehrung der Haftungssubstanz sollen vermieden werden, weshalb der Kaufmann auch sein Vermögen eher zu niedrig als zu hoch ausweisen soll (darf).

Merke: Kaufleute dürfen sich in der Bilanz nicht reicher darstellen, als sie es tatsächlich sind, um sich selbst und die Gläubiger nicht zu täuschen.

Näher konkretisiert wird das Vorsichtsprinzip bei der Bewertung der einzelnen Bilanzpositionen durch gesetzlich festgeschriebene **Höchstwertvorschriften** für die Aktiva (gemäß § 253 Abs.1 HGB sind Vermögensgegenstände **höchstens** mit den Anschaffungs- oder Herstellungskosten zu bewerten) und in Auslegung nach dem Zweck des Gesetzes durch abgeleitete **Mindestwertvorschriften** für die Passiva (§ 253 Abs.1 HGB). Bezieht man neben dem Gläubigerschutzgedanken noch den Schutz der Anteilseigner, d.h. in diesem Falle eine periodengerechte Gewinnermittlung (Basis für die Gewinnverteilung an die Anteilseigner) als Aufgabe bei der Erstellung des Jahresabschlusses mit ein, dann müssen Mindestwertvorschriften bei der Bewertung der Aktiva und Höchstwertvorschriften bei den Passiva beachtet werden, um einen durch eine "zu großzügige" Auslegung des Vorsichtsprinzips zu niedrigen Erfolgsausweis zu verhindern. Diese Absicht wurde in den "ergänzenden" Vorschriften für Kapitalgesellschaften (§ 264 ff. HGB) zu realisieren versucht.

Oben wurde schon auf zwei Ausprägungen des Vorsichtsprinzips hingewiesen, die explizit im Gesetz zum Ausdruck kommen. Die Rede ist vom Realisationsprinzip und Imparitätsprinzip.

(12a) Realisationsprinzip

§ 252 Abs.1 Nr.4 HGB schreibt vor, daß Gewinne nur zu berücksichtigen sind, wenn sie am Abschlußstichtag realisiert sind. Damit soll die Ausschüttung **noch nicht erzielter** Gewinne verhindert werden. Dieses Prinzip schließt die Berücksichtigung von Wertsteigerungen über die Anschaffungs- oder Herstellungskosten der Güter aus. Als Zeitpunkt der Realisation gilt der Moment, in dem die Leistung bewirkt worden ist (Rechnungserteilung, Entstehung von Forderungen, Gefahrenübergang, Vertragserfüllung, Beendigung der Dienstleistung usw.).

(12b) Imparitätsprinzip

Im Gegensatz zum gesetzlichen Verbot, nichtrealisierte Gewinne im Jahresabschluß auszuweisen, sind dagegen gemäß § 252 Abs.1 Nr.4 HGB **alle vorhersehbaren** Risiken und Verluste, die bis zum Abschlußstichtag entstanden sind, zu berücksichtigen, wobei es im Sinne einer ''Wertaufhellung'' unbeachtlich ist, ob diese Informationen erst zwischen dem Abschlußstichtag und dem Tag der Aufstellung des Jahresabschlusses bekanntgeworden sind oder vorher.

Merke:	Dieses sog. ''Imparitätsprinzip'' führt zu einer ungleichen (''imparitätischen'') bilanziellen Behandlung **nicht realisierter Gewinne** und **Verluste** und verlangt, daß zum Abschlußstichtag noch nicht durch Umsätze realisierte, aber erkennbare Verluste berücksichtigt werden.

Ausfluß dieses Imparitätsprinzips ist das sog. ''**Niederstwertprinzip** mit wiederum zwei Ausprägungen:

1. Strenges Niederstwertprinzip

2. Gemildertes Niederstwertprinzip

Beide Ausprägungen sind in den Rechnungslegungsvorschriften des HGB verankert.

In § 253 Abs.3 HGB wird das **strenge** Niederstwertprinzip für die Bewertung des Umlaufvermögens festgelegt. Nach dem **strengen Niederstwertprinzip** muß der Bilanzierende von zwei möglichen Wertansätzen (Anschaffungs- oder Herstellungskosten einerseits, Börsen- oder Marktpreis bzw. beizulegender Wert andererseits, s.u.) **stets den niedrigeren Wert** ansetzen. Dieser niedrigere Wert ist zugleich die **oberste** Wertgrenze, über die nicht hinausgegangen werden darf. Dies gilt über das Maßgeblichkeitsprinzip bzw. die Grundsätze ordnungsmäßiger Buchführung **auch für die steuerliche Gewinnermittlung.**

Merke:	Das strenge Niederstwertprinzip ist also zugleich eine **Höchstwertvorschrift!**

Für die Bewertung des Anlagevermögens gilt das Niederstwertprinzip in "gemilderter" Form (§ 253 Abs.2 HGB). Hier ist dem Unternehmen grundsätzlich ein **Wahlrecht** eingeräumt, auf den niedrigeren Wert herabzugehen. Diese Wahlmöglichkeit verwandelt sich allerdings in eine **Pflicht**, wenn es sich um eine **dauernde Wertminderung** handelt. Wir kommen hierauf, insbesondere auch auf die abweichenden Regelungen für Kapitalgesellschaften, noch zurück.

Merke: Von den in § 252 Abs.1 HGB normierten GoB (hier unter 6. bis 12.) darf nur in **begründeten Ausnahmefällen** abgewichen werden (§ 252 Abs.2 HGB).

(13.) Grundsatz der Bewertung zu Anschaffungskosten

Das Anschaffungskostenprinzip (§ 253 Abs.1 HGB) besagt, daß für die Bewertung der Vermögensgegenstände die Anschaffungskosten **nicht** überschritten werden dürfen (beim abnutzbaren Anlagevermögen bilden die Anschaffungskosten **vermindert** um planmäßige Abschreibungen die Wertobergrenze). Durch die grundsätzliche Bewertung zu Anschaffungskosten wird verhindert, daß unrealisierte Gewinne ausgewiesen werden.

5. Testfragen

- Haben Sie wirklich alle angegebenen Paragraphen mitgelesen?
- Wie ist das 3. Buch des HGB aufgebaut?
- Besteht eine gesetzliche Verpflichtung zur Erstellung einer Gewinn- und Verlustrechnung?
- Aus welchen "Teilen" setzt sich der Jahresabschluß von Kapitalgesellschaften zusammen?
- Wird durch das 3. Buch im HGB ein bestimmtes Buchführungssystem vorgeschrieben?
- Was bezweckt der Gesetzgeber mit der Pflicht zur Erstellung eines Jahresabschlusses für Kapitalgesellschaften?
- Erklären Sie, warum die Rede von **den** Zielen bzw. Aufgaben des Jahresabschlusses mißverständlich und irreführend ist.
- Beschreiben Sie das sog. "Maßgeblichkeitsprinzip" und erklären Sie, was mit der sog. "umgekehrten Maßgeblichkeit" gemeint ist.
- Was ist der "Hauptzweck" der Steuerbilanz und wer ist der Adressat der Steuerbilanz?
- Was bedeutet es für das Verhältnis von handelsrechtlichem Jahresabschluß und Steuerbilanz, wenn das Steuerrecht zu Bilanzierungs- und Bewertungsfragen schweigt?
- Wie sieht im Hinblick auf das Maßgeblichkeitsprinzip die Abschlußpraxis vieler Unternehmen aus?

- In welche Größenklassen teilt das HGB Kapitalgesellschaften ein und welche Merkmale liegen dieser Einteilung zugrunde?

- Wofür hat die Größenklasseneinteilung von Kapitalgesellschaften Bedeutung?

- Welche Bedeutung und Funktion haben die sog. "allgemeinen Grundsätze für die Erstellung eines Jahresabschlusses"?

- Welche "allgemeinen Grundsätze für die Erstellung eines Jahresabschlusses" gibt es und wo sind diese Grundsätze im Gesetz normiert?

Merke: Der mit den angeführten Testfragen verfolgte Zweck wird **nicht erreicht**, wenn Sie sich nicht die Mühe machen, die Antworten mit Ihren eigenen Worten zu formulieren. Nachschauen ist aber "erlaubt"!

II. Bilanz und Gewinn- und Verlustrechnung

1. Vorbemerkungen

Bevor wir uns mit dem **Bilanzansatz dem Grunde nach** und dem **Bilanzansatz der Höhe nach** beschäftigen, soll anhand der Vorschriften zur Gliederung von Bilanz und Gewinn- und Verlustrechnung deutlich gemacht werden, **wie** eine Bilanz und **wie** eine Gewinn- und Verlustrechnung *prinzipiell* aufgebaut ist und welchen *grundsätzlichen* Inhalt diese beiden Rechenwerke haben.

Wir gehen dabei prinzipiell von einer Bilanz und einer Gewinn- und Verlustrechnung aus, die sämtliche im Gesetz ausdrücklich genannten Positionen aufzeigen, insoweit also die gesetzliche **"Maximallösung"** darstellen. Wie später noch gezeigt wird, sind durchaus noch Erweiterungen dieser Maximallösung denkbar. Für unsere Betrachtung ist es jedoch zunächst ausreichend, allein auf die gesetzlich vorgeschriebene Gliederung von Bilanz und Gewinn- und Verlustrechnung für die sog. **"große Kapitalgesellschaft"** zurückzugreifen.

Bevor wir uns jedoch mit den gesetzlichen Vorschriften zur Gliederung von Bilanz und Gewinn- und Verlustrechnung der sog. ''großen Kapitalgesellschaft'' näher befassen, wollen wir kurz auf die Vorschriften für Bilanz und Gewinn- und Verlustrechnung für **Nicht-Kapitalgesellschaften** eingehen.

1.1 Gliederung des Jahresabschlusses von Einzelkaufleuten und Personenhandelsgesellschaften

Für Einzelkaufleute und Personenhandelsgesellschaften gelten **keine bestimmten Gliederungsschemata**. Das Gesetz normiert lediglich einige Grundprinzipien, die zusammen mit dem Zweck der Rechnungslegung die Gliederung des Jahresabschlusses ''bestimmen''.

Diese Grundprinzipien sind:

a) Prinzip der **Klarheit und Übersichtlichkeit**.

In § 243 Abs.2 HGB ist dieses Prinzip normiert und dient als übergeordneter Maßstab für eine ''zweckgerichtete'' Gliederung des Jahresabschlusses (siehe dazu auch die Ausführungen in Kapitel B. II. 2.1).

b) **Verrechnungsverbot**.

Gemäß § 246 Abs.2 HGB dürfen Aktiva nicht mit Passiva, Aufwendungen nicht mit Erträgen, Grundstücksrechte nicht mit Grundstückslasten verrechnet werden (siehe dazu auch die Ausführungen in Kapitel B. I. 4.).

c) Das Anlage- und Umlaufvermögen, das Eigenkapital, die Schulden sowie die Rechnungsabgrenzungsposten sind **gesondert auszuweisen** und **hinreichend aufzugliedern** (§ 247 Abs.1 HGB, siehe dazu auch die Ausführungen in Kapitel B. I. 4.).

d) **Haftungsverhältnisse**, die nicht zu passivieren sind, sind **unter** der Bilanz auszuweisen (§ 251 HGB).

e) Außer der Definition des Jahresabschlusses und der Pflicht zur Erstellung eines Jahresabschlusses (§ 242 HGB) gibt es im Gesetz keine weiteren Vorschriften zur **Gewinn- und Verlustrechnung**. Für die Erstellung einer Gewinn- und Verlustrechnung ist deshalb im wesentlichen das bereits angesprochene Prinzip der Klarheit und Übersichtlichkeit maßgebend, was konkret bedeutet, daß die Gewinn- und Verlustrechnung gliederungstechnisch gesehen lediglich die Quellen des Erfolgs sichtbar machen muß.

Merke: Für Einzelkaufleute und Personenhandelsgesellschaften gibt es keine gesetzlich vorgeschriebenen Gliederungsschemata für den Jahresabschluß. Bei der Gliederung von Bilanz und Gewinn- und Verlustrechnung hat sich der Ersteller des Jahresabschlusses am Grundsatz der **Klarheit** und **Übersichtlichkeit** sowie am **Zweck** der **Rechnungslegung** zu orientieren. Es läßt sich allerdings nicht ausschließen, daß im Laufe der Zeit die Gliederung für die **kleine** Kapitalgesellschaft auch für **Nicht-Kapitalgesellschaften** angewandt wird, d.h. sich durch kaufmännische Übung ''einbürgert''.

1.2 Gliederungsvorschriften für Kapitalgesellschaften

Im Gegensatz zu den Nicht-Kapitalgesellschaften schreibt das Gesetz für Kapitalgesellschaften bestimmte Gliederungen für Bilanz sowie Gewinn- und Verlustrechnung **zwingend** vor. Der Umfang und die Tiefe der Gliederung von Bilanz und Gewinn- und Verlustrechnung ist abhängig von bestimmten Größenmerkmalen (§ 267 HGB).

Hinsichtlich der gesetzlichen Einteilung von Kapitalgesellschaften in bestimmte Größenklassen kann an dieser Stelle auf die früheren Ausführungen in diesem Kapitel verwiesen werden (siehe dazu auch das Schaubild in Kapitel B. I. 4.).

Bei den Rechtsfolgen, die an die einzelnen Größenklassen geknüpft sind, handelt es sich für den Bereich der Gliederung des Jahresabschlusses um sog. **"größenabhängige Erleichterungen"** im Ausweis einzelner Positionen von Bilanz und Gewinn- und Verlustrechnung. Das Gesetz geht hierbei so vor, daß in § 266 Abs.2 und Abs.3 HGB die Mindestgliederung der Bilanz und in § 275 Abs.2 bzw. Abs.3 HGB die Mindestgliederung der Gewinn- und Verlustrechnung für die **große** Kapitalgesellschaft explizit dargestellt werden und die größenabhängigen Erleichterungen für kleine Kapitalgesellschaften im Sinne einer Zusammenfassung einzelner Positionen im Gesetzestext näher umschrieben werden (§§ 266 Abs.1 und 276 HGB).

Diesen zwingenden Gliederungen für die Bilanz sowie die Gewinn- und Verlustrechnung von Kapitalgesellschaften sind die folgenden allgemeinen Grundsätze für die Gliederung vorangestellt (§ 265 HGB):

(1.) Prinzip der formellen Bilanzkontinuität (§ 265 Abs.1 HGB)

Dieses Prinzip fordert, daß die Form der Darstellung, insbesondere die Gliederung aufeinanderfolgender Bilanzen und Gewinn- und Verlustrechnungen, beizubehalten ist. Dies gilt nur, soweit nicht in **Ausnahmefällen** wegen besonderer Umstände Abweichungen erforderlich sind. Diese Abweichungen sind im Anhang **anzugeben** und zu **begründen**.

(2.) Angabe von Vorjahresbeträgen (§ 265 Abs.2 HGB)

Zu jedem Posten der Bilanz und Gewinn- und Verlustrechnung ist der entsprechende Betrag des vorhergehenden Geschäftsjahres anzugeben. Auf diese Weise soll der Jahresabschluß dem Bilanzleser transparenter werden (Periodenvergleich). Nicht erforderlich ist, daß die Vorjahresbeträge "auf den Pfennig genau" angegeben werden. Eine Rundung auf Hundert-DM-Beträge ist zulässig und entspricht auch dem Prinzip der Klarheit und Übersichtlichkeit.

Sind die Beträge nicht vergleichbar, so ist dies **im Anhang** (s. u.) anzugeben und zu erläutern. Wird der Vorjahresbetrag angepaßt, so ist auch die Anpassung im Anhang anzugeben und zu erläutern.

Merke:	Die Pflicht zur Angabe von Vorjahresbeträgen führt auch dann zu einem Ausweis einer Position des Jahresabschlusses, wenn die Position im laufenden Geschäftsjahr zwar keinen Betrag enthält und damit grundsätzlich nicht aufgeführt zu werden bräuchte (Leerposten § 265 Abs.8 HGB), aber im Vorjahr unter diesem Posten ein Betrag ausgewiesen wurde!

(3.) Mitzugehörigkeit zu anderen Bilanzpositionen (§ 265 Abs.3 HGB)

Fällt ein Vermögensgegenstand oder eine Schuld unter mehrere Posten der **Bilanz**, so ist die Mitzugehörigkeit zu anderen Posten bei dem Posten, unter dem der Ausweis erfolgt ist, zu vermerken oder im Anhang anzugeben. Die Mitzugehörigkeit zu anderen Posten ist nur dann anzugeben, wenn dies zur Aufstellung eines klaren und übersichtlichen Jahresabschlusses erforderlich ist.

Merke:	Für **eigene Anteile** gilt dagegen, daß sie unabhängig von ihrer Zweckbestimmung nur unter dem dafür vorgesehenen Posten im Umlaufvermögen auszuweisen sind. Ein Ausweis unter einem anderen Posten ist nicht zulässig, ein Vermerk über eine Mitzugehörigkeit ist deshalb auch nicht erforderlich.

(4.) Gliederung bei mehreren Geschäftszweigen (§ 265 Abs.4 HGB)

Hat eine Kapitalgesellschaft mehrere Geschäftszweige und verlangen die verschiedenen Geschäftszweige von den allgemeinen Schemata abweichende Gliederungen (siehe dazu die Formblattregelung des § 330 HGB), so ist der Jahresabschluß nach der für **einen** Geschäftszweig vorgeschriebenen Gliederung aufzustellen und nach der für den **anderen** Geschäftszweig vorgeschriebenen Gliederung zu ergänzen. Diese Ergänzung ist im Anhang anzugeben und zu begründen.

Merke:	Mit dieser Vorschrift sind z.B. jene Fälle gemeint, in denen ein Kreditinstitut, für dessen Jahresabschluß gemäß § 330 HGB ein abweichendes Formblatt vorgeschrieben ist, ein Produktionsunternehmen betreibt.

(5.) Erweiterung und Änderung der Gliederung (§ 265 Abs.5 und 6 HGB)

Bei den Gliederungsschemata für die Bilanz sowie die Gewinn- und Verlustrechnung gemäß § 266 Abs.2 und 3 sowie § 275 Abs.2 bzw. 3 HGB handelt es sich um *Standardschemata* im Sinne einer **Mindestgliederung** für die Belange und Eigenarten eines Industrieunternehmens.

Zur Anpassung an individuelle Verhältnisse können Posten weiter untergliedert werden, wobei jedoch die vorgeschriebene Gliederung zu beachten ist. Außerdem können jederzeit neue Posten eingefügt werden, wenn ihr Inhalt nicht von einem vorgeschriebenen Posten abgedeckt wird. In besonderen Fällen muß im Interesse eines klaren und übersichtlichen Jahresabschlusses die Gliederung und Bezeichnung der mit arabischen Zahlen versehenen Posten der Bilanz und Gewinn- und Verlustrechnung geändert werden (§ 265 Abs.6 HGB).

Merke:	Ein Unternehmen darf von den Standardgliederungen der § 266 Abs.2 und 3 sowie § 275 Abs.2 bzw. 3 HGB abweichen, indem es Positionen weiter untergliedert oder neue Posten einführt. Die Gliederung und Bezeichnung der mit arabischen Zahlen versehenen Posten **muß** geändert werden, wenn dies wegen Besonderheiten der Kapitalgesellschaft zur Aufstellung eines klaren und übersichtlichen Jahresabschlusses erforderlich ist. Die Standardschemata der § 266 Abs.2 und 3 sowie § 275 Abs.2 bzw. 3 HGB sind nur **Mindestgliederungen**.

(6.) Zusammenfassung von Positionen (§ 265 Abs.7 HGB)

Wenn für den Jahresabschluß keine besonderen Formblätter vorgeschrieben sind (§ 330 HGB), können die arabisch numerierten Posten von Bilanz und Gewinn- und Verlustrechnung zusammengefaßt werden, wenn

a) sie einen Betrag enthalten, der für die Vermittlung eines den tatsächlichen Verhältnissen entsprechenden Bildes der Vermögens-, Finanz- und Ertragslage nicht erheblich ist, oder wenn

b) dadurch die Klarheit der Darstellung vergrößert wird. Die zusammengefaßten Positionen müssen dann jedoch im Anhang gesondert ausgewiesen werden.

Das Schaubild auf der folgenden Seite zeigt die "Allgemeinen Ausweis- und Gliederungsvorschriften" im Überblick, wobei zwischen Vorschriften für "alle Kaufleute" und "ergänzende Vorschriften für Kapitalgesellschaften" unterschieden wird.

Abbildung: B.6

2. Gliederung der Bilanz

Im folgenden werden die Gliederungsschemata der Bilanz unter Berücksichtigung der größenspezifischen Merkmale behandelt. Die einzelnen Bilanzpositionen wollen wir anhand der Bilanz für die "mittelgroße und große Kapitalgesellschaft" erläutern.

2.1 Gliederungsschemata

2.1.1 Die Gliederung für die mittelgroße und große Kapitalgesellschaft

Für die Gliederung der Bilanz der mittelgroßen und großen Kapitalgesellschaft ist das Grundschema gemäß § 266 Abs.2 und 3 HGB (lesen!) zwingend. Die einzelnen Posten sind gesondert und in der vorgeschriebenen Reihenfolge auszuweisen.

Dieses Grundschema ist u.U. um Positionen zu erweitern, die im Anschluß an § 266 HGB erläutert werden.

Das Schaubild auf der übernächsten Seite zeigt die Bilanz für die mittelgroße und große Kapitalgesellschaft unter Berücksichtigung bestimmter Erweiterungen.

Abbildung: B.7

2.1.2 Die Gliederung für die kleine Kapitalgesellschaft

Gemäß § 266 Abs.1 S.3 HGB braucht eine **kleine** Kapitalgesellschaft lediglich eine sog. **verkürzte** Bilanz aufzustellen. In dieser verkürzten Bilanz werden nur die mit Buchstaben und römischen Zahlen bezeichneten Posten des allgemeinen Gliederungsschemas nach § 266 Abs.2 und 3 HGB gesondert und in der vorgeschriebenen Reihenfolge ausgewiesen.

Allgemeine Ausweis- und Gliederungsvorschriften

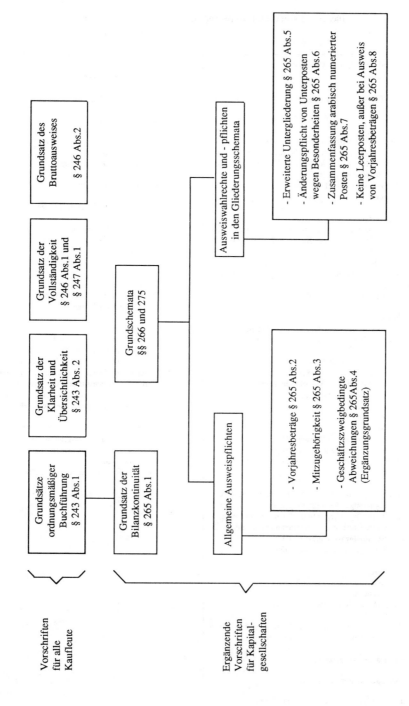

Abbildung: B.6

Gliederungsschema für mittelgroße und große Kapitalgesellschaften

Aktiva	Passiva

Aktiva

A. Ausstehende Einlagen auf das gezeichnete Kapital
- davon eingefordert

B. Aufwendungen für die Ingangsetzung und Erweiterung des Geschäftsbetriebs

C. Anlagevermögen:
    I. Immaterielle Vermögensgegenstände:
        1. Konzessionen, gewerbliche Schutzrechte und ähnliche Rechte und Werte sowie Lizenzen an solchen Rechten und Werten;
        2. Geschäfts- oder Firmenwert;
        3. geleistete Anzahlungen;

    II. Sachanlagen:
        1. Grundstücke, grundstücksgleiche Rechte und Bauten einschl. der Bauten auf fremden Grundstücken;
        2. technische Anlagen und Maschinen;
        3. andere Anlagen, Betriebs- und Geschäftsausstattung;
        4. geleistete Anzahlungen und Anlagen im Bau;

    III. Finanzanlagen:
        1. Anteile an verbundenen Unternehmen;
        2. Ausleihungen an verbundene Unternehmen;
        3. Beteiligungen;
        4. Ausleihungen an Unternehmen, mit denen ein Beteiligungsverhältnis besteht;
        5. Wertpapiere des Anlagevermögens;
        6. Sonstige Ausleihungen.

D. Umlaufvermögen:
    I. Vorräte:
        1. Roh-, Hilfs- und Betriebsstoffe;
        2. unfertige Erzeugnisse, unfertige Leistungen;
        3. fertige Erzeugnisse und Waren;
        4. geleistete Anzahlungen;

    II. Forderungen und sonstige Vermögensgegenstände:
        1. Forderungen aus Lieferungen und Leistungen;
        2. Forderungen gegen verbundene Unternehmen;
        3. Forderungen gegen Unternehmen, mit denen ein Beteiligungsverhältnis besteht;
        4. Sonstige Vermögensgegenstände;

    III. Wertpapiere:
        1. Anteile an verbundenen Unternehmen;
        2. eigene Anteile;
        3. Sonstige Wertpapiere;

    IV. Schecks, Kassenbestand, Bundesbank- und Postgiroguthaben, Guthaben bei Kreditinstituten.

E. Rechnungsabgrenzungsposten

F. Abgrenzungsposten für latente Steuern

G. Nicht durch Eigenkapital gedeckter Fehlbetrag

Passiva

A. Eigenkapital:
    I. Gezeichnetes Kapital;

    II. Kapitalrücklage;

    III. Gewinnrücklagen:
        1. gesetzliche Rücklage;
        2. Rücklage für eigene Anteile;
        3. satzungsmäßige Rücklagen;
        4. andere Gewinnrücklagen;

    IV. Gewinnvortrag/Verlustvortrag;

    V. Jahresüberschuß/Jahresfehlbetrag.

B. Sonderposten mit Rücklageanteil

C. Rückstellungen:
    1. Rückstellungen für Pensionen und ähnliche Verpflichtungen;
    2. Steuerrückstellungen;
    3. Rückstellungen für latente Steuern;
    4. Sonstige Rückstellungen.

D. Verbindlichkeiten:
    1. Anleihen, davon konvertibel;
    2. Verbindlichkeiten gegenüber Kreditinstituten;
    3. erhaltene Anzahlungen auf Bestellungen;
    4. Verbindlichkeiten aus Lieferungen und Leistungen;
    5. Verbindlichkeiten aus der Annahme gezogener Wechsel und der Ausstellung eigener Wechsel;
    6. Verbindlichkeiten gegenüber verbundenen Unternehmen;
    7. Verbindlichkeiten gegenüber Unternehmen, mit denen ein Beteiligungsverhältnis besteht;
    8. Sonstige Verbindlichkeiten, davon aus Steuern, davon im Rahmen der sozialen Sicherheit.

E. Rechnungsabgrenzungsposten

Vermerk:
Haftungsverhältnisse

Abbildung: B.7

Wie bereits bei der Gliederung für die mittelgroße und große Kapitalgesellschaft angesprochen, können besondere Umstände dazu führen, daß die Bilanz um Positionen zu erweitern ist, für deren Ausweis das Gesetz explizit Regelungen festschreibt.

Diese Erweiterungen gelten auch für die ''verkürzte'' Bilanz der kleinen Kapitalgesellschaft.

Es handelt sich hierbei im wesentlichen um folgende Positionen:

- Ausstehende Einlagen auf das gezeichnete Kapital (§ 272 Abs.1 S.2 HGB, lesen!)

- Aufwendungen für die Ingangsetzung und Erweiterung des Geschäftsbetriebs
  (§ 269 HGB, lesen!)

- Eigene Anteile (§ 265 Abs.3 Satz 2 HGB, lesen!)

- Aktiver Abgrenzungsposten für latente Steuern (§ 274 Abs.2 HGB, lesen!)

- Nicht durch Eigenkapital gedeckter Fehlbetrag (§ 268 Abs.3 HGB, lesen!)

- Rücklage für ''Wertaufholung und Sonderposten''; Ausweis unter ''andere Gewinnrücklagen'' (§§ 29 Abs.4 GmbHG bzw. 58 Abs.2a AktG, lesen!)

- Bilanzgewinn/Bilanzverlust (§ 268 Abs.1 HGB, lesen!)

- Sonderposten mit Rücklageanteil (§§ 247 Abs.3 und 273 HGB, lesen!)

- Rückstellungen für latente Steuern (§ 274 Abs.1 HGB, lesen!)

- Haftungsverhältnisse; Ausweis als ''Vermerk'' unter der Bilanz (§§ 251, 268 Abs.7 HGB, lesen!).

Merke:	Sollten Sie den Hinweis ''lesen'' bei den obigen Paragraphenangaben überlesen haben, denken Sie bitte daran, ''Lesen bildet''!

Das Schaubild auf der folgenden Seite zeigt die verkürzte Bilanz der kleinen Kapitalgesellschaft ergänzt um diese ''Erweiterungen''.

Abbildung: B.8

2.2 Erläuterungen zu den einzelnen Bilanzpositionen

2.2.1 Positionen der Aktivseite

2.2.1.1 Ausstehende Einlagen

Unter ''Ausstehende Einlagen auf das gezeichnete Kapital; davon eingefordert'' wird der nicht eingezahlte Teil auf die Gesamtnennbeträge aller Anteile als **Korrektur**posten zum gezeichneten Kapital ausgewiesen (**Bruttomethode**).

Gliederungsschema für die kleine Kapitalgesellschaft

Aktiva   **Passiva**

Aktiva	Passiva

A. Ausstehende Einlagen auf das gezeichnete Kapital	A. Eigenkapital
	  I. Gezeichnetes Kapital
	  II. Kapitalrücklage

B. Aufwendungen für die Ingangsetzung und Erweiterung des Geschäftsbetriebs	III. Gewinnrücklagen IV. Gewinnvortrag/Verlustvortrag V. Jahresüberschuß/Jahresfehlbetrag

C. Anlagevermögen
  I. Immaterielle Vermögensgegenstände
  II. Sachanlagen
III. Finanzanlagen
	B. Sonderposten mit Rücklageanteil
	
	C. Rückstellungen
	  - Rückstellungen für latente Steuern

D. Umlaufvermögen
  I. Vorräte
  II. Forderungen und sonstige Vermögensgegenstände
	D. Verbindlichkeiten
	
	E. Rechnungsabgrenzungsposten

III. Wertpapiere	
IV. Schecks, Kassenbestand, Bundesbank- und Postgiroguthaben, Guthaben bei Kreditinstituten	
E. Rechnungsabgrenzungsposten	
F. Abgrenzungsposten für latente Steuern	
G. Nicht durch Eigenkapital gedeckter Fehlbetrag	

Vermerk:
Haftungsverhältnisse

Abbildung: B.8

> **Merke:**   Ausstehende Einlagen sind Forderungen der Gesellschaft an die Anteilseigner.

Alternativ zum Ausweis des nicht eingezahlten Anteils des Eigenkapitals sieht das Gesetz (§ 272 Abs.1 S.3 HGB, lesen!) vor, daß die nicht eingeforderten ausstehenden Einlagen von der Position "gezeichnetes Kapital" **offen** abgesetzt werden und der verbleibende Betrag unter der Bezeichnung **"eingefordertes Kapital"** als Passivposten in der Hauptspalte ausgewiesen wird. Der eingeforderte, aber noch nicht eingezahlte Teil ist unter den Forderungen gesondert auszuweisen und entsprechen zu bezeichnen (**Nettomethode**).

Die folgende Abbildung stellt die beiden alternativen Ausweismöglichkeiten beispielhaft gegenüber.

Bruttoausweis
§ 272 Abs.1 S.2 HGB

Aktiva				Passiva
A. Ausstehende Einlagen		10	A. Eigenkapital	
auf das gezeichnete Kapital			I. Gezeichnetes Kapital	100
- davon eingefordert 2				
Saldo		90		
		100		100

Nettoausweis
§ 272 Abs.1 S.3 HGB

Aktiva			Passiva	
A. Anlagevermögen			A. Eigenkapital	
B. Umlaufvermögen			I. Gezeichnetes Kapital	100
II. Forderungen				
			nicht eingeforderte	
.			Einlagen	8
.				
.				
4. Eingefordertes aber			Eingefordertes Kapital	92
noch nicht einge-				
zahltes Kapital		2		
Saldo		90		
		92		92

Abbildung: B.9

2.2.1.2 Aufwendungen für die Ingangsetzung und Erweiterung des Geschäftsbetriebs

§ 269 HGB räumt dem Bilanzierenden die Möglichkeit ein, sog. ''Aufwendungen für die Ingangsetzung und Erweiterung des Geschäftsbetriebes'' als **Bilanzierungshilfe** zu aktivieren.

> **Merke:** Bilanzierungshilfen sind bestimmte Wahlrechte, deren Inanspruchnahme eine in der Anlaufphase von Kapitalgesellschaften sonst eventuell eintretende Überschuldung vermeiden soll. Im Falle der Überschuldung ist sowohl für die Aktiengesellschaft gemäß § 92 Abs.2 S.2 AktG als auch für die GmbH gemäß § 63 Abs.1 GmbHG das Konkursverfahren zu eröffnen. Außerdem fördert eine Aktivierung von Bilanzierungshilfen die periodengerechte Erfolgsermittlung. Bilanzierungshilfen sind **keine** Vermögensgegenstände.

Voraussetzung für die Aktivierung als Bilanzierungshilfe ist, daß es sich bei diesen Aufwendungen nicht um Anschaffungs- oder Herstellungskosten aktivierungsfähiger Vermögensgegenstände handelt.

Bei **Ingangsetzungskosten** handelt es sich um Aufwendungen, die während der **Anlaufphase zum Aufbau** der Betriebsorganisation anfallen, also um Aufwendungen, die bis zur Aufnahme der geregelten Geschäftstätigkeit anfallen. Es kann sich dabei um Löhne, Gehälter, sonstige Personalkosten, Planungskosten, Kosten der Organisationsberatung, Versuchskosten, Forschungs- und Entwicklungskosten usw. handeln.

Die Anlaufphase endet im allgemeinen mit dem Abschluß der Betriebserstellung, die sich bei komplizierten Anlagen u.U. auch über mehr als ein Jahr hinziehen kann.

Nicht zu den Ingangsetzungskosten gehören sog. ''**Gründungskosten**''. Für diese Kosten besteht gemäß § 248 Abs.1 HGB ein Aktivierungs**verbot**.

Aufwendungen für die Erweiterung des Geschäftsbetriebs fallen nach der Anlaufphase an, stellen also zeitlich gesehen keine Ingangsetzungskosten dar. Für die Abgrenzung zu den laufenden Kosten sind aber dieselben Maßstäbe bzw. Grundsätze zugrundezulegen, die auch für die Umschreibung der Ingangsetzungskosten Anwendung finden.

Auf einen kurzen Nenner gebracht, handelt es sich bei den Erweiterungskosten um Aufwendungen, die die Merkmale von Ingangsetzungskosten erfüllen würden, wenn sie in der Anlaufphase anfielen.

Merke: Regelmäßig ist bei der Abrenzung der Erweiterungskosten von einem **engen** Begriff der Betriebserweiterung auszugehen. Die Aktivierung von Kosten der Ingangsetzung und Erweiterung ist in das **freie Ermessen** des Bilanzierenden gestellt, d.h. es kann auch nur **ein Teil** der Aufwendungen aktiviert werden. Entscheidet sich der Bilanzierende für die Aktivierung, so ist dies nur **im Jahr des Anfalls** der Aufwendungen möglich, eine nachträgliche Aktivierung scheidet aus.

Die Aufwendungen sind im Anhang zu erläutern und ihre Entwicklung ist in einem Anlagegitter darzustellen (§ 268 Abs.2 HGB, lesen! Siehe dazu auch die Ausführungen unten zum ''Anlagevermögen'').

Schließlich verlangt der Ausweis von Ingangsetzungs- und Erweiterungskosten, daß nach einer Ausschüttung die verbleibenden jederzeit auflösbaren Gewinnrücklagen zuzüglich eines Gewinnvortrages und abzüglich eines Verlustvortrages mindestens dem Umfang der zu aktivierenden Ingangsetzungs- und Erweiterungskosten entsprechen (**Ausschüttungssperre**, § 269 S.2 HGB, lesen!).

214

2.2.1.3 Anlagevermögen

Das Gesetz schreibt in § 247 Abs.2 HGB vor, daß beim Anlagevermögen nur die Vermögens-gegenstände auszuweisen sind, die **dauernd** dem Geschäftsbetrieb zu dienen bestimmt sind.

Merke:	Ob ein Vermögensgegenstand unter dem Anlagevermögen oder unter dem Umlaufvermögen auszuweisen ist, entscheidet **allein die Zweckbestimmung** am jeweiligen Bilanzstichtag! Ein Vermögensgegenstand kann bei einer Gesellschaft zum Anlagevermögen, bei einer anderen Gesellschaft zum Umlauf-vermögen gerechnet werden.

Das Anlagevermögen umfaßt grundsätzlich die Positionen

I. Immaterielle Vermögensgegenstände,

II. Sachanlagen,

III. Finanzanlagen.

Für das Anlagevermögen sowie für die Aufwendungen für die Ingangsetzung und Erweite-rung des Geschäftsbetriebs schreibt das Gesetz in § 268 Abs.2 HGB (lesen!) eine **horizontale** Gliederung (**Anlagegitter**) vor.

Folgende Darstellung empfiehlt sich für das Anlagegitter :

	Historische Anschaffungs-kosten oder Herstellungs-kosten kumuliert	Zugänge (+)	Abgänge (./.)	Umbu-chungen (+) (./.)	Abschrei-bungen kumuliert (./.)	Zuschrei-bungen des Geschäfts-jahres (+)	Rest-buch-wert 31.12.	Restbuch-wert Vorjahr
Aufwendungen für Ingang-setzung und Erweiterung des Geschäfts-betriebs								
Anlagevermö-gen · · ·								

Abbildung: B.10

Zu den immateriellen Vermögensgegenständen gehören laut Gliederung:

a)   Konzessionen, gewerbliche Schutzrechte und ähnliche Rechte und Werte sowie Lizenzen an solchen Rechten und Werten,

b)   Geschäfts- oder Firmenwert,

c)   geleistete Anzahlungen.

Konzessionen sind im allgemeinen Genehmigungen von Behörden zur Ausübung eines konzessionspflichtigen Gewerbes oder zur Nutzung von öffentlichen Sachen, also z.B.:

-   Mineralgewinnungs- und Bergbaurechte,

-   Brennrechte,

-   bestimmte Wasserrechte usw.

Unter **gewerblichen Schutzrechten und ähnlichen Rechten und Werten** werden z.B.

-   Patente

-   Warenzeichen

-   Urheberrechte

-   Nutzungsrechte

-   Know-how

zusammengefaßt.

Eine gesetzliche Definition des **Geschäfts- oder Firmenwertes** läßt sich aus § 255 Abs.4 HGB (lesen!) herleiten. Das Gesetz spricht hier vom "Unterschiedsbetrag ..., um den die für die Übernahme eines Unternehmens bewirkte Gegenleistung den Wert der einzelnen Vermögensgegenstände des Unternehmens abzüglich der Schulden im Zeitpunkt der Übernahme übersteigt." Faktisch handelt es sich hier um einen **Mehrwert**, den ein Unternehmen über den Substanzwert abzüglich der Schulden hat (= Netto-Substanzwert).

Mit **"geleisteten Anzahlungen"** sind Vorausleistungen für den Erwerb eines immateriellen Vermögensgegenstandes gemeint. Geleistete Anzahlungen müssen solange bilanziert werden, bis der immaterielle Vermögensgegenstand endgültig in das Vermögen des Erwerbers übergegangen ist (in diesem Falle erfolgt eine entsprechende Umbuchung auf die richtige Position unter den immateriellen Vermögensgegenständen).

Merke: Voraussetzung für die Aktivierung immaterieller Vermögensgegenstände des Anlagevermögens ist, daß sie **entgeltlich** erworben wurden (§ 248 Abs.2 HGB).

2.2.1.3.2 Sachanlagen

Sachanlagen sind "materielles Anlagevermögen", also körperliche Vermögensgegenstände, die dem Unternehmen zur Nutzung bereitstehen.

In der Gliederung des Grundschemas gemäß § 266 Abs.2 HGB (Aktivseite) wird das Sachanlagevermögen in vier Positionen eingeteilt.

2.2.1.3.2.1 Grundstücke, grundstücksgleiche Rechte und Bauten einschließlich der Bauten auf fremden Grundstücken

Unter **"Grundstücke"** wird bebauter oder unbebauter Grund und Boden ausgewiesen, der im Eigentum des Unternehmens steht. Bei den Gebäuden wird im Ausweis nicht zwischen Geschäfts-, Fabrik- oder Wohngebäude unterschieden.

Zu den Gebäuden zählen auch die Einrichtungen wie Heizungs-, Beleuchtungs-, Lüftungsanlagen, Zuleitungen, Rolltreppen, Installationen, wenn sie **wirtschaftlich** als Teil des Gebäudes anzusehen sind und *keine* Betriebsvorrichtungen darstellen.

Grundstücksgleiche Rechte sind Rechte, die bürgerlich-rechtlich wie Grundstücke behandelt werden (z.B. Erbbaurecht, Dauerwohnrecht, Abbaugerechtigkeiten usw.).

Zum Grundvermögen gehören auch **andere Bauten**, wie z.B. Straßen, Parkplätze, Brücken, Wasserbauten, Kanalbauten, Eisenbahnanlagen, Hafenanlagen usw.

2.2.1.3.2.2 Technische Anlagen und Maschinen

Unter dieser Position sind alle Arten von Anlagen und Maschinen aufzunehmen, die der Produktion dienen und bei denen es sich um **selbständige Vermögenswerte** handelt.

Zu **technischen Anlagen** gehören bspw. die Anlagen der chemischen Industrie, Gießereien, Hochöfen, Kokereien, Transportanlagen, Arbeitsbühnen, Umspannwerke, Kraftwerke usw. sowie alle Fundamente, Stützen usw., selbst wenn letztere ihrer Natur nach als Bauten anzusehen sind.

Merke: Spezialersatz- und Reserveteile, die zur Instandhaltung bzw. zur Ergänzung des Anlagevermögens bestimmt sind, sollten entsprechenden Anlageposten hinzugerechnet werden. **Allgemein verwendbare** Reparaturmaterialien werden unter "Vorräte" ausgewiesen.

Unter **Maschinen** fallen z.B. Werkzeugmaschinen, Stanzen, Bohr- und Fräsmaschinen, Abfüll- und Verpackungsanlagen, Setz- und Druckmaschinen.

2.2.1.3.2.3　Andere Anlagen, Betriebs- und Geschäftsausstattung

Der Inhalt dieser Bilanzposition ist schwer abzugrenzen. Der Einfachheit halber definiert man den Begriff negativ, d.h., es handelt sich hier um all jene beweglichen Vermögensgegenstände des Sachanlagevermögens, die **nicht** die Merkmale von **technischen Anlagen** und **Maschinen** erfüllen (wie z.B. Werkstätteneinrichtungen, Werkzeug, Büroeinrichtungen, Modelle, Fahrzeuge aller Art, Fernsprech- und Rohrposteinrichtungen, Muster, Einbauten in fremde Grundstücke usw).

2.2.1.3.2.4　Geleistete Anzahlungen und Anlagen im Bau

Unter dieser Position werden die geleisteten Anzahlungen auf das Sachanlagevermögen, also Vorleistungen des Unternehmens zum Erwerb von Sachanlagen, sowie am Bilanzstichtag noch nicht fertiggestellte Vermögensgegenstände des Sachanlagevermögens ausgewiesen.

Anzahlungen sind mit den **tatsächlich geleisteten** Beträgen und **Anlagen im Bau** sind mit den **Anschaffungs- oder Herstellungskosten** anzusetzen.

Buchungstechnisch handelt es sich insoweit um ein sog. "Durchgangskonto", welches das zum Bilanzstichtag noch nicht abgeschlossene Investitionsvolumen der Unternehmung abgrenzt. Ist die Investition abgeschlossen, erfolgt eine **Umbuchung** auf das entsprechende Bilanzkonto.

2.2.1.3.3　Finanzanlagen

Die Finanzanlagen gliedern sich in:

- Anteile an verbundenen Unternehmen

- Ausleihungen an verbundene Unternehmen

- Beteiligungen

- Ausleihungen an Unternehmen, mit denen ein Beteiligungsverhältnis besteht

- Wertpapiere des Anlagevermögens

- Sonstige Ausleihungen

2.2.1.3.3.1　Anteile an verbundenen Unternehmen

Das Gesetz definiert "verbundene Unternehmen" in § 271 Abs.2 HGB. *Verbundene Unternehmen im Sinne des HGB sind solche Unternehmen, die als Mutter- oder Tochterunternehmen* (§ 290 HGB) *in den Konzernabschluß eines Mutterunternehmens einzubeziehen sind.*

218

Faßt man die Regelungen der §§ 271 Abs.2 und 290 HGB zusammen, so sind insbesondere folgende Merkmale für ein verbundenes Unternehmen notwendig:

- Es muß eine **Beteiligung** eines Mutterunternehmens an einer Tochterunternehmung im Sinne des § 271 Abs.1 HGB vorliegen und das Tochterunternehmen muß unter der **einheitlichen Leitung** des Mutterunternehmens stehen (§ 290 Abs.1 HGB, lesen!), oder

- der Mutterunternehmung steht die Mehrheit der Stimmrechte der Gesellschafter an der Tochterunternehmung zu (§ 290 Abs.2 Nr.1 HGB, lesen!), oder

- die Mutterunternehmung muß berechtigt sein, die **Mehrheit der Organmitglieder** zu bestellen oder abzuberufen (§ 290 Abs.2 Nr.2 HGB, lesen!), oder

- das Mutterunternehmen muß auf Grund eines Beherrschungsvertrages oder einer Satzungsbestimmung einen **beherrschenden** Einfluß auf das Tochterunternehmen ausüben (§ 290 Abs.2 Nr.3 HGB, lesen!).

> **Merke:** Anteile an verbundenen Unternehmen können nur **Aktien** oder **Stammeinlagen** bei Gesellschaften mit beschränkter Haftung sein.

Voraussetzung für den Ausweis von Anteilen an verbundenen Unternehmen unter dem Anlagevermögen ist, daß es sich bei der Finanzanlage um eine Beteiligung handelt, die auf eine **längerfristige** Verbindung mit dem Beteiligungsunternehmen angelegt ist.

2.2.1.3.3.2 *Ausleihungen an verbundene Unternehmen*

Bei Ausleihungen handelt es sich um **Finanzforderungen**, also um Forderungen aus Geld- und Finanzgeschäften, d.h. vor allem um Hypotheken-, Grund- und Rentenschulden sowie Darlehen.

> **Merke:** Wesentliche Voraussetzung ist, daß die Ausleihung langfristig erfolgt. Dies nimmt man im allgemeinen bei einer Laufzeit von vier Jahren an.

2.2.1.3.3.3 *Beteiligungen*

Beteiligungen sind gemäß § 271 Abs.1 HGB Anteile an anderen Unternehmen, die bestimmt sind, dem eigenen Geschäftsbetrieb durch Herstellung einer dauernden Verbindung zu jenen Unternehmen zu dienen. Voraussetzung ist also, daß mit dem Erwerb der Anteile eine langfristige Anlage beabsichtigt ist und das Interesse über eine reine Kapitalanlage hinausgeht.

> **Merke:** Anteile an Personenhandelsgesellschaften gelten **stets** als Beteiligungen. Für Anteile an Kapitalgesellschaften nimmt das Gesetz regelmäßig dann eine Beteiligung an, wenn mehr als 20 v.H. des Nennkapitals gehalten werden (widerlegbare Vermutung).

2.2.1.3.3.4 Ausleihungen an Unternehmen, mit denen ein Beteiligungsverhältnis besteht

Die Ausführungen zu "Ausleihungen an verbundene Unternehmen" gelten hier sinngemäß. Der Begriff der ''Beteiligung'' wird, wie oben bereits angesprochen, in § 271 Abs.1 HGB definiert.

2.2.1.3.3.5 Wertpapiere des Anlagevermögens

Zu dieser Position gehören jene Wertpapiere, die dazu bestimmt sind, dauernd dem Geschäftsbetrieb des Unternehmens zu dienen, aber **keine** Beteiligung darstellen. Bei diesen Wertpapieren steht die **Kapitalanlage** eindeutig im Vordergrund.

Merke:	Ob Wertpapiere unter ''Beteiligungen'' oder ''Wertpapiere des Anlagevermögens'' oder im ''Umlaufvermögen'' auszuweisen sind, entscheidet die Absicht des Unternehmers.

Zu den hier auszuweisenden Wertpapieren gehören **festverzinsliche Wertpapiere** (wie Obligationen, Pfandbriefe, Anleihen des Bundes und der Länder, der Gemeinden usw.) und **Wertpapiere mit Gewinnbeteiligungsansprüchen** (wie Aktien, Kuxe usw.).

2.2.1.3.3.6 Sonstige Ausleihungen

Unter diese Position fallen alle Ausleihungen, die nicht unter "Ausleihungen an verbundene Unternehmen" oder "Ausleihungen an Beteiligungsunternehmen" fallen.

2.2.1.4 Umlaufvermögen

Der Begriff ''Umlaufvermögen'' wird im Gesetz nicht definiert. Geht man von der Umschreibung des Anlagevermögens gemäß § 247 Abs.2 HGB (lesen!) aus, so kann das Umlaufvermögen im Umkehrschluß dazu negativ abgegrenzt werden. Im **''Umlaufvermögen''** faßt man somit regelmäßig jene Vermögensgegenstände zusammen, die *nicht* dazu bestimmt sind, dem Unternehmen dauernd zu dienen, also Vermögensgegenstände, die *nicht* zum Anlagevermögen gehören und auch *nicht* zu den Rechnungsabgrenzungsposten zählen.

Die Abgrenzung zum Anlagevermögen hat insofern materielle Bedeutung, als das Umlaufvermögen im Rahmen der Bewertung vom sog. **strengen Niederstwertprinzip** beherrscht wird und zusätzlich zukünftige Wertschwankungen berücksichtigt werden können (siehe dazu auch die Ausführungen zum Bilanzansatz der Höhe nach in Kapitel B. IV. 3.3.5).

2.2.1.4.1   Vorräte

Im Gliederungsschema für die mittelgroße und große Kapitalgesellschaft werden die Vorräte gemäß § 266 Abs.2 HGB unterteilt in:

- Roh-, Hilfs- und Betriebsstoffe;

- Unfertige Erzeugnisse, unfertige Leistungen;

- Fertige Erzeugnisse und Waren;

- Geleistete Anzahlungen.

2.2.1.4.1.1   Roh-, Hilfs- und Betriebsstoffe

In dieser Position werden die **fremd**bezogenen Stoffe des Unternehmens erfaßt,

- die unmittelbar in Fertigerzeugnisse eingehen und deren **Haupt**bestandteil bilden (Rohstoffe);

- die zwar ebenfalls in das fertige Erzeugnis eingehen, jedoch von **untergeordneter Bedeutung** sind (Hilfsstoffe). Dies sind bspw. Nägel, Schrauben, Beizen, Lacke bei der Möbelherstellung, Verpackung bei Zigaretten und Schokolade usw.;

- die **keinen** Bestandteil des fertigen Erzeugnisses bilden, sondern bei der Herstellung des Erzeugnisses unmittelbar **verbraucht** werden (Betriebsstoffe). Zu ihnen zählen etwa Brennstoffe, Kraftstoffe, Reinigungs- und Schmiermaterial, Vorräte der Werksküche, nicht ausgegebenes Büromaterial usw.

2.2.1.4.1.2   Unfertige Erzeugnisse, unfertige Leistungen

Unter dieser Position sind all jene Vermögensgegenstände aufzunehmen, die noch keine verkaufsfertigen Erzeugnisse darstellen, aber bereits Aufwendungen (Löhne, Gemeinkosten etc.) verursacht haben.

Merke:	Rechtlich sind die unfertigen Leistungen (im Gegensatz zu den unfertigen Erzeugnissen) keine Sachen, sondern Forderungen.

2.2.1.4.1.3   Fertige Erzeugnisse und Waren

Hier werden nur die **versandfertigen** Vorräte bilanziert, die im Unternehmen be- oder verarbeitet wurden (''fertige Erzeugnisse'') bzw. Handelsartikel fremder Herkunft, die ohne wesentliche Weiterverarbeitung wieder veräußert werden (''Waren'').

Merkmal der unter dieser Bilanzposition zusammengefaßten Vermögensgegenstände ist, daß entweder keine Be- oder Verarbeitungskosten mehr anfallen (der Produktionsvorgang somit abgeschlossen ist) oder, da fremdbezogen, Be- oder Verarbeitungskosten gar nicht anfallen können.

Merke: Wurden Waren in Kommission gegeben, so sind sie unter Vorräten **und nicht** unter den Debitoren (als Forderungen) auszuweisen. Umgekehrt dürfen in Kommission **genommene** Waren **nicht** aktiviert werden.

2.2.1.4.1.4   Geleistete Anzahlungen

Bei diesen Anzahlungen handelt es sich ausschließlich um Vorleistungen des Unternehmens für fremdbezogene Roh-, Hilfs- und Betriebsstoffe und Waren.

Merke: Für den Ansatz der Anzahlungen ist es nach herrschender Meinung unerheblich, ob die von Dritten noch geschuldete Lieferung oder Leistung **später** aktivierbar ist. Von den transitorischen Rechnungsabgrenzungsposten unterscheiden sich Anzahlungen dadurch, daß sie nur einen **Teil** der vom Unternehmen geschuldeten **Gegen**leistung ausmachen. Die Gesamthöhe der Gegenleistung braucht in dem Zeitpunkt der Anzahlung noch nicht endgültig festzustehen. **Erhaltene** Anzahlungen auf Bestellungen dürfen gemäß § 268 Abs.5 S.2 HGB **offen** von der Position ''Vorräte'' abgesetzt werden, falls sie nicht unter den ''Verbindlichkeiten'' ausgewiesen werden!

2.2.1.4.2   Forderungen und sonstige Vermögensgegenstände

Der gesonderte Ausweis von ''Forderungen und sonstigen Vermögensgegenständen'' bzw. die Zusammenfassung zu einem Hauptposten in der Bilanz dient dem besseren Einblick in die Finanzlage des Unternehmens. Das Grundschema für die Bilanz gliedert die Position ''Forderungen und sonstige Vermögensgegenstände'' in:

- Forderungen aus Lieferungen und Leistungen,

- Forderungen gegen verbundene Unternehmen,

- Forderungen gegen Unternehmen, mit denen ein Beteiligungsverhältnis besteht,

- sonstige Vermögensgegenstände.

Gemäß § 268 Abs.4 S.1 HGB ist beim Ausweis der Forderungen der Betrag der Forderungen mit einer Restlaufzeit von mehr als einem Jahr bei jedem gesondert ausgewiesenen Posten zu vermerken. Dies gilt auch für Forderungen, die unter der Position ''sonstige Vermögensgegenstände'' ausgewiesen werden.

2.2.1.4.2.1 Forderungen aus Lieferungen und Leistungen

Unter dieser Position werden all jene Forderungen zusammengefaßt, die aus der Umsatztätigkeit des Unternehmens resultieren, also die "Haupttätigkeit" des Unternehmens betreffen. Das Unternehmen hat im Rahmen eines gegenseitigen Vertrages seine Lieferung oder Leistung schon erbracht, der Umsatz ist also realisiert, es steht lediglich noch die Gegenleistung des Kunden aus.

> **Merke:** Die Bilanzposition Forderungen aus Lieferungen und Leistungen ergibt sich aus der Zusammenfassung mehrerer Sachkonten, zu denen auch das Konto **Besitzwechsel** und das Konto **Pauschalwertberichtigung zu Forderungen** gehört. Reine Finanzierungswechsel sind unter den sonstigen Wertpapieren des Umlaufvermögens auszuweisen.

2.2.1.4.2.2 Forderungen gegen verbundene Unternehmen

Bei den Forderungen gegen verbundene Unternehmen handelt es sich im wesentlichen um Forderungen aus dem gewöhnlichen Lieferungs- und Leistungsverkehr mit verbundenen Unternehmen (§ 271 Abs.2 HGB), die im Interesse der Klarheit und Übersichtlichkeit der finanziellen Verpflichtungen gesondert auszuweisen sind.

2.2.1.4.2.3 Forderungen gegen Unternehmen, mit denen ein Beteiligungsverhältnis besteht

Es gelten hier analog die Ausführungen zu Forderungen gegen verbundene Unternehmen. Der Begriff "Beteiligung" ist in § 271 Abs.1 HGB abschließend definiert.

2.2.1.4.2.4 Sonstige Vermögensgegenstände

Bei dieser Bilanzposition handelt es sich um einen Misch- und Sammelposten für all jene Vermögensgegenstände, die **nicht** an anderer Stelle zu bilanzieren sind.

> **Merke:** Sind in der Position "Sonstige Vermögensgegenstände" Beträge für Vermögensgegenstände ausgewiesen, die erst nach dem Bilanzstichtag rechtlich entstehen (= sog. **"antizipative Rechnungsabgrenzungsposten"**), so ist eine Erläuterung im Anhang erforderlich, wenn die Beträge einen größeren Umfang haben (§ 268 Abs.4 S.2 HGB).

2.2.1.4.2.5 Eingefordertes, aber noch nicht eingezahltes Kapital

Der oben (siehe Kapitel B. II. 2.2.1.1) besprochene Nettoausweis für ausstehende, aber nicht eingeforderte Einlagen sieht eine Saldierung der "Nicht eingeforderten Einlagen" mit dem "Gezeichneten Kapital" und einen gesonderten Ausweis des "Eingeforderten, aber noch nicht eingezahlten Kapitals" unter den Forderungen vor.

Merke:	Es besteht ein Wahlrecht, ob die nicht eingeforderten ausstehenden Einlagen vom "Gezeichneten Kapital" offen abgesetzt werden oder nicht!

2.2.1.4.3 Wertpapiere

Wertpapiere des Umlaufvermögens sind (im Gegensatz zu den Wertpapieren des Anlagevermögens, Position "C.III.5") nur Finanzanlagen, über die das Unternehmen **jederzeit** verfügen kann, d.h. sie müssen jederzeit in Geldmittel umgesetzt werden können.

Das Gesetz bzw. die Bilanzgliederung des § 266 Abs.2 HGB (Aktivseite) teilt die Wertpapiere ein in:

- Anteile an verbundenen Unternehmen

- Eigene Anteile

- Sonstige Wertpapiere

2.2.1.4.3.1 Anteile an verbundenen Unternehmen

Anteile an verbundenen Unternehmen sind entweder beim Anlagevermögen unter "Finanzanlagen" (siehe dort) **oder** beim Umlaufvermögen unter "Wertpapiere" auszuweisen. Zum Umlaufvermögen gehören solche Anteile nur dann, wenn lediglich eine kurzfristige Anlage geplant ist, ein Ausweis unter dem Anlagevermögen also nicht in Frage kommt. Der bilanztechnische Ausweis ist insoweit von den Zwecküberlegungen des bilanzierenden Unternehmens abhängig.

2.2.1.4.3.2 Eigene Anteile

Der gesonderte Ausweis von eigenen Anteilen in der Bilanz ist gesetzlich zwingend vorgeschrieben (§ 265 Abs.3 S.2 HGB).

Merke:	Diese Regelung des Gesetzes ist "unabdingbar", d.h. ein Ausweis unter einer anderen Position in der Gliederung der Bilanz ist nicht zulässig (siehe dazu auch die Ausführungen zum korrespondierenden Posten auf der Passivseite "Rücklage für eigene Anteile").

2.2.1.4.3.3 Sonstige Wertpapiere

Unter dieser Position sind die Wertpapiere zusammenzufassen, für die ein Ausweis an anderer Stelle nicht erfolgt. Es handelt sich insoweit um einen Sammelposten für die Wertpapiere, für die kein Sonderausweis in der Bilanz vorgeschrieben ist.

2.2.1.4.4 Schecks, Kassenbestand, Bundesbank- und Postgiroguthaben, Guthaben bei Kreditinstituten

Zum **Scheckbestand** gehören Schecks, die kurz vor oder am Bilanzstichtag eingegangen und zum Inkasso noch nicht eingereicht sind sowie vordatierte Schecks, die erst nach dem Bilanzstichtag am Tag der Vorlage fällig sind.

Der **Kassenbestand** umfaßt den Bestand an in- und ausländischem Bargeld, Bestände an unverbrauchten Briefmarken und Wechselsteuermarken.

Zum **Bundesbankguthaben** zählen auch Guthaben in Fremdwährungen.

Postgiroguthaben sind Guthaben, die bei Giroämtern der Deutschen Bundespost unterhalten werden. Merkmal dieser Guthaben ist, daß sie wegen ihrer unbedingten Sicherheit zum Bargeld zählen.

Guthaben bei Kreditinstituten umfaßen die Forderungen des Unternehmens (in Form täglich fälliger Gelder oder Festgelder) an ein inländisches Kreditinstitut oder ein gleichartiges ausländisches Institut aus dem **Kreditverkehr**.

Merke:	**Gleichartige** Guthaben und Verbindlichkeiten gegenüber **demselben** Kreditinstitut können saldiert werden, soweit sie keine unterschiedlichen Fälligkeiten haben. Unzulässig ist es, den **nicht** in Anspruch genommenen Teil eines Kredits als Guthaben auszuweisen.

2.2.1.5 Rechnungsabgrenzungsposten

Unter der Position "Rechnungsabgrenzungsposten" sind *nur* sog. "transitorische Posten" ("aktive Rechnungsabgrenzung") ausweisbar und ausweispflichtig (siehe dazu auch § 250 HGB und den entsprechenden Abschnitt im Kapitel A).

2.2.1.6 Abgrenzungsposten für latente Steuern

Gemäß § 274 Abs.2 HGB **kann** für eine voraussichtliche Steuerentlastung ein Abgrenzungsposten als **Bilanzierungshilfe** in die Bilanz eingestellt werden.

Auf die Problematik der Steuerabgrenzung gemäß § 274 HGB wird weiter unten noch näher eingegangen (siehe Kapitel B. II. 2.2.2.3.3).

2.2.1.7 Nicht durch Eigenkapital gedeckter Fehlbetrag

Hierbei handelt es sich um einen **Korrekturposten** zum Eigenkapital, der dann notwendig wird, wenn das Eigenkapital durch Verluste aufgezehrt ist, mithin das Unternehmen überschuldet ist.

2.2.2   Positionen der Passivseite

2.2.2.1   Eigenkapital

Das Eigenkapital von Kapitalgesellschaften ist unter einer Hauptposition zusammengefaßt und untergliedert sich grob in:

- Gezeichnetes Kapital

- Kapitalrücklage

- Gewinnrücklagen

- Gewinnvortrag/Verlustvortrag

- Jahresüberschuß/Jahresfehlbetrag

Mit der Zusammenfassung dieser Eigenkapitalteile unter einer Hauptposition soll die Kapitalstruktur der Unternehmung sichtbar werden.

> **Merke:** Der bilanzielle Ausweis des Eigenkapitals ist nur für Kapitalgesellschaften geregelt. Für Personenhandelsgesellschaften gelten lediglich die Grundsätze ordnungsmäßiger Buchführung.

Das folgende Schaubild zeigt die Zusammensetzung des Eigenkapitals im Überblick.

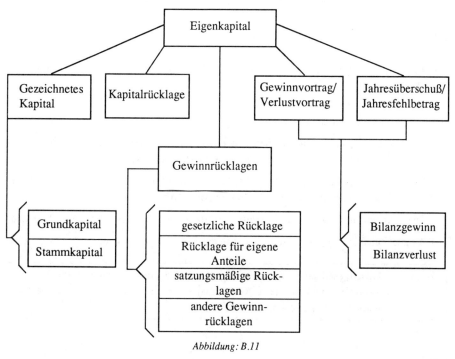

Abbildung: B.11

2.2.2.1.1   Gezeichnetes Kapital

Gezeichnetes Kapital ist gemäß § 272 Abs.1 S.1 HGB (lesen!) der Teil des Eigenkapitals, auf den die **Haftung** der Gesellschafter für die Verbindlichkeiten der Kapitalgesellschaft gegenüber den Gläubigern **beschränkt** ist.

> **Merke:**   Nicht eingeforderte ausstehende Einlagen dürfen vom gezeichneten Kapital offen abgesetzt werden (§ 272 Abs.1 S.3 HGB, siehe auch die Ausführungen zu "Ausstehende Einlagen" Kapitel B.II.2.2.1.1).

Für **Aktiengesellschaften** gelten hinsichtlich des Ausweises von gezeichnetem Kapital folgende besonderen Vermerkpflichten (§ 152 Abs.1 AktG, lesen!):

1. Als gezeichnetes Kapital ist das **Grundkapital** auszuweisen.

2. Die Gesamtnennbeträge jeder **Aktiengattung** sind gesondert auszuweisen.

3. Der Nennbetrag von **bedingtem** Kapital ist zu vermerken.

4. Die Gesamtstimmenzahl von **Mehrstimmrechtsaktien** und der übrigen Aktien sind zu vermerken.

Gesellschaften mit beschränkter Haftung weisen unter der Position "Gezeichnetes Kapital" das **Stammkapital** aus (§ 42 Abs.1 GmbHG). Ansonsten existieren für GmbHs **keine** besonderen Vermerkpflichten hinsichtlich des Ausweises von gezeichnetem Kapital.

2.2.2.1.2   Kapitalrücklage

Der Inhalt dieser Bilanzposition wird durch § 272 Abs.2 HGB (lesen!) **abschließend** festgelegt.

Als Kapitalrücklage sind auszuweisen:

- Der bei der Ausgabe von Anteilen und Bezugsanteilen über den Nennbetrag hinaus erzielte Betrag (also die Differenz von Emissionskurs und Nennwert!).

- Der bei der Ausgabe von Schuldverschreibungen für Wandlungsrechte und Optionsrechte zum Erwerb von Anteilen erzielte Betrag (sog. "Aufgeld").

- Zuzahlungen, die Gesellschafter gegen Gewährung eines Vorzugs für ihre Anteile leisten.

- Andere Zuzahlungen, die Gesellschafter in das Eigenkapital leisten.

> **Merke:**   **Aktiengesellschaften** müssen in der Bilanz oder im Anhang die Beträge gesondert angeben, die im Geschäftsjahr in die Kapitalrücklage eingestellt worden sind (§ 152 Abs.2 AktG, lesen!).

228

Die Verwendung der Kapitalrücklage ist für Aktiengesellschaften in § 150 Abs.3 und 4 AktG zusammen mit der Verwendung der gesetzlichen Rücklage geregelt und soll deshalb auch dort mitbehandelt werden.

Für **Gesellschaften mit beschränkter Haftung** gibt es **keine** vergleichbaren gesetzlichen Regelungen über den Ausweis und die Verwendung von Kapitalrücklagen.

2.2.2.1.3   Gewinnrücklagen

Der Inhalt dieser Position wird in § 272 Abs.3 HGB (lesen!) umschrieben. Danach dürfen unter den Gewinnrücklagen nur die Beträge ausgewiesen werden, die aus dem Ergebnis des laufenden oder eines früheren Geschäftsjahres gebildet worden sind. Es handelt sich hierbei somit um **thesaurierte Gewinne**.

Merke:	Gewinnrücklagen stammen **von innen**, Kapitalrücklagen **von außen**.

Die Gewinnrücklagen setzen sich aus folgenden, *gesondert* auszuweisenden Posten zusammen:

- Gesetzliche Rücklage

- Rücklage für eigene Anteile

- Satzungsmäßige Rücklagen

- Andere Gewinnrücklagen

2.2.2.1.3.1   Gesetzliche Rücklage

Die Bildung einer gesetzlichen Rücklage ist im wesentlichen auf Aktiengesellschaften (§ 150 AktG) und Kommanditgesellschaften auf Aktien (§ 278 Abs.3 AktG) beschränkt.

Nach § 150 Abs.2 AktG haben diese Gesellschaften 5 v.H. des um einen evtl. Verlustvortrag aus dem Vorjahr geminderten Jahresüberschusses solange in die gesetzliche Rücklage einzustellen, bis diese Rücklage und die Kapitalrücklagen (**ohne** die "Anderen Zuzahlungen, die Gesellschafter auf das Eigenkapital leisten") den zehnten oder den in der Satzung bestimmten höheren Teil des Grundkapitals erreichen.

Mehr als 5 v.H. des Jahresüberschusses kann nur die Hauptversammlung im Rahmen des Gewinnverwendungsbeschlusses in die gesetzliche Rücklage einstellen (§ 58 Abs.3 S.1 AktG, lesen!).

Bei der **Verwendung** der gesetzlichen Rücklage oder der Kapitalrücklagen (außer den "Anderen Zuzahlungen, die Gesellschafter auf das Eigenkapital leisten") sind folgende zwei Fälle zu unterscheiden:

Fall 1:   Gesetzliche Rücklage und Kapitalrücklage zusammengerechnet betragen **weniger** als den zehnten oder den in der Satzung bestimmten höheren Teil des Grundkapitals.

Fall 2:   Gesetzliche Rücklage und Kapitalrücklage zusammengerechnet **übersteigen** den zehnten oder den in der Satzung bestimmten höheren Teil des Grundkapitals.

Die sich aus dieser Unterscheidung ergebenden alternativen Verwendungsmöglichkeiten von gesetzlichen Rücklagen oder Kapitalrücklagen zeigt das nachstehende Schaubild.

Abbildung: B.12

2.2.2.1.3.2   Rücklage für eigene Anteile

Die "Rücklage für eigene Anteile" (§ 272 Abs.4 HGB, lesen!) hat die Funktion einer **Ausschüttungssperre**, d.h. sie soll sicherstellen, daß durch die Aktivierung eigener Anteile der entsprechende Gegenwert an die Anteilseigner nicht ausgeschüttet wird. Mit der Bildung einer Rücklage für eigene Anteile soll dem Gläubiger- und Anteilseignerschutz Rechnung getragen werden.

> **Merke:**   Die "Rücklage für eigene Anteile" entspricht betragsmäßig dem Aktivposten "Eigene Anteile".

Die Rücklage für eigene Anteile ist **bei** der Aufstellung der Bilanz zu **bilden**. Sie wird also nicht zu Lasten des Ergebnisses, sondern **aus** dem Ergebnis gebildet. Soweit frei verfügbar, können auch vorhandene Gewinnrücklagen auf die Position "Rücklage für eigene Anteile" umgebucht werden.

Die **Auflösung** der Rücklage für eigene Anteile ist nur möglich, soweit die eigenen Anteile ausgegeben, veräußert oder eingezogen werden oder soweit bei den aktivierten eigenen Anteilen eine Abschreibung nach § 253 Abs.3 HGB erfolgt.

2.2.2.1.3.3   Satzungsmäßige Rücklage

Bei dieser Position der Gewinnrücklagen handelt es sich um eine Rücklage, zu deren Bildung eine Kapitalgesellschaft nach dem Gesellschaftsvertrag oder der Satzung **verpflichtet** bzw. **berechtigt** ist.

Verwendung von gesetzlicher Rücklage oder Kapitalrücklage gemäß § 150 Abs.3 und 4 AktG

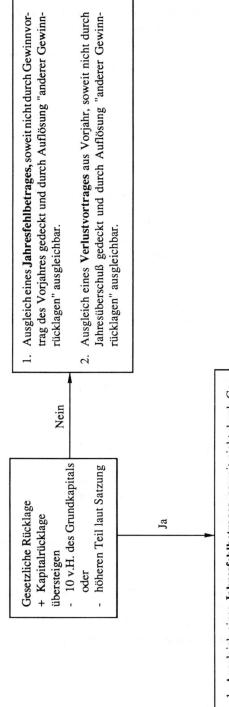

Gesetzliche Rücklage
+ Kapitalrücklage
übersteigen
- 10 v.H. des Grundkapitals
  oder
- höheren Teil laut Satzung

Nein →

1. Ausgleich eines **Jahresfehlbetrages**, soweit nicht durch Gewinnvortrag des Vorjahres gedeckt und durch Auflösung "anderer Gewinnrücklagen" ausgleichbar.

2. Ausgleich eines **Verlustvortrages** aus Vorjahr, soweit nicht durch Jahresüberschuß gedeckt und durch Auflösung "anderer Gewinnrücklagen" ausgleichbar.

Ja ↓

1. Ausgleich eines **Jahresfehlbetrages**, soweit nicht durch Gewinnvortrag aus Vorjahr gedeckt und soweit nicht gleichzeitig Gewinnrücklagen zur Ausschüttung aufgelöst werden.

2. Ausgleich eines **Verlustvortrages** aus dem Vorjahr, soweit nicht durch Jahresüberschuß gedeckt und soweit nicht gleichzeitig Gewinnrücklagen zur Ausschüttung aufgelöst werden.

3. Kapitalerhöhung aus Gesellschaftsmitteln nach den §§ 207 bis 220 AktG.

Abbildung: B.12

231

> **Merke:** Die satzungsmäßige Rücklage **kann zweckgebunden** sein (z.B. Substanzerhaltungsrücklage, Rücklage für Rationalisierung), es kann aber auch eine Zweckbindung fehlen.

2.2.2.1.3.4 *Andere Gewinnrücklagen*

Zu den ''Anderen Gewinnrücklagen'' gehören alle Rücklagenzuführungen aus dem Jahresüberschuß, die **nicht gesondert** auszuweisen sind.

Für **Aktiengesellschaften** schreibt § 58 Abs.2 AktG vor, daß Vorstand und Aufsichtsrat, sofern sie den Jahresabschluß feststellen, einen Teil des Jahresüberschusses, höchstens jedoch die Hälfte in andere Gewinnrücklagen einstellen können. Vorstand und Aufsichtsrat können durch die Satzung ermächtigt sein, mehr als die Hälfte des Jahresüberschusses in die ''Anderen Gewinnrücklagen'' einzustellen. Dies ist allerdings nur dann möglich, wenn die anderen Gewinnrücklagen weder **vor** noch **nach** Einstellung die Hälfte des Grundkapitals übersteigen.

Die Hauptversammlung kann *zusätzlich* im Rahmen des Gewinnverwendungsbeschlusses (§ 58 Abs.3 AktG) weitere Beträge (auch den gesamten Jahresüberschuß!) in die Rücklagen einstellen.

Unabhängig von den oben angesprochenen Einstellungen in die ''Anderen Gewinnrücklagen'' können Vorstand und Aufsichtsrat den **Eigenkapitalanteil**

-   von Wertaufholungen bei Vermögensgegenständen des Anlage- und Umlaufvermögens (§ 280 HGB, lesen!) und

-   von bei der steuerlichen Gewinnermittlung gebildeten Passivposten, welche in der Handelsbilanz **nicht** als Sonderposten mit Rücklageanteil ausgewiesen werden dürfen (es handelt sich hier z.B. um die Rücklage gem. §§ 3 und 4 des Gesetzes über steuerliche Maßnahmen bei der Stillegung von Steinkohlenbergwerken)

in **andere Gewinnrücklagen** einstellen.

Der Betrag ist entweder **gesondert** auszuweisen oder im **Anhang** anzugeben (§ 58 Abs.2a AktG).

> **Merke:** Die Einstellung von Eigenkapitalanteilen bedarf keiner Ermächtigung durch die Hauptversammlung oder die Satzung.

Für **Gesellschaften mit beschränkter Haftung** gibt es in § 29 Abs.4 GmbHG (lesen!) eine analoge Vorschrift.

Unter dem **Eigenkapitalanteil** versteht man den

- Betrag der Zuschreibung bzw.

- die Höhe der steuerfreien Rücklage

abzüglich darauf entfallender Ertragsteuern (Körperschaftsteuer und Gewerbeertragsteuer).

Der Fremdkapitalanteil (d.h. der Steueranteil) ist unter den Steuerrückstellungen auszuweisen bzw. ggf. als Rückstellung für latente Steuern zu passivieren (siehe dazu auch die Ausführungen zum Beibehaltungswahlrecht in Kapitel B.IV.3.8 und zu der Rückstellung für latente Steuern in Kapitel B.II.2.2.2.3.3).

Zweck der **Gewinnrücklagenzuführung** ist, Vorstand, Geschäftsführung und Aufsichtsrat ein Instrument an die Hand zu geben, die **Ausschüttung des Eigenkapitalanteils verhindern** zu können.

Das Schaubild auf der folgenden Seite stellt Kapitalrücklagen und Gewinnrücklagen vergleichend gegenüber.

Abbildung: B.13

2.2.2.1.4 *Gewinnvortrag/Verlustvortrag*

Unter **Gewinnvortrag** oder **Verlustvortrag** ist jener "Rest" auszuweisen, der nach der Ergebnisverwendung im Vorjahr verblieben ist.

Schloß das Vorjahr mit einem **Bilanzverlust** ab, ist dieser Bilanzverlust unter der Position "Verlustvortrag" auszuweisen. Im Falle eines **Bilanzgewinns** im Vorjahr wird in der Position "Gewinnvortrag" der Betrag aufgenommen, der nach einer Gewinnausschüttung bzw. Zuführung zu Gewinnrücklagen verbleibt.

Die Position "Gewinnvortrag/Verlustvortrag" wird **nur dann** aufgeführt, wenn die Bilanz **vor** vollständiger bzw. teilweiser Verwendung des Jahresergebnisses aufgestellt wird (§ 268 Abs.1 S.1 HGB, lesen!). Wird die Bilanz **nach** teilweiser Verwendung des Jahresergebnisses aufgestellt (§ 268 Abs.1 S.2 HGB, lesen!), so tritt an die Stelle der Positionen

- Jahresüberschuß/Jahresfehlbetrag und

- Gewinnvortrag/Verlustvortrag

der Posten **"Bilanzgewinn/Bilanzverlust"**.

Ein vorhandener Gewinn- oder Verlustvortrag ist in den Posten "Bilanzgewinn/Bilanzverlust" einzubeziehen und in der Bilanz oder im Anhang gesondert anzugeben.

Gegenüberstellung von
Kapitalrücklagen und Gewinnrücklagen

	Kapitalrücklagen § 272 Abs. 2 HGB				Gewinnrücklagen § 272 Abs. 3 und 4 HGB				
	Agio bei der Ausgabe von Anteilen und Bezugsanteilen	Agio bei der Ausgabe von Schuldverschreibungen für Wandlungs-und Optionsrechte	Zuzahlungen der Gesellschafter auf das Eigenkapital gegen Gewährung eines Vorzugs für ihre Anteile	andere Zuzahlungen der Gesellschafter in das Eigenkapital z.B. Nachschüsse	gesetzliche Rücklage der Aktiengesellschaft	vertragliche Rücklagen der Gesellschaft mit beschränkter Haftung	satzungsmäßige Rücklagen der Aktiengesellschaft	andere Gewinnrücklagen z.B. Eigenkapitalanteil von Wertaufholungen	Rücklage für eigene Anteile
ART									
GESETZ	§ 272 Abs.2 Nr.1 HGB	§ 272 Abs.2 Nr.2 HGB	§ 272 Abs.2 Nr.3 HGB	§ 272 Abs.2 Nr.4 HGB i.V.m. §42 Abs.2 GmbHG	§ 272 Abs.3 HGB i.V.m. §150 AktG	§ 272 Abs.3 HGB i.V.m. §29 GmbHG	§ 272 Abs.3 HGB i.V.m. §58 Abs.1 AktG	§ 272 Abs.3 HGB i.V.m. §58 Abs.2a AktG u. §29 Abs.4 GmbHG	§ 272 Abs.4 HGB

Abbildung: B.13

234

2.2.2.1.5   Jahresüberschuß/Jahresfehlbetrag

Diese Bilanzposition zeigt die Höhe des im abgelaufenen Geschäftsjahr erwirtschafteten Ergebnisses an und entspricht dem in der Gewinn- und Verlustrechnung ausgewiesenen Saldo aus Aufwendungen und Erträgen.

Merke:	Die Position "Jahresüberschuß/Jahresfehlbetrag kommt nur dann in der Bilanz vor, wenn die Bilanz **vor** Verwendung des Jahresergebnisses aufgestellt wird.

Wird die Bilanz **nach** teilweiser Ergebnisverwendung erstellt, wird die Position "Jahresüberschuß/Jahresfehlbetrag" durch den Posten "Bilanzgewinn/Bilanzverlust" ersetzt (§ 268 Abs.1 HGB).

2.2.2.1.6   Bilanzgewinn/Bilanzverlust

In der Bilanz erscheint die Position "Bilanzgewinn/Bilanzverlust" **nur dann**, wenn die Bilanz **nach teilweiser** Ergebnisverwendung aufgestellt wird.

Wie oben bereits erwähnt, gestattet das Gesetz auch eine Erstellung der Bilanz **nach vollständiger** Ergebnisverwendung. In diesem Fall *unterbleibt* der Ausweis der Positionen

- Gewinnvortrag/Verlustvortrag,

- Jahresüberschuß/Jahresfehlbetrag und

- Bilanzgewinn/Bilanzverlust.

Der Ausweis dieser Positionen ist auch nicht erforderlich, da eine vollständige Ergebnisverwendung zu Rücklagenbewegungen und/oder Umbuchungen des auszuschüttenden Gewinns auf "Verbindlichkeiten gegenüber Gesellschaftern" (Dividendenverbindlichkeiten) geführt hat.

Für **Aktiengesellschaften** ist die Möglichkeit der vollständigen Ergebnisverwendung **vor** der Bilanzerstellung insoweit eingeschränkt, als Vorstand und Aufsichtsrat *grundsätzlich* nur die Hälfte des Jahresüberschusses in die anderen Gewinnrücklagen einstellen dürfen (§ 58 Abs.2 AktG). Die restliche Gewinnverteilung ist an den Gewinnausschüttungsbeschluß der Hauptversammlung gebunden.

Merke:	Bei Aktiengesellschaften wird die Bilanz regelmäßig nur **vor vollständiger** oder **nach teilweiser** Verwendung des Jahresüberschusses erstellt werden können. Der Ausweis der Position **Jahresüberschuß/Jahresfehlbetrag** oder **Bilanzgewinn/Bilanzverlust** ist hier somit der **Regelfall!**

Das folgende Schaubild verdeutlicht den Zusammenhang der Bilanzpositionen

- "Gewinnvortrag/Verlustvortrag",

- "Jahresüberschuß/Jahresfehlbetrag" und

- "Bilanzgewinn/Bilanzverlust".

Abbildung: B.14

2.2.2.2   Sonderposten mit Rücklageanteil

In Sonderfällen räumt das Steuerrecht dem Steuerpflichtigen die Möglichkeit ein, zur Minderung der Ertragsteuerbelastung sog. **steuerfreie Rücklagen** zu bilden. Diese Rücklagen werden aufwandswirksam gebildet, mindern also den steuerpflichtigen Gewinn.

Merke:	Merkmal dieser Steuervergünstigung ist, daß sie zeitlich befristet ist, d.h. die aufwandswirksam gebildete Rücklage ist später ertragswirksam aufzulösen.

Beispiele für sog. "steuerfreie Rücklagen" sind:

- Rücklage für Veräußerungsgewinne (§ 6b EStG),

- Rücklage für Ersatzbeschaffung (Abschn. 35 EStR),

- Rücklage für gefährdete Betriebe (§ 6d EStG).

Regelmäßig wird die Passivierung einer steuerfreien Rücklage in der Steuerbilanz von einem entsprechenden Ausweis im handelsrechtlichen Jahresabschluß abhängig gemacht (siehe dazu die Ausführungen zu "Ansatz eines Bilanzpostens dem Grunde nach" in Kapitel B.III.).

Der entsprechende Posten im handelsrechtlichen Jahresabschluß heißt "Sonderposten mit Rücklageanteil" (§ 247 Abs.3 und § 273 HGB, lesen!) und wird gliederungsmäßig zwischen dem Eigenkapital und dem Fremdkapital ausgewiesen, womit die **Zwitterstellung** dieser Position deutlich wird. Zwitterstellung deshalb, da Sonderposten mit Rücklageanteil nur zum Teil Eigenkapital darstellen, der andere Teil ist die auf dem Sonderposten lastende Ertragsteuer.

Gemäß § 281 Abs.1 HGB (lesen!) darf die Differenz zwischen einer steuerlich zulässigen Abschreibung und einer handelsrechtlich notwendigen Abschreibung im Sonderposten mit Rücklageanteil als Wertberichtigung zur Aktivseite ausgewiesen werden.

Merke:	Durch die Regelung des § 281 Abs.1 S.1 HGB kann eine Abschreibung aufgrund steuerlicher Vorschriften, die über die handelsrechtlich notwendigen Abschreibungen hinausgeht auch **indirekt** vorgenommen werden.

Ausweis der Bilanzpositionen "Gewinn-/ Verlustvortrag", "Jahresüberschuß/- fehlbetrag", "Bilanzgewinn/- verlust" in Abhängigkeit von der Ergebnisverwendung

Vor Verwendung des Ergebnisses

I. Gewinn-/Verlustvortrag
Rest aus der Ergebnisverwendung des Vorjahres

II. Jahresüberschuß/-fehlbetrag
Wirtschaftliches Ergebnis des abgelaufenen Geschäftsjahres

III. Bilanzgewinn/-verlust
kein Ausweis

Nach Verwendung des Ergebnisses

vollständig

I. Gewinn-/Verlustvortrag
kein Ausweis

II. Jahresüberschuß/-fehlbetrag
kein Ausweis

III. Bilanzgewinn/-verlust
kein Ausweis (außer im Falle eines Gewinn-/Verlustvortrags des Abschlußjahres)

teilweise

I. Gewinn-/Verlustvortrag
kein Ausweis

II. Jahresüberschuß/-fehlbetrag
kein Ausweis

III. Bilanzgewinn/-verlust
incl. vorhandener Gewinn-/Verlustvortrag

Abbildung: B.14

2.2.2.3 Rückstellungen

Rückstellungen zählen i.d.R. zum Fremdkapital des Unternehmens.

Merke: Das Fremdkapital umfaßt jene Beträge, die zukünftig gebraucht werden, um Verpflichtungen des Unternehmens gegenüber Dritten zu begleichen. Bilanziell umfaßt das Fremdkapital ''Rückstellungen mit Verpflichtungscharakter'' sowie ''Verbindlichkeiten''.

Bei Rückstellungen handelt es sich um aufwandswirksam gebildete Passivposten. Zur inhaltlichen Abgrenzung des Rückstellungsbegriffs bedient man sich gerne der "bilanztheoretischen" Sichtweise.

Rückstellungen sind nach der sog. ''**statischen** Bilanzauffassung'' Verpflichtungen gegenüber Dritten, die aber dem Grunde und/oder der Höhe nach ungewiß sind, also nicht unter den Verbindlichkeiten ausgewiesen werden können. Rückstellungen dienen insoweit dem richtigen **Schuldenausweis**.

Folgt man der sog. ''**dynamischen** Bilanzauffassung'', so handelt es sich bei den Rückstellungen um dem laufenden Geschäftsjahr verursachungsgerecht zuzuordnende Aufwendungen, die erst in späteren Geschäftsjahren zu Auszahlungen führen, deren Entstehung und/oder Höhe aber ungewiß sind. Rückstellungen dienen insoweit der **periodengerechten Aufwandsverteilung**.

Merke: Wesentliches Merkmal des Rückstellungsbegriffs nach dynamischer Bilanzauffassung ist, daß eine Verpflichtung Dritten gegenüber **nicht** bestehen muß. Es kann sich somit auch um reine **Aufwandsrückstellungen** handeln.

Das Gesetz umschreibt den Rückstellungsbegriff in § 249 HGB (lesen!) abschließend, wobei allerdings weder ausschließlich die statische noch die dynamische Bilanzauffassung zugrundeliegt.

Nach § 249 HGB **müssen** Rückstellungen gebildet werden für

- ungewisse Verbindlichkeiten und für drohende Verluste aus schwebenden Geschäften,

- im Geschäftsjahr unterlassene Aufwendungen für Instandhaltung, die im folgenden Geschäftsjahr innerhalb von drei Monaten, oder für Abraumbeseitigung, die im folgenden Geschäftsjahr nachgeholt werden und für

- Gewährleistungen, die ohne rechtliche Verpflichtung erbracht werden.

Nach § 249 HGB **dürfen** Rückstellungen gebildet werden für

- unterlassene Aufwendungen für Instandhaltung, wenn die Instandhaltung innerhalb der letzten neun Monate des folgenden Geschäftsjahres nachgeholt wird und

- ihrer Eigenart nach genau umschriebene, dem Geschäftsjahr oder einem früheren Geschäftsjahr zuzuordnende Aufwendungen, die am Abschlußstichtag wahrscheinlich oder sicher, aber hinsichtlich ihrer Höhe oder des Zeitpunkts ihres Eintritts unbestimmt sind.

Für den gliederungsmäßigen Ausweis gilt grundsätzlich folgende Einteilung:

- Rückstellungen für Pensionen und ähnliche Verpflichtungen,

- Steuerrückstellungen,

- Rückstellungen für latente Steuern,

- Sonstige Rückstellungen.

2.2.2.3.1   *Rückstellungen für Pensionen und ähnliche Verpflichtungen*

In diese Position ist der Betrag einzustellen, der erforderlich ist, um künftige wahrscheinliche Pensionszahlungen und ähnliche Verpflichtungen zu erfüllen (siehe dazu auch die Ausführungen zur Passivierungspflicht von Pensionsrückstellungen in Kapitel B.IV.4.3).

2.2.2.3.2   *Steuerrückstellungen*

Unter dieser Position sind Steuern und Abgaben auszuweisen, die im ablaufenden Geschäftsjahr wirtschaftlich und rechtlich entstanden sind und auch geschuldet werden.

2.2.2.3.3   *Rückstellungen für latente Steuern*

Die Problematik der sog. ''Abgrenzung latenter Ertragsteuern'' taucht regelmäßig dann auf, wenn das handelsrechtliche Ergebnis vom steuerlichen Ergebnis abweicht.

Da Bemessungsgrundlage der Ertragsteuerschuld das steuerliche Ergebnis ist, steht im Falle der Abweichung des handelsrechtlichen Ergebnisses vom steuerlichen Ergebnis die letztlich zu zahlende Ertragsteuer in keinem vernünftigen wirtschaftlichen Verhältnis zum handelsrechtlichen Ergebnis.

Um dieses ''Auseinanderfallen'' auszugleichen, tut man so, als wäre das handelsrechtliche Ergebnis Bemessungsgrundlage für die Berechnung der Steuerlast und ermittelt auf dieser Grundlage einen ''**fiktiven Steueraufwand**''.

Die Differenz zwischen dem "**fiktiven Steueraufwand**" laut handelsrechtlichem Jahresabschluß und der **tatsächlich zu zahlenden Steuerlast** laut Steuerbilanz führt zu der sog. "Abgrenzung latenter Ertragsteuern".

HB > StB

Ist die Differenz **positiv**, d.h. handelsrechtlich ist ein höherer Steueraufwand zu verbuchen, so führt dies zu einer "Rückstellung für latente Steuern" (**Passivierungspflicht**).

HB < StB

Ist die Differenz **negativ**, d.h. handelsrechtlich ist ein niedrigerer Steueraufwand zu verbuchen, so führt dies zu einem "aktiven Abgrenzungsposten für latente Steuern" (**Aktivierungswahlrecht**).

Die folgende Abbildung zeigt das Prinzip der Abgrenzung latenter Ertragsteuern im Überblick.

Latente Steuern

I. Fiktive Steuerlast auf der Grundlage des handelsrechtlichen Jahresabschlusses

II. ./. effektive Steuerlast (tatsächliche Steuerzahlung) auf der Grundlage der Steuerbilanz

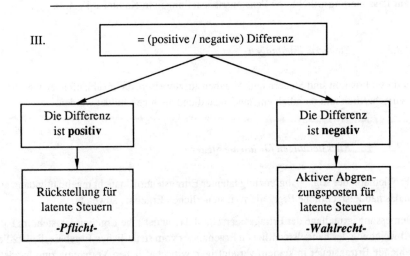

III. = (positive / negative) Differenz

Die Differenz ist **positiv**

Die Differenz ist **negativ**

Rückstellung für latente Steuern

-Pflicht-

Aktiver Abgrenzungsposten für latente Steuern

-Wahlrecht-

Abbildung: B.15

240

Das Gesetz regelt diese **Steuerabgrenzung** in § 274 HGB, wobei zwei Fälle, nämlich die **aktivische** und die **passivische** Abgrenzung strikt unterschieden werden muß.

Das folgende Schaubild zeigt die Entstehungsmöglichkeiten latenter Steuern beispielhaft auf:

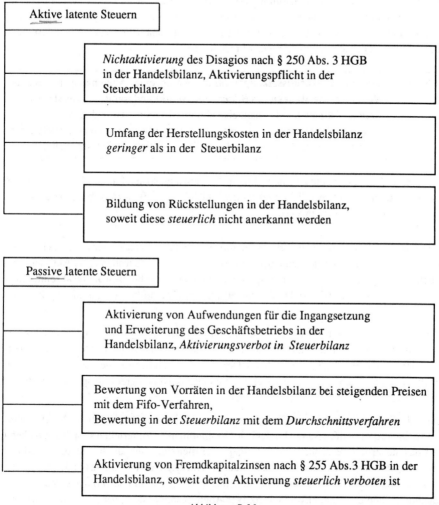

Aktive latente Steuern

> *Nichtaktivierung* des Disagios nach § 250 Abs. 3 HGB in der Handelsbilanz, Aktivierungspflicht in der Steuerbilanz

> Umfang der Herstellungskosten in der Handelsbilanz *geringer* als in der Steuerbilanz

> Bildung von Rückstellungen in der Handelsbilanz, soweit diese *steuerlich* nicht anerkannt werden

Passive latente Steuern

> Aktivierung von Aufwendungen für die Ingangsetzung und Erweiterung des Geschäftsbetriebs in der Handelsbilanz, *Aktivierungsverbot in Steuerbilanz*

> Bewertung von Vorräten in der Handelsbilanz bei steigenden Preisen mit dem Fifo-Verfahren, Bewertung in der *Steuerbilanz* mit dem *Durchschnittsverfahren*

> Aktivierung von Fremdkapitalzinsen nach § 255 Abs. 3 HGB in der Handelsbilanz, soweit deren Aktivierung *steuerlich verboten* ist

Abbildung: B.16

Fall 1: Aktivische Steuerabgrenzung (§ 274 Abs. 2 HGB)

''Ist der dem Geschäftsjahr und früheren Geschäftsjahren zuzurechnende Steueraufwand zu hoch, weil der nach den steuerrechtlichen Vorschriften zu versteuernde Gewinn höher als das handelsrechtliche Ergebnis ist, und gleicht sich der zu hohe Steueraufwand des Geschäftsjahrs

241

und früherer Geschäftsjahre in späteren Geschäftsjahren voraussichtlich aus, so **darf** in Höhe der voraussichtlichen Steuerentlastung nachfolgender Geschäftsjahre ein Abgrenzungsposten als **Bilanzierungshilfe** auf der Aktivseite der Bilanz gebildet werden.

Dieser Posten ist unter entsprechender Bezeichnung gesondert auszuweisen und im Anhang zu erläutern. Wird ein solcher Posten ausgewiesen, so dürfen Gewinne nur ausgeschüttet werden, wenn die nach der Ausschüttung verbleibenden jederzeit auflösbaren Gewinnrücklagen zuzüglich eines Gewinnvortrags und abzüglich eines Verlustvortrags dem angesetzten Betrag mindestens entsprechen. Der Betrag ist aufzulösen, sobald die Steuerentlastung eintritt oder mit ihr voraussichtlich nicht mehr zu rechnen ist.''

Merke: Wesentliche **Voraussetzungen** für den Ansatz eines Abgrenzungspostens für **aktive latente Steuern** (als *Bilanzierungshilfe*) sind somit, daß das steuerliche Ergebnis **höher** als das handelsrechtliche Ergebnis ist und sich der höhere Steueraufwand durch einen niedrigeren Steueraufwand späterer Geschäftsjahre **ausgleicht**, es sich also lediglich um eine "**zeitliche Differenz**" handelt.

Ertragsteuerdifferenzen, die zu einem aktiven Abgrenzungsposten führen können, entstehen dadurch, daß im handelsrechtlichen Jahresabschluß höhere Aufwendungen als in der Steuerbilanz berücksichtigt worden sind.

Der typische Fall für eine solche Ertragsteuerdifferenz ist die Nichtaktivierung eines Disagios nach § 250 Abs.3 HGB in der Handelsbilanz, während in der Steuerbilanz eine Aktivierungspflicht besteht. Das Disagio wird entsprechend im handelsrechtlichen Jahresabschluß **aufwandswirksam** behandelt, so daß das steuerliche Ergebnis **höher** ausfällt als das handelsrechtliche Ergebnis.

Legt man nun fiktiv das handelsrechtliche Ergebnis der Bemessung der Ertragsteuerbelastung zugrunde, ist die tatsächlich zu zahlende Steuer vergleichsweise zu hoch (Steuerbilanzergebnis größer als das Handelsbilanzergebnis). Der "handelsrechtliche Steueraufwand" ist somit um die Differenz nach unten zu korrigieren (Buchung: aktiver Abgrenzungsposten an latenter Steuerertrag).

Das in der Steuerbilanz aktivierte Disagio ist jedoch durch planmäßige jährliche Abschreibungen zu tilgen, die auf die gesamte Laufzeit der Verbindlichkeit zu verteilen sind. Entsprechend fällt das steuerliche Ergebnis in den Folgejahren **niedriger** aus als das handelsrechtliche Ergebnis, mithin ist auch die tatsächliche Steuerlast niedriger als der fiktive handelsrechtliche Steueraufwand. Der handelsrechtliche Steueraufwand ist deshalb nach oben zu korrigieren (Buchung: latenter Steueraufwand an aktiver Abgrenzungsposten), der Abgrenzungsposten wird also jährlich anteilig aufwandswirksam wieder aufgelöst.

Fall 2: Passivische Steuerabgrenzung (§ 274 Abs.1 HGB)

"Ist der dem Geschäftsjahr und früheren Geschäftsjahren zuzurechnende Steueraufwand zu niedrig, weil der nach den steuerrechtlichen Vorschriften zu versteuernde Gewinn niedriger als das handelsrechtliche Ergebnis ist, und gleicht sich der zu niedrige Steueraufwand des Geschäftsjahrs und früherer Geschäftsjahre in späteren Geschäftsjahren voraussichtlich aus, so **ist** in Höhe der voraussichtlichen Steuerbelastung nachfolgender Geschäftsjahre eine **Rückstellung nach** § 249 Abs.1 Satz 1 zu bilden und in der Bilanz oder im Anhang gesondert anzugeben. Die Rückstellung ist aufzulösen, sobald die höhere Steuerbelastung eintritt oder mit ihr voraussichtlich nicht mehr zu rechnen ist.''

Merke:	Wesentliche **Voraussetzungen** für eine **Rückstellung für latente Steuern** sind somit, daß das steuerliche Ergebnis **niedriger** als das handelsrechtliche Ergebnis ist und sich der niedrigere Steueraufwand durch einen höheren Steueraufwand späterer Geschäftsjahre **ausgleicht**, es sich also lediglich um eine ''**zeitliche Differenz**'' handelt.

Bei der Bildung einer Rückstellung für latente Steuern wird der handelsrechtliche Steueraufwand *nach oben* korrigiert (Buchung: latenter Steueraufwand an Rückstellung für latente Steuern).

Gleicht sich die Differenz in späteren Geschäftsjahren aus, wird die Rückstellung ertragswirksam aufgelöst, so daß der Steueraufwand nach unten korrigiert wird (Buchung: Rückstellung für latente Steuern an latenter Steuerertrag).

Merke:	Im Gegensatz zur passiven Abgrenzung, für die die **Pflicht** zur Bildung einer Rückstellung besteht, handelt es sich bei der aktiven Abgrenzung um ein **Wahlrecht** zur Bildung einer *Bilanzierungshilfe*.

In die Abgrenzung für latente Steuern sind nicht nur das laufende, sondern sind auch frühere Geschäftsjahre mit einzubeziehen. Es erfolgt also regelmäßig eine Betrachtung über mehrere zurückliegende Perioden. Dieser Umstand kann zu einer Saldierung von Rückstellung und Bilanzierungshilfe führen. Berücksichtigt man auch die Tatsache, daß es i.d.R. häufiger zu einer aktiven Abgrenzung kommen wird und hierfür ein Aktivierungswahlrecht besteht, ist der gesamte Komplex der Abgrenzung für latente Steuern ein mehr akademisches als praktisches Problem.

2.2.2.3.4   *Sonstige Rückstellungen*

Unter dieser Position sind sämtliche Rückstellungen im Sinne des § 249 HGB, die nicht nach § 266 HGB gesondert auszuweisen sind, zusammengefaßt.

Große und mittelgroße Kapitalgesellschaften haben gemäß § 285 Nr.12 i.V.m. § 288 HGB Rückstellungen, die unter der Position ''Sonstige Rückstellungen'' ausgewiesen werden und einen ''nicht unerheblichen Umfang'' haben, entweder gesondert auszuweisen oder im

Anhang zu erläutern. Für die Bestimmung des "nicht unerheblichen Umfanges" empfiehlt sich eine Betrachtung in Relation zur Bilanzsumme.

2.2.2.4 Verbindlichkeiten

Unter "Verbindlichkeiten" im bilanziellen Sinne versteht man sämtliche **Verpflichtungen** einer Unternehmung zu einer Leistung in Geld oder sonstigen Geld- oder Sachwerten.

Merke: Im Gegensatz zu den Rückstellungen werden unter den "Verbindlichkeiten" ausschließlich Verpflichtungen verbucht, die dem **Grunde** *und* der **Höhe** nach feststehen.

In der Bilanz muß nur die **mittelgroße** und **große** Kapitalgesellschaft den Hauptposten "Verbindlichkeiten" wie folgt untergliedern, andere Unternehmen können sämtliche Verbindlichkeiten zusammengefaßt ausweisen:

1. Anleihen, davon konvertibel

2. Verbindlichkeiten gegenüber Kreditinstituten

3. erhaltene Anzahlungen auf Bestellungen

4. Verbindlichkeiten aus Lieferungen und Leistungen

5. Verbindlichkeiten aus der Annahme gezogener Wechsel und der Ausstellung eigener Wechsel

6. Verbindlichkeiten gegenüber verbundenen Unternehmen

7. Verbindlichkeiten gegenüber Unternehmen, mit denen ein Beteiligungsverhältnis besteht

8. Sonstige Verbindlichkeiten

   - davon aus Steuern

   - davon im Rahmen der sozialen Sicherheit

Gemäß § 268 Abs.5 S.1 HGB ist bei jedem dieser gesondert ausgewiesenen Positionen der Betrag der Verbindlichkeiten mit einer **Restlaufzeit bis zu einem Jahr** in der Bilanz **oder** im Anhang gesondert zu vermerken.

Merke: Als Restlaufzeit gilt die Zeit zwischen Bilanzerstellung und vertraglichem oder tatsächlichem Zeitpunkt des Ausgleichs der Verbindlichkeit.

2.2.2.4.1 Anleihen, davon konvertibel

Unter "Anleihen" versteht man langfristige Darlehen, die das Unternehmen am organisierten Kapitalmarkt aufgenommen hat. Beispiele für Anleihen sind Industrieobligationen, Wandelschuldverschreibungen, Gewinnschuldverschreibungen und Optionsschuldverschreibungen.

Der Betrag der konvertiblen Anleihen ist zu vermerken. Diese Vorschrift bezieht sich auf sog. Wandelschuldverschreibungen, die dem Gläubiger ein Recht auf Umtausch in Anteile der Kapitalgesellschaft einräumen (§ 221 Abs.1 AktG).

2.2.2.4.2 Verbindlichkeiten gegenüber Kreditinstituten

Zu den Verbindlichkeiten gegenüber Kreditinstituten gehören sämtliche Verbindlichkeiten gegenüber Banken, Sparkassen, sonstigen Kreditinstituten und Bausparkassen.

Merke:	Passiviert wird nur der in Anspruch genommene Betrag, nicht etwa die eingeräumte Kreditlinie.

2.2.2.4.3 Erhaltene Anzahlungen auf Bestellungen

Unter dieser Position werden Anzahlungen von Kunden des Unternehmens passiviert, wenn das Unternehmen ihrerseits die Lieferung oder Leistung noch nicht oder noch nicht vollständig erbracht hat.

Erhaltene Anzahlungen werden grundsätzlich erfolgsneutral behandelt, d.h. sie werden mit dem Betrag passiviert, der dem Unternehmen zugeflossen ist.

Merke:	Lassen sich Bestände an Vorräten dem Auftrag, für den die Anzahlung geleistet wurde, direkt zurechnen und werden diese Bestände unter der Aktivposition "Vorräte" gesondert ausgewiesen, so **können** die erhaltenen Anzahlungen **offen** von den Vorräten abgesetzt werden (§ 268 Abs.5 S.2 HGB).

2.2.2.4.4 Verbindlichkeiten aus Lieferungen und Leistungen

Hier sind sämtliche Verpflichtungen des Unternehmens aus gegenseitigen Verträgen des laufenden Geschäftsverkehrs (z.B. Werkverträge, Kaufverträge, Miet- und Pachtverträge usw.) auszuweisen, wenn der Vertragspartner seine Lieferung oder Leistung schon erbracht hat, die Gegenleistung des Unternehmers (z.B. Zahlung des Kaufpreises) aber noch aussteht.

2.2.2.4.5 Verbindlichkeiten aus der Annahme gezogener Wechsel und der Ausstellung eigener Wechsel

Unter dieser Position sind alle **Schuldwechsel** auszuweisen, die auf das Unternehmen bezogen worden sind, die also das Unternehmen *als Bezogener* akzeptiert hat (sog. "Tratten") sowie sämtliche **Solawechsel**, d.h. Wechsel, die das Unternehmen selbst auf sich ausgestellt hat (eigene Wechsel).

2.2.2.4.6 Verbindlichkeiten gegenüber verbundenen Unternehmen

Es handelt sich hier um den korrespondierenden Posten zu ''Forderungen gegen verbundene Unternehmen'' (siehe dazu auch die Ausführungen in Kapitel B.II.2.2.1.4.2).

2.2.2.4.7 Verbindlichkeiten gegenüber Unternehmen, mit denen ein Beteiligungsverhältnis besteht

Es handelt sich hier um den korrespondierenden Posten zu ''Forderungen gegen Unternehmen, mit denen ein Beteiligungsverhältnis besteht (siehe dazu auch die Ausführungen in Kapitel B.II.2.2.1.4.2).

2.2.2.4.8 Sonstige Verbindlichkeiten

Sonstige Verbindlichkeiten sind ein Sammelposten für all jene Verbindlichkeiten des Unternehmens, die **nicht** unter einer der oben aufgezählten Positionen auszuweisen sind.

Getrennt zu vermerken sind **Steuerschulden** (z.B. Körperschaftsteuer, Umsatzsteuer, Gewerbesteuer usw.) sowie Verbindlichkeiten, die **im Rahmen der sozialen Sicherheit** (z.B. Sozialabgaben und Versicherungsprämien, Beiträge an den Pensions-Sicherungs-Verein usw.) entstanden sind.

Merke: Unter ''Sonstige Verbindlichkeiten'' fallen auch Aufwendungen des abgelaufenen Geschäftsjahres, die erst in späteren Geschäftsjahren zu Auszahlungen führen (sog. **"antizipative Rechnungsabgrenzungsposten"**). Sie sind, sofern sie einen größeren Umfang haben, im Anhang zu erläutern (§ 268 Abs.5 S.3 HGB).

2.2.2.5 Rechnungsabgrenzungsposten

In den "passiven Rechnungsabgrenzungsposten" dürfen nur Einnahmen des abgelaufenen Geschäftsjahres erfaßt werden, die erst in späteren Geschäftsjahren ertragswirksam werden (§ 250 Abs.2 HGB, sog. "transitorische Abgrenzungsposten"; siehe dazu auch den entsprechenden Abschnitt in Kapitel A).

> **Merke:** Passivisch abgegrenzt werden kann auch die Differenz zwischen dem Nominalbetrag einer Ausleihung (Rückzahlungsbetrag) und dem niedrigeren Auszahlungsbetrag (Disagio).

2.2.2.6 Haftungsverhältnisse

"Unter" (= *außerhalb*) der Bilanz sind gemäß § 251 HGB, sofern keine Passivierung erfolgt, alle

- Verbindlichkeiten aus der Begebung und Übertragung von Wechseln,

- Verbindlichkeiten aus Bürgschaften,

- Verbindlichkeiten aus Wechsel- und Scheckbürgschaften,

- Verbindlichkeiten aus Gewährleistungsverträgen sowie

- Haftungsverhältnisse aus der Bestellung von Sicherheiten für fremde Verbindlichkeiten

zu vermerken. Kapitalgesellschaften haben hierbei zusätzlich die Vorschrift des § 268 Abs.7 HGB zu beachten.

> **Merke:** Unter "Haftungsverhältnissen" versteht man alle Verbindlichkeiten, aus denen der Kaufmann nur dann in Anspruch genommen werden kann, wenn besondere Umstände eintreten. Diese "**Eventualverbindlichkeiten**" sind selbst dann auszuweisen, wenn ein entsprechender Rückgriffsanspruch gegenüber Dritten besteht.

3. Testfragen

- Welche Gliederungsschemata gelten für Einzelkaufleute und Personenhandelsgesellschaften?

- Welche Bedeutung hat die Größenklasseneinteilung von Kapitalgesellschaften für die Gliederung des Jahresabschlusses?

- Was besagt das Prinzip der formellen Bilanzkontinuität?

- Was sind sog. "Leerposten" und wann werden sie in der Bilanz ausgewiesen?
- Kann die Gliederung von Bilanz und Gewinn- und Verlustrechnung erweitert werden?
- Wann können Positionen der Bilanz und Gewinn- und Verlustrechnung zusammengefaßt werden?
- Welche "zwei" grundsätzlichen Gliederungsschemata gibt es für die Bilanz?
- Was sind sog. "ausstehende Einlagen"? Welche beiden Ausweismöglichkeiten gibt es für sie?
- Warum sind die "Aufwendungen für die Ingangsetzung und Erweiterung des Geschäftsbetriebs" als Bilanzierungshilfe ausgestaltet?
- Was versteht man unter einer "Ausschüttungssperre"?
- Wer entscheidet, ob ein Vermögensgegenstand zum Anlagevermögen oder zum Umlaufvermögen zu rechnen ist?
- Wie heißt die "horizontale" Gliederung des Anlagevermögens und wie ist diese Gliederung aufgebaut?
- Wie lautet die "gesetzliche Definition" des Umlaufvermögens?
- Was sind Rechnungsabgrenzungsposten, und welche Überlegung liegt diesem Rechnungslegungsinstrument zugrunde?
- Aus welchen Bestandteilen setzt sich das Eigenkapital einer Kapitalgesellschaft zusammen?
- Wie entstehen Kapitalrücklagen?
- Wie entstehen Gewinnrücklagen?
- Welche alternativen Verwendungsmöglichkeiten gibt es für gesetzliche Rücklage und Kapitalrücklage?
- Definieren Sie "Sonderposten mit Rücklageanteil"! Warum kommt diesem Passivposten eine sog. "Zwitterstellung" zu?
- Welche Rückstellungsarten **müssen** passiviert werden und für welche Rückstellungen besteht ein Passivierungs**wahlrecht**?
- Umschreiben Sie das "Prinzip der Abgrenzung für latente Ertragsteuern"!
- Welche typischen Fälle führen regelmäßig zu einer Rückstellung für latente Steuern im handelsrechtlichen Jahresabschluß?
- Warum ist der Komplex der Abgrenzung latenter Ertragsteuern ein mehr akademisches als praktisches Problem?
- Was sind Haftungsverhältnisse und wo werden sie in der Bilanz ausgewiesen?

4. Gliederung der Gewinn- und Verlustrechnung

4.1 Allgemeine Vorschriften

Das Gesetz schreibt in § 242 Abs.2 HGB für alle Kaufleute verpflichtend vor, daß der Kaufmann für den Schluß eines jeden Geschäftsjahres die Aufwendungen und Erträge des Geschäftsjahres gegenüberzustellen hat (**Gewinn-und Verlustrechnung**).

Für Einzelkaufleute und Personenhandelsgesellschaften liefert das Gesetz **keine** detaillierten Vorschriften für die Erstellung einer Gewinn- und Verlustrechnung. Maßgebend sind allein die bereits oben angesprochenen "allgemeinen Ausweis- und Gliederungsvorschriften" (siehe dazu Kapitel B.I.4.).

Für Kapitalgesellschaften dagegen sind in § 275 HGB Grundschemata für die Gliederung der Gewinn- und Verlustrechnung festgeschrieben, die den Charakter einer **Mindestgliederung** haben.

Für die weitere Behandlung sind diese "ergänzenden Vorschriften für Kapitalgesellschaften" Grundlage, d.h. die Probleme der Gliederung einer Gewinn- und Verlustrechnung werden anhand der gesetzlichen Vorschriften für Kapitalgesellschaften erläutert.

Merke:	Die in der Mindestgliederung enthaltenen Positionen dürfen jederzeit tiefer untergliedert werden. **Neue Posten** dürfen hinzugefügt werden, sofern deren Inhalt nicht durch andere Pflichtpositionen bereits abgedeckt wird!

4.2 Verfahren der Gewinn- und Verlustrechnung

Die Gewinn- und Verlustrechnung ist in Staffelform entweder nach dem **Gesamtkostenverfahren** oder nach dem **Umsatzkostenverfahren** aufzustellen (§ 275 Abs.1 S.1 HGB).

4.2.1 Gesamtkostenverfahren

Die Gewinn- und Verlustrechnung nach dem Gesamtkostenverfahren (§ 275 Abs.2 HGB) ermittelt das Jahresergebnis grundsätzlich in fünf Schritten:

1. Schritt: Die Positionen 1. bis 8. ergeben das sog. "**Betriebsergebnis**", das in der Gliederung nicht gesondert ausgewiesen wird.

2. Schritt: Über die Positionen 9. bis 13. läßt sich das **Finanzergebnis** errechnen, das jedoch ebenfalls nicht gesondert ausgewiesen wird.

3. Schritt: Betriebsergebnis und Finanzergebnis führen zum **Ergebnis aus gewöhnlicher Geschäftstätigkeit** (Pos.14).

4. Schritt: Die Positionen 15. und 16. ergeben das **außerordentliche** Ergebnis (Pos.17).

5. Schritt: Nach Abzug der Steuern (Pos.18. und 19.) ermittelt das Gesamtkostenverfahren in Pos. 20. das **Jahresergebnis (Jahresüberschuß/Jahresfehlbetrag).**

Das Schaubild auf der folgenden Seite zeigt das Gesamtkostenverfahren um ''erläuternde Positionen'' erweitert.

Abbildung: B.17

Wie schon erwähnt, handelt es sich bei dem Grundschema der Gewinn- und Verlustrechnung des § 275 Abs.2 HGB um eine **Mindestgliederung**, d.h. im Einzelfall kann es zu Abweichungen im Ausweis einzelner Positionen kommen, so daß die tatsächliche Numerierung von jener, die hier den Ausführungen zugrundeliegt abweichen kann. Die grundsätzliche Einteilung ändert sich dadurch aber nicht.

Als **Vorteile** des Gesamtkostenverfahrens werden angeführt:

-   Die Gewinn- und Verlustrechnung kann auf der Grundlage einer in Kostenarten eingeteilten Buchführung erstellt werden.

-   Es läßt sich die *Gesamtleistung* des Unternehmens errechnen (Umsatz ± Bestandsveränderung + Eigenleistung).

-   Materialaufwand und Personalaufwand als wichtige Bestimmungsgröße für die Ertragskraft werden gesondert ausgewiesen.

-   Die Abschreibungen werden offen ausgewiesen, wodurch die Selbstfinanzierungskraft des Unternehmens deutlicher wird.

4.2.2   Umsatzkostenverfahren

Die Gliederung der Gewinn- und Verlustrechnung nach dem Umsatzkostenverfahren (§ 275 Abs.3 HGB) steht dem Gesamtkostenverfahren als **gleichwertige Alternative** gegenüber. Ein willkürlicher Wechsel zwischen diesen beiden Verfahren ist aber nicht möglich (§ 265 Abs.1 HGB, siehe dazu auch die Ausführungen in Kapitel B.II.1.2).

Wesentliches Merkmal des Umsatzkostenverfahrens ist, daß den Umsatzerlösen die Herstellungskosten gegenübergestellt werden, die für die umgesetzte Leistung angefallen sind (Umsatzaufwendungen). Die betrieblichen Aufwendungen werden also nicht nach Kostenarten den abgesetzten Leistungen des Jahres gegenübergestellt, sondern dem Jahresumsatz über

Die Gewinn- und Verlustrechnung nach dem **Gesamtkostenverfahren**

1. **Umsatzerlöse**

±   2. Erhöhung oder Verminderung des Bestands an fertigen und unfertigen Erzeugnissen

+   3. andere aktivierte Eigenleistungen

+   4. sonstige betriebliche Erträge

-   5. Materialaufwand
    a) Aufwendungen für Roh-, Hilfs- und Betriebsstoffe und für bezogene Waren
    b) Aufwendungen für bezogene Leistungen

-   6. Personalaufwand
    a) Löhne und Gehälter
    b) soziale Abgaben und Aufwendungen für Altersversorgung und für Unterstützung, davon für Altersversorgung

-   7. Abschreibungen
    a) auf immaterielle Vermögensgegenstände des Anlagevermögens und Sachanlagen sowie auf aktivierte Aufwendungen für die Ingangsetzung und Erweiterung des Geschäftsbetriebs
    b) auf Vermögensgegenstände des Umlaufvermögens, soweit diese die in der Kapitalgesellschaft üblichen Abschreibungen überschreiten

-   8. sonstige betriebliche Aufwendungen

=   **Betriebsergebnis** * (Positionen 1 .bis 8.)

+   9. Erträge aus Beteiligungen, davon aus verbundenen Unternehmen

+   10. Erträge aus anderen Wertpapieren und Ausleihungen des Finanzanlagevermögens, davon aus verbundenen Unternehmen

+   11. sonstige Zinsen und ähnliche Erträge, davon aus verbundenen Unternehmen

-   12. Abschreibungen auf Finanzanlagen und auf Wertpapiere des Umlaufvermögens

-   13. Zinsen und ähnliche Aufwendungen, davon an verbundene Unternehmen

=   **Finanzergebnis** * (Positionen 9. bis 13.)

=   14. **Ergebnis der gewöhnlichen Geschäftstätigkeit** (Positionen 1. bis 13.)

+   15. außerordentliche Erträge

-   16. außerordentliche Aufwendungen

±   17. **außerordentliches Ergebnis** (Positionen 15. bis 16.)

-   18. Steuern vom Einkommen und vom Ertrag

-   19. Sonstige Steuern

=   20. **Jahresüberschuß/Jahresfehlbetrag**

*) Diese beiden Positionen werden im Grundschema nicht ausgewiesen, sondern sind zur Erläuterung der grundsätzlichen Zweiteilung der Gewinn- und Verlustrechnung in "Betriebsergebnis" und "Finanzergebnis" eingefügt.

Abbildung: B.17

die entsprechenden Kostenstellen zugeordnet, d.h. es erfolgt eine Aufteilung der betrieblichen Aufwendungen nach den Funktionsbereichen Produkion, Vertrieb, allgemeine Verwaltung.

Die Gewinn- und Verlustrechnung nach dem Umsatzkostenverfahren (§ 275 Abs.3 HGB) ermittelt das Jahresergebnis in grundsätzlich sechs Schritten:

1. Schritt: Die Positionen 1. und 2. ermitteln das **Bruttoergebnis vom Umsatz** (Pos. 3).

2. Schritt: Über die Positionen 3. bis 7. läßt sich das **Betriebsergebnis** errechnen (nicht gesondert ausgewiesen).

3. Schritt: Aus den Positionen 8. bis 12. ergibt sich das **Finanzergebnis** (nicht gesondert ausgewiesen).

4. Schritt: Betriebsergebnis und Finanzergebnis führen zum **Ergebnis aus gewöhnlicher Geschäftstätigkeit** (Pos. 13.).

5. Schritt: Die Positionen 14. und 15. ergeben das **außerordentliche Ergebnis** (Pos. 16).

6. Schritt: Nach Abzug der Steuern (Pos. 17. und 18.) ermittelt das Umsatzkostenverfahren in Pos. 19. das **Jahresergebnis (Jahresüberschuß/Jahresfehlbetrag)**.

Das Schaubild auf der folgenden Seite zeigt das Umsatzkostenverfahren, erweitert um die bereits beim Gesamtkostenverfahren angesprochenen ''erläuternden Ergänzungen''.

Abbildung: B.18

Als **Vorteile** des Umsatzkostenverfahrens werden angeführt:

-   Bei einer entsprechenden Gliederung der Aufwendungen nach Produktarten kann der Erfolgsbeitrag einzelner Produktarten aufgezeigt werden.

-   Der Zusammenhang von Kosten und Leistung des Unternehmens wird sichtbar.

-   Es erfolgt eine "verursachungsgerechte" Zuordnung von Aufwendungen zu den Funktionsbereichen des Unternehmens.

-   Die internationale Vergleichbarkeit von Gewinn- und Verlustrechnungen wird erleichtert.

-   Das Umsatzkostenverfahren entspricht mehr dem Kalkulationsschema des Unternehmens.

-   Das Umsatzkostenverfahren ist gut geeignet für Industrieunternehmen mit Serienfertigung.

Die Gewinn- und Verlustrechnung nach dem **Umsatzkostenverfahren**

1. **Umsatzerlöse**

\- 2. Herstellungskosten der zur Erzielung der Umsatzerlöse erbrachten Leistungen

= 3. **Bruttoergebnis vom Umsatz** (Positionen 1. bis 2.)

\- 4. Vertriebskosten

\- 5. allgemeine Verwaltungskosten

+ 6. sonstige betriebliche Erträge

\- 7. sonstige betriebliche Aufwendungen

= **Betriebsergebnis** * (Positionen 1. bis 7.)

+ 8. Erträge aus Beteiligungen,
davon aus verbundenen Unternehmen

+ 9. Erträge aus anderen Wertpapieren und Ausleihungen des Finanzanlagevermögens,
davon aus verbundenen Unternehmen

+ 10. sonstige Zinsen und ähnliche Erträge,
davon aus verbundenen Unternehmen

\- 11. Abschreibungen auf Finanzanlagen und auf Wertpapiere des Umlaufvermögens

\- 12. Zinsen und ähnliche Aufwendungen,
davon an verbundene Unternehmen

= **Finanzergebnis** * (Positionen 8. bis 12.)

= 13. **Ergebnis der gewöhnlichen Geschäftstätigkeit** (Positionen 1. bis 12.)

+ 14. außerordentliche Erträge

\- 15. außerordentliche Aufwendungen

± 16. **außerordentliches Ergebnis** (Positionen 14. bis 15.)

\- 17. Steuern vom Einkommen und vom Ertrag

\- 18. sonstige Steuern

= 19. **Jahresüberschuß/Jahresfehlbetrag**

---

*) Diese beiden Positionen werden im Grundschema nicht ausgewiesen, sondern sind zur Erläuterung der grundsätzlichen Zweiteilung der Gewinn- und Verlustrechnung in "Betriebsergebnis" und "Finanzergebnis" eingefügt.

Abbildung: B.18

> **Merke:** Nachteile des Umsatzkostenverfahrens ergeben sich für Unternehmen mit langfristiger Fertigung, wenn der Gesamtauftrag vertraglich in sukzessiv abrechenbare Teilleistungen aufgeteilt ist. Dauert eine Teilleistung länger als eine Rechnungsperiode, dürfen keine Umsatzerlöse ausgewiesen werden.

Wird das Umsatzkostenverfahren angewandt, so muß der Material- und Personalaufwand des Geschäftsjahres im Anhang angegeben werden (§ 285 Nr.8 HGB).

4.3 Größenabhängige Erleichterungen

Auch für die Erstellung einer Gewinn- und Verlustrechnung räumt das Gesetz größenabhängige Erleichterungen ein (§ 276 HGB).

Danach dürfen kleine und mittelgroße Kapitalgesellschaften beim Gesamtkostenverfahren die Positionen 1. bis 5. oder beim Umsatzkostenverfahren die Positionen 1. bis 3. und 6. zur Position **Rohergebnis** zusammenfassen.

4.4 Erläuterung einzelner Positionen

Im folgenden sollen nun die wichtigsten Gliederungspositionen erläutert werden, wobei die Zugehörigkeit zum jeweiligen Verfahren (Gesamtkosten- bzw. Umsatzkostenverfahren) genannt wird.

4.4.1 Umsatzerlöse

Die Position ''Umsatzerlöse'' ist inhaltlich für das Gesamtkostenverfahren und das Umsatzkostenverfahren gleichermaßen abzugrenzen. Nach § 277 Abs.1 HGB handelt es sich bei den Umsatzerlösen um Erlöse aus dem **Verkauf** und der **Vermietung** oder **Verpachtung** von Erzeugnissen und Waren, sowie der Erbringung von **Dienstleistungen**, soweit dies für die gewöhnliche Geschäftstätigkeit der Kapitalgesellschaft typisch ist. Von den Erlösen sind **Erlösschmälerungen** (z.B. Skonti, Boni, Rabatte) sowie die Umsatzsteuer (also Nettoumsatz) abzusetzen.

> **Merke:** **Nicht** zu den Umsatzerlösen gehören z.B. Erlöse aus Kantinenbetrieb, Erlöse aus dem Verkauf nicht mehr benötigter Roh-, Hilfs- und Betriebsstoffe, Erlöse aus der Veräußerung von Schrott, Erlöse aus der Vermietung von Werkswohnungen und Entschädigungsleistungen im Rahmen abgeschlossener Versicherungsverträge.

4.4.2 Bestandsveränderungen an fertigen und unfertigen Erzeugnissen

Diese Position gibt es nur beim Gesamtkostenverfahren, da hier den Umsatzerlösen sämtliche Periodenaufwendungen gegenübergestellt werden und mithin bei Abweichungen zwischen produzierter und abgesetzter Menge im Sinne einer periodengerechten Ergebnisermittlung die Umsatzerlöse korrigiert bzw. ergänzt werden müssen.

Folgende zwei Fälle sind denkbar:

Fall 1:   Der Bestand an fertigen und unfertigen Erzeugnissen hat sich **vermindert**, d.h. es wurden im laufenden Geschäftsjahr Erzeugnisse früherer Geschäftsjahre abgesetzt, es ist also **vom Lager verkauft** worden. In diesem Fall hat die Position ''Bestandsveränderung an fertigen und unfertigen Erzeugnissen'' ein **negatives** Vorzeichen und somit **Aufwandscharakter,** da sie die zu Herstellungskosten bewertete Bestandsminderung von den Umsatzerlösen **absetzt.**

Fall 2:   Der Bestand an fertigen und unfertigen Erzeugnissen hat sich **erhöht,** d.h. im laufenden Geschäftsjahr wurde weniger abgesetzt als produziert, es ist also **auf Lager produziert** worden. In diesem Fall hat die Position ''Bestandsveränderung an fertigen und unfertigen Erzeugnissen'' ein **positives** Vorzeichen und **Ertragscharakter,** da sie die zu Herstellungskosten bewertete Bestandserhöhung den Umsatzerlösen **zuschlägt.**

Merke: Als Bestandsveränderungen sind sowohl **mengenmäßige** als auch **wertmäßige** Abweichungen zu berücksichtigen, Abschreibungen allerdings nur in der für Kapitalgesellschaften **üblichen** Höhe (§ 277 Abs.2 HGB).

Zu den Mengenänderungen gehören auch sog. ''Inventurdifferenzen''. Bewertungsänderungen erfassen z.B. Wertabschläge auf ''Ladenhüter'', Qualitätsabschläge, Umbewertungen der Bestände usw. Für die Abgrenzung der ''üblichen Abschreibungen'' ist allein wichtig, ob im Rahmen eines internen Zeitvergleichs oder externen Betriebsvergleichs die Abschreibungen im Interesse eines verbesserten Einblicks in die Ertragslage als ''üblich'' angesehen werden können.

4.4.3 Sonstige betriebliche Erträge

Diese Position erscheint sowohl beim Gesamtkosten- als auch beim Umsatzkostenverfahren.

Zu den ''Sonstigen betrieblichen Erträgen'' gehören all jene Erträge der gewöhnlichen Geschäftstätigkeit, soweit sie nicht unter einer anderen Einzelposition auszuweisen sind. Es handelt sich hierbei im wesentlichen um folgende Erträge:

- Erträge aus dem **Abgang** von Gegenständen des Anlagevermögens und aus **Zuschreibungen** zu Gegenständen des Anlagevermögens,

- Erträge aus der **Herabsetzung der Pauschalwertberichtigung** zu Forderungen,

- Erträge aus der **Auflösung von Rückstellungen**,

- Erträge aus der **Auflösung von Sonderposten mit Rücklageanteil**,

- **übrige Erträge**, z.B. Erträge aus Zulagen und Zuschüssen, Erträge aus der Erhöhung von Festwerten, Mieteinnahmen aus Werkswohnungen, Kantinenerlöse, Schuldnachlässe usw.

4.4.4 Materialaufwand

Die Position ''Materialaufwand'' tritt nur beim Gesamtkostenverfahren auf. Wird die Gewinn- und Verlustrechnung nach dem Umsatzkostenverfahren erstellt, geht der Materialaufwand in die ''Herstellungskosten der zur Erzielung der Umsatzerlöse erbrachten Leistungen'' ein.

In der Gewinn- und Verlustrechnung wird der Materialaufwand untergliedert in:

a) Aufwendungen für Roh-, Hilfs- und Betriebsstoffe und für bezogene Waren und

b) Aufwendungen für bezogene Leistungen.

Zu den Aufwendungen für **Roh-, Hilfs- und Betriebsstoffe** zählt der gesamte im Fertigungsbereich sowie in den Bereichen Verwaltung und Vertrieb angefallene Materialaufwand.

Merke: Unter dieser Position sind auch **Inventur-** und **Bewertungsdifferenzen** aufgrund von Schwund, gesunkener Marktpreise oder Qualitätsverluste sowie **Anpassung eines Festwertes** zu erfassen.

Aufwendungen für bezogene Leistungen sind Aufwendungen für Fremdleistungen, die von ihrer Art her den Roh-, Hilfs- und Betriebsstoffen entsprechen. Dazu zählen z.B. Aufwendungen für Fremdverzinkung, Stanzarbeiten, Fremdreparaturen, Vergütungen für Erfindungen usw.

4.4.5 Rohergebnis

Wie oben bereits angesprochen, dürfen **kleine** und **mittelgroße** Kapitalgesellschaften gemäß § 276 HGB bestimmte Positionen der Gewinn- und Verlustrechnung zur Position ''Rohergebnis'' zusammenfassen.

Der Inhalt dieser Positionen ist davon abhängig, ob die Gewinn- und Verlustrechnung auf Gesamtkosten- oder Umsatzkostenbasis erstellt wird.

Rohergebnis nach dem Gesamtkostenverfahren (GKV)

Umsatzerlöse

± Bestandsveränderungen

+ aktivierte Eigenleistungen

+ sonstige betriebliche Erträge

- Materialaufwand

= **Rohergebnis (GKV)**

Abbildung: B.19

Rohergebnis nach dem Umsatzkostenverfahren (UKV)

Umsatzerlöse

- Herstellungskosten der zur Erzielung
  der Umsatzerlöse erbrachten Leistungen

+ sonstige betriebliche Erträge

= **Rohergebnis (UKV)**

Abbildung: B.20

Merke: Das Rohergebnis nach dem Umsatzkostenverfahren wird regelmäßig niedriger sein, da aufgrund der Systematik des Umsatzkostenverfahrens in der Position ''Herstellungskosten der zur Erzielung der Umsatzerlöse erbrachten Leistungen'' anteilige Personalaufwendungen und anteilige Abschreibungen enthalten sind, die in die Berechnung des Rohergebnisses nach dem Gesamtkostenverfahren nicht eingehen.

4.4.6 Herstellungskosten der zur Erzielung der Umsatzerlöse erbrachten Leistungen

Unter dieser Position der Gewinn- und Verlustrechnung nach dem Umsatzkostenverfahren sind alle Aufwendungen zu erfassen, die für die Herstellung der abgesetzten Leistungen des Unternehmens angefallen sind.

> **Merke:** Unerheblich ist, in welchem Geschäftsjahr die Herstellungskosten angefallen sind. Es erfolgt somit **keine** Periodenabgrenzung, Bestimmungsgröße ist allein die umgesetzte Leistung des Geschäftsjahres.

Insbesondere folgende Aufwendungen sind hier auszuweisen:

- Fertigungsmaterial

- Direkt zurechenbare Personalkosten

- Abschreibungen auf Fertigungsanlagen

- Kosten für Reparaturen

Wurden im laufenden Geschäftsjahr Leistungen umgesetzt, die in früheren Geschäftsjahren produziert worden sind, so gehen diese Bestandsminderungen als Aufwand in die Position ''Herstellungskosten der zur Erzielung der Umsatzerlöse erbrachten Leistungen'' ein.

> **Merke:** Die Aufwendungen für die Herstellung nicht abgesetzter Leistungen werden erfolgsneutral unter der Position ''Vorräte'' aktiviert.

4.4.7 Personalaufwand

Der Personalaufwand ist nur bei der Erstellung der Gewinn- und Verlustrechnung nach dem Gesamtkostenverfahren gesondert auszuweisen. Bei Anwendung des Umsatzkostenverfahrens sind die Personalaufwendungen den Positionen Herstellungs-, Vertriebs- und allgemeine Verwaltungkosten zuzurechnen.

Der Personalaufwand untergliedert sich in:

a) Löhne und Gehälter

b) soziale Abgaben und Aufwendungen für Altersversorgung und für Unterstützung

Unter der Position ''Löhne und Gehälter'' sind alle Löhne und Gehälter zusammenzufassen, die im abgelaufenen Geschäftsjahr Arbeitern und Angestellten einschließlich Vorstand gezahlt worden sind.

> **Merke:** Zu ''Löhne und Gehälter'' gehören auch **Sachzuwendungen**, z.B. Dienstwagen usw.

Zu den ''sozialen Abgaben'' zählen insbesondere die Arbeitgeberanteile zur gesetzlichen Sozialversicherung (Rentenversicherung, Arbeitslosenversicherung, Krankenversicherung usw.).

"Aufwendungen für Altersversorgung" erfassen vor allem die Zuführungen zu Pensions-rückstellungen und die Beiträge an den Pensions-Sicherungs-Verein.

4.4.8 Abschreibungen

Die Position "Abschreibungen" wird nur in der Gewinn- und Verlustrechnung nach dem Gesamtkostenverfahren gesondert ausgewiesen. Bei Anwendung des Umsatzkostenverfahrens sind die Abschreibungen analog zu den Personalkosten den Kostenstellen "Herstellung", "Vertrieb" und "allgemeine Verwaltung" zuzurechnen.

Die Abschreibungen werden untergliedert in Abschreibungen auf

a) immaterielle Vermögensgegenstände des Anlagevermögens und Sachanlagen sowie auf aktivierte Aufwendungen für die Ingangsetzung und Erweiterung des Geschäftsbetriebs und

b) Vermögensgegenstände des Umlaufvermögens, soweit diese die in der Kapitalgesell-schaft üblichen Abschreibungen überschreiten.

zu a) In dieser Position werden sämtliche Abschreibungen des Geschäftsjahres für das Anlagevermögen außer den Finanzanlagen ausgewiesen. Es handelt sich dabei sowohl um planmäßige als auch um außerplanmäßige Abschreibungen.

zu b) Hier werden sämtliche Abschreibungen auf Vermögensgegenstände des Umlaufver-mögens erfaßt, die die üblichen Abschreibungen überschreiten. Im wesentlichen handelt es sich hier um Abschreibungen zur Vorwegnahme künftig nötiger Wert-korrekturen (§ 253 Abs.3 S.3 HGB), d.h. sog. **Vorsorgeabschreibungen** (siehe dazu später).

> **Merke:** Außerplanmäßige Abschreibungen auf das Anlagevermögen gemäß § 253 Abs.2 S.3 HGB und Abschreibungen nach § 253 Abs.3 S.3 HGB auf das Umlaufver-mögen sind gesondert auszuweisen oder im Anhang anzugeben (vgl. § 277 Abs.3 HGB; siehe dazu auch Kapitel B. IV. 3.).

4.4.9 Vertriebskosten

Unter dieser Position, die nur im Zusammenhang mit dem Umsatzkostenverfahren Bedeutung hat, fallen sämtliche Kosten des Vertriebs im abgelaufenen Geschäftsjahr, die auch als Aufwand verrechnet worden sind.

> **Merke:** Vertriebskosten gehören nicht in die Herstellungskosten (§ 255 Abs.2 S.6 HGB), erhöhen also nicht den Wert der gefertigten Erzeugnisse.

Zu den Vertriebskosten zählen:

- **Sondereinzelkosten** des Vertriebs. Das sind die **direkt zurechenbaren** Kosten des Absatzes wie z.B. Frachten, Verpackungsmaterial, Versandkosten, Abschreibungen auf Gebäude des Vertriebs usw.

- **Vertriebsgemeinkosten.** Diese Kosten sind dem Absatz **nicht direkt zurechenbar**, stehen aber in mittelbarer oder unmittelbarer Beziehung zur Vertriebsleistung des Unternehmens. Vertriebsgemeinkosten sind z.B. Löhne und Gehälter des Vertriebspersonals, Reise- und Bewirtungskosten, Messe- und Ausstellungskosten usw.

4.4.10 Allgemeine Verwaltungskosten

In diesem Posten werden in der Gewinn- und Verlustrechnung nach dem Umsatzkostenverfahren all jene Verwaltungskosten des Geschäftsjahres ausgewiesen, die **nicht** als Herstellungskosten (§ 255 Abs.2 S.4 HGB) aktiviert worden sind.

Zu den allgemeinen Verwaltungskosten gehören alle Aufwendungen für Material und Personal sowie Abschreibungen, die im Bereich der Verwaltung angefallen sind.

4.4.11 Sonstige betriebliche Aufwendungen

Diese Position ist der korrespondierende Gegenposten zu ''Sonstige betriebliche Erträge'' und hat ebenfalls die Funktion eines Sammelpostens.

Sonstige betriebliche Aufwendungen sind **Aufwendungen des gewöhnlichen Geschäftsbetriebs**, die **keiner** anderen Aufwandsposition zugeordnet werden können.

Folgende Aufwendungen lassen sich z.B. unter der Position ''sonstige betriebliche Aufwendungen'' zusammenfassen:

- Einstellungen in den Sonderposten mit Rücklageanteil (§ 281 Abs.2 HGB),

- Zuführungen zu sog. "Aufwandsrückstellungen" (§ 249 Abs.2 HGB),

- Verluste aus dem Abgang von Vermögensgegenständen des Anlagevermögens,

- Verluste aus dem Abgang von Gegenständen des Umlaufvermögens außer Vorräte,

- Übrige betriebliche Aufwendungen, die keiner anderen Aufwandsposition zugeordnet werden können und auch keinen außerordentlichen Aufwand darstellen (z.B. Abwertungsverluste aus Valutaforderungen, Kosten des Aufsichtsrates, EDV-Aufwendungen, Emissionskosten, Werbeaufwendungen, Zeitschriften, Anlagenzugänge für die in der Bilanz ein Festwert angesetzt ist usw.).

4.4.12 Außerordentliche Erträge und Aufwendungen

Unter den Posten "Außerordentliche Erträge" und "Außerordentliche Aufwendungen" sind Erträge und Aufwendungen auszuweisen, die **außerhalb** der gewöhnlichen Geschäftstätigkeit der Kapitalgesellschaft anfallen (§ 277 Abs.4 S.1 HGB).

Diese beiden Positionen erscheinen sowohl in der Gewinn- und Verlustrechnung nach dem Gesamtkostenverfahren als auch nach dem Umsatzkostenverfahren.

> **Merke:** Für die inhaltliche Abgrenzung der außerordentlichen Erträge bzw. Aufwendungen ist allein auf die gewöhnliche Geschäftstätigkeit abzustellen, d.h. Aufwendungen und Erträge sind dann außerordentlich, wenn sie **ungewöhnlich** und **selten** sind.

Ungewöhnliche Aufwendungen und Erträge liegen dann vor, wenn sie in hohem Maße außergewöhnlich im Hinblick auf die normale Geschäftstätigkeit sind oder zufällig anfallen.

Selten sind Aufwendungen und Erträge dann, wenn nicht damit zu rechnen ist, daß sich die zugrundeliegende Ursache in absehbarer Zeit wiederholt.

Soweit die in der Gewinn- und Verlustrechnung ausgewiesenen a.o. Beträge für die Beurteilung der Ertragslage nicht von untergeordneter Bedeutung sind, so sind die Posten hinsichtlich des Betrags und ihrer Art im Anhang zu erläutern (§ 277 Abs.4 S.2 HGB).

4.4.13 Erträge und Aufwendungen aus Unternehmensverträgen

§ 277 Abs.3 S.2 HGB schreibt vor, daß Erträge und Aufwendungen aus Verlustübernahme sowie auf Grund einer Gewinngemeinschaft, eines Gewinnabführungs- oder eines Teilgewinnabführungsvertrags erhaltene oder abgeführte Gewinne jeweils gesondert unter entsprechender Bezeichnung auszuweisen sind.

In den Gliederungsschemata des § 275 HGB sind explizit für den Ausweis von Erträgen und Aufwendungen aus Unternehmensverträgen keine Posten vorgesehen. Die gliederungstechnische Behandlung bleibt somit dem pflichtgemäßen Ermessen des Bilanzierenden überlassen.

> **Merke:** Damit die Erträge und Aufwendungen aus Unternehmensverträgen das Ergebnis aus gewöhnlicher Geschäftstätigkeit beeinflussen können, sind die Erträge aus Verlustübernahme und aus Gewinngemeinschaft, Gewinnabführungs- oder Teilgewinnabführungsvertrag unter den "Finanzerträgen" sowie die entsprechenden Aufwendungen unter den "Finanzaufwendungen" gesondert auszuweisen.

4.4.14 Aufwendungen für Steuern

Der Ausweis von Steueraufwendungen gliedert sich nach dem Gesamtkosten- wie nach dem Umsatzkostenverfahren in

a) Steuern vom Einkommen und vom Ertrag und

b) sonstige Steuern

Steuern vom Einkommen und vom Ertrag sind

- inländische Körperschaftsteuer einschließlich Kapitalertragsteuer,

- Gewerbeertragsteuer,

- ausländische Ertragsteuern, für die im Inland eine Anrechnung auf die inländische Steuerschuld bzw. ein Abzug von der Bemessungsgrundlage möglich ist und

- Aufwendungen und Erträge aus der Steuerabgrenzung nach § 274 HGB.

Zu den "Sonstigen Steuern" zählen die **Steuern vom Vermögen**, wie Vermögensteuer, Grundsteuer, Gewerbekapitalsteuer, Erbschaft- und Schenkungsteuer, sowie **Verbrauchsteuern**, wie Biersteuer, Tabaksteuer, Mineralölsteuer usw.

Gehören Steuern zu den **Anschaffungskosten** (wie z.B. Börsenumsatzsteuer, Grunderwerbsteuer), so sind sie zu aktivieren. Ein Ausweis unter der Position "Sonstige Steuern" scheidet in diesen Fällen aus.

4.4.15 Jahresüberschuß/Jahresfehlbetrag

Die Gewinn- und Verlustrechnung schließt mit einem **Jahresüberschuß** oder einem **Jahresfehlbetrag** als Saldo aus den ausgewiesenen Erträgen und Aufwendungen ab.

> **Merke:** Der Jahresüberschuß stellt die Grundlage für die Ergebnisverwendung des Unternehmens dar.

Jahresüberschuß/Jahesfehlbetrag laut Gewinn- und Verlustrechnung stimmen betragsmäßig mit der gleichnamigen Position der Bilanz überein (siehe dazu auch die Ausführungen in Kapitel B. II. 2.2.2.1).

Veränderungen der Rücklagen sind erst nach dem Jahresergebnis auszuweisen (§ 275 Abs.4 HGB).

Aktiengesellschaften müssen zusätzlich in einer weitergeführten Rechnung im Anschluß an die Position Jahresüberschuß/Jahresfehlbetrag die Gewinn- und Verlustrechnung um die Überleitung auf den Bilanzgewinn ergänzen (§ 158 Abs.1 AktG).

Die folgende Abbildung zeigt diese ''Überleitungsrechnung'', wobei zwischen dem Gesamtkostenverfahren und dem Umsatzkostenverfahren unterschieden wird.

Ergänzung der Gewinn- und Verlustrechnung um die

Ergebnisverwendung gemäß § 158 AktG

GKV/UKV

20./19.*	Jahresüberschuß/Jahresfehlbetrag
21./20.	$\pm$ Gewinnvortrag/Verlustvortrag aus dem Vorjahr
22./21.	+ Entnahmen aus der Kapitalrücklage
23./22.	+ Entnahmen aus Gewinnrücklagen
24./23.	- Einstellungen in Gewinnrücklagen
25./24.	= Bilanzgewinn/Bilanzverlust

GKV = Gesamtkostenverfahren
UKV = Umsatzkostenverfahren
*   = fortlaufende Numerierung der Gliederungsschemata

Abbildung: B.21

5. Testfragen

- Wie ist die Gewinn- und Verlustrechnung eines Einzelunternehmens aufgebaut?

- Welche beiden Verfahren der Gewinn- und Verlustrechnung gibt es für Kapitalgesellschaften?

- Worin unterscheiden sich die Verfahren der Gewinn- und Verlustrechnung?

- In welche grundsätzlichen fünf Schritte läßt sich die Gewinnermittlung nach dem Gesamtkostenverfahren einteilen?

- Welche Vorteile hat das Gesamtkostenverfahren?

- In welche grundsätzlichen sechs Schritte läßt sich die Gewinnermittlung nach dem Umsatzkostenverfahren einteilen?

- Welche Nachteile hat das Umsatzkostenverfahren?

- Wie sieht die größenabhängige Erleichterung für die Erstellung einer Gewinn- und Verlustrechnung aus?

- In welchem Verfahren der Gewinn- und Verlustrechnung gibt es die Position ''Bestandsveränderungen an fertigen und unfertigen Erzeugnissen'' und welche Funktion hat diese Position?

- Unter welcher Position der Gewinn- und Verlustrechnung sind Erträge aus dem Abgang von Gegenständen des Anlagevermögens auszuweisen?

- Umschreiben Sie das Rohergebnis nach dem Gesamtkosten- sowie nach dem Umsatzkostenverfahren! Welches ''Rohergebnis'' ist regelmäßig höher und warum?

- Unter welcher Position der Gewinn- und Verlustrechnung sind Verluste aus dem Abgang von Gegenständen des Anlagevermögens auszuweisen?

III. Bilanzierung im engeren Sinne: Der Ansatz eines Bilanzpostens dem Grunde nach

1. Bilanzierung im engeren Sinne

"Eine getreue und klare Rechnungslegung über das vergangene Geschäftsjahr bedarf eines entsprechenden äußeren Aufbaues des Jahresabschlusses und einer adäquaten Darbietung des Bilanzinhaltes."

Diese oder andere wohlklingende Formeln simplifizieren die Dinge bei der Bilanzierung, denn gerade die "adäquate Darbietung des Bilanzinhaltes" ist eine grundsätzliche und zentrale Frage der Bilanzierung und für den Ersteller eines Jahresabschlusses mit den größten Problemen verknüpft. Daß hier erhebliche Probleme auftauchen, wurde im vorigen Kapitel bei der Behandlung der Abschreibungen angedeutet. Wenn in der Wirtschaftspresse bei der Besprechung von publizierten Jahresabschlüssen von "window dressing", "bilanzpolitische Manipulation" und von "bilanzpolitischen Strategien" geschrieben wird, so deutet dies darauf hin, daß bei der Darstellung des materiellen Inhalts der Bilanzierende einen **Entscheidungsspielraum** und damit verschiedene **Darstellungsmöglichkeiten**, d.h. **Entscheidungsmöglichkeiten** hat.

Die "adäquate Darbietung" des Bilanzinhaltes verlangt vom Ersteller eines Jahresabschlusses für jedes Wirtschaftsgut **grundsätzlich** zwei voneinander verschiedene, aber **aufeinanderfolgende** Bilanzierungsentscheidungen:

1) **Ob** ein Wirtschaftsgut in die Bilanz aufzunehmen ist (**Ansatz** dem **Grunde** nach).

   Ist die Entscheidung positiv ausgefallen, dann ist darüber zu befinden,

2) **wie** dieses Wirtschaftsgut angesetzt wird, d.h. mit **welchem Wert** es in der Bilanz anzusetzen ist (**Ansatz** der **Höhe** nach).

An dieser Stelle sei kurz darauf hingewiesen, daß wir einheitlich von **"Wirtschaftsgütern"** sprechen und damit den Sprachgebrauch des Steuerrechts übernehmen. **Positive** Wirtschaftsgüter sind im wesentlichen handelsrechtlich "Vermögensgegenstände" und **negative** Wirtschaftsgüter sind handelsrechtlich "Schulden". Von "Vermögensgegenständen" und "Schulden" soll in den folgenden Ausführungen nur dann gesprochen werden, wenn direkt auf die gesetzlichen Vorschriften des Handelsgesetzbuches verwiesen wird.

Da die Unterschiede zwischen **Wirtschaftsgütern** auf der einen Seite und **Vermögensgegenständen** sowie **Schulden** auf der anderen Seite relativ gering sind, halten wir diese "Vereinfachung" im Interesse der Didaktik für vertretbar.

Bisher war unter "Bilanzierung" immer allgemein die Erstellung einer Bilanz gemeint. Zukünftig werden wir "Bilanzierung" **in einem engeren Sinne** verwenden und damit die Entscheidung über das "**Ob**", d.h. über den **Ansatz** des Wirtschaftsgutes **dem Grunde** nach in der Bilanz verstehen. Die Entscheidung über das "**Wie**", d.h. die **Festlegung des Wertes** der Wirtschaftsgüter zum Abschlußstichtag nennt man "Bewertung". Mit der Bewertung werden wir uns im folgenden größeren Abschnitt dieses Kapitel noch auseinandersetzen.

2. Ansatzvorschriften

Bevor über den Wertansatz von Wirtschaftsgütern im Jahresabschluß zu entscheiden ist, muß geklärt werden, **welche** Wirtschaftsgüter **überhaupt** in den Jahresabschluß aufzunehmen sind. Die Frage, **ob** ein Wirtschaftsgut sachlich bilanzierungsfähig ist, d.h. ob eine Bilanzierungspflicht, ein Bilanzierungswahlrecht oder ein Bilanzierungsverbot besteht, ist den Problemen der Bewertung **vor**gelagert.

Merke:	**Ob** ein Gut im Jahresabschluß angesetzt wird, ist eine Entscheidung über den **Ansatz dem Grunde** nach. Die Entscheidung über den **Ansatz der Höhe** nach, d.h. die Wertfestsetzung, nennt man "Bewertung".

Das HGB kodifiziert im Prinzip in den §§ 246 bis 251 sog. "**Ansatzvorschriften**", die für alle Kaufleute gelten und auf Grund des Maßgeblichkeitsprinzips grundsätzlich auch bei der steuerlichen Gewinnermittlung zu berücksichtigen sind. Eine exakte Abgrenzung zwischen Bilanzierung dem Grunde nach und Bilanzierung der Höhe nach (die Vorschriften zur Bewertung folgen in den §§ 252 bis 256 HGB) wird durch diese "Ansatzvorschriften" zwar nicht erreicht. Das Gesetz folgt damit aber grundsätzlich systematisch richtig den regelmäßig anzustellenden Vorüberlegungen bei der Bilanzierung eines Wirtschaftsgutes.

Merke:	Streng genommen ist die Entscheidung über den Ansatz dem Grunde nach auch eine (Be-)Wertungsentscheidung, da damit darüber befunden wird, **ob** ein Wirtschaftsgut in die Bilanz aufgenommen wird und dann "weiterbewertet" (= Wertansatz der Höhe nach) werden kann.

3. Die Struktur einer Bilanzierungsentscheidung

Die Lösung des vor der "eigentlichen" Bewertung zu klärenden Problems des Bilanzansatzes eines Wirtschaftsgutes dem Grunde nach verlangt vom Bilanzierenden wiederum verschiedene Teilentscheidungen, nämlich die Lösung folgender Fragen:

a) Ist das Wirtschaftsgut überhaupt **bilanzierungsfähig** (Aktivierungs- bzw. Passivierungsfähigkeit)?

b) Ist die Bilanzierung **verboten** (Aktivierungs- bzw. Passivierungsverbot)?

c) Ist es aufgrund gesetzlicher Vorschriften oder den Grundsätzen ordnungsmäßiger Buchführung (GoB) bilanzierungs**pflichtig** (Aktivierungs- bzw. Passivierungsgebot)?

266

d) Besteht ein Bilanzierungs**wahlrecht** (Aktivierungs-, Passivierungswahlrecht), d.h. überlassen Gesetz und GoB dem Unternehmen die Entscheidung, **ob** es für ein Wirtschaftsgut
im konkreten Falle ein Aktivum oder ein Passivum ansetzen will oder nicht?

Die bei der Bilanzierung zu treffenden Teilentscheidungen in ihrem logischen Zusammenhang zeigt das folgende Ablaufdiagramm:

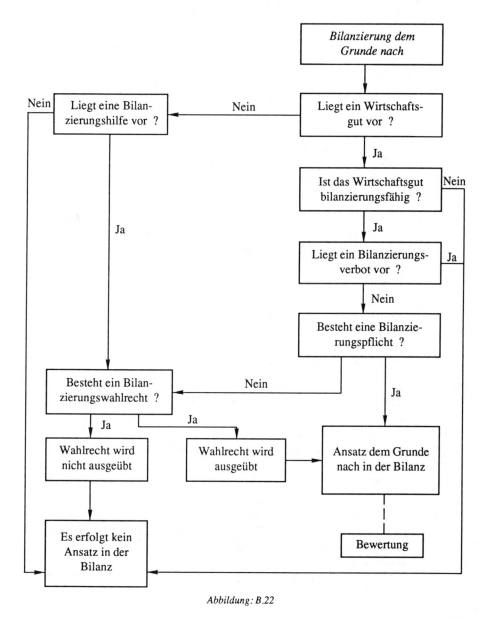

Abbildung: B.22

267

4. Bilanzierungsfähigkeit eines Gutes

Nach dem Handelsrecht soll der Jahresabschluß "sämtliche Vermögensgegenstände, Schulden, Rechnungsabgrenzungsposten, Aufwendungen und Erträge" (§ 246 Abs.1 HGB) erfassen.

Rechnungsabgrenzungsposten sind **keine** Vermögensgegenstände, sondern dienen lediglich der periodengerechten Gewinnermittlung. Der Hinweis auf Aufwendungen und Erträge hat nur klarstellende Bedeutung. Die Frage der Bilanzierungsfähigkeit berührt ausschließlich die Vermögensgegenstände und Schulden, d.h. es dürfen nur "Vermögensgegenstände" aktiviert und "Schulden" passiviert werden.

> **Merke:** **Wann** ein Gut als "Vermögensgegenstand" aufzufassen ist, richtet sich nach den **kaufmännischen Gepflogenheiten** und nach der **Rechtsprechung**, da es keine Legaldefinition von "Vermögensgegenstand" gibt.

"Vermögensgegenstände" sind nicht nur Sachen und Rechte im Sinne des BGB ("Sachen"), sondern **auch Güter**, die keine Rechte und Sachen sind, wie geschützte Erfindungen, Fertigungsverfahren, Eigenentwicklungen usw. Beispiele für nicht-aktivierungsfähige Güter sind Miet- und Pachtverträge oder Gewinne aus schwebenden Geschäften.

Ob etwas zu den passivierungsfähigen "**Schulden**" zählt, hängt davon ab, ob es sich um eine gegenwärtige oder zukünftig zu erwartende **Vermögensbelastung** des Unternehmens handelt, die **dem Grunde nach** zurecht besteht oder hinreichend sicher zu erwarten ist, auch wenn über die Höhe dieser Belastung noch Ungewißheit besteht. Die bereits bekannten Rückstellungen sind "Schulden" in diesem Sinne.

Wie oben bereits kurz erwähnt, spricht man im Steuerrecht nicht von "Vermögensgegenständen" und "Schulden", sondern von Wirtschaftsgütern, wobei das "**positive Wirtschaftsgut**" im wesentlichen das Äquivalent des handelsrechtlichen "Vermögensgegenstandes" und das "**negative Wirtschaftsgut**" das der "Schulden" ist.

Steuerrechtlich hängt die Aktivierungsfähigkeit eines Gutes davon ab, ob es sich um Sachen, Rechte, wirtschaftliche Vorteile oder Gegebenheiten (z.B. auch immaterielle Güter wie Firmenwert, Lizenzen, Patente, Urheberrechte, Wettbewerbsabsprachen) handelt, die nach der Verkehrsauffassung **selbständig bewertbar** sind, von den Unternehmen durch **einmalige, klar abgrenzbare Aufwendungen erworben** wurden und im wirtschaftlichen Sinne **übertragbar** sind. Ein negatives Wirtschaftsgut und damit Passivierungsfähigkeit ist dann gegeben, wenn es sich um eine **selbständig bewertbare Last** für das Unternehmen handelt.

> **Merke:** **Unterschiede** in der Bilanzierungsfähigkeit eines Gutes in der Handelsbilanz und in der Steuerbilanz sind auf die unterschiedlichen gesetzgeberischen Zwecksetzungen beider Bilanzen zurückzuführen, sollen aber für unsere Ausführungen unbedeutend sein.

5. Bilanzierungsverbote

Wenn das Unternehmen die Entscheidung getroffen hat, daß die Bilanzierungsfähigkeit eines Wirtschaftsgutes im konkreten Falle zu bejahen ist, dann heißt das nicht, daß dieses Wirtschaftsgut in jedem Falle in der Bilanz angesetzt werden darf oder muß (siehe dazu das Schaubild in Kapitel B III. 3.).

Ein Wirtschaftsgut darf in der Bilanz eines Unternehmens **nicht** erscheinen, wenn das Unternehmen weder Eigentümer dieses Wirtschaftsgutes im bürgerlich-rechtlichen Sinne ist noch dieses Wirtschaftsgut dem Unternehmen "wirtschaftlich" zuzurechnen ist. Das letztere ist für die Bilanzierung sehr bedeutsam. Ein Beispiel mag dies klarmachen. Unter Eigentumsvorbehalt dem Unternehmen im Laufe des Wirtschaftsjahres gelieferte Wirtschaftsgüter **müssen** bilanziert werden. Das Unternehmen ist hier zwar nicht Eigentümer der Güter im rechtlichen Sinne, aber "wirtschaftlicher Eigentümer", d.h. es hat das Nutzungsrecht über das Wirtschaftsgut und die Gefahrentragung. Es kann dieses Wirtschaftsgut bearbeiten, weiterverarbeiten oder weiterverkaufen.

Oder ein anderes Beispiel: Werden Forderungen (z.B. zur Sicherung eines Kredits) der Bank sicherheitshalber abgetreten, so sind diese Forderungen trotzdem bilanzierungspflichtig (§ 238 HGB spricht nicht vom rechtlichen Eigentum, sondern nur vom "Vermögen").

Merke:	Ist der Bilanzierende **nicht** wenigstens **wirtschaftlicher Eigentümer** des Wirtschaftsgutes, dann darf dieses auch nicht in der Bilanz erscheinen. Das gilt für Handels- und Steuerrecht gleichermaßen.

Neben diesem **allgemeinen Bilanzierungsverbot** gibt es noch die explizit gesetzlich normierten Bilanzierungsverbote für konkrete Fälle. Das folgende Schaubild gibt einen Überblick über wesentliche im HGB fixierte Bilanzierungsverbote (einschließlich der steuerrechtlichen Seite). Es empfiehlt sich, die angeführten Paragraphen begleitend zum Verständnis dazu zu lesen!

Bilanzierungsverbote	
Handelsrechtlicher Jahresabschluß	*Steuerbilanz*
Fehlendes rechtliches oder wirtschaftliches Eigentum (§ 238 HGB)	*dto.*
Selbstgeschaffene ("originäre") immaterielle Anlagewerte (§ 248 Abs.2 HGB)	*dto.*
Selbstgeschaffener ("originärer") Geschäfts- oder Firmenwert (§ 255 Abs.4 HGB)	*dto.*
Rückstellungen zu anderen als im Gesetz genannten Zwecken (§ 249 Abs.3 HGB)	*dto.*
Aufwendungen für die Gründung und Eigenkapital- beschaffung (§ 248 Abs.1 HGB)	*dto.*

Abbildung: B.23

Zum besseren Verständnis dieser Bilanzierungsverbote noch einige erläuternde Hinweise zu den aufgeführten handelsrechtlichen Bestimmungen:

1. Zu den selbstgeschaffenen immateriellen Anlagewerten gehören bspw. eigene Patente und Erfindungen, selbstentwickelte Fertigungsverfahren, das "know-how" eines Unternehmens, die Kosten eines großen Werbefeldzuges, Forschungs- und Entwicklungskosten usw.

2. Unter dem "Geschäfts- oder Firmenwert", auch als "Goodwill", "stiller Wert" usw. bezeichnet, wird in diesem Falle der sog. **originäre** "Geschäfts- oder Firmenwert" verstanden, ein immaterieller Wert, der im Laufe der Zeit in einer Unternehmung geschaffen wurde oder durch besondere Marktverhältnisse entstanden ist und der den über den Wert des Betriebsvermögens hinausgehenden Wert verkörpert. Dieser Firmenwert gründet sich auf dem guten Ruf des Unternehmens, auf dessen Kundenstamm, dessen innerer und äußerer Organisation, der Qualität der Produkte, der Qualität des Managements, der errungenen Marktstellung usw.

3. Zu den Aufwendungen für die Gründung und die Eigenkapitalbeschaffung zählen Gerichts- und Notariatskosten, Honorare für die Gründungsprüfer und die Gutachter, Kapitalverkehrsteuer, Druckkosten für Aktien und Prospekte u.a.

Was den Ausweis des Privatvermögens anbetrifft, so ist nach dem Handelsrecht umstritten, inwieweit Einzelkaufleute und Personenhandelsgesellschaften *neben* ihrem Betriebsvermögen auch noch ihr Privatvermögen in die Bilanz aufnehmen können. § 238 HGB gibt darüber keine Auskunft. Die Unterscheidung zwischen **Betriebsvermögen** und **Privatvermögen** ist zwar handelsrechtlich von relativ geringer Bedeutung (Personenhandelsgesellschaften dürfen im handelsrechtlichen Jahresabschluß nur das sog. "Gesamthandsvermögen" ausweisen), steuerrechtlich kommt der Unterscheidung jedoch Bedeutung zu.

Steuerrechtlich ist das sog. "**notwendige Privatvermögen**" nicht in die Bilanz aufzunehmen. Es besteht also dafür ein Bilanzierungsverbot! Unter "notwendigem Privatvermögen" sind dabei "solche Gegenstände zu verstehen, die ausschließlich privaten Zwecken dienen oder dienen sollen und bei denen diese Zweckbestimmung objektiv erkennbar wird". Beispiele wären etwa das ausschließlich vom Eigentümer privat bewohnte Einfamilienhaus, das ausschließlich privat (z.B. durch die Tochter) benutzte Auto, Gegenstände des privaten Lebensbereichs (wie Hausrat, Möbel, Kleidung usw.). Das Bilanzierungsverbot wird selbst dann nicht aufgehoben, wenn der Eigentümer zur Beschaffung betriebsnotwendiger Kredite sein Privatvermögen zur Sicherung übereignet!

6. Bilanzierungswahlrechte und Bilanzierungshilfen

Mit Bilanzierungspflichten und Bilanzierungsverboten ist das Entscheidungsproblem "Bilanzieren **oder nicht** Bilanzieren" (**Ansatz dem Grunde nach**) nicht vollständig beschrieben. Gesetz, GoB und Rechtsprechung gewähren in bestimmten Fällen dem Bilanzersteller einen **Entscheidungsspielraum**, um die Bilanzierung als Instrument der Bilanzpolitik zur Realisierung seiner eigenen Zielsetzungen einsetzen zu können:

(1.) **Bilanzierungswahlrechte**

Bei den Bilanzierungs**wahl**rechten bleibt es der autonomen Entscheidung des Unternehmens überlassen, ob es durch Ansatz bzw. Nicht-Ansatz eines Gutes die Höhe des Erfolgs- und Vermögensausweises den unternehmenspolitischen Interessen entsprechend manipulieren möchte.

(2.) **Bilanzierungshilfen**

Bei den Bilanzierungs**hilfen** handelt es sich um bestimmte Wahlrechte, deren Inanspruchnahme eine in der Anlaufphase sonst evtl. **eintretende Überschuldung vermeiden** und/oder eine periodengerechte Erfolgsverrechnung ermöglichen soll. Das Vorliegen einer **bilanziellen** Überschuldung kann ein **Indiz für eine faktische** Überschuldung im Sinne des Konkursrechts sein, bei der sowohl die Aktiengesellschaft gemäß § 92 Abs.2 S.2 AktG als auch die GmbH gemäß § 63 Abs.1 GmbHG das Konkursverfahren zu eröffnen hat.

Bilanzierungshilfen sind **keine** Vermögensgegenstände!

Welche Bilanzierungswahlrechte das Handelsrecht Kaufleuten bspw. für **bilanzpolitische Zwecke** zur Verfügung stellt (und ob vom Steuerrecht dieselben Aktionsspielräume ermöglicht werden) zeigt das Schaubild auf der folgenden Seite. Es empfiehlt sich, die zitierten Paragraphen des HGB zum besseren Verständnis nachzulesen!

Abbildung: B.24

Für **Kapitalgesellschaften** wird der vorstehende Katalog der "Ansatzwahlrechte" um einige **Bilanzierungshilfen** erweitert:

- Aufwendungen für die Ingangsetzung und Erweiterung des Geschäftsbetriebs (§ 269 HGB, lesen!)
- Aktive Abgrenzung latenter Steuern (§ 274 Abs.2 HGB, lesen!).

Merke:	Bilanzierungshilfen gibt es nur im handelsrechtlichen Jahresabschluß von Kapitalgesellschaften und haben auch nur dort einen Sinn, da Überschuldung lediglich für Kapitalgesellschaften einen Konkurstatbestand darstellt (§ 92 Abs.2 S.2 AktG und § 63 Abs.1 GmbHG).

Wesentliche Bilanzierungswahlrechte im handelsrechtlichen Jahresabschluß und ihre Behandlung in der Steuerbilanz	
Handelsrechtlicher Jahresabschluß	Steuerbilanz
Aktiva	
Entgeltlich erworbener (= derivativer) Geschäfts- oder Firmenwert, § 255 Abs.4 HGB	*Pflicht*
Damnum bei Verbindlichkeiten, § 250 Abs.3 HGB	*Pflicht*
Zinsen für Fremdkapital als Herstellungskosten, § 255 Abs.3 HGB	*Wahlrecht*
Passiva	
Rückstellungen für unterlassene Aufwendungen für Instandhaltung, bei Nachholung innerhalb der letzten 9 Monate des folgenden Geschäftsjahres, § 249 Abs.1 S.3 HGB	*Verbot*
Rückstellungen für genau umschriebene Aufwendungen, § 249 Abs.2 HGB	*Verbot*
Sonderposten mit Rücklageanteil, §§ 247 Abs.3 und 273 HGB	*Wahlrecht*

Abbildung: B.24

Die Aktivierung von ''Bilanzierungshilfen'' ist regelmäßig an die **Bedingung** geknüpft, daß Gewinne nur dann ausgeschüttet werden dürfen, wenn die nach der Ausschüttung verbleibenden, jederzeit auflösbaren Gewinnrücklagen zuzüglich eines Gewinnvortrags und abzüglich eines Verlustvortrags betragsmäßig der aktivierten Bilanzierungshilfe **mindestens** entsprechen (**Ausschüttungssperre**).

Einige Erläuterungen zum besseren Verständnis der angegebenen gesetzlichen Grundlagen:

Aufwendungen für die Ingangsetzung des Geschäftsbetriebs umfassen die Anlaufkosten sowie die Aufwendungen zum Aufbau der Betriebsorganisation, der Einführungswerbung usw., sofern diese nicht als selbständige Vermögensgegenstände bilanziert werden müssen.

Aufwendungen für die Erweiterung des Geschäftsbetriebs lassen sich inhaltlich sehr schwer abgrenzen, womit ein erheblicher bilanzpolitischer Spielraum eröffnet wird. Grundsätzlich wird es sich hier um Aufwendungen handeln, die in analoger Auslegung der Ingangsetzungsaufwendungen in der Erweiterungsphase des Betriebs anfallen, wobei der Begriff ''Betriebserweiterung'' **eng auszulegen** ist.

Bei der **aktivischen Abgrenzung latenter Steuern** handelt es sich um einen Korrekturposten, der den in der Gewinn- und Verlustrechnung ausgewiesenen Steueraufwand nach **unten** korrigiert, was regelmäßig dann erforderlich ist, wenn das handelsrechtliche Ergebnis niedriger ist als das steuerliche Ergebnis (z.B. infolge zeitlich vorgezogener Abschreibungen im handelsrechtlichen Jahresabschluß).

Im Sinne einer periodengerechten Erfolgsermittlung erfolgt somit eine dem handelsrechtlichen Ergebnis entsprechende Steueraufwandsverteilung. Für den Fall der Anpassung des "handelsrechtlichen" Steueraufwandes nach **oben** schreibt das Gesetz verpflichtend die Bildung einer Rückstellung für **passive Steuerabgrenzung** vor (§ 274 Abs.1 HGB).

Genauere Ausführungen zum Problemkomplex "latente Steuern" siehe Kapitel B II. 2.2.2.3.3!

Merke: Steuerrechtlich ist eine Aktivierung von Bilanzierungshilfen **nicht** möglich, da es sich um keine Wirtschaftsgüter handelt.

---

7. Bilanzpolitische Gestaltungsmöglichkeiten

7.1 Prinzipielle Überlegungen

Bilanzierungs*wahlrechte* sind **Instrumente für die Bilanzierungspolitik**, d.h. dem Bilanzierenden werden Mittel an die Hand gegeben, mit denen er eigene und /oder vorgegebene Zielvorstellungen im Rahmen der Rechnungslegung realisieren kann.

Der Jahresabschluß kann somit bereits beim Bilanzansatz dem Grunde nach "gestaltet" werden. Bedeutung hat dieser bilanzierungspolitische Spielraum vor allem für die betriebliche **Publizitätspolitik, die Finanzpolitik, die Gewinnverwendung und die Steuerpolitik** des Unternehmens. Durch die Ausübung von handelsrechtlichen Ansatzwahlrechten läßt sich die Vermögens- und Ertragslage beeinflussen. Über steuerliche Bilanzierungswahlrechte läßt sich die Steuerlast des Unternehmens u.U. vermindern bzw. zeitlich anders verteilen; außerdem können sich durch entsprechende Gewinnverlagerungen Liquiditäts- und Zinsvorteile ergeben.

Kennzeichen sämtlicher Bilanzierungswahlrechte ist eine gewisse "Gegenläufigkeit" der Wirkungen bei ihrer Ausübung. Entscheidet sich der Bilanzierende z.B. für eine Aktivierung, so bleibt zunächst das Ergebnis unverändert (Aktivtausch)! In der Folgezeit besteht nun bei den abnutzbaren Wirtschaftsgütern des Anlagevermögens die Pflicht, durch Abschreibungen die Anschaffungs- oder Herstellungskosten des Wirtschaftsgutes planmäßig auf die Zeit der betriebsgewöhnlichen Nutzung zu verteilen.

Dieses zukünftige Abschreibungsvolumen hat der Bilanzierende nicht mehr, wenn er eine Aktivierung unterläßt. In diesem Fall wird das Ergebnis im ersten Jahr durch die Aufwendungen für das entsprechende Wirtschaftsgut in **voller Höhe** gemindert, eine Verteilung der Aufwendungen auf die Jahre der betriebsgewöhnlichen Nutzung scheidet somit aus.

Ähnlich verhält es sich bei den Passivierungswahlrechten. Wird z.B. eine **Rückstellung** gebildet, für die ein Passivierungswahlrecht besteht, so tritt die Ergebnisminderung voll im Jahr der Bildung ein.

Die späteren Zahlungen werden erfolgsneutral gegen die Rückstellung verrechnet, mindern also das Ergebnis nicht mehr. Umgekehrt ist es bei unterlassener Passivierung.

Merke: Die bilanzpolitischen Möglichkeiten im Rahmen eines **Bilanzansatzes dem Grunde** nach können **nicht isoliert** betrachtet werden. Stets ist die Problematik der "Bewertung" mit zu berücksichtigen. Bilanzansatzwahlrechte wirken nur dann direkt auf das Ergebnis, wenn mit der Ausübung eines Ansatzwahlrechtes gleichzeitig die Bewertung vorgegeben ist. Ansonsten wirken Ansatzwahlrechte nur indirekt, da entscheidend für die Ergebniswirkung letztlich der gewählte Wertansatz ist.

7.2 Fallbeispiel: Treulos-GmbH

Die **Treulos-GmbH** hat ein Stammkapital von DM 2.000.000,--.

Die sonstigen Aktiva belaufen sich auf DM 2.400.000,--.

Die sonstigen Passiva belaufen sich auf DM 800.000,--.

Am 31.12.02 ist noch über folgende Vorgänge im Jahresabschluß zu entscheiden:

- Aufwendungen für die Ingangsetzung und Erweiterung des Geschäftsbetriebs i.H.v. DM 150.000,--.

- Aufwendungen für einen derivativen Firmenwert i.H.v. DM 250.000,--.

- Unberücksichtigte Fremdkapitalzinsen i.H.v. DM 5.000,--, die auf den Zeitraum der Herstellung eines Wirtschaftsgutes entfallen.

- Aus einer Abgrenzung für aktive latente Steuern resultierende Differenz von DM 10.000,--.

- Für ein Damnum sind DM 2.000,-- angefallen.

- Für unterlassene Instandhaltung werden voraussichtlich DM 240.000,-- an Aufwendungen anfallen. Die Instandhaltung wird innerhalb der letzten 9 Monate des folgenden Geschäftsjahres nachgeholt.

- Für eine umfangreiche Reparatur an einer Fertigungsanlage rechnet das Unternehmen mit einem voraussichtlichen Aufwand von DM 130.000,--.

- In der Steuerbilanz ist eine sog. 6b-Rücklage gebildet worden i.H.v. DM 130.000,--.

Unter Berücksichtigung des obigen Zahlenmaterials lassen sich die folgenden **Bilanzen** der Treulos-GmbH erstellen, die zugleich die Spannweite des bilanzpolitischen Spielraumes bei gleicher Ausgangslage verdeutlichen:

Bilanz I: Hier werden **sämtliche** Wahlrechte **so** ausgeübt, daß ein **möglichst günstiges Ergebnis** ausgewiesen werden kann.

Bilanz II: Hier werden **sämtliche** Wahlrechte **so** ausgeübt, daß das Jahresergebnis **möglichst weit "nach unten"** gedrückt werden kann.

Diese Zweiteilung in **Bilanz I (maximales Ergebnis)** und **Bilanz II (minimales Ergebnis)** wird in den folgenden Fallbeispielen und dazugehörenden Aufgaben fortgeführt.

Wesentliches Merkmal ist dabei, daß stets dieselbe Ausgangslage vorherrscht (Stammkapital DM 2.000.000,--, sonstige Aktiva DM 2.400.000,-- und sonstige Passiva DM 800.000,--), d.h. die einzelnen Wahlrechte und Spielräume werden isoliert betrachtet. Auf diese Weise soll dem Leser deutlich werden, welche bilanzpolitischen Gestaltungsmöglichkeiten sich **allein** durch die Ausübung **nur einzelner** weniger Wahlrechte bzw. Ausnutzung von Spielräumen ergeben können.

Zum Schluß werden allerdings sämtliche "Einzelbilanzen" zu einer **"Gesamtbilanz"** zusammengefaßt, so daß die **"Gesamtauswirkung"** der bilanzpolitischen Gestaltungsmöglichkeiten deutlich wird.

Bilanz I der Treulos-GmbH

Aktiva		Passiva	
Aufwendungen für die Ingang-setzung und Erweiterung des Geschäftsbetriebs (B.)	150.000	Gezeichnetes Kapital	2.000.000
		Jahresüberschuß	**17.000**
Derivativer Firmenwert (C.I.2.)	250.000	Sonstige Passiva	800.000
Fremdkapitalzinsen (D.I.3.)	5.000		
Damnum (E.)	2.000		
Abgrenzungsposten für latente Steuern (F.)	10.000		
Sonstige Aktiva	2.400.000		
Bilanzsumme	**2.817.000**		**2.817.000**

Abbildung: B.25

Erläuterung:

In der **Bilanz I** der Treulos-GmbH werden im Interesse einer **"Ergebnismaximierung"** sämtliche Aktivierungswahlrechte ausgeübt. Auf den Ansatz möglicher Passivposten des Zahlenbeispiels wurde entsprechend verzichtet.

Es errechnet sich ein **Jahresüberschuß** von **DM 17.000,--.**

Bilanz II der Treulos-GmbH

Aktiva		Passiva	
Sonstige Aktiva	2.400.000	Gezeichnetes Kapital	2.000.000
		Jahresfehlbetrag	**-900.000**
		6b- Rücklage (B.)	130.000
		Rückstellung für unterlassene	
		Aufwendungen für Instandhaltung (C.4.)	240.000
		Rückstellung für genau umschriebene	
		Aufwendungen (C.4.)	130.000
		Sonstige Passiva	800.000
Bilanzzumme	**2.400.000**		**2.400.000**

Abbildung: B.26

Erläuterung:

In der **Bilanz II** der Treulos-GmbH werden im Interesse einer "Ergebnisminimierung" sämtliche zulässigen Passivierungswahlrechte ausgeübt. Auf den Ansatz möglicher Aktivposten des Zahlenbeispiels wurde entsprechend verzichtet.

Es errechnet sich ein Jahres**fehlbetrag** von **DM 900.000,--**.

Die **gliederungstechnisch richtige Einordnung** der einzelnen Positionen ist regelmäßig in **Klammer** vermerkt (siehe dazu die erweiterte Bilanzgliederung für die mittelgroße und große Kapitalgesellschaft in Kapitel B II. 2.1.1).

Fazit:

Der bilanzpolitische Spielraum bei **gleicher** Ausgangslage beträgt zwischen der Zielsetzung "Ergebnismaximierung" und "Ergebnisminimierung" **absolut DM 917.000,--**, d.h. es ist möglich, **DM 17.000,--** als **Jahresüberschuß** oder **DM 900.000,--** als **Jahresfehlbetrag** auszuweisen, **ohne** gegen irgendwelche gesetzlichen Vorschriften zu verstoßen.

7.3 Aufgabe

An der **Frisch-Auf-OHG** sind die Herren Schwimmer als Logiker und Maier als Praktiker mit einer Einlage von je DM 150.000,-- beteiligt. Die sonstigen Aktiva belaufen sich auf DM 500.000,--. Die sonstigen Passiva belaufen sich auf DM 250.000,--. Am Jahresende ist noch über folgende Vorgänge zu entscheiden:

- Aufwendungen für die Ingangsetzung und Erweiterung des Geschäftsbetriebs sind i.H.v. DM 5.000,-- angefallen (Managementberatung als neue Sparte).

- Für ein erworbenes Patent wurden DM 20.000,-- bezahlt.
- Der derivative Firmenwert beläuft sich auf DM 30.000,--.
- Im Zusammenhang mit einem aufgenommenen Darlehen i.H.v. DM 50.000,-- sind zwei von Hundert als Damnum zu berücksichtigen.
- Für eine Abgrenzung aktiver latenter Steuern fallen DM 2.000,-- an.
- Weitere Fremdkapitalzinsen sind i.H.v. DM 5.000,-- angefallen, die auf den Zeitraum der Herstellung eines Wirtschaftsgutes entfallen.
- Für eine unterlassene Instandhaltung sind voraussichtlich DM 10.000,-- an Aufwendungen zu berücksichtigen. Die Instandhaltung wird innerhalb der letzten 9 Monate des folgenden Geschäftsjahres nachgeholt.
- Das Unternehmen rechnet mit einem wahrscheinlichen Aufwand von DM 20.000,-- für die Reparatur einer Fertigungsanlage.
- In der Steuerbilanz wurde eine 6b-Rücklage i.H.v. DM 10.000,-- passiviert.

Erstellen Sie eine **Bilanz I** und **Bilanz II** zum 31.12.02 für die Frisch-Auf-OHG entsprechend dem obigen Beispiel der Treulos-GmbH.

Lösung:

Bilanz I der Frisch-Auf-OHG

Aktiva		Passiva	
Entgeltlich erworbenes Patent	20.000	Einlagen	300.000
Derivativer Firmenwert	30.000	**Jahresüberschuß**	**6.000**
Fremdkapitalzinsen	5.000	Sonstige Passiva	250.000
Damnum	1.000		
Sonstige Aktiva	500.000		
Bilanzsumme	**556.000**		**556.000**

Abbildung: B.27

Erläuterung:

In der Bilanz I der Frisch-Auf-OHG werden sämtliche Wahlrechte so ausgeübt, daß sich ein **möglichst maximales Ergebnis** errechnet, d.h. es werden sämtliche aktivierungsfähigen Wirtschaftsgüter in die Bilanz eingestellt, auf die Bilanzierung von negativen Wirtschaftsgütern für die ein Passivierungswahlrecht besteht wurde entsprechend verzichtet.

Gegenüber dem Fallbeispiel der Treulos-GmbH besteht insoweit eine Abweichung, als eine Aktivierung von Ingangsetzungs- und Erweiterungsaufwendungen sowie eines Abgrenzungspostens für aktive latente Steuern in der Bilanz der Frisch-Auf-OHG nicht möglich ist!

Bilanz II der Frisch-Auf-OHG

Aktiva		Passiva	
Erworbenes Patent	20.000	Einlagen	300.000
Sonstige Aktiva	500.000	**Jahresfehlbetrag**	**-70.000**
		6b-Rücklage	10.000
		Rückstellung für unterlassene Aufwendungen für Instandhaltung	10.000
		Rückstellung für genau umschriebene Aufwendungen	20.000
		Sonstige Passiva	250.000
Bilanzsumme	**520.000**		**520.000**

Abbildung: B.28

Erläuterung:

In der **Bilanz II** der Frisch-Auf-OHG werden sämtliche Passivierungswahlrechte ausgeübt; auf die Ausnutzung entsprechender Aktivierungswahlrechte wurde im Interesse eines **möglichst minimalen Ergebnisausweises** verzichtet.

Zu beachten ist, daß für ein entgeltlich erworbenes Patent als immaterielles Wirtschaftsgut eine Aktivierungspflicht besteht!

Fazit:

Der bilanzpolitische Spielraum bei gleicher Ausgangslage beträgt zwischen der Zielsetzung "Ergebnismaximierung" und "Ergebnisminimierung" **absolut DM 76.000,--**, d.h es ist möglich, **DM 6.000,--** als Jahres**überschuß** oder **DM 70.000,--** als Jahres**fehlbetrag** auszuweisen, **ohne** gegen irgendwelche gesetzlichen Vorschriften zu verstoßen.

8. Testfragen

* Welche zwei aufeinanderfolgenden Entscheidungen sind für die Bilanzierung eines Wirtschaftsgutes notwendig und worüber wird dabei eine Entscheidung getroffen?

* Aus welchen Teilentscheidungen setzt sich die Bilanzierung (im engeren Sinne) zusammen?

  Versuchen Sie, die verschiedenen Teilentscheidungen in ihrem logischen Zusammenhang in einem Ablaufdiagramm darzustellen!

* Welche Kriterien entscheiden darüber, ob ein Gut als "Vermögensgegenstand" aufzufassen ist?

* Was ist der Unterschied zwischen "Vermögensgegenstand" und "Wirtschaftsgut" und welche Bedeutung hat diese Unterscheidung?

- Wann muß ein Gut, das sich nicht im juristischen Eigentum des Unternehmens befindet, bilanziert werden? Welches allgemeine Bilanzierungsverbot gilt für das Handels- und Steuerrecht gleichermaßen?

- Bei welchen der folgenden Fälle besteht im handelsrechtlichen Jahresabschluß bzw. in der Steuerbilanz eine Bilanzierungspflicht (BP), ein Bilanzierungsverbot (BV) oder ein Bilanzierungswahlrecht (BW)?

	Handelsrechtlicher Jahresabschluß			Steuerbilanz		
	BP	BW	BV	*BP*	*BW*	*BV*
Fehlendes rechtliches oder wirtschaftliches Eigentum § ...						
Entgeltlich erworbene immaterielle Werte § ...						
Originäre immaterielle Anlagewerte § ...						
Rückstellungen zu anderen als im Gesetz genannten Zwecken § ...						
Aufwendungen für die Gründung und Eigenkapitalbeschaffung § ...						
Damnum bei Verbindlichkeiten § ...						
Zinsen für Fremdkapital § ...						
Rückstellungen für unterlassene Aufwendungen für Instandhaltung bei Nachholung innerhalb der letzten 9 Monate des folgenden Geschäftsjahres § ...						
Rückstellungen für genau umschriebene Aufwendungen § ...						
Sonderposten mit Rücklagenanteil § ...						
Rückstellungen für drohende Verluste aus schwebenden Geschäften § ...						
Rückstellungen für ungewisse Verbindlichkeiten § ...						

Abbildung: B.29

- Unterscheiden Sie Bilanzierungswahlrechte und Bilanzierungshilfen!

- Warum sind Bilanzierungshilfen steuerlich nicht aktivierungsfähig?

- Warum kann man im Zusammmenhang mit der Ausübung von Bilanzierungswahlrechten von einer gewissen "Gegenläufigkeit" hinsichtlich der Auswirkung auf das Ergebnis sprechen?

IV. Bewertung: Der Ansatz eines Bilanzpostens der Höhe nach

1. Allgemeine Bewertungsgrundsätze

Ist die Entscheidung gefallen, daß ein Wirtschaftsgut bilanziert wird, d.h. dem Grunde nach in die Bilanz aufgenommen werden soll bzw. werden muß, dann ist als nächstes die Entscheidung zu treffen, **in welcher Höhe**, d.h. mit welchem Wert das Wirtschaftsgut in der Bilanz anzusetzen ist.

Für die Bewertungsentscheidung hat das Gesetz in § 252 HGB **allgemeine Bewertungsgrundsätze** normiert, die den einzelnen Bewertungsvorschriften vorangestellt sind.

Die folgende Zusammenstellung **allgemeiner Bewertungsgrundsätze** überschneidet sich teilweise mit den bereits oben aufgeführten **allgemeinen Grundsätzen für die Erstellung eines Jahresabschlusses** (siehe dazu Kapitel B. I.4.). Dennoch sollen im Interesse der Systematik und nicht zuletzt auch wegen der didaktisch besseren Aufbereitung diese allgemeinen Bewertungsgrundsätze hier aufgelistet werden.

(a) Grundsatz des Bilanzzusammenhangs

Nach § 252 Abs.1 Nr.1 HGB müssen die Wertansätze in der Eröffnungsbilanz des Geschäftsjahres mit denen der Schlußbilanz des vorhergehenden Geschäftsjahres übereinstimmen. Diese sog. ''formelle Bilanzidentität'' ergibt sich bereits aus dem anzuwendenden Buchführungssystem zwingend, da hier stets die Schlußbilanz des abgelaufenen Geschäftsjahres der Eröffnungsbilanz des laufenden Geschäftsjahres entspricht.

(b) Grundsatz der Unternehmensfortführung

Bei der Bewertung der im Jahresabschluß ausgewiesenen Vermögensgegenstände und Schulden ist grundsätzlich von der Unternehmensfortführung auszugehen (§ 252 Abs.1 Nr.2 HGB) (**''Going-Concern-Prinzip''**!).

Dieses Prinzip legt fest: Solange davon auszugehen ist, daß das Unternehmen fortgeführt werden kann, kommt eine Bewertung zu einem anderen Wertansatz als zu den **Anschaffungskosten** nicht in Frage. Der Grundsatz der Unternehmensfortführung sichert somit den Grundsatz der Bewertung zu Anschaffungskosten.

Merke: Die Bewertung ist so lange nach dem **Grundsatz der Unternehmensfortführung** vorzunehmen, wie dem nicht tatsächliche oder rechtliche Gegebenheiten entgegenstehen.

(c) Grundsatz der Einzelbewertung

Vermögensgegenstände und Schulden sind **einzeln** zu bewerten (§ 252 Abs.1 Nr.3 HGB). Auf diese Weise wird verhindert, daß sich Wertentwicklungen einzelner Vermögensgegenstände kompensieren. D.h. Wertminderungen einzelner Vermögensgegenstände führen nicht deshalb zu einer entsprechenden Abwertung im Jahresabschluß, weil in derselben Höhe der Wert anderer Vermögensgegenstände gestiegen ist (für Zuschreibungen aufgrund von Werterhöhungen besteht grundsätzlich keine Pflicht).

> **Merke:** In der Praxis führt dieser Grundsatz jedoch teilweise zu erheblichen Schwierigkeiten, weshalb es auch gesetzlich fixierte Ausnahmeregelungen gibt (Festwert, Gruppenwert, Bewertung nach Verbrauchsfolgen usw., siehe dazu auch die Ausführungen in Kapitel B. IV. 3.3.2, 3.3.3 und 3.3.4).

(d) Grundsatz der Vorsicht

Ein Bewertungs-, d.h. ein Entscheidungsproblem wäre für das bilanzierende Unternehmen nicht existent, wenn am Abschlußstichtag nur liquide Mittel (sog. ''Nominalwertgüter'' wie Bargeld, Postgiro- und Bankguthaben) vorhanden wären. Das ist aber nicht der Fall.

Bei den anderen zu bilanzierenden Gütern läßt sich wegen der objektiven bzw. subjektiven Ungewißheit über die tatsächlichen Verhältnisse und zukünftigen Entwicklungen in Bezug auf den zu bewertenden Bilanzgegenstand kein sicherer, eindeutiger Wert fixieren, sondern nur in gewissen Bandbreiten **schätzen**. Man denke nur an die Ungewißheit über die Nutzungsdauer von Anlagen, die Unsicherheit bei den Forderungen, die Ungewißheit über die Entwicklung auf den Beschaffungs- und Absatzmärkten, an die Rückstellungen usw. Um diesen **Schätzungsspielraum (Bewertungsspielraum)** in Grenzen zu halten (und zugleich dem wirtschaftlichen Risiko Rechnung zu tragen) und um überhöhte Gewinnausschüttungen zu Lasten der Haftungssubstanz zu vermeiden, muß die Bewertung dem **Prinzip der kaufmännischen Vorsicht** entsprechend geschehen.

Als zentraler Rechnungslegungsgrundsatz ist dieses **Vorsichtsprinzip** mit seinen zwei Ausprägungen, nämlich dem **Imparitätsprinzip** für vorhersehbare Risiken und Verluste und dem **Realisationsprinzip** für die Berücksichtigung von Gewinnen, in § 252 Abs.1 Nr.4 HGB normiert:

''Es ist vorsichtig zu bewerten, namentlich sind alle vorhersehbaren Risiken und Verluste, die bis zum Abschlußstichtag entstanden sind, zu berücksichtigen, selbst wenn diese erst zwischen dem Abschlußstichtag und dem Tag der Aufstellung des Jahresabschlusses bekannt geworden sind; Gewinne sind nur zu berücksichtigen, wenn sie am Abschlußstichtag realisiert sind.''

Das Vorsichtsprinzip gilt als fundamentaler Rechnungslegungsgrundsatz und dient nach herrschender Meinung im wesentlichen dem Gläubigerschutz, d.h. überhöhte Ausschüttungen und damit Aufzehrung der Haftungssubstanz sollen vermieden werden, weshalb der Kaufmann auch sein Vermögen eher zu niedrig als zu hoch ausweisen soll.

> **Merke:** Kaufleute dürfen sich in der Bilanz nicht reicher darstellen als sie es tatsächlich sind, um sich selbst und die Gläubiger nicht zu täuschen.

Konkretisiert wird dieses Vorsichtsprinzip bei der Bewertung der einzelnen Bilanzpositionen durch gesetzlich festgeschriebene **Höchstwertvorschriften** für die Aktiva (gemäß § 253 Abs.1 HGB sind Vermögensgegenstände höchstens mit den Anschaffungs- oder Herstellungskosten zu bewerten) und in Auslegung nach dem Zweck des Gesetzes durch abgeleitete **Mindestwertvorschriften** für die Passiva (§ 253 Abs.1 HGB).

Bezieht man neben dem Gläubigerschutz noch den Anteilseignerschutz, d.h. in diesem Falle eine periodengerechte Gewinnermittlung (als Basis für die Gewinnverteilung an die Anteilseigner) als Funktion des Jahresabschlusses mit ein, dann müssen Mindestwertvorschriften bei der Bewertung der Aktiva und Höchstwertvorschriften bei den Passiva beachtet werden, um einen durch eine zu großzügige Auslegung des Vorsichtsprinzips zu niedrigen Erfolgsausweis zu verhindern. Dies wurde in den **ergänzenden** Vorschriften für Kapitalgesellschaften (§§ 264 ff. HGB) zu realisieren versucht.

Oben wurde schon auf zwei Ausprägungen des Vorsichtsprinzips hingewiesen, die explizit im Gesetz zum Ausdruck kommen. Die Rede ist vom **Realisationsprinzip** und vom **Imparitätsprinzip**. Hierauf und auf das sog. "**Höchstwertprinzip**" wird nun etwas näher eingegangen.

(d1) Realisationsprinzip

§ 252 Abs.1 Nr.4 HGB schreibt vor, daß "**Gewinne nur zu berücksichtigen sind, wenn sie am Abschlußstichtag realisiert sind**". Damit soll die Ausschüttung noch nicht erzielter Gewinne verhindert werden. Dieses Prinzip schließt die Berücksichtigung von Wertsteigerungen aus, die über die Anschaffungs- oder Herstellungskosten der Wirtschaftsgüter hinausgehen. Als Zeitpunkt für die Realisation gilt die Leistungsbewirkung (Rechnungserteilung, Entstehen von Forderungen, Gefahrenübergang, Vertragserfüllung, Beendigung der Dienstleistung usw.).

(d2) Imparitätsprinzip

Im Gegensatz zum gesetzlichen Verbot, nichtrealisierte Gewinne im Jahersabschluß auszuweisen, sind gemäß § 252 Abs.1 Nr.4 alle vorhersehbaren Risiken und Verluste zu berücksichtigen, die bis zum Abschlußstichtag entstanden sind, wobei es im Sinne einer "**Wertaufhellung**" unbeachtlich ist, wenn diese Informationen erst zwischen dem Abschlußstichtag und dem Tag der Aufstellung des Jahresabschlusses bekanntgeworden sind.

> **Merke:** Das sog. "**Imparitätsprinzip**" führt also zu einer ungleichen ("imparitätischen") bilanziellen Behandlung **nichtrealisierter Gewinne** und **Verluste** und verlangt, daß noch nicht durch Umsatz realisierte, aber erkennbare **Verluste** berücksichtigt werden.

Ausfluß dieses Imparitätsprinzips ist das sog. "**Niederstwertprinzp**" in seinen zwei Ausprägungen,

(1.) strenges Niederstwertprinzip und

(2.) gemildertes Niedertwertprinzip,

welche in den Rechnungslegungsvorschriften des HGB verankert sind. In § 253 Abs.3 HGB wird das **strenge** Niederstwertprinzip für die Bewertung des Umlaufvermögens festgelegt. Nach dem strengen Niederstwertprinzip muß der Bilanzierende von zwei möglichen Wertansätzen (Anschaffungs- oder Herstellungskosten einerseits, Börsen- oder Marktpreis bzw. beizulegender Wert andererseits, s.u.) stets den niedrigeren Wert ansetzen. Dieser niedrigere Wert ist zugleich die **oberste** Wertgrenze, über die nicht hinausgegangen werden darf.

Dies gilt über das Maßgeblichkeitsprinzip bzw. die Grundsätze ordnungsmäßiger Buchführung grundsätzlich auch für die steuerliche Gewinnermittlung.

> **Merke:** Das **strenge Niederstwertprinzip** ist also **zugleich** eine **Höchstwertvorschrift!**

Für die Bewertung des Anlagevermögens gilt das Niederstwertprinzip in "**gemilderter**" Form (§ 253 Abs.2 HGB). Hier ist dem Unternehmen ein Wahlrecht eingeräumt, auf den niedrigeren Wert herabzugehen, das sich jedoch in eine Pflicht verwandeln kann, wenn es sich um eine voraussichtlich dauernde Wertminderung handelt. Wir kommen hierauf, insbesondere auf die "einschränkenden" Regelungen für Kapitalgesellschaften, noch zurück.

(d3) Höchstwertprinzip

Das Höchstwertprinzip gilt für die Bewertung der Passivposten und ist das Pendant zum Niederstwertprinzip auf der Aktivseite. Es verlangt bei der Bewertung von Verbindlichkeiten, daß bei niedrigerem Zeitwert der Verbindlichkeit der höhere "**Beschaffungswert**" und bei höherem Zeitwert der Verbindlichkeit dieser zu passivieren ist.

Zwischen den oft genannten Bilanzzwecken "Gläubiger-" und "Anteilseignerschutz" und dem Vorsichtsprinzip und seinen Ausprägungen lassen sich nach herrschender Meinung folgende Beziehungen konstatieren:

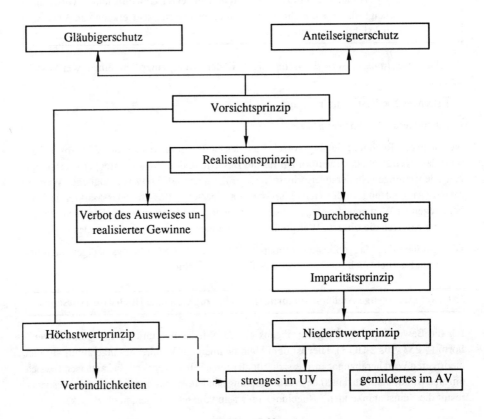

Abbildung: B.30

(e) Grundsatz der Periodenabgrenzung

Nach § 252 Abs.1 Nr.5 HGB sind Aufwendungen und Erträge des Geschäftsjahres im Jahresabschluß unabhängig von den Zeitpunkten der entsprechenden Zahlungen zu berücksichtigen. Damit ist das Prinzip der **periodengerechten Gewinnermittlung** im Sinne einer verursachungsgerechten Periodenzuordnung von Aufwendungen und Erträgen im Gesetz verankert.

(f) Grundsatz der Bewertungsstetigkeit

§ 252 Abs.1 Nr.6 HGB schreibt vor, daß die auf den vorhergehenden Jahresabschluß angewandten Bewertungsmethoden beibehalten werden **sollen**. Dieser Bewertungsgrundsatz, als **Soll**vorschrift ausgestaltet, versteht sich als **Willkürverbot** für den Wechsel von Wertansätzen im Jahresabschluß von Kaufleuten.

> **Merke:** Das Stetigkeitsgebot bezieht sich **nur** auf **Wahlrechte für Bewertungsmetho-den**, nicht auf Bilanzierungswahlrechte oder Wertansatzwahlrechte (z.B. Ansatz außerplanmäßiger Abschreibungen), denn solche Wahlrechte können **naturgemäß** nicht planmäßig vorgenommen werden, sie sind an den Einzelfall gebunden.

Den Geltungsbereich und den Inhalt des Stetigkeitsgrundsatzes zeigt das Schaubild auf der folgenden Seite.

Abbildung: B.31

Von den hier aufgelisteten allgemeinen Bewertungsgrundsätzen darf nur in "begründeten Ausnahmefällen" abgewichen werden (§ 252 Abs.2 HGB), womit die Pflicht zur Beachtung der allgemeinen Bewertungsgrundsätze relativiert wird und in praxi dies dazu führen kann, durch entsprechende Auslegung der Formulierung "begründete Ausnahmefälle" die generellen Bewertungsgrundsätze des § 252 Abs.1 HGB wirkungslos zu machen.

2. Ausgangswerte der Bewertung

2.1 Anschaffungs- oder Herstellungskosten als Basiswerte

Mit den oben besprochenen allgemeinen Bewertungsgrundsätzen werden lediglich Bewertungs**prinzipien** festgehalten, die quasi als "Klammeranweisungen" für das Bewertungsverhalten des Bilanzerstellers fungieren sollen.

Welche Werte bei der Bewertung eines zu bilanzierenden Wirtschaftsgutes im konkreten Fall in Frage kommen bzw. von welchen Werten auszugehen ist, regeln die §§ 253 bis 256 HGB.

> **Merke:** Prinzipielle Ausgangswerte für die Wertermittlung (Bewertung) im handelsrechtlichen Jahresabschluß (wie auch in der Steuerbilanz) sind grundsätzlich die **Anschaffungs- oder Herstellungskosten** der beschafften oder selbsterstellten Vermögensgegenstände.

In § 253 Abs.1 HGB werden diese beiden **Basiswerte** ausdrücklich **vorgeschrieben** und gelten für alle Kaufleute.

In § 253 Abs.1 HGB heißt es, daß Vermögensgegenstände **höchstens** mit den Anschaffungs- oder Herstellungskosten anzusetzen sind.

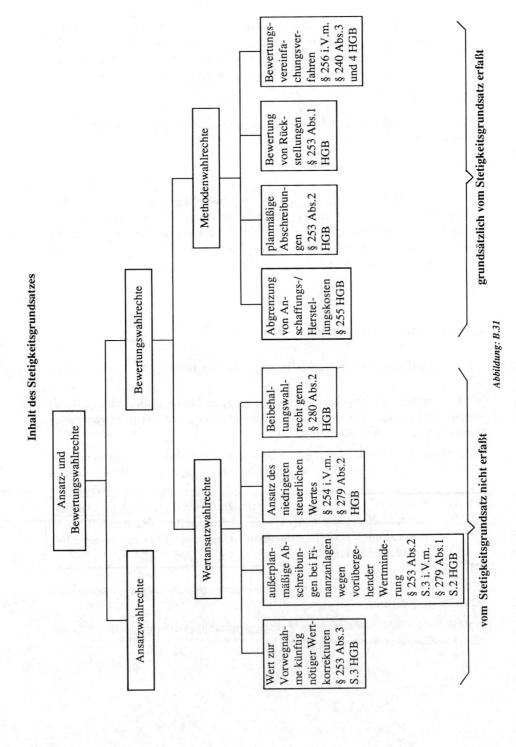

Inhalt des Stetigkeitsgrundsatzes

Ansatz- und Bewertungswahlrechte

Ansatzwahlrechte

Bewertungswahlrechte

Wertansatzwahlrechte

Wert zur Vorwegnahme künftig nötiger Wertkorrekturen § 253 Abs.3 S.3 HGB

außerplanmäßige Abschreibungen bei Finanzanlagen wegen vorübergehender Wertminderung § 253 Abs.2 S.3 i.V.m. § 279 Abs.1 S.2 HGB

Ansatz des niedrigeren steuerlichen Wertes § 254 i.V.m. § 279 Abs.2 HGB

Beibehaltungswahlrecht gem. § 280 Abs.2 HGB

Methodenwahlrechte

Abgrenzung von Anschaffungs-/Herstellungskosten § 255 HGB

planmäßige Abschreibungen § 253 Abs.2 HGB

Bewertung von Rückstellungen § 253 Abs.1 HGB

Bewertungsvereinfachungsverfahren § 256 i.V.m. § 240 Abs.3 und 4 HGB

vom Stetigkeitsgrundsatz nicht erfaßt

grundsätzlich vom Stetigkeitsgrundsatz erfaßt

Abbildung: B.31

286

Die Anschaffungs- oder Herstellungskosten sind somit als Wert**ober**grenze definiert, d.h. dieser "Wert" darf **nicht überschritten** werden. Die Anschaffungs- oder Herstellungskosten sind um "normale" Abschreibungen nach den Absätzen 2 und 3 des § 253 HGB zu vermindern, so daß die Wertobergrenze u.U. erst nach Abzug der "normalen" Abschreibungen erreicht wird; man kann insoweit von einer **sinkenden Wertobergrenze** sprechen.

Nicht-Kapitalgesellschaften können zusätzlich noch sog. "Ermessensabschreibungen" vornehmen, d.h. gemäß § 253 Abs.4 HGB sind Abschreibungen im Rahmen vernünftiger kaufmännischer Beurteilung zulässig.

Da sich mit der **Leerformel** "vernünftiger kaufmännischer Beurteilung" praktisch jeder niedrigere Wert begründen läßt, steht Nicht-Kapitalgesellschaften hiermit die Möglichkeit offen, durch entsprechende "Unterbewertung" ihrer Aktivposten (faktisch bis zur vollständigen Abschreibung) sog. **"stille Reserven"** in erheblichem Umfang zu bilden.

Merke: **Stille Reserven** im obigen Sinne stellen die Differenz zwischen den tatsächlichen Zeitwerten (evtl. Verkaufspreis) und den bilanzierten Buchwerten eines Aktivpostens dar. Bei der Veräußerung der Vermögensgegenstände führen stille Reserven regelmäßig zu einem Veräußerungsgewinn (Verkaufspreis ./. Buchwert = stille Reserven = Veräußerungsgewinn). Die Bildung und Auflösung stiller Reserven stellen dankbare Instrumente dar, einen "gewünschten" Gewinn/Verlust zu **errechnen**.

Für Kapitalgesellschaften ist diese Möglichkeit der Bildung stiller Reserven durch Abschreibungen im Rahmen vernünftiger kaufmännischer Beurteilung ausgeschlossen (§ 279 Abs.1 S.1 HGB). Durch diese Regelung wird für Kapitalgesellschaften eine **Wertuntergrenze** festgeschrieben.

Merke: (Fortgeführte) Anschaffungs- oder Herstellungskosten (abzüglich "normaler" Abschreibungen) sind die **Wertobergrenze** für die Bewertung eines Vermögensgegenstandes. Für Kapitalgesellschaften bilden die fortgeführten Anschaffungs- oder Herstellungskosten gleichzeitig eine **Wertuntergrenze**.

Sind an den Gütern im Laufe der Zeit Wertminderungen eingetreten (Maschinen z.B. unterliegen einem technisch bedingten Verschleiß, Rohstoffpreise sind gefallen), so müssen oder dürfen die Anschaffungs- oder Herstellungskosten um den Betrag der **Wertminderung** korrigiert werden.

Diese **Wertherabsetzung** geschieht

a)   bei Vermögensgegenständen des Anlagevermögens durch planmäßige oder außerplanmäßige Abschreibungen (§ 253 Abs.2 HGB),

b)   bei den Vermögensgegenständen des Umlaufvermögens durch Abschreibung auf einen "niedrigeren Wert" (§ 253 Abs.3 HGB).

Wie diese Wertherabsetzung geschieht und welche Unterschiede sich für Einzelunternehmen und Personenhandelsgesellschaften einerseits sowie Kapitalgesellschaften andererseits ergeben, wird später eingehend behandelt und soll hier nur für das Umlaufvermögen angedeutet werden.

Gem. § 253 Abs.1 und 3 HGB sind bei der Bewertung des Umlaufvermögens Abschreibungen vorzunehmen, um den einzelnen Vermögensgegenstand mit einem niedrigeren Wert anzusetzen, der sich aus einem Börsen- oder Marktpreis am Abschlußstichtag ergibt. Die **ursprünglichen** Anschaffungs- oder Herstellungkosten sind also um **Abschreibungen** zu mindern.

Ist ein Börsen- oder Marktpreis nicht festzustellen und übersteigen die Anschaffungs- oder Herstellungskosten den Wert, der den Vermögensgegenständen am Abschlußstichtag **beizulegen** ist, so ist auf diesen Wert abzuschreiben.

Mit dieser Pflicht zur Wertherabsetzung wird das sog. ''**strenge Niederstwertprinzip**'' im Umlaufvermögen fixiert, d.h. es ist im Zweifel auf den **niedrigern**, aus einem Börsen- oder Marktpreis **abgeleiteten** Wert oder **niedrigeren beizulegenden** Wert abzuschreiben.

Zusätzlich zu diesen verpflichtenden Wertabschlägen können zur Vorwegnahme künftig nötiger Wertkorrekturen zusätzliche Abschreibungen nach vernünftiger kaufmännischer Beurteilung vorgenommen werden (§ 253 Abs.3 S.3 HGB).

Merke: Nach § 253 Abs.3 S.3 HGB **dürfen** die Anschaffungs- oder Herstellungskosten bzw. die nach § 253 Abs.3 S.1 und S.2 HGB (strenges Niederstwertprinzip) anzusetzenden Werte unterschritten werden, wenn ein niedrigerer Wertansatz bei vernünftiger kaufmännischer Beurteilung notwendig ist, um künftig nötige Wertkorrekturen vorwegzunehmen (**Abwertungswahlrecht**, siehe dazu auch die Ausführungen in Kapitel B. IV. 3.3.5.3).

Die prinzipielle Lösung des Problems des **Wertansatzes im Umlaufvermögen** verlangt vom Bilanzierenden das nebenstehende Entscheidungsverfahren:

Abbildung: B.32

Betrachtet man die nebenstehende Abbildung, dann lassen sich folgende **Werte** für die Bewertung des **Umlaufvermögens** im handelsrechtlichen Jahresabschluß finden:

1. Die **Anschaffungs- oder Herstellungskosten** als prinzipielle Ausgangswerte;

2. Als ''**Ersatz**'' für die Anschaffungs- oder Herstellungskosten in bestimmten Fällen

    a)   **Markt- oder Börsenpreise**, aus denen die ''niedrigeren Werte'' im Sinne des § 253 Abs.3 S.1 HGB abzuleiten sind, oder

b)   ein nicht mit Markt- oder Börsenpreisen identischer Wert für die Ermittlung des nach § 253 Abs.3 S.2 HGB ''den Gegenständen am Abschlußstichtag **beizulegenden Wertes''**.

Welcher Wert im letzteren Falle zu nehmen ist und wie die Ermittlung des ''beizulegenden Wertes'' prinzipiell geschieht, wird im Abschnitt ''Wertansätze im Umlaufvermögen'' näher ausgeführt.

Wegen ihrer **prinzipiellen Bedeutung** werden wir als Ausgangswerte für die Wertermittlung nur die Anschaffungs- und Herstellungskosten behandeln. Die anderen Werte werden im Abschnitt ''Fortgeführte Bewertung'' näher erörtert.

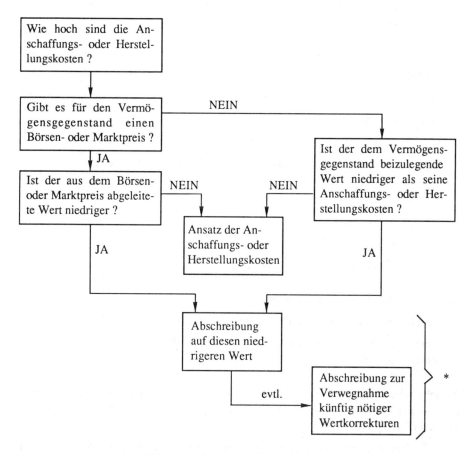

* Vorwegnahme unrealisierter Verluste

Abbildung: B.32

289

2.2 Anschaffungskosten

2.2.1 Anschaffungskosten im handelsrechtlichen Jahresabschluß

Die Anschaffungskosten als Ausgangspunkt für die Wertermittlung kommen für alle diejenigen Güter des Unternehmens in Betracht, die von Dritten erworben wurden.

Merke: Das Gesetz definiert in § 255 Abs.1 HGB die ''Anschaffungskosten als Aufwendungen, die geleistet werden, um einen Vermögensgegenstand zu **erwerben** und ihn in einen **betriebsbereiten** Zustand zu versetzen, soweit sie dem Vermögensgegenstand **einzeln zugeordnet** werden können. Zu den Anschaffungskosten gehören auch die **Nebenkosten** sowie die **nachträglichen** Anschaffungskosten. Anschaffungspreisminderungen sind abzusetzen.'' Es handelt sich also um aufwandsgleiche Kosten.

Anhand dieser gesetzlichen Definition läßt sich der Begriff der ''Anschaffungskosten'' inhaltlich folgendermaßen umschreiben:

Es handelt sich um die Aufwendungen, die erforderlich sind, um einen Vermögensgegenstand

- zu erwerben und ihn

- in einen betriebsbereiten Zustand zu versetzen,

soweit sie dem Vermögensgegenstand einzeln zugeordnet werden können.

Die Anschaffungskosten setzen sich zusammen aus

- dem Anschaffungs**preis**,

- den Anschaffungsnebenkosten und

- den nachträglichen Anschaffungskosten.

Nicht zu den Anschaffungskosten gehören

- Anschaffungspreisminderungen (z.B. Boni, Rabatte, Skonti)

- Aufwendungen, die zwar im obigen Sinne erforderlich sind aber nicht einzeln zugeordnet werden können.

Ausgangswert für die Ermittlung der Anschaffungskosten ist der **Anschaffungspreis** (Kaufpreis, Rechnungsbetrag) abzüglich der in Rechnung gestellten Umsatzsteuer (abziehbare Vorsteuer).

Die abziehbare Vorsteuer ist ein ''durchlaufender'' Posten und gehört grundsätzlich nicht zu den Anschaffungskosten.

> **Merke:** Die im Rechnungsbetrag enthaltene Umsatzsteuer gehört dann zu den Anschaffungskosten, muß also aktiviert werden, wenn das erwerbende Unternehmen **nicht** zum **Vorsteuerabzug** berechtigt ist.

Die **Anschaffungsnebenkosten** umfassen all die notwendigen Aufwendungen, um den erworbenen Gegenstand in einen betriebsbereiten Zustand zu versetzen.

Zu den Anschaffungsnebenkosten zählen z.B.: Transportkosten, Transportversicherung, Aufstellungs- und Montagekosten (z.B. Fundamentierungskosten für Maschinen), Beurkundungsgebühren, Provisionen, Vermittlungs- und Maklergebühren, angefallene Steuern (z.B. Grunderwerbsteuer), Zölle und sonstige Abgaben usw.

> **Merke:** Sind die **Nebenkosten** im Verhältnis zum Kaufpreis unbedeutend oder wäre der Aufwand für ihre exakte Ermittlung in keinem angemessenen Verhältnis zu ihrer Höhe, so **kann** auf ihren Ansatz verzichtet werden.

Zu den Anschaffungsnebenkosten gehören auch Aufwendungen, die dem Unternehmen im Rahmen seiner innerbetrieblichen Leistung angefallen sind, um den Vermögensgegenstand in einen betriebsbereiten Zustand zu versetzen. Wesentliche Voraussetzung ist auch hier, daß diese Aufwendungen dem erworbenen Wirtschaftsgut **direkt** zugerechnet werden können ("Einzelkosten"), z.B. ein Werkstattmeister ist extra für die Montage einer erworbenen Fertigungsanlage abgestellt; in diesem Falle sind die Personalkosten für den Werkstattmeister für den Zeitraum der Montage als Anschaffungsnebenkosten zu aktivieren.

Die Anschaffungskosten erhöhen sich um **nachträgliche Anschaffungskosten**, wenn für früher beschaffte Güter Aufwendungen (z.B. Reparaturen, Verbesserungen, Umbauten) dem Unternehmen erwachsen, sofern diese Aufwendungen noch in einem gewissen zeitlichen Zusammenhang mit der ursprünglichen Anschaffung stehen und bei der Bemessung des Kaufpreises berücksichtigt worden sind. Von einem zeitlichen Zusammenhang mit der ursprünglichen Anschaffung kann bei Gebäuden gesprochen werden, wenn die Aufwendungen innerhalb von drei Jahren nach der Anschaffung anfallen.

Der Anschaffungspreis ist um Rabatte, Skonti und alle sonstigen Arten von **Anschaffungspreisminderungen** zu ermäßigen, da diesen Nachlässen keine **tatsächlichen** Leistungen des Unternehmens gegenüberstehen. Nachträgliche Minderungen der Anschaffungskosten (z.B. durch nachträglich gewährte Boni) können entweder als Abgang (= Korrektur des zunächst zu hoch ausgewiesenen mengenmäßigen Zugangs) oder als Abschreibungen behandelt werden.

> **Merke:** Bestimmt werden die Anschaffungskosten von der tatsächlichen Gegenleistung für das Wirtschaftsgut, weshalb Anschaffungspreis**minderungen** auch abzuziehen sind.

Nicht zu den Anschaffungskosten gehören prinzipiell die Finanzierungskosten (wie Kreditzinsen, Kreditprovisionen, Wechseldiskont, Wechselspesen, Vermittlungsprovisionen, Disagio), die Vorsteuer (soweit abziehbar; aktivierungsfähig ist nur der Nettopreis!) oder aufgelaufene Lagerkosten.

Ebenfalls nicht zu den Anschaffungskosten gehören **nicht einzeln zurechenbare Aufwendungen**, d.h. Anschaffungsgemeinkosten können nicht aktiviert werden. In diesem Zusammenhang soll darauf hingewiesen werden, daß die Abgrenzung von einzeln zurechenbaren Aufwendungen (Einzelkosten) von den nicht einzeln zurechenbaren Aufwendungen (Gemeinkosten) u.U. erhebliche Probleme aufwirft und stark von der Funktionsfähigkeit des Kostenrechnungssystems der Unternehmung abhängig ist. Die gesetzliche Formulierung "...soweit sie dem Vermögensgegenstand einzeln zugeordnet werden können..." ist interpretationsbedürftig und ermöglicht deshalb einen gewissen "Gestaltungsspielraum".

Erwirbt ein Unternehmen **unentgeltlich** Vermögensgegenstände, so ist der Vermögensgegenstand eigentlich mangels Gegenleistung entsprechend dem Anschaffungswertprinzip nicht zu aktivieren. Die herrschende Meinung geht jedoch handelsrechtlich von einem **Aktivierungswahlrecht** aus, wobei höchstens der vorsichtig geschätzte Zeitwert anzusetzen ist.

Die Anschaffungskosten sind also nach folgendem "Kalkulationsschema" zu ermitteln:

Anschaffungskosten gemäß § 255 Abs.1 HGB

Allgemeine Definition	Aufwendungen, die geleistet werden, um einen Vermögensgegenstand - zu erwerben und ihn - in einen betriebsbereiten Zustand zu versetzen, soweit sie dem Vermögensgegenstand einzeln zugeordnet werden können.
Ermittlung der Anschaffungskosten	Anschaffungspreis + Einzeln zurechenbare Anschaffungsnebenkosten + Nachträgliche Anschaffungskosten ./. Anschaffungspreisminderungen
Anschaffungskosten =	
Nicht zu den Anschaffungskosten gehören	- nicht einzeln zurechenbare Aufwendungen (Anschaffungsgemeinkosten) - Finanzierungskosten - abziehbare Vorsteuern

Abbildung: B.33

292

> **Merke:** Wird ein Vermögensgegenstand im Ausland beschafft und der Kaufpreis in Auslandswährung vereinbart, dann entsprechen die Anschaffungskosten dem tatsächlich in DM gezahlten und verbuchten Rechnungsbetrag. Wechselkursänderungen **nach** dem Zeitpunkt der Verbuchung haben keine Auswirkungen auf die Anschaffungskosten.

2.2.2 Anschaffungskosten in der Steuerbilanz

Auch für die Steuerbilanz gilt, daß die Anschaffungskosten eines Wirtschaftsgutes die **absolute Obergrenze** des möglichen Wertansatzes bilden (§ 6 Abs.1 EStG). Alle alternativen Wertansätze sind niedrigere Werte. Prinzipiell wird bei der Ermittlung der Anschaffungskosten für die Steuerbilanz in derselben Weise wie für den handelsrechtlichen Jahresabschluß verfahren. Zu den Unterschieden sei auf die spezielle Literatur im Anhang verwiesen.

2.2.3 Bilanzpolitische Gestaltungsmöglichkeiten

Der bilanzpolitische Gestaltungsspielraum bei der Berechnung der Anschaffungskosten ist relativ gering. Lediglich im Zusammenhang mit der Aktivierungspflicht von Anschaffungs**neben**kosten gibt es nennenswerte Wahlmöglichkeiten.

Die Behandlung von Anschaffungsnebenkosten wirft regelmäßig die Frage auf, ob die entsprechenden Aufwendungen erfolgsneutral im Sinne eines Aktivtausches auf das erworbene Wirtschaftsgut umgebucht werden, um schließlich erst über die Abschreibungen des Wirtschaftsgutes ergebniswirksam zu werden, oder ob sie sofort als laufender Aufwand verbucht werden.

Das folgende Fallbeispiel soll diesen Zusammenhang deutlich machen.

2.2.3.1 Fallbeispiel: Treulos-GmbH

Die Treulos-GmbH hat ein Stammkapital von DM 2.000.000,--. Die sonstigen Aktiva belaufen sich auf DM 2.400.000,--. Die sonstigen Passiva betragen DM 800.000,--.

Am 31.12.02 ist noch über folgenden Vorgang zu entscheiden:

Am 4. November 02 wurde für DM 440.000,-- (incl. 10 % USt) von der Firma Mandl & Töchter - die deutsche Niederlassung des amerikanischen Konzerns Robot Industries - im Beisein des Vertriebsmanagers Herrn W. Fischer ein Roboter TXTNT 007 zur Verschweißung von Blechteilen für die Fertigung von Außenblechen des neuen bayerischen Großraumflugzeuges Falke B 924 GTI geliefert.

Im Zusammenhang mit der Anschaffung dieses Roboters sind noch folgende Aufwendungen entstanden:

- Für Fracht und Transportversicherung sind DM 14.500,-- entstanden.

- Für die Anschaffung des Roboters wurde ein Kredit aufgenommen; in diesem Zusammenhang ist ein Disagio i.H.v. DM 8.000,-- angefallen.

- Die beiden Vorstände der Treulos-GmbH sind im Juni 02 für zwei Tage extra in die USA geflogen, um sich an Ort und Stelle über die Produktpalette von Robot Industries zu informieren, was schließlich zum Erwerb des TXTNT 007 geführt hat.

  Für diese Dienstreise sind incl. Flug, Übernachtung, Spesen sowie Besichtigung der einschlägigen Lokalitäten insgesamt DM 20.000,-- angefallen.

- Für die Montage des Roboters arbeitete der betriebseigene Maurermeister Fritz Kelle an einem Zementsockel insgesamt fünf Stunden. Laut Lohnbuchhaltung verdient Herr Kelle DM 24,-- pro Stunde. An Materialkosten sind DM 88,-- für einen Kubikmeter Schweißsand und DM 18,-- für zwei Sack Zement angefallen.

- Die Chef-Sekretärin Frl. Braumeister hat wichtige Vorgespräche vermittelt und war am Tag der Lieferung des Roboters sichtlich aufgeregt (Frl. Braumeister wird am 1. März 03 in den verdienten Ruhestand treten). Ein Fläschchen Baldrian für DM 7,50 und ein kleines Bier in der Mittagspause für DM 1,50 (Frl. Braumeister trinkt sonst nur Pfefferminztee) haben sie einigermaßen beruhigt.

- Frau Kerscher ist für die Reinigung sämtlicher Gebäude zuständig und hat eine ganze Woche damit verbracht, die Werkhalle WH 05 für den Roboter montagefertig zu reinigen. Frau Kerscher verdient DM 10,-- pro Stunde. Frau Kerscher ist außerdem die Urlaubsvertretung für den Fahrer des Vorstandes und hat am 4. November mit ihrem Alpha Sud (der firmeneigene Audi 100 Coupe S war wegen fälligem TÜV in der Werkstatt) den Vertriebsmanager der Firma Mandl & Töchter zum Bahnhof gefahren. Frau Kerscher hat die Entfernung vom Firmengelände zum Hauptbahnhof und zurück (insgesamt 35 km) in knapp 30 Minuten zurückgelegt.

- Die Firma Mandl & Töchter gewährt 3 % Skonto, wenn die Rechnung innerhalb von 20 Tagen bezahlt wird. Die Treulos-GmbH wird diesen Skonto auf jeden Fall ausnutzen.

Bilanz I der Treulos GmbH

Aktiva		Passiva	
Roboter (C.II.2)	402.726	Gezeichnetes Kapital	2.000.000
Sonstige Aktiva	2.400.000	**Jahresüberschuß**	**2.726**
		Sonstige Passiva	800.000
Bilanzsumme	**2.802.726**		**2.802.726**

Abbildungen: B.34

Erläuterungen:

Nettokaufpreis	400.000,-- DM
Fracht und Versicherung	14.500,-- DM
Finanzierungskosten	-,-- DM
Dienstreise	-,-- DM
Zementsockel	
- Arbeitszeit	120,-- DM
- Material	106,-- DM
Frl. Braumeister	-,-- DM
Reinigung	-,-- DM
Fahrt zum Bahnhof	-,-- DM
Skonto	./. 12.000,-- DM
Anschaffungskosten	**402.726,-- DM**

Ausgangswert für die Ermittlung der Anschaffungskosten ist der Nettokaufpreis, d.h. ohne die als Vorsteuer abziehbare USt.

Der Nettokaufpreis beträgt DM 400.000,--.

Fracht- und Versicherungsaufwendungen sind typische Nebenkosten des Erwerbs und auch direkt zurechenbar, so daß auf jeden Fall DM 14.500,-- aktiviert werden müssen.

Kosten der Finanzierung gehören nicht zu den Anschaffungsnebenkosten.

Die Dienstreise in die USA fällt unter ''Aufwendungen in der Entscheidungsphase'' und steht deshalb in keinem direkten Zusammenhang zum Erwerb des Roboters TXTNT 007. Eine Aktivierung als Anschaffungsnebenkosten kommt nicht in Frage.

Die Aufwendungen für die Erstellung eines Zementsockels sind erforderlich, um den Roboter in einen betriebsbereiten Zustand zu versetzen, d.h. DM 226,-- sind grundsätzlich als Anschaffungsnebenkosten zu aktivieren.

Die Aufwendungen, die durch Frl. Braumeister entstanden sind, sind allenfalls Anschaffungs-gemeinkosten und auf keinen Fall zu aktivieren.

Die Reinigungsaufwendungen sind ebenfalls nicht einzeln zurechenbar und deshalb nicht aktivierungsfähig.

Die Aufwendungen für die Fahrt des Vertriebsmanagers zum Bahnhof sind nicht erforderlich, um den Roboter in einen betriebsbereiten Zustand zu versetzen, also auch nicht zu aktivieren.

Die 3 % Skonto (DM 12.000,--) sind als Anschaffungspreisminderungen vom Kaufpreis abzuziehen.

In der **Bilanz I** der Treulos-GmbH errechnet sich ein Jahresüberschuß von **DM 2.726,--**.

Bilanz II der Treulos- GmbH

Aktiva		Passiva	
Roboter (C.II.2)	388.000	Gezeichnetes Kapital	2.000.000
Sonstige Aktiva	2.400.000	**Jahresfehlbetrag**	**- 12.000**
		Sonstige Passiva	800.000
Bilanzsumme	**2.788.000**		**2.788.000**

Abbildung: B.35

Erläuterung:

Da die Anschaffungsnebenkosten des Fallbeispiels im Verhältnis zum Kaufpreis relativ gering sind, können sie unberücksichtigt bleiben.

Die Anschaffungskosten betragen nach Abzug von 3 % Skonto DM 388.000,--.

In der **Bilanz II** der Treulos-GmbH errechnet sich ein Jahres**fehlbetrag** von **DM 12.000,--**

Fazit:

Nutzt man den Ermessensspielraum bei der Berechnung der Anschaffungskosten für den Roboter, so ergibt sich eine **Schwankungsbreite** von **DM 14.726,--**.

Der Gestaltungsspielraum bei der Berechnung der Anschaffungskosten ist relativ bescheiden und beschränkt sich, von einigen Sonderfällen abgesehen, auf die Probleme der Abgrenzung von Einzelkosten und Gemeinkosten. Da die Abgrenzung von Einzelkosten und Gemeinkosten von einem funktionsfähigen Kostenrechnungssystem der Unternehmung abhängig ist und für die Kostenrechnung keine gesetzliche Regelung existiert, es mithin dem Unternehmen überlassen bleibt, auf welche Art und Weise die Kosten verrechnet werden, liegt es teilweise im Ermessen des Unternehmens, welche ''Anschaffungsnebenkosten'' aktiviert werden und welche Aufwendungen sofort erfolgswirksam verbucht werden.

2.2.3.2   Aufgabe

An der Frisch-Auf-OHG sind die Herren Schwimmer als Logiker und Maier als Praktiker mit einer Einlage von je DM 150.000,-- beteiligt. Die sonstigen Aktiva betragen DM 500.000,-- Die sonstigen Passiva belaufen sich auf DM 250.000,--.

Die Frisch-Auf-OHG hat im Dezember 02 von der Firma Blech-Schrott & Söhne einen Spezial-Sattelschlepper erworben. Der Gesamtkaufpreis betrug DM 38.500,-- (incl. 10% USt).

Im Zusammenhang mit dem Erwerb des Sattelschleppers sind folgende Besonderheiten zu beachten:

- Der Sattelschlepper wurde speziell nach den Bedürfnissen der Frisch-Auf-OHG hergestellt. Die Herstellung dauerte Jahre. Im Januar 02 hat die OHG einen Kredit aufgenommen, um eine Anzahlung von DM 20.000,-- leisten zu können, die die Firma Blech-
  Schrott & Söhne angefordert hat. Bis zum Zeitpunkt der Lieferung des Sattelschleppers
  sind in diesem Zusammenhang DM 3.640,-- Fremdkapitalzinsen an die Wucher-Bank
  gezahlt worden.

- Der Restkaufpreis wurde im Dezember 02 unter Abzug von DM 600,-- Skonto bezahlt.

- Für den Sattelschlepper wurde ein überdachter Stellplatz auf dem Werksgelände der
  Frisch-Auf-OHG eingerichtet. Hierfür sind Kosten in Höhe von DM 2.500,-- angefallen.

- Der neue Spezial-Sattelschlepper konnte wegen eines Motorschadens so günstig erworben werden. Die Reparatur des Motors im Dezember 02 hat der Frisch-Auf-OHG DM
  14.500,-- gekostet.

- Die Firma Blech-Schrott & Söhne hat für die Überführung des Sattelschleppers DM
  520,-- in Rechnung gestellt.

Es sind analog dem Fallbeispiel der Treulos-GmbH eine **Bilanz I (möglichst maximales Ergebnis)** und eine **Bilanz II (möglichst minimales Ergebnis)** zu erstellen.

Lösung:

Bilanz I der Frisch-Auf- OHG

Aktiva		Passiva	
Sattelschlepper	53.060	Einlagen	300.000
Sonstige Aktiva	500.000	**Jahresüberschuß**	**3.060**
		Sonstige Passiva	250.000
Bilanzsumme	**553.060**		**553.060**

Abbildung: B.36

Erläuterung:

Nettokaufpreis	35.000,-- DM
Überführungskosten	520,-- DM
Finanzierungskosten	
(Fremdkapitalzinsen)	3.640,-- DM
Stellplatz	-,-- DM
Reparatur	14.500,-- DM
Skonto	./. 600,-- DM
Anschaffungskosten	53.060,-- DM

Ausgangswert für die Ermittlung der Anschaffungskosten ist der Nettokaufpreis, d.h. ohne die als Vorsteuer abziehbare USt.

Der Nettokaufpreis beträgt DM 35.000,--.

Überführungskosten sind Nebenkosten der Anschaffung und auch direkt zurechenbar, so daß auf jeden Fall DM 520,-- aktiviert werden müssen.

Kosten der Finanzierung sind grundsätzlich keine Nebenkosten des Erwerbs, d.h. sie gehören grundsätzlich nicht zu den Anschaffungskosten. Ausnahmen bestehen allerdings für die Fälle, in denen Kredite als Anzahlungen oder Vorauszahlungen zur Finanzierung von Neuanlagen mit längerer Bauzeit verwendet werden. In diesen Fällen besteht ein Wahlrecht, die bis zum Zeitpunkt der erfolgten Versetzung in den Zustand der Betriebsbereitschaft angefallenen Fremdkapitalzinsen in die Anschaffungskosten einzubeziehen. Im Sinne eines möglichst maximalen Ergebnisausweises werden die Kreditzinsen i.H.v. 3.640,-- DM aktiviert.

Die Aufwendungen für den Stellplatz sind nicht erforderlich, um den Sattelschlepper in einen betriebsbereiten Zustand zu versetzen, d.h. es erfolgt keine Aktivierung.

Die Reparatur wegen des Motorschadens ist zeitnahe zum Erwerb des Sattelschleppers angefallen und bei der Bemessung des Kaufpreises berücksichtigt worden. Die Anschaffungskosten erhöhen sich daher um DM 14.500,--.

Der Skonto (DM 600,--) ist zwingend als Anschaffungspreisminderung vom Kaufpreis abzusetzen.

In der **Bilanz I** der Frisch-Auf-OHG errechnet sich ein Jahres**überschuß** von **DM 3.060,--.**

Bilanz II der Frisch-Auf- OHG

Aktiva		Passiva	
Sattelschlepper	49.420	Einlagen	300.000
Sonstige Aktiva	500.000	**Jahresfehlbetrag**	**- 580**
		Sonstige Passiva	250.000
Bilanzsumme	**549.420**		**549.420**

Abbildungen: B.37

Erläuterung:

Unter dem Gesichtspunkt des möglichst minimalen Ergebnisausweises wird bei der Berechnung der Anschaffungskosten auf die Aktivierung der Kreditzinsen (DM 3.640,--) verzichtet; die Fremdkapitalzinsen werden sofort als Aufwand verrechnet. Die Anschaffungskosten betragen unter diesem Gesichtspunkt DM 49.420,--.

In der **Bilanz II** der Frisch-Auf-OHG errechnet sich ein Jahres**fehlbetrag** von **DM 580,--.**

Fazit:

Nutzt man den Ermessensspielraum bei der Berechnung der Anschaffungskosten für den Sattelschlepper, so ergibt sich eine **Schwankungsbreite von DM 3.640,--.**

2.2.4 Testfragen

- Was besagt der Grundsatz der Unternehmensfortführung und wie wird durch diesen Grundsatz die Bewertung zu Anschaffungskosten unterstrichen?

- Was soll durch den Grundsatz der Einzelbewertung verhindert werden und läßt sich dieser Grundsatz uneingeschränkt bei allen Positionen der Bilanz durchhalten?

- Welche zwei Ausprägungen hat das Vorsichtsprinzip?

- Umschreiben Sie das sog. "Realisationsprinzip"!

- Zeigen Sie auf, warum das Niederstwertprinzip eine Konkretisierung des Grundsatzes ist, daß Verluste bereits dann zu berücksichtigen sind, wenn sie lediglich vorhersehbar sind!

- Grenzen Sie den Geltungsbereich des Stetigkeitsgrundsatzes ab!

- Von welchen Werten ist bei der Bewertung der Vermögensgegenstände grundsätzlich auszugehen?

- Dürfen die Anschaffungs- oder Herstellungskosten bei der Bewertung der Vermögensgegenstände überschritten werden?

- Warum kann man im Zusammenhang mit der Bewertung zu Anschaffungs- oder Herstellungskosten auch von einer "sinkenden Wertobergrenze" sprechen?

- Was versteht man unter "stillen Reserven"?

- Geben Sie die exakte gesetzliche Grundlage dafür an, daß für Kapitalgesellschaften eine Wertuntergrenze gesetzlich fixiert ist und finden Sie dafür eine plausible Erklärung!

- Warum gehören Rabatte, Skonti und alle sonstigen Arten von Nachlässen nicht zu den Anschaffungskosten?

- Welcher Bestandteil der Anschaffungskosten eröffnet dem Bilanzierenden einen gewissen bilanzpolitischen Gestaltungsspielraum?

2.3 Herstellungskosten

2.3.1 Herstellungskosten im handelsrechtlichen Jahresabschluß

Stellt ein Unternehmen Gegenstände des Anlagevermögens oder des Umlaufvermögens **selbst** her (Anlagen, Werkzeuge, Halb- und Fertigfabrikate), so treten an die Stelle der Anschaffungskosten die Herstellungskosten als **grundsätzliche** Ausgangswerte für die Bewertung (§ 253 Abs.1 HGB).

Das Gesetz definiert die "**Herstellungskosten**" in § 255 Abs.2 und 3 HGB:

"Herstellungskosten sind die Aufwendungen, die durch den Verbrauch von Gütern und die Inanspruchnahme von Diensten für die Herstellung eines Vermögensgegenstands, seine Erweiterung oder für eine über seinen ursprünglichen Zustand hinausgehende wesentliche Verbesserung entstehen.

Dazu gehören die Materialkosten, die Fertigungskosten und die Sonderkosten der Fertigung. Bei der Berechnung der Herstellungskosten dürfen auch angemessene Teile der notwendigen Materialgemeinkosten, der notwendigen Fertigungsgemeinkosten und des Wertverzehrs des Anlagevermögens, soweit er durch die Fertigung veranlaßt ist, eingerechnet werden.

Kosten der allgemeinen Verwaltung sowie Aufwendungen für soziale Einrichtungen des Betriebs, für freiwillige soziale Leistungen und für betriebliche Altersversorgung brauchen nicht eingerechnet zu werden. Die in den letzten beiden Sätzen umschriebenen Aufwendungen dürfen nur insoweit berücksichtigt werden, als sie auf den Zeitraum der Herstellung entfallen.

Vertriebskosten dürfen nicht in die Herstellungkosten einbezogen werden.

Zinsen für Fremdkapital gehören nicht zu den Herstellungskosten. Zinsen für Fremdkapital, das zur Finanzierung der Herstellung eines Vermögensgegenstands verwendet wird, dürfen angesetzt werden, soweit sie auf den Zeitraum der Herstellung entfallen; in diesem Falle gelten sie als Herstellungskosten des Vermögensgegenstands."

> **Merke:** Die Entscheidung über die "Anschaffungskosten" ist relativ leichter als die über die Herstellungskosten, da für erstere i.d.R. Rechnungen vorliegen, während die Herstellungskosten aus der Kostenrechnung hergeleitet werden müssen. Bilanzierung und Kostenrechnung folgen aber verschiedenen Prinzipien. Die Werte der Kostenrechnung sind daher so zu modifizieren, daß in die Herstellungskosten nur **aufwandsgleiche Kosten** einbezogen werden

Die einzelnen Bestandteile der Herstellungskosten und der sich aus der gesetzlichen Umschreibung der Herstellungskosten ergebende Bewertungsspielraum zeigt das nachstehende Schaubild:

Herstellungskosten gem. § 255 Abs. 2 und 3 HGB

Allgemeine Definition (a)	Aufwendungen, die durch - den Verbrauch von Gütern und - die Inanspruchnahme von Diensten entstehen für - die Herstellung eines Vermögensgegenstands - seine Erweiterung oder für - eine über seinen ursprünglichen Zustand hinausgehende wesentliche Verbesserung

Einzubeziehende Aufwendungen (b)	Materialeinzelkosten (b_1) + Fertigungseinzelkosten (b_2) + Sondereinzelkosten der Fertigung (b_3)

Wertuntergrenze =

Einbeziehbare Aufwendungen (c)	Bewertungs-spielraum	**(+) Material- und Fertigungsgemeinkosten:** Angemessene Teile der auf den Zeitraum der Herstellung entfallenden (+) notwendigen Materialgemeinkosten (c_1) (+) notwendigen Fertigungsgemeinkosten (c_2) (+) Wertverzehr des Anlagevermögens, soweit er durch die Fertigung veranlaßt ist (c_3) **(+) Verwaltungskosten:** Auf den Zeitraum der Herstellung entfallende (+) Kosten der allgemeinen Verwaltung (c_4) (+) Aufwendungen für soziale Einrichtungen des Betriebs (c_5) (+) Aufwendungen für freiwillige soziale Leistungen (c_6) (+) Aufwendungen für betriebliche Altersversorgung (c_7) **(+) Fremdkapitalzinsen:** Auf den Zeitraum der Herstellung entfallende Zinsen für Fremdkapital, das zur Finanzierung der Herstellung eines Vermögensgegenstands verwendet wird (c_8)

Wertobergrenze =

Nicht einbeziehbare Aufwendungen (d)	Vertriebskosten

Abbildung: B.38

Im folgenden sollen nun die einzelnen im Schaubild aufgeführten Begriffe kurz erläutert werden, wobei die inhaltliche Abgrenzung maßgebend vom Zweck der Aktivierung zu Herstellungskosten abhängig ist.

(a) Allgemeine Definition

Als Herstellungkosten werden alle die durch den **Verbrauch von Gütern und durch die Inanspruchnahme von Diensten** für die Herstellung eines Erzeugnisses dem Unternehmen **tatsächlich** entstanden Kosten verstanden (= aufwandsgleiche Kosten).

Als **Herstellung eines Vermögensgegenstands** versteht man das Neuentstehen eines bislang nicht existierenden Vermögensgegenstands.

Mit **Erweiterung oder über den ursprünglichen Zustand hinausgehende wesentliche Verbesserung** ist die Abgrenzungsproblematik von Herstellungsaufwand und Erhaltungsaufwand angesprochen. Von Herstellungsaufwand wird man insbesondere dann ausgehen können, wenn die Substanz eines Vermögensgegenstandes vermehrt worden ist oder die Gebrauchs- bzw. Verwertungsmöglichkeit wesentlich verändert wurde.

Die Grenzen sind relativ fließend. Bei Einzelfällen muß zwangsläufig auf die umfangreiche Rechtsprechung zurückgegriffen werden.

(b) Einzubeziehende Aufwendungen

(b₁) Materialkosten i.S.v. § 255 Abs.2 S.2 HGB umfassen die **Materialeinzelkosten**, d.h. den unmittelbar mit der Herstellung des zu bewertenden Vermögensgegenstandes entstandenen Verbrauch von Roh-, Hilfs- und Betriebsstoffen sowie an fremdbezogenen bzw. selbsthergestellten Halb- und Teilerzeugnissen zu Anschaffungs- oder Herstellungskosten und dergleichen.

Materialeinzelkosten sind handels- und steuerrechtlich aktivierungspflichtige Kosten.

(b₂) Fertigungskosten i.S.v. § 255 Abs.2 S.2 HGB umfassen alle die bei der Fertigung angefallenen und den Erzeugnissen **unmittelbar zurechenbaren** Löhne (einschließlich Überstunden- und Feiertagszuschlägen, bezahlten Ausfallzeiten usw.) und Gehälter (z.B. von Werkmeistern, Lohnbuchhaltern, Technikern, Zeichnern usw., soweit sie sich auf einzelne Erzeugnisse aufteilen lassen), also die **Fertigungseinzelkosten**.

Fertigungseinzelkosten sind handels- und steuerrechtlich aktivierungspflichtige Kosten.

(b₃) Sonderkosten der Fertigung i.S.v. § 255 Abs.2 S.2 HGB sind im wesentlichen unmittelbar der Fertigung des betreffenden Erzeugnisses zurechenbare Kosten für Modelle, Spezialwerkzeuge, Vorrichtungen, Lizenzen usw., also **Sondereinzelkosten der Fertigung**.

Sondereinzelkosten der Fertigung sind handels- und steuerrechtlich aktivierungspflichtige Kosten.

> **Merke:** Diese **einzubeziehenden** Aufwendungen fixieren die **untere** Grenze des Bewertungsspielraumes bei der Bestimmung der Herstellungskosten.

(c) Einbeziehbare Aufwendungen

Grundvoraussetzung für die Berücksichtigung der im Gesetz aufgezählten einbeziehbaren Kosten ist, daß sie **auf den Zeitraum der Herstellung entfallen**. Die Herstellung eines Vermögensgegenstandes ist zeitraumbezogen das bedeutet, daß für die Bestimmung der aktivierungsfähigen bzw. aktivierungspflichtigen Kosten der Beginn und der Abschluß der Herstellung maßgebend ist.

> **Merke:** Kosten, die **nicht** innerhalb des Zeitraumes der Herstellung anfallen, sind **nicht** aktivierungsfähig und damit auch nicht aktivierungspflichtig.

Die einzelnen **einbeziehbaren** Aufwendungen sollen im folgenden erläutert werden.

(c_1) **Notwendige Materialgemeinkosten** i.S.v. § 255 Abs.2 S.3 HGB umfassen vor allem die Kosten für die Einkaufsabteilung, Warenannahme, Material- und Rechnungsprüfung, Materialverwaltung und Lagerung. Den Herstellungskosten werden die Materialgemeinkosten in der Praxis i.d.R. durch einen prozentualen Zuschlag auf die **Materialeinzelkosten** zugerechnet.

(c_2) **Notwendige Fertigungsgemeinkosten** i.S.v. § 255 Abs.2 S.3 HGB umfassen alle dem zu bewertenden Gegenstand zuzurechnenden Kosten, die nicht direkt als Kosten für Material und Fertigungslöhne oder als Sonderkosten verrechnet werden können und die auch nicht als Verwaltungkosten anzusehen sind.

Dazu gehören insbesondere:

- Kosten der Fertigungsvorbereitung und -kontrolle, Werkstattverwaltung, Raumkosten, Versicherungen, Lohnbüro, Unfallschutz usw.

- Steuern des Fertigungsbereichs wie Grundsteuer, Gewerbekapitalsteuer und Kraftfahrzeugsteuer.

(c_3) **Wertverzehr des Anlagevermögens, soweit er durch die Fertigung veranlaßt ist** i.S.v. § 255 Abs.2 S.3 HGB umfaßt die Wertminderungen an Fertigungsanlagen. Handelsrechtlich können auch kalkulatorische Abschreibungen bei der Berechnung der Herstellungskosten berücksichtigt werden, jedoch nur bis zur Höhe der bilanziellen Abschreibungen.

> **Merke:** Notwendige Materialgemeinkosten, notwendige Fertigungsgemeinkosten und
> der durch die Fertigung veranlaßte Wertverzehr des Anlagevermögens dürfen
> nur in **angemessenem Umfang** in die Berechnung der Herstellungskosten
> eingehen.

(c_4) Kosten der allgemeinen Verwaltung i.S.v. § 255 Abs.2 S.4 HGB umfassen die Aufwendungen für Geschäftsführung, Betriebsrat, Personalbüro, Ausbildungs- und Rechnungswesen, Feuerwehr, Werkschutz, anteilige Abschreibungen auf Verwaltungsgebäude, Porto, Telefon, Beratungskosten usw.

(c_5) Aufwendungen für soziale Einrichtungen des Betriebs i.S.v. § 255 Abs.2 S.4 HGB umfassen Aufwendungen für Kantinen, Betriebskindergärten, Betriebssportanlagen usw.

(c_6) Aufwendungen für freiwillige soziale Leistungen i.S.v. § 255 Abs.2 S.4 HGB umfassen vor allem Weihnachtszuwendungen, Jubiläumsgeschenke, Wohnungsbeihilfen und sonstige freiwillige Beihilfen.

(c_7) Aufwendungen für betriebliche Altersversorgung i.S.v. § 255 Abs.2 S.4 HGB umfassen Direktversicherungen, Zuführungen zu Pensionsrückstellungen und Zuwendungen an Pensions- und Unterstützungskassen.

(c_8) Zinsen für Fremdkapital, das zur Finanzierung der Herstellung eines Vermögensgegenstandes verwendet wird i.S.v. § 255 Abs.3 HGB haben vor allem für jene Fälle Bedeutung, in denen sich die Herstellung eines Vermögensgegenstandes über einen längeren Zeitraum hinzieht (mitunter über mehrere Jahre, also Fälle sog. ''langfristiger Fertigung'').

> **Merke:** Durch diese **einbeziehbaren Aufwendungen** wird die **obere** Grenze des
> Bewertungsspielraumes bei der Berechnung der Herstellungskosten abgesteckt.

(d) *Nicht* **einbeziehbare Aufwendungen**

Vertriebskosten i.S.v. § 255 Abs.2 S.6 HGB umfassen insbesondere die Kosten der Fertigwarenläger, der Vertriebsläger, der gesamten Vertriebsabteilung (einschließlich der Kosten für die Verkaufsbüros), Kosten des Marketing usw.

Die Begründung für dieses **Aktivierungsverbot** ist darin zu sehen, daß die Vertriebskosten den Wert der hergestellten Erzeugnisse nicht erhöhen, auch wenn die Kosten direkt zurechenbar sind (Vertriebseinzelkosten).

> **Merke:** Zu den Herstellungskosten gehören **nicht**: außerordentliche (periodenfremde und/oder außergewöhnliche) Aufwendungen; betriebsfremde Aufwendungen; Aufwendungen für Risikorückstellungen; Körperschaftsteuer; gewinnabhängige Tantiemen; Delkredere.

2.3.2 Herstellungskosten in der Steuerbilanz

Anders als im Handelsrecht gibt es für die Steuerbilanz keine Legaldefinition für den Begriff "Herstellungskosten". Inhalt und Umfang des Begriffs werden durch die Urteile oberster Finanzgerichte entwickelt.

Im **Abschnitt 33 Abs.**1 **EStR** werden die Herstellungskosten wie folgt umschrieben:

Herstellungskosten eines Wirtschaftsgutes sind alle Aufwendungen, die durch den Verbrauch von Gütern und die Inanspruchnahme von Diensten für die Herstellung des Wirtschaftsgutes, seine Erweiterung oder für eine über seinen ursprünglichen Zustand hinausgehende wesentliche Verbesserung entstehen.

Dazu gehören die *Materialkosten einschließlich der notwendigen Materialgemeinkosten, die Fertigungskosten, insbesondere Fertigungslöhne, einschließlich der notwendigen Fertigungsgemeinkosten, die Sonderkosten der Fertigung und der Wertverzehr von Anlagevermögen, soweit er durch die Herstellung des Wirtschaftsgutes veranlaßt ist.*

> **Merke:** Wie im Handelsrecht stellen die Einzelkosten mit Ausnahme der "Sondereinzelkosten des Vertriebs" auch steuerrechtlich aktivierungspflichtige Aufwendungen dar.

Für Materialgemeinkosten und Fertigungsgemeinkosten besteht im Gegensatz zu den handelsrechtlichen Bestimmungen in der Steuerbilanz **Aktivierungspflicht**. In der Steuerbilanz sind somit die Herstellungskosten zwingend mit den "**Vollkosten**" anzusetzen.

> **Merke:** Aktivierungswahlrechte in der Steuerbilanz bestehen nur bei den Kosten der allgemeinen Verwaltung sowie bei den Aufwendungen für soziale Einrichtungen des Betriebs, für freiwillige soziale Leistungen und für betriebliche Altersversorgung. Des weiteren besteht in der Steuerbilanz ein Wahlrecht, Gewerbeertragsteuern und Fremdkapitalzinsen (unter bestimmten Voraussetzungen) in die Herstellungskosten einzubeziehen.

Im Vergleich zum Handelsrecht ist im Steuerrecht der Spielraum für die Bestimmung der Herstellungskosten stark eingeschränkt.

Das folgende Schaubild zeigt Inhalt und Umfang der Herstellungskosten für die Steuerbilanz.

Herstellungskosten nach Abschn. 33 EStR

Allgemeine Definition	Aufwendungen, die durch - den Verbrauch von Gütern und - die Inanspruchnahme von Diensten entstehen für - die Herstellung eines Wirtschaftsguts - seine Erweiterung oder für - eine über seinen ursprünglichen Zustand hinausgehende wesentliche Verbesserung

Einzubeziehende Aufwendungen	Materialeinzelkosten + Fertigungseinzelkosten + Sondereinzelkosten der Fertigung + Materialgemeinkosten + Fertigungsgemeinkosten + Sondergemeinkosten der Fertigung + Wertverzehr des Anlagevermögens

Wert**unter**grenze =

Einbeziehbare Aufwendungen	Bewertungs-spielraum	(+) Kosten der allgemeinen Verwaltung (+) Aufwendungen für soziale Einrichtungen des Betriebs (+) Aufwendungen für freiwillige soziale Leistungen (+) Aufwendungen für betriebliche Altersversorgung (+) Gewerbeertragsteuer (+) Auf den Zeitraum der Herstellung entfallende Fremdkapitalzinsen, soweit der Kredit nachweislich in unmittelbarem wirtschaftlichem Zusammenhang mit der Herstellung eines Wirtschaftsguts aufgenommen wurde.

Wert**ober**grenze =

Nicht einbeziehbare Aufwendungen	Vertriebskosten

Abbildung: B.39

Zur Erläuterung der einzelnen Positionen kann auf die obigen Ausführungen zu den handelsrechtlichen Regelungen verwiesen werden.

Für alle Kaufleute, die eine sog. "**Einheitsbilanz**" erstellen, relativiert sich der handelsrechtlich zugestandene Bewertungsspielraum insoweit, als die strengeren steuerrechtlichen Bestimmungen maßgebend sind und damit nicht die Einzelkosten (wie im Handelsrecht), sondern die Vollkosten die **Bewertungsuntergrenze** darstellen.

Das Schaubild auf der folgenden Seite stellt die Herstellungskosten nach Handels- und Steuerrecht zur Verdeutlichung des unterschiedlichen Bewertungsspielraumes abschließend gegenüber.

Abbildung: B.40

2.3.3   Bilanzpolitische Gestaltungsmöglichkeiten

2.3.3.1   Fallbeispiel: Treulos-GmbH

In Fortführung unseres Fallbeispiels zur Bestimmung der Anschaffungskosten (2.2.3) sind im Zusammenhang mit der Bemessung der Herstellungskosten bei der Treulos-GmbH folgende Sachverhalte zu analysieren und zu entscheiden:

Bei der Herstellung von Gerüstteilen für Ochsenbratereien des Münchner Oktoberfestes (bilanziell unter "unfertige Erzeugnisse" auszuweisen) sind laut Kostenrechnung folgende Aufwendungen angefallen:

Materialeinzelkosten	150.000,-- DM
Fertigungseinzelkosten	170.000,-- DM
Sondereinzelkosten der Fertigung	20.000,-- DM
Materialgemeinkosten	110.000,-- DM
Fertigungsgemeinkosten	12.000,-- DM
Wertverzehr des Anlagevermögens	5.000,-- DM
Sondergemeinkosten der Fertigung	2.000,-- DM
Kosten der allgemeinen Verwaltung	5.000,-- DM
Aufwendungen für soziale Einrichtungen des Betriebes	2.000,-- DM
Aufwendungen für freiwillige soziale Leistungen	1.000,-- DM
Aufwendungen für betriebliche Altersversorgung	1.000,-- DM
Fremdkapitalzinsen	3.000,-- DM

Gegenüberstellung der Herstellungskosten nach
Handels- und Steuerrecht

Handelsrechtlicher Jahresabschluß	Steuerbilanz

a.)
  Materialeinzelkosten

  + Fertigungseinzelkosten

  + Sondereinzelkosten der Fertigung

= **Wertuntergrenze**

Materialeinzelkosten

  + Fertigungseinzelkosten

  + Sondereinzelkosten der Fertigung

b.)
  (+) Materialgemeinkosten
  (+) Fertigungsgemeinkosten
  (+) Wertverzehr des Anlagevermögens
  (+) Sondergemeinkosten der Fertigung

  + Materialgemeinkosten
  + Fertigungsgemeinkosten
  + Wertverzehr des Anlagevermögens
  + Sondergemeinkosten der Fertigung

= **Wertuntergrenze**

a.)

  (+) Kosten der allgemeinen Verwaltung
  (+) Aufwendungen für soziale Einrichtungen des Betriebs
  (+) Aufwendungen für freiwillige soziale Leistungen
  (+) Aufwendungen für betriebliche Altersversorgung
  (+) Fremdkapitalzinsen

  (+) Kosten der allgemeinen Verwaltung
  (+) Aufwendungen für soziale Einrichtungen des Betriebs
  (+) Aufwendungen für freiwillige soziale Leistungen
  (+) Aufwendungen für betriebliche Altersversorgung
  (+) Fremdkapitalzinsen
  (+) Gewerbeertragsteuer

b.)

= **Wertobergrenze**

a.) Aktivierungspflicht
b.) Aktivierungswahlrecht

Abbildung: B.40

Die Treulos-GmbH hat ein Stammkapital von DM 2.000.000,--, sonstige Aktiva von DM 2.400.000,-- und sonstige Passiva von DM 800.000,--.

Es werden eine **Bilanz I**, die bezogen auf die Herstellungskosten der unfertigen Erzeugnisse ein **maximales Ergebnis** ausweist und eine **Bilanz II**, die bezogen auf die Herstellungskosten der unfertigen Erzeugnisse ein **minimales Ergebnis** ausweist, erstellt.

Bilanz I der Treulos- GmbH

Aktiva			Passiva
Gerüstteile (D.I.2.)	481.000	Gezeichnetes Kapital	2.000.000
Sonstige Aktiva	2.400.000	**Jahresüberschuß**	**81.000**
		Sonstige Passiva	800.000
Bilanzsumme	**2.881.000**		**2.881.000**

Abbildung: B.41

Erläuterung:

Die Berechnung der Herstellungskosten der "unfertigen Erzeugnisse" erfolgte auf der Basis von **Vollkosten**, d.h. es werden Einzel- und Gemeinkosten aktiviert (Bilanzierung mit DM 481.000,-- = Wertobergrenze).

Auf dieser Grundlage errechnet sich, unter Beibehaltung des sonstigen Zahlenmaterials ein **Jahresüberschuß von DM 81.000,--**.

Bilanz II der Treulos- GmbH

Aktiva			Passiva
Gerüstteile(D.I.2.)	340.000	Gezeichnetes Kapital	2.000.000
Sonstige Aktiva	2.400.000	**Jahresfehlbetrag**	**- 60.000**
		Sonstige Passiva	800.000
Bilanzsumme	**2.740.000**		**2.740.000**

Abbildung: B.42

Erläuterung:

Die Berechnung der Herstellungskosten der "unfertigen Erzeungisse" erfolgte hier auf der Basis von **Einzelkosten** (Bilanzierung mit DM 340.000,-- = Wertuntergrenze). Auf dieser Grundlage errechnet sich, unter Beibehaltung des sonstigen Zahlenmaterials, ein **Jahresfehlbetrag von DM 60.000,--**.

Fazit:

Zwischen der Bewertung zu Herstellungskosten nach den Zielsetzungen ''Ergebnismaximierung'' und ''Ergebnisminimierung'' besteht ein Bewertungsspielraum in absoluter Höhe von **DM 141.000,--**, d.h. es ist ohne Verstoß gegen Gesetz oder Grundsätze ordnungsmäßiger Buchführung bei der vorgegebenen Sachlage möglich, entweder einen **Jahresüberschuß** in Höhe von **DM 81.000,--** oder einen **Jahresfehlbetrag** in Höhe von **DM 60.000,--** bilanzierungstechnisch zu ''produzieren''.

2.3.3.2   Aufgabe

Die Frisch-Auf-OHG hat sich entschlossen, ihren handelsrechtlichen Jahresabschluß hinsichtlich der Bestimmung der Herstellungskosten allein nach steuerrechtlichen Vorschriften zu erstellen.

Es sind entsprechend dem Beispiel der Treulos-GmbH zum 31.12.02 eine ''Bilanz I'' und eine ''Bilanz II'' unter Berücksichtigung des folgenden Zahlenmaterials zu erstellen:

An der Frisch-Auf-OHG sind die Herren Schwimmer als Logiker und Maier als Praktiker mit einer Einlage von je DM 150.000,-- beteiligt. Die sonstigen Aktiva betragen DM 500.000,--. Die sonstigen Passiva betragen DM 250.000,--.

Für die Bemessung der Herstellungskosten von Radarfallenwarnanlagen zum Selbsteinbau im Bausatzsystem ''Listig'' (bilanzieller Ausweis unter ''unfertige Erzeugnisse'') sind die folgenden Aufwendungen laut Kostenrechnung angefallen:

Materialeinzelkosten	20.000,-- DM
Fertigungseinzelkosten	10.000,-- DM
Sondereinzelkosten der Fertigung	5.000,-- DM
Materialgemeinkosten	4.000,-- DM
Fertigungsgemeinkosten	2.000,-- DM
Wertverzehr des Anlagevermögens	1.000,-- DM
Sondergemeinkosten der Fertigung	3.000,-- DM
Kosten der allgemeinen Verwaltung	2.500,-- DM
Aufwendungen für soziale Einrichtungen des Betriebes	1.500,-- DM
Aufwendungen für freiwillige soziale Leistungen	500,-- DM
Aufwendungen für betriebliche Altersversorgung	2.000,-- DM
Zinsen für Fremdkapital	1.200,-- DM

Lösung:

Bilanz I der Frisch-Auf- OHG

Aktiva		Passiva	
Radarwarnanlagen	52.700	Einlagen	300.000
Sonstige Aktiva	500.000	**Jahresüberschuß**	**2.700**
		Sonstige Passiva	250.000
Bilanzsumme	**552.700**		**552.700**

Abbildung: B.43

Erläuterung:

In der **Bilanz I** sind die Radarfallenwarnanlagen mit den steuerlich aktivierungs**fähigen Vollkosten** (Material- und Fertigungskosten sowie sonstige aktivierungsfähige Gemeinkosten) bewertet worden (steuerliche Wertobergrenze). Auf dieser Grundlage errechnet sich ein **Jahresüberschuß von DM 2.700,--.**

Bilanz II der Frisch-Auf- OHG

Aktiva		Passiva	
Radarwarnanlagen	45.000	Einlagen	300.000
Sonstige Aktiva	500.000	**Jahresfehlbetrag**	**- 5.000**
		Sonstige Passiva	250.000
Bilanzsumme	**545.000**		**545.000**

Abbildung: B.44

Erläuterung:

In der **Bilanz II** sind die Radarfallenwarnanlagen lediglich mit den steuerlich aktivierungs**pflichtigen** Kosten (Material- und Fertigungskosten) bewertet worden (steuerliche Wertuntergrenze). Auf dieser Grundlage errechnet sich ein **Jahresfehlbetrag von DM 5.000,--.**

Fazit:

Zwischen der Bewertung zu Herstellungskosten nach den Zielsetzungen der steuerlichen ''Ergebnismaximierung'' und der steuerlichen ''Ergebnisminimierung'' besteht ein **Bewertungsspielraum** in absoluter Höhe von **DM 7.700,--,** d.h. es ist bei der vorgegebenen Sachlage möglich, entweder einen **Jahresüberschuß** in Höhe von **DM 2.700,--** oder einen **Jahresfehlbetrag** in Höhe von **DM 5.000,--** zu errechnen.

312

2.3.4   Testfragen

- Geben Sie die gesetzliche Definition der Herstellungskosten an!

- Für welche der unten aufgeführten Kosten besteht im handelsrechtlichen Jahresabschluß bzw. in der Steuerbilanz für die Berechnung der Herstellungskosten ein Aktivierungswahlrecht (AW), eine Aktivierungspflicht (AP) oder ein Aktivierungsverbot (AV)? Kreuzen Sie die richtige Lösung an!

	Handelsrechtlicher Jahresabschluß			Steuerbilanz		
	AW	AP	AV	AW	AP	AV
Kosten der allgemeinen Verwaltung						
Sondergemeinkosten der Fertigung						
Aufwendungen für betriebliche Alterversorgung						
Gewerbeertragsteuer						
Materialeinzelkosten						
Sondereinzelkosten der Fertigung						
Aufwendungen für freiwillige soziale Leistungen						
Aufwendungen für soziale Einrichtungen des Betriebs						
Zinsen für Fremdkapital						
Wertverzehr des Anlagevermögens						
Materialgemeinkosten						
Fertigungseinzelkosten						
Fertigungsgemeinkosten						
Vertriebskosten						

Abbildung: B.45

- Welchen Bilanzpositionen kommt im Zusammenhang mit der Bewertung zu Herstellungskosten hinsichtlich des bilanzpolitischen Gestaltungsspielraumes praktisch die größte materielle Bedeutung zu?

3. Fortgeführte Bewertung der Vermögensgegenstände

3.1 Wertansätze im Anlagevermögen

3.1.1 Planmäßige Abschreibungen

3.1.1.1 Im handelsrechtlichen Jahresabschluß

Zum Anlagevermögen zählen alle Anlagen und sonstigen Vermögensgegenstände, die dem Geschäftsbetrieb eines Unternehmens **dauernd** zu dienen bestimmt sind, also **nicht** zum Zweck der Veräußerung beschafft oder vom Unternehmen hergestellt worden sind.

Für die Bewertung eines Vermögensgegenstandes des Anlagevermögens im Jahresabschluß, d.h. für seinen **Ansatz der Höhe nach**, sind die Anschaffungs- oder Herstellungskosten die **Ausgangswerte** (Bemessungsgrundlage gemäß § 253 Abs.1 HGB, siehe dazu auch die Ausführungen in Kapitel B. IV. 2.) und bieten bereits Bewertungsspielräume.

Die Anschaffungs- oder Herstellungskosten sind offensichtlich **nur dann** mit dem Wert des Vermögensgegenstandes am Abschlußstichtag identisch, wenn dieser Vermögensgegenstand im Laufe der Zeit (Bilanzierungszeitraum) **keiner** Wertminderung unterliegt. Die Anschaffungs- oder Herstellungskosten sind in diesem Falle nicht nur Ausgangswert für die Bewertung, sondern **der** Wertansatz zugleich. Neben dieser kleinen Gruppe ''**nichtabnutzbarer**'' Vermögensgegenstände, zu denen in erster Linie (nicht ausgebeutete) Grundstücke, geleistete Anzahlungen auf Anlagen, Anlagen im Bau sowie Finanzanlagen gehören, gibt es die größere Gruppe der ''**abnutzbaren**'' Vermögensgegenstände des Anlagevermögens, deren betriebliche (wirtschaftliche) Nutzung zeitlich begrenzt ist.

Bei diesen Gegenständen des abnutzbaren Anlagevermögens (wie Konzessionen, gewerbliche Schutzrechte, Bauten, technische Anlagen und Maschinen, Betriebs- und Geschäftsausstattung usw., siehe dazu auch das Schema der Bilanz für die sog. ''mittelgroße und große Kapitalgesellschaft'' in Kapitel B. II. 2.1.1) sind gemäß § 253 Abs.2 HGB zur Erfassung der im Laufe der Zeit eingetretenen Wertminderungen die Anschaffungs- oder Herstellungskosten auf die Jahre der Nutzung **zu verteilen**, d.h. die Anschaffungs- oder Herstellungskosten sind jedes Jahr um einen bestimmten Abschreibungsbetrag zu kürzen (= ''fortgeführte'' Bewertung).

§ 253 Abs.2 HGB verlangt vom Ersteller des Jahresabschlusses, daß bei Vermögensgegenständen des abnutzbaren Anlagevermögens die Anschaffungs- oder Herstellungskosten um **planmäßige** Abschreibungen zu vermindern sind, d.h. die Anschaffungs- oder Herstellungskosten müssen planmäßig auf die Geschäftsjahre verteilt werden, in denen die Vermögensgegenstände voraussichtlich genutzt werden können (**Grundsatz der Planmäßigkeit der Abschreibungen**).

> **Merke:** Der Grundsatz der Planmäßigkeit der Abschreibung fordert, daß die einmal gewählte und in einem ''Abschreibungsplan'' niedergelegte Methode nicht von Jahr zu Jahr **willkürlich** gewechselt wird. Ein sachlich begründeter Wechsel zwischen verschiedenen Abschreibungsmethoden ist jedoch immer zulässig; ebenso ist ein planmäßiger regelmäßiger Wechsel der Abschreibungsmethode erlaubt.

Der Grundsatz der Planmäßigkeit verlangt, daß bereits im Jahr der Ingebrauchnahme des Anlagegutes die zu erwartende Nutzungsdauer geschätzt wird und auch die Methode (Methoden) festzulegen ist (sind), nach der die Anschaffungs- oder Herstellungskosten auf die einzelnen Jahre **anteilmäßig** zu verteilen sind. Durch den Grundsatz der Planmäßigkeit soll das **Prinzip** der **Bewertungsstetigkeit** auf dem Gebiet der Abschreibung gewahrt werden.

> **Merke:** Die **planmäßigen** Abschreibungen erstrecken sich auf alle Vermögensgegenstände des Anlagevermögens, deren Nutzung zeitlich begrenzt ist. Die Anschaffungs- oder Herstellungskosten stellen die Bemessungsgrundlage (Basis-, Ausgangswert) und zugleich den Höchstwert der insgesamt über die Nutzungsdauer verteilbaren Abschreibungsbeträge dar.

Die Faktoren, die die Entscheidung über die Höhe der planmäßigen jährlichen Abschreibungsbeträge bestimmen, zeigt folgendes Schema:

Determinanten planmäßiger jährlicher Abschreibungsbeträge

Anschaffungs- oder Herstellungskosten (Bemessungsgrundlage, zugleich Höchstwert der Summe der Abschreibungsbeträge) bzw. Buchwert der Vorjahresbilanz*	Schätzung der voraussichtlichen Nutzungsdauer	Wahl einer den allgemeinen Aufstellungsgrundsätzen entsprechenden Verteilungsmethode (Abschreibungsverfahren)	Zeitpunkt der Anschaffung oder Herstellung
			Eventueller Veräußerungswert am Ende der Nutzung

*Der Buchwert der Vorjahresbilanz (=die um die bisherigen Abschreibungsbeträge verminderten Anschaffungs- oder Herstellungskosten) ist Bemessungsgrundlage für die geometrisch-degressive Abschreibung (sog. "Buchwertabschreibung", vgl. Kapitel A.). Ursprüngliche Ausgangswerte sind bei der geometrisch-degressiven Abschreibung also auch die Anschaffungs- oder Herstellungskosten!

Abbildung: B.46

Die schwierigen Probleme der Bestimmung der jährlichen **Abschreibungsbeträge** liegen nicht so sehr bei den Größen ''Anschaffungs- oder Herstellungskosten'' bzw. ''Zeitpunkt der Anschaffung oder Herstellung'' oder dem ''eventuellen Veräußerungswert'' des obigen Schemas, sondern bei den beiden anderen, also der zu schätzenden Nutzungsdauer und der Wahl eines ''geeigneten'' Abschreibungsverfahrens.

Die individuelle betriebliche Nutzungsdauer des Vermögensgegenstandes, wie sie sich im Zeitpunkt der Erstellung des Jahresabschlusses voraussehen läßt, ist neben der Abschreibungsmethode entscheidend für die Höhe der jährlichen Abschreibung. Diese individuelle Nutzungsdauer läßt sich nicht exakt berechnen, sondern i.d.R. nur schätzen. Welche verschiedenen Faktoren die zu schätzende Nutzungsdauer begrenzen können, zeigt das folgende Schema:

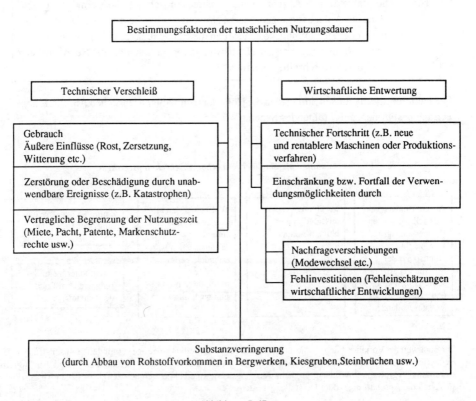

Abbildung: B.47

316

Betrachtet man diese Bestimmungsfaktoren, dann zeigt sich, daß die Schätzung der tatsächlichen Nutzungsdauer unter Berücksichtigung dieser Größen mit erheblichen Unsicherheitsfaktoren belastet ist und für den Bewertenden ein Ermessensspielraum besteht, innerhalb dessen die für die Abschreibungshöhe besonders wesentliche Nutzungsdauer zu wählen ist.

> **Merke:** **Je größer** die Ungewißheit über die künftige Entwicklung ist, **um so mehr** sind nach dem Prinzip der Vorsicht ungünstige Fälle zu berücksichtigen und **um so kürzer** ist die Nutzungsdauer anzusetzen.

Die Höhe der planmäßigen jährlichen Abschreibungsbeträge wird weiter entscheidend davon bestimmt, welches **Abschreibungsverfahren** (Verteilungsverfahren für die Anschaffungs- oder Herstellungskosten) gewählt wird, ob mit gleichbleibenden, fallenden oder steigenden Jahresbeträgen operiert wird (zu den einzelnen Abschreibungsverfahren siehe Kapitel A.).

> **Merke:** Die Wahl der **Verteilungsmethode** hat den allgemeinen Grundsätzen für die Erstellung eines Jahresabschlusses zu entsprechen (siehe dazu Kapitel B. I.4.) und steht dem Ersteller eines Jahresabschlusses frei. Durch die Methode zur Verteilung der Anschaffungs- oder Herstellungskosten (Abschreibungsverfahren) sowie durch die Schätzung der wirtschaftlichen Nutzungsdauer läßt sich der auszuweisende Periodengewinn erheblich beeinflussen. Durch die gewählte Abschreibungsmethode dürfen jedoch nicht willkürlich stille Reserven gebildet werden.

Mit dem Zeitpunkt der Anschaffung bzw. Herstellung beginnt die Nutzungsdauer zu laufen. Wird im Laufe des Bilanzierungszeitraums (Geschäftsjahr) ein abnutzbarer Vermögensgegenstand angeschafft oder hergestellt, so darf grundsätzlich nur ''**pro rata temporis**'', d.h. der auf das Geschäftsjahr entfallende Teil eines jährlichen Abschreibungsbetrages abgesetzt werden.

> **Merke:** Bei erstmaligem Bilanzansatz eines Vermögensgegenstandes ist dieser mit den Anschaffungs- bzw. Herstellungskosten vermindert um den auf den Bilanzierungszeitraum entfallenden Teil des jährlichen Abschreibungsbetrages anzusetzen. In den Folgejahren ergibt sich die Höhe des Wertansatzes aus den ursprünglichen Anschaffungs- oder Herstellungskosten abzüglich der anteiligen Abschreibung für die gesamte Nutzungsdauer.

Was den eventuellen **Veräußerungswert** (voraussichtlicher Verkaufspreis am Ende der Nutzungsdauer, z.B. Schrottwert ./. sämtlicher Kosten der Außerbetriebnahme und Veräußerung) als Bestimmungsfaktor angeht, so ist es allgemein üblich, diesen Veräußerungswert bei der Ermittlung der Abschreibungsbeträge unberücksichtig zu lassen und die vollen Anschaffungs- oder Herstellungskosten planmäßig abzuschreiben, sofern der Veräußerungswert im Vergleich zu den Anschaffungs- oder Herstellungskosten und auch bei Anlegung eines absoluten Maßstabes nicht erheblich ist.

Eine **Berichtigung** des nach § 253 Abs.2 S.2 HGB notwendigen **Abschreibungsplanes** hat immer dann zu erfolgen, wenn die Nutzungsdauer zu lange geschätzt wurde und die Jahre der Nutzung mit zu niedrigen Abschreibungen belastet wurden, wenn durch das bisher angewandte Abschreibungsverfahren die ersten Jahre der Nutzung des Vermögensgegenstandes zu gering belastet wurden, wenn eine außerplanmäßige Abschreibung erfolgt ist oder wenn durch die Ausübung eines Wertaufholungswahlrechts eine außerplanmäßige Abschreibung rückgängig gemacht wird (zum letzten Fall siehe Kapitel B IV. 3.8).

3.1.1.2   In der Steuerbilanz

§ 6 Abs.1 EStG trennt im Hinblick auf die Bewertung der einzelnen Wirtschaftsgüter diese in

- abnutzbare Wirtschaftsgüter des Anlagevermögens (Nr.1) und

- andere Wirtschaftsgüter des Anlage- und Umlaufvermögens (Nr.2).

> **Merke:**   Wie im handelsrechtlichen Jahresabschluß sind auch in der **Steuerbilanz** sämtliche Wirtschaftsgüter grundsätzlich mit den Anschaffungs- oder Herstellungskosten zu bewerten.

Für die abnutzbaren Wirtschaftgüter des Anlagevermögens wird in § 6 Abs.1 EStG der Ansatz der Anschaffungs- oder Herstellungskosten vermindert um die Absetzungen für Abnutzung nach § 7 EStG vorgeschrieben.

§ 7 EStG enthält Vorschriften über verschiedene Methoden der **planmäßigen** Erfassung des normalen Nutzenverzehrs und der außergewöhnlichen technischen oder wirtschaftlichen Abnutzung (lesen!).

Falls der **Teilwert** des Wirtschaftsgutes niedriger als die Anschaffungs- oder Herstellungskosten vermindert um die Absetzungen ist, so kann dieser angesetzt werden (zum Teilwert siehe die Ausführungen in Kapitel B. IV. 3.2).

> **Merke:**   Wie im handelsrechtlichen Jahresabschluß, so sind auch in der **Steuerbilanz** bei abnutzbaren Wirtschaftgütern des Anlagevermögens **planmäßige Abschreibungen** zwingend vorzunehmen.

Den ''planmäßigen Abschreibungen'' des Handelsrechts entsprechen formal die Absetzungen für Abnutzung (AfA) und die Absetzungen für Substanzverringerung (AfS) des Steuerrechts.

Das folgende Schaubild stellt diese "Abschreibungen" gegenüber:

Handelsrechtlicher Jahresabschluß	Steuerbilanz
Planmäßige Abschreibung, §253 Abs.2 HGB	Absetzung für Abnutzung (AfA), § 7 Abs.1 bis Abs.5 EStG
	Absetzung für Substanzverringerung (AfS), § 7 Abs.6 EStG

Abbildung: B.48

> **Merke:** Die Abschreibungen ("Absetzungen") in der Steuerbilanz dürfen grundsätzlich nicht höher sein als in der Handelsbilanz. Die Absetzungen sind nach der gleichen Nutzungsdauer wie in der Handelsbilanz zu berechnen, es sei denn, dies würde gegen steuerliche Vorschriften verstoßen.

In der Steuerbilanz ist für die Bemessung der steuerlichen Abschreibung (AfA) grundsätzlich die von der Finanzverwaltung festgelegte "**betriebsgewöhnliche Nutzungsdauer**" (**AfA-Tabellen**) heranzuziehen und als Normalfall die Methode der Abschreibung mit gleichbleibenden Jahresbeträgen zu verwenden. Degressive Abschreibungsverfahren sind nur unter bestimmten Voraussetzungen erlaubt (§ 7 EStG).

> **Merke:** Die von der Finanzverwaltung festgelegten "betriebsgewöhnlichen Nutzungsdauern" (AfA-Tabellen) geben nur einen **Durchschnittssatz** für die betriebsgewöhnliche Nutzungsdauer wieder. Begründete Abweichungen davon sind möglich.

3.1.2 Außerplanmäßige Abschreibungen

3.1.2.1 Im handelsrechtlichen Jahresabschluß

Um eingetretene **außergewöhnliche** Wertminderungen an Vermögensgegenständen des Anlagevermögens bei der Wertermittlung bilanziell zu berücksichtigen, **können** (bzw. **müssen** unter bestimmten Voraussetzungen) grundsätzlich bei allen Vermögensgegenständen, d.h. **unabhängig** von ihrer Abnutzung, **außerplanmäßige** Abschreibungen vorgenommen werden.

> **Merke:** Prinzipiell ist die Vornahme außerplanmäßiger Abschreibungen bei Vermö-
> gensgegenständen des Anlagevermögens in das Ermessen des Bilanzierenden
> gestellt (Abschreibungs**wahlrecht**). Dieses Wahlrecht wandelt sich aber zu
> einer Abschreibungs**pflicht**, wenn eine voraussichtlich dauernde Wertminde-
> rung vorliegt (§ 253 Abs.2 S.3 letzter Halbsatz HGB). Für **Kapitalgesellschaf-
> ten** gilt insofern eine Besonderheit, als außerplanmäßige Abschreibungen, wenn
> es sich nicht um eine voraussichtlich dauernde Wertminderung handelt, nur bei
> Vermögensgegenständen, die **Finanzanlagen** sind, vorgenommen werden können
> (§ 279 Abs.1 S.2 HGB).

Die Vornahme einer außerplanmäßigen Abschreibung setzt voraus, daß einem Vermögensgegenstand des Anlagevermögens zum Abschlußstichtag ein **niedrigerer Wert beizulegen** ist.
Im einzelnen können zur Bestimmung des beizulegenden Wertes verschiedene **Hilfswerte**
heranzuziehen sein, wie insbesondere:

a)   der Wiederbeschaffungs- bzw. Wiederherstellungswert,

b)   der Einzelveräußerungswert oder in bestimmten Fällen

c)   der Ertragswert.

Der **Wiederbeschaffungs- bzw. Wiederherstellungswert** wäre z.B. dann für die Feststellung des "beizulegenden Wertes" verwendbar, wenn die Anschaffungs- oder Herstellungskosten eines vergleichbaren Vermögensgegenstandes niedriger sind.

Der **Einzelveräußerungswert** (vorsichtig geschätzter Verkaufserlös abzüglich aller noch
entstehenden Aufwendungen) kommt in erster Linie für solche Gegenstände in Betracht,
deren baldige Veräußerung beabsichtigt ist.

Bei Vermögensgegenständen des Anlagevermögens, die als solche nicht wieder zu beschaffen
sind, wie z.B. Patente und ähnliche Rechte sowie Beteiligungen, wird der beizulegende Wert
häufig nur aus dem **Ertragswert** abzuleiten sein. Der Ertragswert entspricht der Differenz der
Barwerte aller künftigen Einnahmen und aller künftigen Ausgaben.

Schematisch stellen sich die Wahlrechte, Pflichten und Verbote zur Vornahme außerplanmäßiger Abschreibungen auf den niedrigeren beizulegenden Wert wie auf der folgenden Seite
dar:

Abbildung: B.49

§ 254 HGB räumt dem Bilanzierenden für **sämtliche** Vermögensgegenstände des Anlagevermögens noch ein **weiteres Wahlrecht** ein:

Außerplanmäßige Abschreibungen können auch vorgenommen werden, um Vermögensgegenstände mit dem niedrigeren Wert anzusetzen, der auf einer **nur steuerrechtlich** zulässigen
Abschreibung beruht.

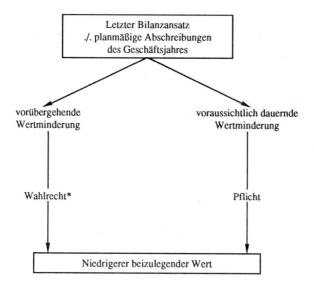

```
                ┌──────────────────────────────┐
                │      Letzter Bilanzansatz      │
                │  ./. planmäßige Abschreibungen │
                │      des Geschäftsjahres        │
                └──────────────────────────────┘


    vorübergehende                    voraussichtlich dauernde
    Wertminderung                        Wertminderung



    Wahlrecht*                              Pflicht



        ┌──────────────────────────────────────────┐
        │        Niedrigerer beizulegender Wert      │
        └──────────────────────────────────────────┘
```

* Für **Kapitalgesellschaften** besteht das **Wahlrecht** zur Vornahme außerplanmäßiger Abschreibungen bei vorübergehender Wertminderung gem. § 279 Abs.1 S.2 HGB **nur für das Finanzanlagevermögen**; Vermögensgegenstände des **übrigen Anlagevermögens** unterliegen für Kapitalgesellschaften bei nur vorübergehender Wertminderung somit einem **Verbot** zur Vornahme außerplanmäßiger Abschreibungen.

Abbildung: B.49

┌──┐
Merke: Das Wahlrecht nach § 254 HGB ist notwendig, um **steuerliche Abschreibungs-möglichkeiten** nutzen zu können. Der steuerbilanzielle Ansatz wird hier maßgeblich für den handelsbilanziellen Ansatz (''**umgekehrte Maßgeblichkeit**'').
└──┘

Für Kapitalgesellschaften gilt auch in diesem Falle eine Besonderheit insofern, als gemäß § 279 Abs.2 HGB Abschreibungen auf den niedrigeren steuerlichen Wert nur insoweit zulässig sind, als das Steuerrecht ihre Anerkennung bei der steuerlichen Gewinnermittlung zwingend davon abhängig macht, daß sich diese Abschreibungen aus dem handelsrechtlichen Jahresabschluß ergeben (sog. ''umgekehrte Maßgeblichkeit'').

3.1.2.2   In der Steuerbilanz

Den außerplanmäßigen Abschreibungen auf den niedrigeren beizulegenden Wert entspricht im Steuerrecht

a)   die Abschreibung auf den niedrigeren Teilwert und

b)   die Absetzung für außergewöhnliche technische oder wirtschaftliche Abnutzung (AfaA).

Nicht zu den "außerplanmäßigen" Abschreibungen in diesem Sinne gehören die sog. "Sonderabschreibungen" und "erhöhten Absetzungen", die allein auf fiskalpolitische Überlegungen zurückgehen (siehe dazu auch die Ausführungen im nachfolgenden "Exkurs").

Die **Teilwertabschreibung** ist in § 6 Abs.1 Nr.1 und 2 EStG geregelt und greift im abnutzbaren und nichtabnutzbaren Anlagevermögen sowie im Umlaufvermögen gleichermaßen, weshalb auch der Bewertung zum niedrigeren Teilwert ein gesonderter Gliederungspunkt gewidmet ist (siehe dazu die Ausführungen in Kapitel B. IV. 3.2).

Gemäß § 7 Abs.1 S.5 EStG sind bei Wirtschaftsgütern des abnutzbaren Anlagevermögens "Absetzungen für außergewöhnliche technische oder wirtschaftliche Abnutzung" zulässig.

Voraussetzungen für die Vornahme von Absetzungen für außergewöhnliche technische oder wirtschaftliche Abnutzung sind:

- Es handelt sich um abnutzbare Wirtschaftsgüter, die

- bisher linear oder

- bei beweglichen Wirtschaftsgütern nach Maßgabe der Leistung abgeschrieben wurden.

> **Merke:** Absetzungen für außergewöhnliche technische oder wirtschaftliche Abnutzung können **neben** der regelmäßigen Absetzung für Abnutzung (AfA) bzw. Absetzung für Substanzverringerung (AfS) vorgenommen werden.

Exkurs:

Sonderabschreibungen und erhöhte Absetzungen

Wie oben schon erwähnt, gibt es neben der Abschreibung auf den niedrigern Teilwert und der Absetzung für außergewöhnliche technische oder wirtschaftliche Abnutzung sog. "Sonderabschreibungen" und "erhöhte Absetzungen" (Siehe dazu die Zusammenstellung S. 437 ff.).

Diese Abschreibungsmöglichkeiten werden dem Steuerpflichtigen allein aus **wirtschaftspolitischen** Überlegungen gewährt, d.h. sie stehen in keinem Zusammenhang mit der nutzungsbedingten Wertminderung des betreffenden Wirtschaftsgutes.

> **Merke:** Sonderabschreibungen können **zusätzlich** zur normalen Abschreibung nach § 7 EStG vorgenommen werden. Erhöhte Absetzungen treten **an die Stelle** der normalen Absetzung für Abnutzung nach § 7 EStG.

322

Durch Sonderabschreibungen oder erhöhte Absetzungen werden Aufwendungen **vorverla-gert**, d.h. der steuerpflichtige Gewinn wird in den ersten Jahren der Nutzung stärker gemindert als in den folgenden Jahren. Der insgesamt zu verrechnende Aufwand (Betriebsausgaben) bleibt gleich. Es tritt also grundsätzlich lediglich eine Steuerstundung ein. Eine effektive Steuerminderung tritt z.B. nur dann ein, wenn in späteren Jahren mit geringerem Abschreibungsvolumen der Steuersatz sinkt.

3.1.3   Bilanzpolitische Gestaltungsmöglichkeiten

3.1.3.1   Fallbeispiel: Treulos-GmbH

Im Anlagevermögen der Treulos-GmbH, die ein Stammkapital von DM 2.000.000,--, sonstige Aktiva von DM 2.400.000,-- und sonstige Passiva von DM 800.000,-- aufweist, sind noch folgende Positionen zu berücksichtigen:

-    Eine Bohrkonzession, die vor 3 Jahren für DM 130.000,-- erworben wurde, wird linear über 5 Jahre abgeschrieben. Die Wiederbeschaffungskosten der Bohrkonzession sind am 31.12.02 auf DM 40.000,-- gesunken.

-    Das Unternehmen besitzt ein Grundstück, das in den Bebauungsplan der Gemeinde einbezogen ist und vor Jahren für DM 250.000,-- erworben wurde. Seit November 02 wird auf der Straße, die an dem Grundstück vorbeiführt, der Fernverkehr umgeleitet, da die sonst regelmäßig befahrene Bundesstraße wegen umfangreicher Brückenarbeiten für mindestens 1 Jahr gesperrt ist. Das Grundstück ließe sich zum 31.12.02 für höchstens DM 200.000,-- verkaufen.

-    Die Treulos-GmbH hat vor drei Jahren ein Hallengebäude zur Lagerung von Sägemehl in Billigbauweise für DM 10.000,-- auf einem gepachteten Grundstück errichtet. Ursprünglich hat man mit einer voraussichtlichen Nutzungsdauer von 10 Jahren gerechnet und auf dieser Grundlage das Gebäude planmäßig mit 10 v.H. der Herstellungskosten abgeschrieben. Der Buchwert des Gebäudes betrug zum 1.1.02 DM 8.000,--. Anfang des Jahres 02 hat sich jedoch herausgestellt, daß das Gebäude höchstens noch 5 Jahre genutzt werden kann, da bereits jetzt längere Regenschauer das Hallendach vor nicht lösbare Probleme stellen.

-    Zum Anlagevermögen gehört auch ein Bohrkran, der zum 31.12.01 mit DM 120.000,-- in der Bilanz zu Buche stand. Bislang wurde der Bohrkran degressiv abgeschrieben, was für 02 einen Abschreibungsaufwand von DM 20.000,-- bedeutet. Aufgrund der wirtschaftlichen Verhältnisse wäre es auch vertretbar, den Abschreibungsplan zu ändern und den Restbuchwert von DM 120.000,-- gleichmäßig auf die Restnutzungsdauer von 4 Jahren zu verteilen.

- Die Treulos-GmbH besitzt schließlich noch 1.500 Aktien des Münchner Touristik-Unternehmens Bayern-Alpen-AG, die für DM 60,-- je Stück erworben wurden und mit den Anschaffungskosten am 31.12.01 bilanziert sind. Der von der Bayern-Alpen-AG hauptsächlich mitgetragene Ski-Circus im Raum Reit im Winkl und Ruhpolding hat sich als Flop herausgestellt; außerdem wurde dem Vorstandsvorsitzenden wegen zweifelhaften Geschäftsgebahrens der Rücktritt nahegelegt. Aufgrund dieser Gegebenheiten sank der Kurswert der Aktie an der Münchner Wertpapierbörse zum 31.12.02 kurzfristig auf DM 2,50 je Stück.

Es soll analog zu den vorhergehenden Fallbeispielen eine **Bilanz I (möglichst maximales Ergebnis)** und eine **Bilanz II (möglichst minimales Ergebnis)** erstellt werden.

Bilanz I der Treulos- GmbH

Aktiva		Passiva	
Bohrkonzession (C.I.1.)	40.000	Gezeichnetes Kapital	2.000.000
Grundstück (C.II.1.)	250.000	**Jahresüberschuß**	**86.400**
Gebäude (C.II.1.)	6.400	Sonstige Passiva	800.000
Bohrkran (C.II.2)	100.000		
Wertpapiere (C.III.5.)	90.000		
Sonstige Aktiva	2.400.000		
Bilanzsumme	**2.886.400**		**2.886.400**

Abbildung: B.50

Erläuterungen:

1. Die Bohrkonzession wurde planmäßig nach der linearen Methode abgeschrieben; die Wiederbeschaffungskosten sind jedoch auf DM 40.000,-- gesunken, weshalb eine außerplanmäßige Abschreibung wegen dauernder Wertminderung (§ 253 Abs.2 S.3 HGB) erforderlich ist. In diesem Falle wird das grundsätzliche Wahlrecht zur Vornahme einer außerplanmäßigen Abschreibung zur Pflicht! Die Bohrkonzession ist mit DM 40.000,-- in der Bilanz I anzusetzen!

2. Das Grundstück ist ein nichtabnutzbarer Vermögensgegenstand und unterliegt deshalb einem Verbot zur Vornahme planmäßiger Abschreibungen. Eine außerplanmäßige Abschreibung auf den niedrigeren Stichtagswert ist nicht möglich, da die Wertminderung voraussichtlich nicht dauerhaft ist (§ 279 Abs.1 S.2 HGB). Das Grundstück wird in der Bilanz I mit den Anschaffungskosten in Höhe von DM 250.000,--angesetzt.

3. Die Nutzungsdauer für das Hallengebäude wurde zu hoch geschätzt, entsprechend sind auch die jährlichen Abschreibungsbeträge zu niedrig. Es muß eine Berichtigung des Abschreibungsplanes vorgenommen werden, d.h. der Restbuchwert ist auf die letzten 5 Jahre der Nutzung zu verteilen. Bei linearer Abschreibung beträgt der Buchwert zum 31.12.02 DM 6.400,-- (DM 8.000,-- ./. DM 1.600,--).

4. Der Bohrkran wird weiterhin degressiv abgeschrieben. Merkmal der degressiven Abschreibung ist, daß die ersten Jahre der Nutzung höher belastet werden als die folgenden Jahre; es erfolgt insoweit eine Vorverlagerung von Auwand. Im Interesse eines möglichst maximalen Ergebnisses wird nicht auf die höhere lineare Abschreibung umgestiegen. Der Bohrkran wird in der Bilanz I mit DM 100.000,-- angesetzt.

5. Die Wertpapiere des Anlagevermögens unterliegen nicht dem strengen Niederstwertprinzip und auch eine voraussichtlich dauerhafte Wertminderung liegt nicht vor, so daß eine Abschreibung auf den niedrigeren Stichtagswert unterbleiben kann. Die Wertpapiere werden zulässigerweise mit den Anschaffungskosten bilanziert.

Auf der Grundlage dieses Zahlenmaterials errechnet sich in der Bilanz I der Treulos-GmbH ein Jahresüberschuß von **DM 86.400,--**.

Bilanz II der Treulos- GmbH

Aktiva		Passiva	
Bohrkonzession (C.I.1.)	40.000	Gezeichnetes Kapital	2.000.000
Grundstück (C.II.1.)	250.000	**Jahresfehlbetrag**	**- 9.850**
Gebäude (C.II.1.)	6.400	Sonstige Passiva	800.000
Bohrkran (C.II.2.)	90.000		
Wertpapiere (C.III.5.)	3.750		
Sonstige Aktiva	2.400.000		
Bilanzsumme	**2.790.150**		**2.790.150**

Abbildung: B.51

Erläuterungen:

1. Die Bohrkonzession wurde wie in der Bilanz I angesetzt. Da die niedrigeren Wiederbeschaffungskosten zu einer zwingenden außerplanmäßigen Abschreibung führen bleibt kein Spielraum im Interesse eines möglichst minimalen Ergebnisses.

2. Auf das Grundstück kann eine außerplanmäßige Abschreibung auf DM 100.000,-- nicht vorgenommen werden, da die Wertminderung nicht dauerhaft ist (§ 279 Abs.1 HGB). Es bleibt somit bei dem Bilanzansatz von DM 250.000,--.

3. Für die Bewertung des Hallengebäudes besteht eine Pflicht zur Änderung des Abschreibungsplanes. Da kein weiterer Bewertungsspielraum gegeben ist, bleibt es bei dem Bilanzansatz von DM 6.400,--.

4. Im Interesse eines möglichst minimalen Ergenisses wird der Bohrkran ab sofort auf die folgenden restlichen 4 Jahre linear abgeschrieben. Es erfolgt somit ein Wechsel von der niedrigeren degressiven auf die höhere lineare Abschreibung. Der Bohrkran wird am 31.12.02 mit DM 90.000,-- (DM 120.000,-- ./. DM 30.000,--) aktiviert.

5. Für die Bewertung der Wertpapiere besteht die Möglichkeit einer außerplanmäßigen Abschreibung auf den niedrigeren Börsenkurs, auch wenn diese Wertminderung nicht dauerhaft ist. Dieses Abwertungswahlrecht ist für die Treulos-GmbH als Kapitalgesellschaft auf Gegenstände des Finanzanlagevermögens beschränkt (§ 279 Abs.1 S.2 HGB). Die Wertpapiere werden in der Bilanz II mit DM 3.750,-- aktiviert.

In der Bilanz II der Treulos-GmbH errechnet sich auf der Grundlage dieses Zahlenmaterials ein Jahres**fehlbetrag** von **DM 9.850,--**.

Fazit:

Nutzt man den Ermessensspielraum in unserem Fallbeispiel für die Bewertung des Anlagevermögens, so ergibt sich eine **Schwankungsbreite** von **DM 96.250,--**. D.h. ohne gegen gesetzliche Vorschriften und die Grundsätze ordnungsmäßiger Buchführung zu verstoßen, läßt sich bei gleicher Ausgangslage entweder ein **Jahresüberschuß** von **DM 86.400,--** oder ein **Jahresfehlbetrag** von **DM 9.850,--** errechnen.

3.1.3.2   Aufgabe

An der Frisch-Auf-OHG sind die Herren Schwimmer als Logiker und Maier als Praktiker mit jeweils DM 150.000,-- beteiligt, die sonstigen Aktiva betragen DM 500.000,-- und die sonstigen Passiva belaufen sich auf DM 250.000,--.

Im Anlagevermögen der Frisch-Auf-OHG sind noch folgende Sachverhalte zu berücksichtigen:

-   Ein PC-Buchführungsprogramm für die Finanz- und Betriebsbuchhaltung mit kurzfristiger Ergebnisrechnung, das vor zwei Jahren DM 27.000,-- gekostet hat, wird linear auf 3 Jahre abgeschrieben. Zur Zeit ist das PC-Buchführungsprogramm nicht einsatzbereit. Die Softwarefirma wäre bereit, das Programm zum 31.12.02 für DM 2.000,-- zurückzukaufen, ist jedoch auch zuversichtlich, das Problem in den nächsten Monaten zu lösen.

- Die Frisch-Auf-OHG besitzt ein Erbbaurecht an einem Grundstück, das laut dem zuständigen Landratsamt u.U. in ein Landschaftsschutzgebiet einbezogen werden soll. Die Diskussion ist noch nicht abgeschlossen; der Landrat hat seine Verhandlungsbereitschaft bekundet. Das Erbbaurecht stand in der letzten Bilanz mit DM 22.000,-- zu Buche und wurde bisher mit DM 2.000,-- linear abgeschrieben.

- Ein LKW-Transporter wurde vor 3 Jahren für DM 80.000,-- angeschafft; die betriebsgewöhnliche Nutzungsdauer beträgt 4 Jahre; der LKW wurde bisher linear abgeschrieben. Wirtschaftlich vertretbar wäre auch eine Verkürzung der Nutzungsdauer auf 3 Jahre infolge der starken Beanspruchung im abgelaufenen Geschäftsjahr.

- Die OHG besitzt außerdem noch 100 Aktien der "St.Raffael Wohnungsbau AG", die DM 72,-- je Stück gekostet haben. Im Zusammenhang mit einem Bestechungsskandal auf oberster politischer Ebene ist die Wohnungsbau AG ins Gerede gekommen, wobei auch einige unseriöse Geschäftspraktiken aufgedeckt wurden. Der Börsenkurs ist zum 31.12.02 vorübergehend auf DM 5,80 gesunken.

Es sind analog zum Fallbeispiel der Treulos-GmbH eine **Bilanz I (möglichst maximales Ergebnis)** und eine **Bilanz II (möglichst minimales Ergebnis)** zu erstellen.

Lösung:

Bilanz I der Frisch-Auf- OHG

Aktiva		Passiva	
PC-Buchführungsprogramm	9.000	Einlagen	300.000
Erbbaurecht	20.000	**Jahresüberschuß**	**6.200**
LKW-Transporter	20.000	Sonstige Passiva	250.000
Wertpapiere	7.200		
Sonstige Aktiva	500.000		
Bilanzsumme	**556.200**		**556.200**

Abbildung: B.52

Erläuterungen:

1. Das PC-Buchführungsprogramm wird weiter linear abgeschrieben mit jährlich DM 9.000,--; der Buchwert zum 31.12.01 war DM 18.000,--. Für ein möglichst maximales Ergebnis wird das PC-Buchführungsprogramm mit DM 9.000,-- in der Bilanz angesetzt.

2. Das Erbbaurecht wird weiterhin mit DM 2.000,-- linear abgeschrieben. Buchwert zum 31.12.02 DM 20.000,--.

3. Der LKW-Transporter wird weiterhin planmäßig linear auf 4 Jahre abgeschrieben. Bilanzansatz zum 31.12.02 DM 20.000,--.

4. Da die Wertminderung der Wertpapiere nicht dauerhaft ist, können die Aktien der "St. Raffael Wohnungsbau AG" mit ihren Anschaffungskosten bilanziert werden, d.h. es erfolgt ein Bilanzansatz mit DM 7.200,--.

Auf der Grundlage des obigen Zahlenmaterials errechnet sich für die Frisch-Auf-OHG zum 31.12.02 ein Jahres**überschuß** von **DM 6.200,--.**

Bilanz II der Frisch-Auf- OHG

Aktiva		Passiva	
PC-Buchführungsprogramm	2.000	Einlagen	300.000
Erbbaurecht	1	**Jahresfehlbetrag**	**- 47.418**
LKW-Transporter	1	Sonstige Passiva	250.000
Wertpapiere	580		
Sonstige Aktiva	500.000		
Bilanzsumme	**502.582**		**502.582**

Abbildung: B.53

Erläuterungen:

1. Das Buchführungsprogramm wird in der Bilanz II außerplanmäßig auf den niedrigeren Stichtagswert abgeschrieben. Die außerplanmäßige Abschreibung ist bei Nicht-Kapitalgesellschaften für sämtliche Vermögensgegenstände des Anlagevermögens zulässig, auch wenn die Wertminderung nicht von Dauer ist. Die Einschränkung des § 279 Abs.1 S.2 HGB gilt nur für Kapitalgesellschaften. Bilanzansatz mit DM 2.000,--.

2. Das Erbbaurecht hat für die Frisch-Auf-OHG zum 31.12.02 keinen Wert mehr, da das Grundstück u.U. in ein Landschaftsschutzgebiet einbezogen wird; es besteht die Möglichkeit, dieses Recht außerplanmäßig voll abzuschreiben und mit DM 1,-- in der Bilanz anzusetzen.

3. Durch eine Verkürzung der Nutzungsdauer des LKW auf 3 Jahre besteht die Möglichkeit, den LKW planmäßig voll abzuschreiben und mit DM 1,-- (Erinnerungswert) in der Bilanz zu aktivieren.

4. Auf die Wertpapiere darf eine außerplanmäßige Abschreibung auf den niedrigeren Börsenkurs vorgenommen werden, auch wenn die Wertminderung nicht dauerhaft ist. Aktivierung mit DM 580,--.

Auf der Grundlage dieses Zahlenmaterials errechnet sich ein Jahres**fehlbetrag** von **DM 47.418,--**.

Fazit:

Nutzt man den bilanzpolitischen Gestaltungsspielraum so ergibt sich eine **Schwankungsbreite** von **DM 53.618,--**. D.h. ohne gegen gesetzliche Vorschriften oder die Grundsätze ordnungsmäßiger Buchführung zu verstoßen errechnet sich zum einen ein **Jahresüberschuß** in Höhe von **DM 6.200,--** oder zum anderen ein **Jahresfehlbetrag** in Höhe von **DM 47.418,--**.

3.1.4 Testfragen

· Bei welchen Gegenständen des Anlagevermögens sind die Anschaffungs- oder Herstellungskosten nicht nur Ausgangswert, sondern Wertansatz zugleich?

· Was besagt der "Grundsatz der Planmäßigkeit der Abschreibungen"?

· Welche Faktoren spielen bei der Entscheidung über die Höhe der planmäßigen jährlichen Abschreibungsbeträge eine Rolle?

· Warum stellt die Nutzungsdauer eines Vermögensgegenstandes die Bemessung der jährlichen Abschreibungsbeträge vor schwierige Probleme?

· Stimmt der Abnutzungswert mit dem sich durch verschiedene Abschreibungsverfahren ergebenden Buchwert überein?

· Welche Faktoren begrenzen den Bewertungsspielraum der Bilanzersteller bei den planmäßigen wie außerplanmäßigen Abschreibungen im Anlagevermögen? Stellen Sie eine Liste der "legalen" Möglichkeiten auf, die zur Manipulierung des Periodenerfolges zur Verfügung stehen!

· Zeigen Sie auf, warum je nach Wahl der Abschreibungsmethode das Periodenergebnis unterschiedlich beeinflußt werden kann!

· Was bedeutet Abschreibung "pro rata temporis"?

· Wird ein evtl. Veräußerungserlös bei der Ermittlung der Abschreibungsbeträge berücksichtigt?

· Wie heißen die "planmäßigen" Abschreibungen in der Steuerbilanz?

· Dürfen die Abschreibungen in der Steuerbilanz höher sein als im handelsrechtlichen Jahresabschluß?

· Bei welchen Vermögensgegenständen können außerplanmäßige Abschreibungen vorgenommen werden?

· Wann wird das grundsätzliche Wahlrecht zur Vornahme einer außerplanmäßigen Abschreibung zur Pflicht?

- Welche Besonderheit gilt für Kapitalgesellschaften im Hinblick auf die Vornahme außerplanmäßiger Abschreibungen?

- Welche Hilfswerte kommen für eine außerplanmäßige Abschreibung auf den niedrigeren beizulegenden Wert insbesondere in Betracht?

- Welche Bedeutung hat die Möglichkeit der außerplanmäßigen Abschreibung auf den niedrigeren steuerlichen Wert für den handelsrechtlichen Jahresabschluß und welche Besonderheit gilt hier für Kapitalgesellschaften?

- Wie heißen die "außerplanmäßigen" Abschreibungen im Steuerrecht?

- Wie sind sog. "Sonderabschreibungen" und "erhöhte Absetzungen" in den Grundsatz der Planmäßigkeit der Abschreibung einzuordnen?

3.2 Der Teilwert

Im Zusammenhang mit den "außerplanmäßigen" Abschreibungen in der Steuerbilanz wurde oben bereits von einer sog. "**Teilwertabschreibung**" gesprochen.

Der oberste mögliche Wertansatz in der Steuerbilanz wird wie im handelsrechtlichen Jahresabschluß durch die Anschaffungs- oder Herstellungskosten bestimmt. Die Anschaffungs- oder Herstellungskosten sind somit auch in der Steuerbilanz die Ausgangsgrundlage für alle folgenden Wertänderungen.

> **Merke:** Der **niedrigst mögliche Wertansatz** in der Steuerbilanz ist der sog. "niedrigere Teilwert". Dieser Mindestwert gilt für **alle** Wirtschaftsgüter, d.h. ein Ansatz zum niedrigeren Teilwert ist sowohl im abnutzbaren wie nichtabnutzbaren Anlagevermögen als auch im Umlaufvermögen möglich.

Die das Jahresergebnis beeinflussende Differenz zwischen dem bisherigen Buchwert und einem Teilwert bezeichnet man als "**Teilwertabschreibung**".

> **Merke:** Steuerlich besteht für die Bewertung zum niedrigeren Teilwert ein **Wahlrecht**!

Im Falle der Gewinnermittlung nach § 5 EStG gilt für die Teilwertabschreibung aufgrund der Maßgeblichkeit des handelsrechtlichen Jahresabschlusses für die Steuerbilanz das "Niederstwertprinzip". D.h., muß im Jahresabschluß ein niedrigerer Wert zwingend angesetzt werden (außerplanmäßige Abschreibung bei dauernder Wertminderung im Anlagevermögen und strenges Niederstwertprinzip im Umlaufvermögen), dann wird aus dem Wahlrecht zum Ansatz des niedrigeren Teilwertes eine **Pflicht** zur Teilwertabschreibung.

Es stellt sich nun die Frage, was das Steuerrecht unter dem "Teilwert" versteht.

> **Merke:** "Teilwert ist der Betrag, den ein Erwerber des ganzen Betriebs im Rahmen des Gesamtkaufpreises für das einzelne Wirtschaftsgut ansetzen würde; dabei ist davon auszugehen, daß der Erwerber den Betrieb fortführt." (§ 6 Abs. 1 Nr. 1 S. 3 EStG).

Diese gesetzliche Definition des Teilwertes umschreibt somit folgende Voraussetzungen für die Ermittlung des Teilwertes und des einzelnen Wirtschaftsgutes:

(a)   Es ist der Gesamtkaufpreis zu ermitteln, den ein fiktiver Erwerber bezahlen würde.

(b)   Dabei wird dem Erwerber unterstellt, daß er das Unternehmen fortführt.

(c)   Dieser Gesamtkaufpreis ist nun auf sämtliche Wirtschaftsgüter aufzuteilen.

Mit diesen normierten Voraussetzungen für die Ermittlung eines Teilwertes ist der Bilanzierende vor ein schier unlösbares Problem gestellt. Weder gibt es ein für Bilanzierungszwecke praktikables Verfahren zur Bestimmung des Gesamtwertes von Unternehmen, noch ist eine Aufteilung des Gesamtwertes auf einzelne Wirtschaftsgüter möglich. Aus diesen Gründen hat die Rechtsprechung sog. "Teilwertvermutungen" entwickelt, die vom Bilanzierenden widerlegt werden müssen, wenn er von diesen "Wertvermutungen" abweichen will (was z.B. im Falle gesunkener Wiederbeschaffungskosten oder Fehlinvestitionen erforderlich werden kann).

Das folgende Schaubild zeigt den durch die (**widerlegbaren**) Teilwertvermutungen festgelegten Prozeß der Ermittlung der Teilwerte:

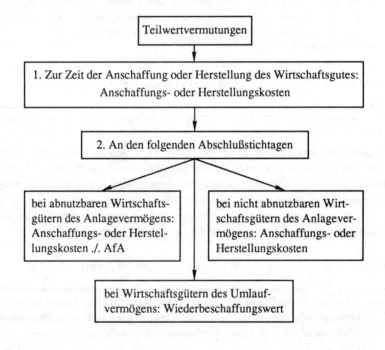

Abbildung: B.54

Merke: In praxi sind Teilwertabschreibungen nur beschränkt möglich, d.h. der Ausnahmefall. Der Steuerpflichtige muß die Wertminderungen, die durch eine Teilwertabschreibung erfaßt werden sollen, nachweisen, d.h. die Teilwertvermutungen (siehe das vorhergehende Schaubild) widerlegen können.

Beispiele für Teilwertabschreibungen:

- Ein unter die Anschaffungs- oder Herstellungskosten gesunkener Teilwert bei Realgütern des Anlagevermögens kann dann anerkannt werden, wenn der Käufer in Unkenntnis von Mängeln des erworbenen Wirtschaftsgutes einen **überhöhten Preis** bezahlt hat.
- Die **Wiederbeschaffungskosten** des zu bewertenden Gutes sind **nachhaltig gesunken**.
- Eine Anlage arbeitet nachweislich **unrentabel**.

> **Merke:** Teilwertabschreibungen sind nur dann möglich, wenn der Teilwert eines Wirtschaftsgutes unter dem letzten Bilanzansatz liegt und die Teilwertvermutungen widerlegt werden können. Falls die Wertminderung des Wirtschaftsgutes durch AfaA zu berücksichtigen ist, **so geht die AfaA der Teilwertabschreibung vor**, da diese vor allem die Wertminderungen erfassen soll, die durch AfA und AfaA **nicht** berücksichtigt werden.

3.3 Wertansätze im Umlaufvermögen

3.3.1 Generelle Bewertungskonzeption

Für die Bewertung des Umlaufvermögens sind ebenfalls die Anschaffungs- oder Herstellungskosten Ausgangswert und erstes Bewertungsinstrument. Sie stellen zugleich auch den höchst möglichen Wertansatz dar.

Nach § 253 Abs.3 S.1 und 2 HGB **sind** bei diesen Vermögensgegenständen **Abschreibungen vorzunehmen**, um die Vermögensgegenstände

- mit einem **niedrigeren** Wert anzusetzen, der sich aus einem **Börsen- oder Marktpreis** am Abschlußstichtag ergibt, oder
- mit dem **niedrigeren** am Abschlußstichtag **beizulegenden Wert** anzusetzen, wenn ein Börsen- oder Marktpreis nicht festzustellen ist.

Durch diese Wertansatzvorschrift wird das sog. "**strenge Niederstwertprinzip**" im Umlaufvermögen normiert.

> **Merke:** Das strenge Niederstwertprinzip besagt, daß von zwei am Abschlußstichtag möglichen Wertansätzen **stets** der niedrigere Wert maßgebend ist.

Durch das strenge Niederstwertprinzip wird die grundsätzliche Wert**unter**grenze im Umlaufvermögen fixiert.

Zusätzlich zu der Abwertungspflicht des § 253 Abs.3 S.1 und 2 HGB sind dem Bilanzierenden vom Gesetz eine Reihe von **Abwertungswahlrechten** eingeräumt, die einen noch niedrigeren Wertansatz ermöglichen.

Gemäß § 253 Abs.3 S.3 HGB sind Abschreibungen im Umlaufvermögen zur Vorwegnahme künftig nötiger Wertkorrekturen möglich.

Nicht-Kapitalgesellschaften ist außerdem durch § 253 Abs.4 HGB die Möglichkeit gegeben, stille Reserven in erheblichem Umfang zu bilden, indem Abschreibungen im Rahmen **vernünftiger kaufmännischer Beurteilung** (im Grunde eine Leerformel, die alles und zugleich nichts besagt) zulässig sind. Dieses Abwertungswahlrecht ist für Kapitalgesellschaften explizit ausgeschlossen (§ 279 Abs.1 S.1 HGB).

Schließlich dürfen gemäß § 254 HGB Abschreibungen vorgenommen werden, um den **niedrigeren Wert** anzusetzen, der auf einer nur **steuerrechtlich zulässigen Abschreibung** beruht. Für Kapitalgesellschaften gilt insofern eine Einschränkung, als der niedrigere steuerlich zulässige Wert nur dann angesetzt werden darf, wenn die steuerrechtliche Anerkennung von einem entsprechenden Wertansatz im handelsrechtlichen Jahresabschluß abhängt.

Zusammenfassend können also folgende Wertmaßstäbe für die Bewertung des Umlaufvermögens u.U. in Frage kommen:

a) Die Anschaffungs- oder Herstellungskosten.

b) Der sich aus dem Börsen- oder Marktpreis ergebende Wert.

c) Der am Abschlußstichtag beizulegende Wert.

d) Der zur Vorwegnahme künftig nötiger Wertkorrekturen erforderliche Wert.

e) Der niedrigere Wert, der im Rahmen vernünftiger kaufmännischer Beurteilung zulässig ist.

f) Der im Hinblick auf die steuerliche Anerkennung notwendige Wert.

Das folgende Schaubild zeigt den Zusammenhang der einzelnen Wertmaßstäbe in einem Entscheidungsdiagramm.

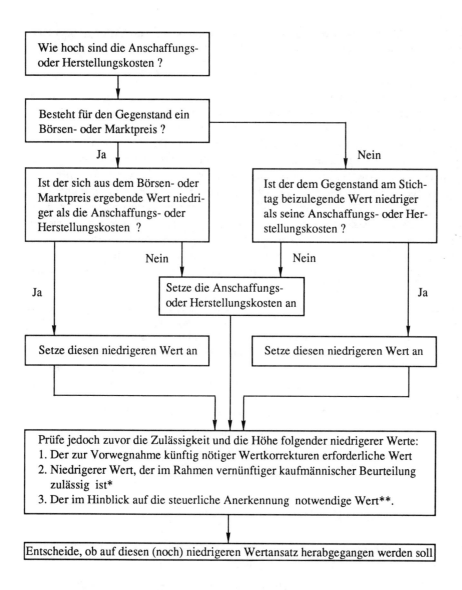

Prüfe jedoch zuvor die Zulässigkeit und die Höhe folgender niedrigerer Werte:
1. Der zur Vorwegnahme künftig nötiger Wertkorrekturen erforderliche Wert
2. Niedrigerer Wert, der im Rahmen vernünftiger kaufmännischer Beurteilung
   zulässig ist*
3. Der im Hinblick auf die steuerliche Anerkennung notwendige Wert**.

Entscheide, ob auf diesen (noch) niedrigeren Wertansatz herabgegangen werden soll

* Ist für Kapitalgesellschaften gem. § 279 Abs.1 HGB nicht zulässig.

** Für Kapitalgesellschaften gilt einschränkend die sog. "umgekehrte Maßgeblichkeit",
d.h. das Steuerrecht muß den Ansatz im handelsrechtlichen Jahresabschluß für die
eigene Gewinnermittlung zur Voraussetzung machen (vgl. § 279 Abs.2 HGB sowie
Abschnitt 3.4 dieses Kapitels).

Abbildung: B.55

3.3.2 Verfahren der Sammelbewertung zur Schätzung der Anschaffungs- oder Herstellungskosten

3.3.2.1 Allgemeines

Die Forderung, "Vermögensgegenstände sind höchstens mit den Anschaffungs- oder Herstellungskosten, vermindert um Abschreibungen nach den Absätzen 2 und 3 anzusetzen" (§ 253 Abs.1 HGB), **scheint** keinen Bewertungsspielraum zuzulassen. Das stimmt nur bedingt. Denn das für die Bewertung **allgemein** geltende **Prinzip der Einzelbewertung**, wonach jeder Vermögensgegenstand für sich zu bewerten ist, ist im Umlaufvermögen insbesondere bei den Vorräten zum Teil nur mit unbilligem Arbeitsaufwand einzuhalten. Es ist Unternehmen nicht zuzumuten, ihre Vorräte (z.B. Roh-, Hilfs- und Betriebsstoffe, Handelswaren) nach deren Anschaffungs- oder Herstellungskosten getrennt zu lagern. Aus diesem Grunde sind verschiedene **Schätz**methoden zur Ermittlung der Anschaffungs- oder Herstellungskosten gleichartiger Vermögensgegenstände des Vorratsvermögens erlaubt, die zu unterschiedlichen Ergebnissen im konkreten Fall führen und eine Beeinflussung des Periodenergebnisses durch das Unternehmen erlauben.

> **Merke:** Die einzelne körperliche Erfassung und Bewertung von Gegenständen des Umlaufvermögens wird in der Praxis vornehmlich dann angewandt, wenn sich die individuelle Ermittlung des Zu- und Abgangs bzw. Bestands ohne Schwierigkeiten durchführen läßt. Dies ist regelmäßig bei Gegenständen von erheblichem Einzelwert der Fall, von denen keine größeren Bestände unterhalten werden.

Im folgenden behandeln wir die wesentlichsten zulässigen Verfahren der Sammelbewertung zur **Schätzung** der Anschaffungs- oder Herstellungskosten. Es handelt sich hierbei um die sog. "Durchschnittsmethode" und um sog. "Verbrauchsfolgeverfahren".

3.3.2.2 Durchschnittsmethode

Die Durchschnittsmethode gehört zu den in der Praxis am weitesten verbreiteten Schätzmethoden zur Ermittlung der Anschaffungs- oder Herstellungskosten.

In ihrer einfachsten Form wird ein Durchschnittspreis (durchschnittlicher Anschaffungspreis) als gewogenes arithmetisches Mittel aus dem Anfangsbestand und **allen** Einkäufen einer Waren- oder Rohstoffart errechnet und zur Bewertung sowohl der Abgänge als auch des Endbestandes herangezogen. Man spricht hier auch von **gewogener Durchschnittsmethode**.

Beispiel:

Anfangsbestand	100	Einheiten à	8,--	DM	=	800,-- DM
+ Einkäufe	50	Einheiten à	8,20	DM	=	410,-- DM
+ Einkäufe	200	Einheiten à	7,70	DM	=	1.540,-- DM
+ Einkäufe	150	Einheiten à	9,--	DM	=	1.350,-- DM
	500	Einheiten			=	4.100,-- DM *
- Abgang	380	Einheiten à	8,20	DM	=	3.116,-- DM
= Endbestand	120	Einheiten à	8,20	DM	=	984,-- DM

* gewogener Durchschnittspreis: 4.100/500 = 8,20 DM pro Einheit

Bevor es letztlich zu einem Wertansatz in der Bilanz kommt, ist stets ein sog. **Niederstwerttest** vorzunehmen:

Sind nämlich am Abschlußstichtag die Tageswerte niedriger als die geschätzten durchschnittlichen Anschaffungskosten (z.B. DM 8,20 pro Einheit im obigen Fall), so muß dieser niedrigere Tageswert angesetzt werden, d.h. die Differenz zwischen beiden Werten ist abzuschreiben.

Aus diesen Überlegungen folgt:

Merke:	Mit **durchschnittlichen Anschaffungskosten** kann der Endbestand **nur** bei steigenden oder konstanten Tagespreisen bewertet werden. Im Falle monoton sinkender Preise verbietet das Niederstwertprinzip den Ansatz mit durchschnittlichen Anschaffungskosten.

Die in unserem Beispiel gezeigte **einfache** Durchschnittsbewertung läßt sich insofern verfeinern, als man die Berechnung der Zu- und Abgänge nicht auf das ganze Jahr beschränkt, sondern die Mengenveränderungen des letzten Halb- oder Vierteljahres usw. zugrunde legt. Wird nach jedem Zugang sofort ein neuer Durchschnittspreis gebildet und jeder Abgang damit bewertet, dann kommt man mit dieser Methode des ''gleitenden'' Durchschnitts unter Umständen den tatsächlichen Anschaffungs- oder Herstellungkosten nahe. Die Anwendung der **gleitenden Durchschnittsmethode** setzt jedoch die genaue Erfassung der einzelnen Abgänge voraus.

3.3.2.3 Schätzverfahren mit unterstellter Verbrauchs- oder Veräußerungsfolge

Nach § 256 HGB kann, soweit mit den GoB vereinbar, für den Wertansatz gleichartiger Vermögensgegenstände unterstellt werden,

a) daß die **zuerst** angeschafften oder hergestellten Vermögensgegenstände **zuerst** verbraucht oder veräußert worden sind (Fifo-Methode), oder

b) daß die **zuletzt** angeschafften oder hergestellten Vermögensgegenstände **zuerst** verbraucht oder veräußert worden sind (Lifo-Methode), oder

c) daß die angeschafften oder hergestellten Vermögensgegenstände in einer **sonstigen bestimmten Folge** verbraucht oder veräußert worden sind.

Merke: Das strenge Niederstwertprinzip gilt auch dann, wenn von Lifo-, Fifo- oder ähnlichen Verfahren zur Schätzung der Anschaffungs- oder Herstellungskosten Gebrauch gemacht wird. Es ist **stets** zu prüfen, ob nicht anstelle der mit diesen Verfahren ermittelten Anschaffungs- oder Herstellungskosten ein niedrigerer Ansatz zu wählen ist (**Niederstwerttest**).

---

a) Die Fifo-Methode

Die Fifo- (first in-first out) Methode basiert auf der Unterstellung, daß die zuerst angeschafften oder hergestellten Gegenstände auch zuerst veräußert oder verbraucht worden sind, d.h. die am Stichtag noch vorhandenen Mengen aus den letzten Einkäufen stammen. Der Endbestand wird mit den Anschaffungskosten der **zuletzt** beschafften Güter bewertet.

Beipiel:

Anfangsbestand	150	Einheiten à	10,--	DM	=	1.500,-- DM
+ Einkäufe	100	Einheiten à	8,--	DM	=	800,-- DM
+ Einkäufe	50	Einheiten à	5,--	DM	=	250,-- DM
	300	Einheiten			=	2.550,-- DM
- Abgänge	200	Einheiten			=	1.900,-- DM
= Endbestand	100	Einheiten à	6,50	DM	=	650,-- DM

Die Bewertung des Endbestandes ist wie folgt vorzunehmen:

	50	Einheiten à	5,--	DM	=	250,-- DM
	50	Einheiten à	8,--	DM	=	400,-- DM
	100	Einheiten			=	650,-- DM

Merke:	Bei **sinkender** oder **schwankender** Preistendenz ist zu prüfen, ob nicht das strenge Niederstwertprinzip eine Herabsetzung nach § 253 Abs.3 S.1 oder 2 HGB notwendig macht; bei monoton **steigender** oder **gleichbleibender** Preisentwicklung ist die Prüfung überflüssig.

b) Die Lifo-Methode

Die Lifo-Methode (last in-first-out) fingiert, daß zuerst die neuesten Bestände verbraucht oder veräußert wurden, ehe auf die älteren zurückgegriffen wird (Umkehrung der Fifo-Methode). Der Endbestand ist infolgedessen mit den historisch ältesten Preisen, d.h. mit den Preisen der am weitesten zurückliegenden Beschaffung zu bewerten.

Beispiel:

Anfangsbestand	100	Einheiten à	10,--	DM	=	1.000,-- DM
+ Einkäufe	50	Einheiten à	16,--	DM	=	800,-- DM
+ Einkäufe	50	Einheiten à	20,--	DM	=	1.000,-- DM
	200	Einheiten			=	2.800,-- DM
- Abgänge	100	Einheiten			=	1.800,-- DM
= Endbestand	100	Einheiten			=	1.000,-- DM

Da Anfangs- und Endbestand im Beispiel übereinstimmen, ist der Bilanzansatz des Vorjahres (''historisch ältester Preis'') zu übernehmen.

Unser Beispiel zeigt das übliche Verfahren, das sog. ''**Perioden-Lifo**'' (end of the period lifo-method), bei dem lediglich der Endbestand **mengenmäßig** mit dem Anfangsbestand verglichen wird. Die Bewertung des vorhandenen Bestandes am Ende des Geschäftsjahres hängt davon ab, ob der Endbestand mengenmäßig gleich, kleiner oder größer als der Bestand zu Beginn des Geschäftsjahres ist:

Fall a: Stimmen Anfangs- und Endbestand (wie in unserem Rechenbeispiel) überein, dann ist der Bilanzansatz des Vorjahres zu übernehmen, soweit das Niederstwertprinzip nicht greift. Praktisch bedeutet das, daß die Abgänge des laufenden Geschäftsjahres prinzipiell zu den Einstandspreisen der Zugänge des laufenden Jahres bewertet werden.

Fall b: Ist der Endbestand größer als der Anfangsbestand, so ist der dem Anfangsbestand entsprechende Teil des Endbestandes zunächst mit dem Wert des Anfangsbestandes anzusetzen. Erst der Mehrbestand wird mit dem Preis des ersten Zuganges, wenn dieser nicht ausreicht, mit den Preisen der jeweils folgenden Zugänge bewertet.

Fall c: Der Endbestand ist kleiner als der Anfangsbestand. Entsprechend dem Grund-gedanken der Lifo-Methode ist der Minderbestand mit dem gleichen Stückpreis zu bewerten, mit dem der Vorjahresbestand bewertet worden ist.

Die **zweite Form** des Lifo-Verfahrens ist das sog. "**permanente Lifo**" (perpetual lifo-method), das wenig üblich ist und bei dem der Materialverbrauch **während des ganzen Jahres fortlaufend** erfaßt und nach der Methode "last in-first out" bewertet wird. Das permanente Lifo setzt also eine laufende **mengen-** und **wertmäßige** Erfassung aller Zu- und Abgänge voraus, wobei die Bewertung der Fiktion folgt, daß jeder Abgang bei einer Position durch die zuvor erfolgten Zugänge gedeckt wird.

> **Merke:**   Bei **sinkender** Preistendenz kann beim Lifo-Verfahren das Niederstwertprinzip ein Herabgehen auf den niedrigeren Tageswert erzwingen.

c) Die Hifo-Methode

Das **Hifo-** (highest in-first out) Verfahren zählt zu den "anderen" Methoden mit einer "sonstigen bestimmten Folge des Verbrauchs bzw. der Veräußerung" des § 256 HGB. Bei ihm bucht man prinzipiell die Güter mit den höchsten Beschaffungspreisen aus, d.h. zur Bewertung des Endbestandes mit den Anschaffungs- oder Herstellungskosten werden stets die niedrigst möglichen Wertansätze verwandt. Die am teuersten eingekauften Teilmengen gleichartiger Vorräte werden als zuerst verbraucht oder veräußert fingiert, was in Zeiten ständiger Preisschwankungen dem Prinzip kaufmännischer Vorsicht entspricht.

Die Bewertung des Endbestandes beim Hifo-Verfahren zeigt folgendes Beispiel:

Anfangsbestand	25	Einheiten à	8,--	DM	=	200,-- DM
+ Einkäufe	25	Einheiten à	5,--	DM	=	125,-- DM
+ Einkäufe	50	Einheiten à	10,--	DM	=	500,-- DM
+ Einkäufe	50	Einheiten à	9,--	DM	=	450,-- DM
	150	Einheiten			=	1.275,-- DM
- Abgänge	50	Einheiten			=	500,-- DM
= Endbestand	100	Einheiten à	7,75	DM	=	775,-- DM

Der Wert des Endbestandes errechnet sich wie folgt:

	25	Einheiten à	5,--	DM	=	125,-- DM
	25	Einheiten à	8,--	DM	=	200,-- DM
	50	Einheiten à	9,--	DM	=	450,-- DM
	=	Endbestand			=	775,-- DM

Auch beim Hifo-Verfahren lassen sich wie beim Lifo-Verfahren zwei Formen unterscheiden:

- Beim **Perioden-Hifo**, das unserem Rechenbeispiel zugrunde liegt, sind lediglich die Zugänge während des Geschäftsjahres zu den jeweiligen Mengen und Preisen bzw. Herstellungskosten gesondert festzuhalten.

- Beim **permanenten Hifo-Verfahren** werden alle Zu- und Abgänge eines Geschäftsjahres fortlaufend aufgezeichnet und dem Grundgedanken der Hifo-Methode entsprechend bewertet. Das bedeutet, daß prinzipiell für jeden Abgang einzeln zu ermitteln ist, welches der im betreffenden Fall höchste Einkaufswert ist. Die permanente Hifo-Methode verlangt umfangreiche Aufzeichnungen, so daß sie praktisch nur mit Hilfe einer EDV-Anlage durchgeführt werden kann.

> **Merke:** Bei **sinkender** Preistendenz ist zu prüfen, ob das strenge Niederstwertprinzip nicht eine Herabsetzung auf den niedrigeren Tageswert notwendig macht.

d) Steuerbilanzielle Behandlung

Für die Bewertung in der Steuerbilanz ist die Anwendung der **Lifo-Methode** unter den Voraussetzungen des § 6 Abs.1 Nr.2a EStG **zulässig**. Die **anderen** auf fiktiven Verbrauchs- oder Veräußerungsfolgen basierenden **Schätzverfahren** zur Ermittlung der Anschaffungs- oder Herstellungskosten sind grundsätzlich nicht erlaubt, es sei denn der Steuerpflichtige weist nach, daß die tatsächliche Verbrauchs- bzw. Veräußerungsfolge der jeweils unterstellten Fiktion entspricht. Das ist bei der Hifo-Methode prinzipiell nie der Fall, da bei dieser Methode nur eine bestimmte wertmäßige Verbrauchs- oder Veräußerungsfolge unterstellt wird.

In allen Fällen ist das **Niederstwertprinzip** zu beachten.

3.3.3 Festwertbewertung

Gemäß § 256 S.2 HGB i.V.m. § 240 Abs.3 HGB können bei der Erstellung des Jahresabschlusses Vermögensgegenstände des Sachanlagevermögens sowie Roh-, Hilfs- und Betriebsstoffe, wenn sie regelmäßig ersetzt werden und ihr Gesamtwert für das Unternehmen von nachrangiger Bedeutung ist, mit einer gleichbleibenden Menge und einem gleichbleibenden Wert angesetzt werden, sofern ihr Bestand in seiner Größe, seinem Wert und seiner Zusammensetzung nur geringen Veränderungen unterliegt. Jedoch ist in der Regel alle drei Jahre eine körperliche Bestandsaufnahme durchzuführen!

Der Ansatz eines Festwertes ist möglich bei Gegenständen des **Sachanlagevermögens** sowie bei **Roh-, Hilfs- und Betriebsstoffen**, wenn

- sie regelmäßig ersetzt werden,

- ihr Gesamtwert von nachrangiger Bedeutung ist, und sofern

- der Bestand in seiner Größe, seinem Wert und seiner Zusammensetzung nur geringen Veränderungen unterliegt.

Die Bedeutung des "Festwertansatzes" ist für die Bewertung des Anlagevermögens von relativ geringer Bedeutung. Eine gliederungsmäßige Einordnung unter den Komplex "Wertansätze im Umlaufvermögen" wird deshalb für vertretbar gehalten.

Man geht für den Ansatz eines Festwertes von der Vorstellung aus, daß der Verbrauch und die Neuanschaffung der Vermögensgegenstände sich entsprechen. Wird ein Festwert angesetzt, erübrigen sich Abschreibungen; **Ersatzbeschaffungen werden sofort als Aufwand verbucht**. Typische Beispiele für den Ansatz von Festwerten sind Modelle, Hotelgeschirr, Werkzeuge, Kleinmaterial, Ersatzteile, sonstige Brennstoffe usw.

Merke: Der Ansatz von Festwerten ist sowohl handelsrechtlich als auch steuerrechtlich zulässig.

3.3.4 Gruppenbewertung

Die Gruppenbewertung ist eine weitere Ausnahme vom Grundsatz der Einzelbewertung und soll die Bewertungsarbeit erleichtern. Die Gruppenbewertung ist in § 240 Abs.4 HGB fixiert und auch steuerlich gestattet. Sie erlaubt gleichartige Vermögensgegenstände des Vorratsvermögens sowie andere gleichartige oder annähernd gleichwertige bewegliche Vermögensgegenstände zu einer Gruppe zusammenzufassen und mit dem gewogenen Durchschnittswert anzusetzen.

Die Gruppenbewertung ist sowohl handels- als auch steuerrechtlich zulässig!

Merke: Die Gruppenbewertung ist unter den in § 240 Abs.4 HGB fixierten Voraussetzungen auf das Vorratsvermögen und andere bewegliche Vermögensgegenstände beschränkt. Die Gruppenbewertung dient der Vereinfachung der Bewertungsarbeit und ist unabhängig davon, ob der Bestand mengenmäßig durch Zählen, Wiegen, Messen oder Schätzverfahren ermittelt wird.

3.3.5 Abschreibungen im Umlaufvermögen

In dem obigen Entscheidungsdiagramm über die bei der Bewertung des Umlaufvermögens in Frage kommenden Wertmaßstäbe sind grundsätzlich **drei** verschiedene Möglichkeiten (Werte) aufgeführt, um **Wertminderungen** an Gegenständen des **Umlaufvermögens** bei der Bilanzierung durch die Vornahme von Abschreibungen, d.h. den Ansatz eines *unter* den Anschaffungs- oder Herstellungskosten liegenden "niedrigeren Wertes" zu erfassen.

Der Ansatz mit einem niedrigeren Wert, der sich aus einem Börsen- oder Marktpreis am Abschlußstichtag ergibt oder mit dem niedrigeren am Abschlußstichtag "beizulegenden Wert" ist zwingend (**strenges Niederstwertprinzip**, § 253 Abs.3 S.1 und 2 HGB).

Der Ansatz mit dem niedrigeren Wert zur Vorwegnahme künftig nötiger Wertkorrekturen ist in das Ermessen des bilanzierenden Unternehmens gestellt (253 Abs.3 S.3 HGB) und eröffnet einen gewissen bilanzpolitischen Spielraum bei der Bewertung des Umlaufvermögens.

Der Ansatz eines steuerlich zulässigen (§ 254 HGB) bzw. steuerlich erforderlichen (§ 279 Abs.2 HGB) "niedrigeren" Wertes sowie Abschreibungen nach vernünftiger kaufmännischer Beurteilung (§ 253 Abs.4 HGB) stecken schließlich den rechtlichen Bewertungsspielraum ab, gelten jedoch für die Bewertung des Anlagevermögens gleichermaßen und sollen deshalb gesondert behandelt werden (siehe dazu Abschnitt 3.4 und 3.5 dieses Kapitels).

> **Merke:** Unterbleibt eine niedrigere Bewertung nach § 253 Abs.3 S.1 oder 2 HGB, so erfüllt dies den Tatbestand der **Überbewertung** und stellt einen Verstoß gegen das Niederstwertprinzip dar, was zur Nichtigkeit des Jahresabschlusses einer Aktiengesellschaft führen kann (§ 256 Abs.5 AktG).

3.3.5.1 Der sich aus dem "Börsen- oder Marktpreis ergebende" niedrigere Wert

Der Ansatz dieses Wertes hat ebenso wie der anschließend behandelte "beizulegende Wert" die Aufgabe, den Ausweis nicht realisierter, jedoch am Abschlußstichtag bereits erkennbarer Verluste in alter Rechnung zu berücksichtigen. Über die Grundsätze ordnungsmäßiger Buchführung ist festgelegt, von welchen Börsen- oder Marktpreisen (des **Beschaffungs-** oder des **Absatz**marktes) für die Berechnung des sich "aus dem Börsen- oder Marktpreis am Abschlußstichtag ergebenden Wertes" ausgegangen werden muß.

Ob der Beschaffungsmarkt oder der Absatzmarkt heranzuziehen ist, ist abhängig von der Art des Vermögensgegenstandes:

a) Die Börsen- oder Marktpreise des **Beschaffungsmarktes** sind Ausgangswerte für **noch nicht verbrauchte** Roh-, Hilfs- und Betriebsstoffe (und ausnahmsweise für Bestände an fertigen und unfertigen Erzeugnissen, sofern diese Erzeugnisse von Dritten beziehbar sind). Es wird damit den gesunkenen Wiederbeschaffungskosten der Vermögensgegenstände Rechnung getragen.

b) Die Börsen- oder Marktpreise des **Absatzmarktes** sind Ausgangswerte für **Normalbestände** an **unfertigen und fertigen Erzeugnissen** und für **Wertpapiere** und ausnahmsweise für Überbestände oder nicht für die künftige Produktion verwendbare Bestände an Roh-, Hilfs- und Betriebsstoffen, die sich nur mit Verlust veräußern lassen.

c) Bei **Handelswaren** und **Überbeständen** an fertigen und unfertigen Erzeugnissen sind außerplanmäßige Abschreibungen notwendig, wenn der vom **Beschaffungsmarkt oder** vom **Absatzmarkt** abgeleitete Wert unter die Anschaffungs- oder Herstellungskosten sinkt (Berücksichtigung des niedrigeren Wertes auf Beschaffungs- und Absatzmarkt; sog. ''doppelte Maßgeblichkeit'').

Schematisch lassen sich diese Zusammenhänge folgendermaßen darstellen:

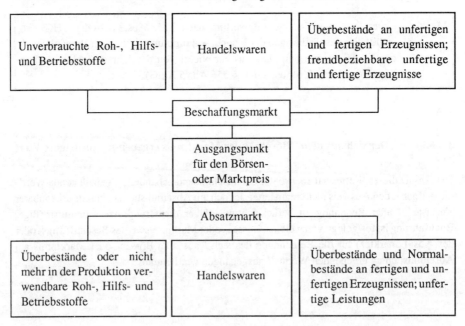

Abbildung: B.56

Der sich aus den Börsen- oder Marktpreisen des Beschaffungs- bzw. Absatzmarktes **ergebende Wert** ist ein **fiktiver** Anschaffungs- bzw. Veräußerungswert, d.h. die tatsächlichen Börsen- oder Marktpreise sind um die Anschaffungsnebenkosten (wie Fracht, Provision etc.) zu erhöhen und um die Anschaffungskostenminderungen (Rabatte, Boni, Skonti usw.) zu kürzen (Beschaffungsmarkt) bzw. um die bei der Veräußerung des Gutes entstehenden Aufwendungen (wie Transportkosten, Verpackung usw.) zu mindern (Absatzmarkt).

Merke: Der sich aus dem Börsen- oder Marktpreis eines Vermögensgegenstandes **ergebende Wert** ist ein **Vergleichswert** zu den Anschaffungs- bzw. Herstellungskosten. Ist der fiktive Anschaffungs- bzw. Veräußerungswert niedriger als die tatsächlichen Anschaffungs- oder Herstellungskosten, so muß der fiktive Wert angesetzt werden (strenges Niederstwertprinzip).

3.3.5.2 Der niedrigere am Abschlußstichtag beizulegende Wert

Ist bei Gegenständen des Umlaufvermögens für die Ermittlung des Zeitwertes am Abschlußstichtag kein Börsen- oder Marktpreis als Vergleichswert zu den tatsächlichen Anschaffungs- oder Herstellungskosten festzustellen, dann ist ein sog. ''**beizulegender Stichtagswert**'' nach § 253 Abs.3 S.2 HGB zu ermitteln. Ist dieser beizulegende Stichtagswert niedriger als die ursprünglichen Anschaffungs- oder Herstellungskosten des zu bewertenden Vermögensgegenstandes, **muß** der beizulegende Wert angesetzt werden (**strenges Niederstwertprinzip**).

Der bei Fehlen eines Börsen- oder Marktpreises zu suchende ''beizulegende Stichtagswert'' ist im Gesetz nicht näher umschrieben. Nach herrschender Meinung ist

a)   bei allen Vermögensgegenständen, die nicht in die Produktion eingegangen sind (Roh-, Hilfs- und Betriebsstoffe, Handelswaren), ein Wieder**beschaffungs**wert (= Wiederbeschaffungskosten + angemessene Nebenkosten, evtl. ./. besonderer Abschläge für verminderte Verwendbarkeit) bzw. ein Wieder**herstellungs**wert (= Reproduktionskostenwert) auf der Grundlage der Preise und Kosten am Bilanzstichtag - normale Verhältnisse vorausgesetzt - zu kalkulieren;

b)   für die anderen Vermögensgegenstände, die nach den Verhältnissen am Absatzmarkt zu bewerten sind (s.o. insbesondere fertige und unfertige Erzeugnisse, Waren), ein **Verkaufswert**, und zwar nach dem Prinzip einer **verlustfreien** Bewertung, als Vergleichsmaßstab für die Anschaffungs- oder Herstellungskosten zu bestimmen. Der gesuchte Verkaufswert kann deshalb nicht mit dem voraussichtlichen Verkaufspreis identisch sein, sondern ist ebenfalls ein fiktiver Wert, der sich für Fertigerzeugnisse und Waren folgendermaßen (= retrograd) errechnen läßt:

Vorsichtig geschätzter voraussichtlicher Verkauf**erlös**

./. Erlösschmälerungen

./. Verpackungskosten

./. Ausgangsfrachten

./. sonstige Vertriebskosten

./. noch anfallende Verwaltungskosten

= Verkaufs**wert** ("am Abschlußstichtag beizulegender Wert")

> **Merke:** Bei den **unfertigen Erzeugnissen** sind zur Ermittlung des ihnen am Abschluß-
> stichtag beizulegenden Wertes im Rahmen der retrograden Ermittlung außer den
> in unserem Rechenschema für Fertigerzeugnisse bereits aufgeführten Kosten
> auch die noch entstehenden Produktionskosten abzusetzen.

Mit obigem Kalkulationsschema ist dem **Prinzip der verlustfreien Bewertung** genügt, das
verlangt, vom vorsichtig geschätzten Verkaufserlös auszugehen und diesen um alle beim
Verkauf noch anfallenden Aufwendungen zu kürzen.

> **Merke:** In der Steuerbilanz führen die an Vermögensgegeständen des Umlaufvermögens
> eingetretenen Wertminderungen gemäß dem Maßgeblichkeitsprinzip zu einer
> zwingenden Abschreibung auf den **niedrigeren Teilwert** am Bilanzstichtag.

3.3.5.3 Der zur Vorwegnahme künftig nötiger Wertkorrekturen erforderliche Wert

§ 253 Abs.3 S.3 HGB erlaubt bei Gegenständen des **Umlauf**vermögens den nach dem
Niederstwertprinzip (§ 253 Abs.3 S.1 und 2 HGB) anzusetzenden Wert noch weiter zu
unterschreiten, falls dieses Unterschreiten **kaufmännisch vernünftig** ist, um zu verhindern,
daß in der nächsten Zukunft der Wertansatz dieser Gegenstände aufgrund von Wertschwankungen geändert werden muß. Die Grenze der Abweichung nach unten gegenüber dem nach
dem Niederstwertprinzip anzusetzenden Wert wird dadurch gezogen, daß nur die bei vernünftiger kaufmännischer Beurteilung mutmaßlich eintretenden Schwankungen der nächsten
Zukunft berücksichtigt werden dürfen.

> **Merke:** Das Abwertungswahlrecht des § 253 Abs.3 S.3 HGB besteht **grundsätzlich** für
> alle Gegenstände des Umlaufvermögens in gleicher Weise.

Die Voraussetzungen für die Ausübung dieses **Abwertungswahlrechtes** sind:

a) Es müssen Wertschwankungen, d.h. mehr oder weniger **periodisch** wiederkehrende Preisschwankungen bzw. ein **einmaliger** Preisrückgang zu erwarten sein, die sich auf den Wertansatz auswirken.

b) Die Wertschwankungen müssen in der **nächsten Zukunft** liegen. Nach herrschender Auffassung ist unter ''nächster Zukunft'' ein Zeitraum von etwa 2 Jahren zu verstehen.

c) Der niedrigere Wertansatz muß nach **vernünftiger kaufmännischer** Beurteilung notwendig sein, um eine künftig nötige Abwertung vorwegzunehmen. Damit ist gemeint, daß für die Schätzung der in der nächsten Zukunft gegebenenfalls erforderlich werdenden Abwertungen der Bewerter sich an den tatsächlichen Verhältnissen orientiert und künftige Risiken und Chancen angemessen berücksichtigt werden. Da hier vorwiegend subjektive Einschätzungen ins Spiel kommen, ist dem subjektiven Ermessen prinzipiell Tür und Tor geöffnet. Die Formel ''vernünftige kaufmännische Beurteilung'' ist eine Leerformel, d.h. nicht operationalisiert und der subjektiven Ausfüllung anheim gegeben.

Merke:	§ 253 Abs.3 S.3 HGB bezieht sich nicht nur auf Vermögensgegenstände, die sich am **nächsten** Bilanzstichtag noch im Vermögen der Gesellschaft befinden, sondern auch auf bis zum nächsten Abschlußstichtag veräußerte Gegenstände. Werden Vermögensgegenstände **ohne** Ersatzbeschaffung veräußert, dann ist die Abwertung auf den Veräußerungsverlust beschränkt. Im Falle der Ersatzbeschaffung ist der Abschlag auf die Höhe des am Bilanzstichtag vorhandenen mengenmäßigen Bestands beschränkt.

Durch diesen niedrigeren Wert zur Vorwegnahme künftig nötiger Wertkorrekturen wird für die Bewertung des Umlaufvermögens das sonst uneingeschränkt geltende **Stichtagsprinzip durchbrochen**. Das Stichtagsprinzip fordert, daß Wertminderungen nur dann berücksichtigt werden können, wenn die Ursache **vor** dem Bilanzstichtag liegt.

3.4 Steuerrechtliche Abschreibungen

Nach § 254 HGB können schließlich auch Abschreibungen vorgenommen werden, um Vermögensgegenstände des Anlage- oder Umlaufvermögens mit dem noch ''niedrigeren'' Wert anzusetzen, der auf einer nur steuerlich zulässigen Abschreibung beruht.

Dieses Abwertungswahlrecht nach § 254 HGB ist ein Ausfluß des Maßgeblichkeitsprinzips, d.h. des Faktums, daß steuerlich grundsätzlich kein niedrigerer Wertansatz zulässig ist als im handelsrechtlichen Jahresabschluß. Über das Abwertungswahlrecht soll durch eine niedrigere

Bewertung im handelsrechtlichen Jahresabschluß sichergestellt werden, daß von steuerlichen Bewertungserleichterungen Gebrauch gemacht werden kann. Dieses ist bspw. dann der Fall, wenn nach dem Steuerrecht Teile der Anschaffungs- oder Herstellungskosten nicht angesetzt zu werden brauchen, wenn Teilwertabschreibungen höher sind als nach dem Niederstwertprinzip notwendig, oder wenn Sonderabschreibungsmöglichkeiten genutzt werden sollen.

Merke: § 254 HGB begrenzt das Abwertungswahlrecht auf den "steuerlich zulässigen" Wert bzw. auf den "niedrigeren" Wert, der auf einer nur steuerrechtlich zulässigen Abschreibung beruht. Wenn das Abwertungswahlrecht in Anspruch genommen werden soll, muß die steuerrechtliche Abschreibung in der Steuerbilanz also auch **zulässig** sein.

Kapitalgesellschaften dürfen Abschreibungen nach § 254 HGB nur insoweit vornehmen, als das Steuerrecht ihre Anerkennung bei der steuerlichen Gewinnermittlung davon abhängig macht, daß sie sich aus dem handelsrechtlichen Jahresabschluß ergeben (§ 279 Abs.2 HGB). Mit dieser Vorschrift sind die Fälle angesprochen, für die sog. **umgekehrte Maßgeblichkeit** gilt. Da jedoch nach § 5 Abs.1 S.2 EStG steuerrechtliche Wahlrechte bei der steuerlichen Gewinnermittlung grundsätzlich in Übereinstimmung mit der handelsrechtlichen Jahresbilanz auszuüben sind, ist diese Einschränkung für Kapitalgesellschaften **ohne materielle Bedeutung**.

Merke: Wird der niedrigere steuerliche Wertansatz in einem folgenden handelsrechtlichen Jahresabschluß durch eine **Zuschreibung** rückgängig gemacht, so erfolgt auch in der Steuerbilanz eine Aufstockung des Buchwertes.

3.5 Abschreibungen im Rahmen "vernünftiger kaufmännischer Beurteilung"

Wie bereits oben erwähnt, dürfen gemäß § 253 Abs.4 HGB **Abschreibungen im Rahmen vernünftiger kaufmännischer Beurteilung** vorgenommen werden. Mit dieser Abwertungsmöglichkeit für alle Vermögensgegenstände wird Kaufleuten die Bildung "stiller Reserven" grundsätzlich in einem recht großen Umfang ermöglicht. Denn "kaufmännische Begründungen" lassen sich für fast jede Handhabung finden. Es gibt keinen objektiven Maßstab **ansich**, was denn nun "kaufmännisch vernünftig" **sein soll** bzw. wie eine "vernünftige kaufmännische Beurteilung" definiert werden soll. Mit dieser, fast jeder Auslegung im Einzelfall zugänglichen **Leerformel** hat der Gesetzgeber seine ansonsten so strikt und präzise erscheinenden Bewertungsregeln für den Bewerter sozusagen verdeckt zurückgenommen und disponibel gemacht.

Die Vorschrift des § 253 Abs.4 HGB gilt nur für Einzelkaufleute und Personengesellschaften. Für **Kapitalgesellschaften** sind diese Abschreibungen gemäß § 279 Abs.1 S.1 HGB explizit **ausgeschlossen**, womit für diese Rechtsform gleichzeitig eine Wert**unter**grenze fixiert ist.

Merke: Faktisch ist die Möglichkeit für Abwertungen nach vernünftiger kaufmännischer Beurteilung **nur dann** sehr gering, wenn eine Einheitsbilanz erstellt wird,
da steuerlich dieser "Abschlagsatz" ausgeschlossen ist.

Das folgende Schaubild zeigt die Bewertung des Umlaufvermögens abschließend auf.

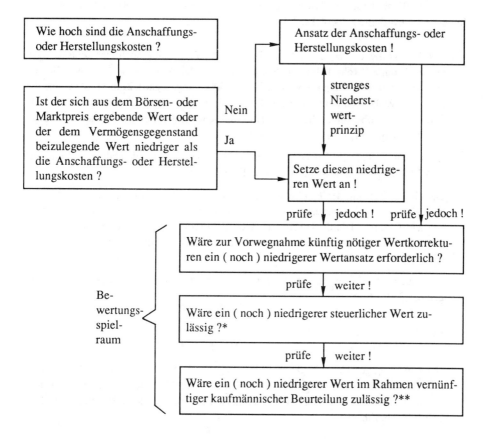

*   Für Kapitalgesellschaften gilt hier einschränkend die sog. "umgekehrte Maßgeblichkeit",
d.h. das Steuerrecht muß den Ansatz im handelsrechtlichen Jahresabschluß für die eigene
Gewinner-mittlung zur Voraussetzung machen (§ 279 Abs. 2 HGB).

** Dieser Wertansatz ist für Kapitalgesellschaften gem. § 279 Abs. 1 S. 1 HGB nicht
zulässig.

Abbildung: B.57

3.6 Bilanzpolitische Gestaltungsmöglichkeiten

3.6.1 Fallbeispiel: Treulos-GmbH

Das Stammkapital der Treulos-GmbH beträgt DM 2.000.000,--, die sonstigen Aktiva belaufen sich auf DM 2.400.000,-- und die sonstigen Passiva betragen DM 800.000,--.

Zum 31.12.02 sind für die Bewertung einzelner Positionen des Umlaufvermögens noch folgende Sachverhalte zu berücksichtigen:

- 4 Rollen Walzblech zu je 5,0 Tonnen sind in die Produktion noch nicht eingegangen (Ausweis unter "Roh-, Hilfs- und Betriebsstoffe"). Die Walzbleche wurden zu Beginn des laufenden Jahres zum Preis von je DM 10.500,-- angeschafft. Zum 31.12.02 sind die Preise für Walzblech stark gesunken. Eine Rolle Walzblech zu 5,0 t kostet am 31.12.02 DM 7.500,-- wobei für den Transport DM 50,-- je Rolle anfallen würden und DM 150,-- Skonto je Rolle zu berücksichtigen wären.

  Es ist damit zu rechnen, daß die Preise für Walzblech im kommenden Jahr auf mindestens DM 7.000,-- pro Tonne weiter sinken werden.

  Der Geschäftszweig der Treulos-GmbH, der die Weiterverarbeitung von Walzblechen zum Gegenstand hat, arbeitet seit einiger Zeit gewaltig mit Verlust. Die Walzbleche werden zunehmend durch Kunststoff ersetzt, die Produktionsanlagen sind überaltert. Es ist fraglich, ob die Weiterproduktion noch vernünftigen kaufmännischen Überlegungen entspricht.

  Die Walzbleche sind im Ausland erworben worden. Der Erwerb erfüllt die Voraussetzungen des § 80 EStDV.

- Ein unter der Position "Fertige Erzeugnisse" auszuweisender Bestand an Stahlträgern war am 31.12.01 mit Herstellungskosten i.H.v. DM 240.000,-- aktiviert.

  Der vorsichtig geschätzte Verkaufserlös beträgt am 31.12.02 insgesamt DM 250.000,-- ; für Fracht und Vertrieb fallen noch DM 15.000,-- an; 2 % Skonto sind zu berücksichtigen. Ein fiktiver Erwerber des Unternehmens würde für die Stahlträger höchstens DM 180.000,-- bezahlen.

- 100 Aktien der Berg-Heil-Mineralbrunnen AG haben DM 70,-- gekostet. Alkoholfreies Weißbier hat in letzter Zeit zunehmend an Beliebtheit gewonnen, weshalb auch der Umsatz der Berg-Heil-Mineralbrunnen AG stark rückläufig ist. Außerdem hat das Gesundheitsministerium ein anderes Mineralwasser wegen Verdacht auf Fäulnisbakterien aus dem Markt genommen. Der Börsenkurs der Berg-Heil-Mineralbrunnen AG ist zum 31.12.02 auf DM 2,50 je Aktie gesunken.

- Gegenüber der Bongo-Staatsregierung in Nord-Süd-Afrika besteht eine Forderung aus der Lieferung von Bauteilen für eine Meerwasserentsalzungsanlage i.H.v. DM 500.000,-- Der Staatspräsident Bongo-Bongo wurde in der Nacht des 15.02.02 durch eine Blitzaktion von führenden Offizieren der Streitkräft gestürzt. Die am 16.02.02 ausgerufene Militärregierung hat bis auf weiteres sämtliche Zahlungen eingestellt. An die ausländischen Vertragspartner wurde ein einheitliches Schreiben versandt, daß Zahlungsverpflichtungen des früheren Staatspräsidenten lediglich mit 50 v.H. erfüllt werden.

Aus diplomatischen Kreisen ist im Februar 03 durchgesickert, daß sich die neue Militärregierung im Land nicht durchsetzen kann. Kleine Stammesfehden sind im Januar 03 zu einem Bürgerkrieg angewachsen. Die Lage ist mehr als unsicher. Zahlungen sind bislang nicht eingegangen.

Aus diesen Angaben lassen sich, analog zu den obigen Fallbeispielen eine **Bilanz I (möglichst maximales Ergebnis)** bzw. eine **Bilanz II (möglichst minimales Ergebnis)** entwickeln.

Bilanz I der Treulos- GmbH

Aktiva		Passiva	
Walzblech (D.I.1.)	29.600	Gezeichnetes Kapital	2.000.000
Stahlträger (D.I.3.)	230.000	**Jahresüberschuß**	**109.850**
Forderung (D.II.1.)	250.000	Sonstige Passiva	800.000
Wertpapiere (D.III.3.)	250		
Sonstige Aktiva	2.400.000		
Bilanzsumme	**2.909.850**		**2.909.850**

Abbildung: B.58

Erläuterungen:

1. Die Walzbleche sind gemäß dem strengen Niederstwertprinzip auf den niedrigeren "Börsen- oder Marktpreis" abzuschreiben. Es erfolgt eine Bewertung zu DM 29.600,--.

2. Die Stahlträger sind gemäß dem strengen Niederstwertprinzip auf den niedrigeren am Abschlußstichtag beizulegenden Wert abzuschreiben. Es erfolgt ein Ansatz mit DM 230.000,--.

3. Die Wertpapiere an der Berg-Heil-Mineralbrunnen AG sind gemäß dem strengen Niederstwertprinzip mit dem niedrigeren Stichtagskurs anzusetzen. Es erfolgt eine Bewertung mit DM 250,--.

4. Die Forderung gegen die Bongo-Staatsregierung gilt als zweifelhafte Forderung und ist zum 31.12.02 auf ihren wahrscheinlichen Wert, d.h. auf 50 v.H. abzuschreiben. Es erfolgt ein Ansatz zu DM 250.000,--.

Auf dieser Grundlage errechnet sich in der **Bilanz I** der Treulos-GmbH ein **Jahresüberschuß** von **DM 109.850,--.**

Bilanz II der Treulos- GmbH

Aktiva		Passiva	
Walzblech (D.I.1.)	26.640	Gezeichnetes Kapital	2.000.000
Stahlträger (D.I.3.)	180.000	**Jahresfehlbetrag**	**- 193.110**
Forderung (D.II.1.)	--	Sonstige Passiva	800.000
Wertpapiere (D.III.3.)	250		
Sonstige Aktiva	2.400.000		
Bilanzsumme	**2.606.890**		**2.606.890**

Abbildung: B.59

Erläuterungen:

1. Auf die Walzbleche kann ein Importwarenabschlag vorgenommen werden. Es erfolgt somit ein Ansatz zu 90 v.H. des niedrigeren Börsen- oder Marktpreises. Der erwartete Preis im kommenden Jahr führt zu keinem niedrigeren Bilanzansatz. Der niedrigere steuerlich zulässige Wert ist somit anzusetzen. Die Walzbleche werden mit DM 26.640,-- bewertet.

2. Ein fiktiver Erwerber des gesamten Unternehmens würde für die Stahlträger höchstens DM 180.000,-- (Teilwert) bezahlen. Dieser Wert ist der niedrigst mögliche Wertansatz.

3. Für die Bewertung der Aktien gilt das "strenge Niederstwertprinzip", d.h. es erfolgt eine Bewertung zum niedrigeren Stichtagskurs. Wertansatz mit DM 250,--.

4. Die Forderung gegen die Bongo-Staatsregierung wird zur Vorwegnahme künftig nötiger Wertkorrekturen voll abgeschrieben. Es erfolgt kein Bilanzansatz.

In der **Bilanz II** der Treulos-GmbH errechnet sich ein **Jahresfehlbetrag** von **DM 193.110,--.**

Fazit:

Der bilanzpolitische Spielraum bei gleicher Ausgangslage beträgt zwischen der Zielsetzung "Ergebnismaximierung" und "Ergebnisminimierung" **absolut DM 302.960,--**, d.h. es ist möglich, **DM 109.850,--** als **Jahresüberschuß** oder **DM 193.110,--** als **Jahresfehlbetrag** auszuweisen, **ohne** gegen irgendwelche gesetzlichen Vorschriften zu verstoßen.

3.6.2 Aufgabe

An der Frisch-Auf-OHG sind die Herren Schwimmer als Logiker und Maier als Praktiker mit je DM 150.000,-- beteiligt; die Herren Fischer und Bär sind wegen Überforderung ihrer Managementfähigkeiten auf Anraten ihres Butlers Raab ausgeschieden; sie haben ihre Anteile aber noch bestens an den als "Bit-Beißer" bekannten PC-Fachmann Björn Brandstifter verkaufen können. Die sonstigen Aktiva betragen DM 500.000,--, die sonstigen Passiva belaufen sich auf DM 250.000,--.

Für die Bewertung einzelner Positionen des Umlaufvermögens sind zum 31.12.02 noch folgende Sachverhalte zu berücksichtigen:

-   15 Tonnen Eisen- und Stahl-Schrott zur Produktion von Stahlteilen der Automobilindustrie sind in der Bilanz als "Roh-, Hilfs- und Betriebsstoffe" ausgewiesen. Die Tonne Eisen- und Stahl-Schrott wurde im europäischen Ausland zum Preis von DM 1.500,-- gekauft. Zum 31.12.02 sind die Preise für Eisen- und Stahlschrott auf DM 1.000,-- gesunken, wobei regelmäßig 2 v.H. Skonto abzuziehen wäre und für den Transport je Tonne DM 25,-- anfallen würden..

    Die Geschäftsführung rechnet damit, daß die Preise für Eisen- und Stahl-Schrott weiter sinken werden. Ein Preis von DM 300,-- pro Tonne wird für wahrscheinlich gehalten.

    Die Verarbeitung von Eisen- und Stahl-Schrott für die Automobilindustrie verliert zunehmend an Bedeutung. Ersatz durch Kunststoff hat dazu geführt, daß der Eisen- und Stahl-Schrott verarbeitende Geschäftszweig der Frisch-Auf-OHG nur Verluste produziert. Die neue Geschäftsführung steht dem Problem, ebenso wie die vorhergehende, mehr oder weniger ratlos gegenüber. Auch der Besuch eines Controlling-Seminars hat keine besseren Erkenntnisse gebracht, ebensowenig wie das Einschalten der in Untergiesing ansässigen internationalen Consulting Gruppe Steiner & Partner. Daß die Produktion über kurz oder lang eingestellt wird, gilt als ziemlich wahrscheinlich.

    Der Eisen- und Stahl-Schrott wurde im Ausland erworben. Der Erwerb erfüllt die Voraussetzungen des § 80 EStDV, worauf der frischgebackene Steuerberater Dr. Broermann stolz aufmerksam gemacht hat.

- Unter "Fertige Erzeugnisse" ist eine Palette Stahl-Blech auszuweisen, die seit 31.12.01 auf Lager liegt und mit Herstellungskosten i.H.v. DM 50.000,-- aktiviert war. Der vorsichtig geschätzte Verkaufserlös beträgt insgesamt DM 55.000,--; für Fracht und Vertrieb fallen noch DM 8.000,-- an; 2 % Skonto sind zu berücksichtigen.

  Ein potentieller Erwerber des gesamten Betriebs würde für die Palette Stahl-Blech höchstens DM 40.000,-- bezahlen.

- Die Frisch-Auf-OHG besitzt 50 Aktien der Compact-Data-AG, die Software für Mikro-Computer entwickelt. Die Aktien haben DM 55,-- je Stück gekostet. Die Compact-Data-AG hat stark unter dem Konkurrenzdruck bzw. dem technologischen Rückstand zu leiden. Der Börsenkurs ist zum 31.12.02 auf DM 25,-- je Aktie gesunken.

- Es besteht eine Forderung gegen die Winkl-Mann Import-Export GmbH & Co. KG Irschenhausen, die LKW-Spezialausführungen in den Nahen Osten exportiert i.H.v. DM 150.000,--. Die Winkl-Mann Import-Export GmbH & Co. KG, Irschenhausen, leidet stark unter der Zahlungsmoral des Nahen Ostens und der Verschwendungssucht des Mehrheitsgesellschafters (schnelle Autos etc.) und ist mit ihren eigenen Zahlungen bereits sechs Monate in Verzug.

  Am 29.12.02 hat die Winkl-Mann Import-Export GmbH & Co. KG, Irschenhausen, Konkurs angemeldet; die Forderung wird voraussichtlich mit 50% befriedigt, sagt Dr. Wolf der Geschäftsführer und Mehrheitsgesellschafter, der mit dem Gedanken an eine Auffanggesellschaft "Bonitas, Fidelitas et Feducia GmbH & Co. KG" unter seiner, wie er sagt, "bewährten Regie" liebäugelt. Aus Bankenkreisen dringt jedoch die Information durch, daß Herr Dr. Wolf im Januar 03 mit einem großen schwarzen Koffer auf dem Frankfurter Flughafen gesichtet wurde und sich auf die Bahamas abgesetzt hat.

Es sind analog zum vorhergehenden Beispiel für die Treulos-GmbH eine **Bilanz I (möglichst maximales Ergebnis)** und eine **Bilanz II (möglichst minimales Ergebnis)** zu erstellen.

Lösung:

Bilanz I der Frisch-Auf- OHG

Aktiva		Passiva	
Eisen- und Stahlschrott	15.075	Einlagen	300.000
Stahlblech	45.900	**Jahresüberschuß**	**87.225**
Forderung	75.000	Sonstige Passiva	250.000
Wertpapiere	1.250		
Sonstige Aktiva	500.000		
Bilanzsumme	**637.225**		**637.225**

Abbildung: B.60

354

Erläuterungen:

1. Die Preise für Eisen- und Stahl-Schrott sind zum 31.12.02 auf DM 1.000,-- je Tonne gesunken. Das strenge Niederstwertprinzip verlangt eine Bewertung zum niedrigeren Stichtagswert, d.h. der Eisen- und Stahlschrott ist mit DM 15.075,-- (15 x DM 1.000,-- ./. DM 300,-- Skonto + DM 375,-- Transportkosten) zu aktivieren.

2. Die Palette Stahlblech ist gemäß dem strengen Niederstwertprinzip mit dem aus dem Börsen- oder Marktpreis abgeleiteten niedrigeren Stichtagswert zu bilanzieren. Ausgehend von dem vorsichtig geschätzten Verkaufserlös (DM 55.000,--) ist die Palette Stahlblech nach Abzug von DM 8.000,-- für Fracht und Vertrieb sowie DM 1.100,-- Skonto mit DM 45.900,-- zu aktivieren.

3. Das strenge Niederstwertprinzip fordert, daß die Wertpapiere mit dem niedrigeren Börsenkurs zu bilanzieren sind, d.h. die Aktien der Compact-Data-AG sind mit DM 1.250,-- in die Bilanz einzustellen.

4. Die Forderung gegen die Winkl-Mann Import-Export GmbH & Co. KG, Irschenhausen, gilt als zweifelhafte Forderung und ist mit ihrem wahrscheinlichen Wert zum 31.12.02 anzusetzen. 50 v.H. der Forderung sind abzuschreiben, d.h. es erfolgt ein Ansatz zu DM 75.000,--.

Auf der Grundlage dieses Zahlenmaterials errechnet sich in der Bilanz I der Frisch-Auf-OHG ein **Jahresüberschuß** von **DM 87.225,--**.

Bilanz II der Frisch-Auf- OHG

Aktiva		Passiva	
Eisen- und Stahlschrott	4.785	Einlagen	300.000
Stahlblech	40.000	**Jahresfehlbetrag**	- 3.965
Forderung	--	Sonstige Passiva	250.000
Wertpapiere	1.250		
Sonstige Aktiva	500.000		
Bilanzsumme	**546.035**		**546.035**

Abbildung: B.61

Erläuterungen:

1. Im Interesse eines möglichst minimalen Ergebnisses wird eine Abschreibung zur Vorwegnahme künftig nötiger Wertkorrekturen vorgenommen, d.h. die Bewertung des Eisen- und Stahl-Schrott erfolgt zum niedrigeren Zukunftswert (erwarteter Preis im kommenden Jahr) i.H.v. DM 4.785,-- (15 x DM 300,-- ./. DM 90,-- Skonto + DM 375,-- Transportkosten).

2. Unter der Prämisse der Ergebnisminimierung ist der "Teilwert" (niedrigere steuerlich zulässige Wert) der niedrigst mögliche Wertansatz für die Bewertung der Stahlbleche, d.h. es erfolgt ein Ansatz in der Bilanz II mit DM 40.000,--.

3. Bei der Bewertung der Wertpapiere gibt es gegenüber dem Bilanzansatz in der Bilanz I keine Abweichung, d.h. es erfolgt eine unveränderte Bewertung zum niedrigeren Börsenkurs, also mit DM 1.250,--.

4. Die Forderung gegen die Winkl-Mann Import-Export GmbH & Co. KG wird im Interesse einer Ergebnisminimierung zur Vorwegnahme künftig nötiger Wertkorrekturen voll abgeschrieben. Es erfolgt kein Bilanzansatz.

Auf dieser Grundlage errechnet sich in der Bilanz II der Frisch-Auf-OHG ein Jahresfehlbetrag von **DM 3.965,--**.

Fazit:

Der bilanzpolitische Spielraum bei gleicher Ausgangslage beträgt zwischen der Zielsetzung "Ergebnismaximierung" und "Ergebnisminimierung" **absolut DM 91.190,--**, d.h. es ist möglich, **DM 87.225,--** als **Jahresüberschuß** oder **DM 3.965,--** als **Jahresfehlbetrag** auszuweisen, **ohne** gegen irgendwelche gesetzlichen Vorschriften zu verstoßen.

3.7 Testfragen

* Definieren Sie den "Teilwert" und umschreiben Sie seine Bedeutung für die Bewertung im handelsrechtlichen Jahresabschluß!

* Wann wird das steuerliche Wahlrecht zum Ansatz des niedrigeren Teilwertes zu einer Pflicht?

* Welche Funktion haben die sog. "Teilwertvermutungen" der Rechtsprechung?

* Beschreiben Sie das sog. "Niederstwertprinzip" für die Bewertung des Umlaufvermögens!

* Welche Wertmaßstäbe kommen für die Bewertung des Umlaufvermögens in Frage?

* Warum stößt der Grundsatz der Einzelbewertung in der Praxis u.U. auf erhebliche Probleme?

* Was versteht man unter einem "Niederstwerttest" und in welchem Zusammenhang kommt dieser "Test" vor?

* Erläutern Sie die Schätzverfahren mit unterstellter Verbrauchs- oder Veräußerungsfolge zur Vereinfachung der Bewertung von bestimmten Vermögensgegenständen! Welche Schätzverfahren sind steuerlich zulässig?

* Wann ist der Ansatz eines sog. "Festwertes" möglich und wie werden in diesem Falle Ersatzbeschaffungen verbucht?

* Wodurch wird der Bewertungsspielraum bei Gegenständen des Umlaufvermögens nach oben und unten begrenzt? Beachten Sie dabei unterschiedliche Vorschriften für Kapitalgesellschaften und Nicht-Kapitalgesellschaften! Versuchen Sie diesen Bewertungsspielraum graphisch in einem Entscheidungsdiagramm darzustellen!

* In welchen Fällen gilt das "Prinzip der umgekehrten Maßgeblichkeit"?

* Welche Voraussetzungen bestehen für die Anwendung der Gruppenbewertung?

* Erklären Sie den Unterschied zwischen dem sich aus dem "Börsen- oder Marktpreis ergebenden niedrigeren Wert" und einem den Gegenständen des Umlaufvermögens am Abschlußstichtag "niedrigeren beizulegenden Wert"!

* Geben Sie ein Beispiel für eine "Leerformel" im Bereich der gesetzlichen Vorschriften zur Bewertung des Umlaufvermögens!

3.8 Beibehaltungswahlrecht und Wertaufholungsgebot

3.8.1 Gesetzliche Regelung

In den vorherigen Abschnitten wurde gezeigt, welche niedrigeren Werte als die Anschaffungs- oder Herstellungskosten zulässig sind und angesetzt werden können bzw. müssen. Es kann sich nun in späteren Jahren herausstellen, daß die Gründe für den gewählten bzw. gebotenen Ansatz niedrigerer Werte hinfällig geworden sind. In diesem Falle gilt:

> **Merke:** Niedrigere Wertansätze auf Grund außerplanmäßiger Abschreibungen im Anlagevermögen, Abschreibungen gemäß dem strengen Niederstwertprinzip oder zur Vorwegnahme künftig nötiger Wertkorrekturen im Umlaufvermögen, Abschreibungen im Rahmen vernünftiger kaufmännischer Beurteilung sowie steuerlich zulässige Abschreibungen dürfen gemäß § 253 Abs.5 und § 254 S.2 HGB **beibehalten** werden, auch wenn die Gründe dafür nicht mehr bestehen.

Dieses sog. **Beibehaltungswahlrecht** gilt zunächst grundsätzlich für alle Kaufleute. Diese können somit wählen zwischen

a) **Beibehaltung** oder

b) **Zuschreibung**

(= **Wiederaufwertungswahlrecht**)

Die **obersten** Grenzen für eine Zuschreibung sind

a) bei den **abnutzbaren** Gegenständen des Anlagevermögens die fortgeführten (= durch planmäßige Abschreibungen verminderten) Anschaffungs- oder Herstellungskosten,

b) bei den **nichtabnutzbaren** Gegenständen des Anlagevermögens die ursprünglichen Anschaffungs- oder Herstellungskosten und

c) bei den Gegenständen des **Umlaufvermögens** der niedrigere der folgenden Vergleichswerte (§ 253 Abs.3 HGB):

-   Historische Anschaffungs- oder Herstellungskosten, oder

-   der sich aus dem Börsen- oder Marktpreis ergebende bzw. den Gegenständen am Abschlußstichtag beizulegende Wert.

Bei der Ausübung des Wiederaufwertungswahlrechts muß dieses grundsätzlich **nicht voll** ausgenutzt werden, d.h. der Ansatz eines zwischen der obersten Grenze der Zuschreibung und dem bisherigen Wertansatz liegenden Wertes ist prinzipiell zulässig.

Wird das Wiederaufwertungswahlrecht nicht ausgeübt, dann kann das Unternehmen in jedem folgenden Geschäftsjahr erneut entscheiden, ob der niedrigere Wertansatz beibehalten oder eine Zuschreibung durchgeführt werden soll. Das Gebot der **Stetigkeit** des § 252 Abs.1 Nr.6 HGB erfordert jedoch, daß für eine Zuschreibung in den Folgejahren begründete Ausnahmen i.S.v. § 252 Abs.2 HGB vorliegen müssen (vgl. auch Kapitel B. IV.1.).

Merke: Wird das Wiederaufwertungswahlrecht ausgeübt, dann hat dies zur Folge, daß in späteren Zeitpunkten nicht mehr zu dem früher einmal zulässig gewesenen niedrigeren Wertansatz zurückgekehrt werden kann.

Für **Kapitalgesellschaften** wird das Beibehaltungswahlrecht jedoch ausgeschlossen, indem § 280 Abs.1 HGB ein grundsätzliches **Wertaufholungsgebot** vorschreibt.

In § 280 Abs.1 HGB heißt es:

Wird bei einem Vermögensgegenstand eine Abschreibung nach § 253 Abs.2 S.3 (= außerplanmäßige Abschreibung im Anlagevermögen) oder Abs.3 (= Abschreibung im Umlaufvermögen) oder § 254 S.1 (= steuerrechtlich zulässige Abschreibung) vorgenommen und stellt sich in einem späteren Geschäftsjahr heraus, daß die Gründe dafür nicht mehr bestehen, so **ist** der Betrag dieser Abschreibung im Umfang der Werterhöhung unter Berücksichtigung der Abschreibungen, die inzwischen vorzunehmen gewesen wären, zuzuschreiben. § 253 Abs.5, § 254 S.2 (= Beibehaltungswahlrecht) sind insoweit nicht anzuwenden.

Für Kapitalgesellschaften besteht somit in all den Fällen der Wertherabsetzung, in denen für Einzelkaufleute und Personenhandelsgesellschaften ein Beibehaltungswahlrecht besteht, eine grundsätzliche **Zuschreibungspflicht**.

Exkurs: Um die durch die Zuschreibung entstehenden Buchgewinne von der Ausschüttung auszunehmen, können gemäß § 58 Abs.2a AktG bzw. § 29 Abs.4 GmbHG Vorstand und Aufsichtsrat (AG) bzw. die Geschäftsführer mit Zustimmung des Aufsichtsrats oder der Gesellschafter (GmbH) den **Eigenkapitalanteil** von Wertaufholungen bei Vermögensgegenständen des Anlage- und Umlaufvermögens (vereinfachend wird man von 50 v.H. der Wertaufholung ausgehen können) in die **anderen Gewinnrücklagen** einstellen, ohne daß dadurch die übrigen Gewinnverwendungskompetenzen beschnitten werden. Der Betrag dieser Rücklagenzuführung ist entweder **gesondert** in der **Bilanz** auszuweisen oder im **Anhang** anzugeben.

Durch Absatz 2 des § 280 HGB wird jedoch das Wertaufholungsgebot für Kapitalgesellschaften **relativiert**.

In § 280 Abs.2 HGB heißt es:

"Von der Zuschreibung nach Absatz 1 **kann** abgesehen werden, wenn der niedrigere Wertansatz bei der steuerrechtlichen Gewinnermittlung **beibehalten werden kann** und wenn Voraussetzung für die Beibehaltung ist, daß der niedrigere Wertansatz auch in der Bilanz beibehalten wird."

Es müssen also folgende Voraussetzungen erfüllt sein:

1. Im Rahmen der steuerrechtlichen Gewinnermittlung muß der niedrigere Wertansatz beibehalten werden dürfen.

2. Ferner muß das Beibehaltungswahlrecht in der Steuerbilanz davon abhängen, daß **auch** im handelsrechtlichen Jahresabschluß die Zuschreibung unterbleibt.

Diese beiden Anwendungsvoraussetzungen des § 280 Abs.2 HGB sind in den meisten Fällen erfüllt und führen somit faktisch **auch für Kapitalgesellschaften in der Regel** zu einem **Beibehaltungswahlrecht**, da

1. das Steuerrecht in § 6 Abs.1 Nr.1 und Nr.2 EStG beim Wegfall der Abwertungsgründe für eine Teilwertabschreibung ein generelles Beibehaltungswahlrecht für Wirtschaftsgüter des Anlage- und Umlaufvermögens gewährt **und**

2. die Inanspruchnahme des Beibehaltungswahlrechtes in der Steuerbilanz nach § 5 Abs.1 S.2 EStG davon abhängig ist, daß auch in der Handelsbilanz keine Aufwertung vorgenommen wird.

Für Kapitalgesellschaften wird somit das grundsätzliche Wertaufholungsgebot des § 280 Abs.1 HGB durch § 280 Abs.2 HGB nahezu vollständig relativiert; es gibt nur wenige Sachverhalte für die eine Zuschreibungspflicht nach § 280 Abs.1 HGB besteht. So gilt im Umlaufvermögen das generelle Wertaufholungsgebot z.B. dann, wenn der Grund für eine Abschreibung zur Vorwegnahme künftig nötiger Wertkorrekturen nach § 253 Abs.3 S.3 HGB entfallen ist. Da derartige Abwertungen in der Steuerbilanz nicht anerkannt werden, ergeben sich im Falle einer handelsbilanziellen Zuschreibung keine Konsequenzen für den Wertansatz in der Steuerbilanz; eine Relativierung des Wertaufholungsgebots nach § 280 Abs.2 HGB kommt somit hier nicht in Betracht.

Merke: Für Kapitalgesellschaften gilt das **Wertaufholungsgebot** im wesentlichen **nur** bei Wegfall der Günde für nur in der Handelsbilanz vorgenommene Abschreibungen (z.B. nach § 253 Abs.3 S.3 HGB), d.h. soweit der Wert der Handelsbilanz unter dem Wert der Steuerbilanz liegt, oder bei Wegfall der Gründe für steuerliche Abschreibungen gemäß § 254 S.1 HGB. Im übrigen besteht auch für Kapitalgesellschaften durch die Relativierung des § 280 Abs.2 HGB in der Regel ein **Beibehaltungswahlrecht**.

Im Anhang ist der Betrag der im Geschäftsjahr aus steuerlichen Gründen unterlassenen Zuschreibungen anzugeben und hinreichend zu begründen (§ 280 Abs.3 HGB).

Die folgenden Schaubilder zeigen die Bewertung des Anlage- und Umlaufvermögens bei Kapitalgesellschaften unter Berücksichtigung der Wertaufholungskonzeption des § 280 HGB:

Bewertung des Anlagevermögens

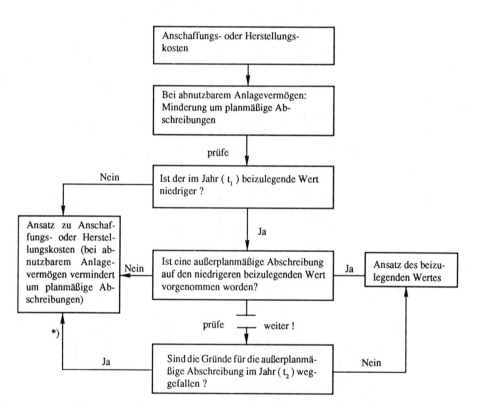

*)Wertaufholungswahlrecht

Abbildung: B.62

Bewertung des Umlaufvermögens

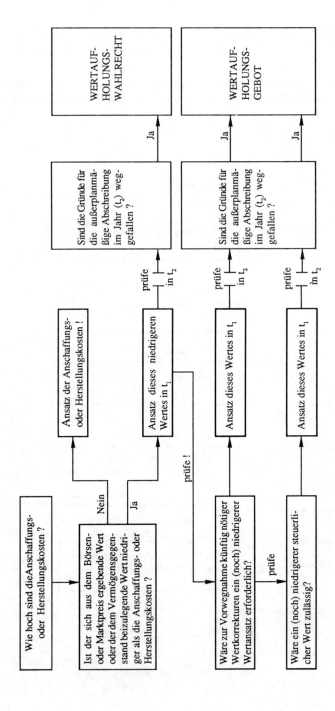

Abbildung: B.63

3.8.2 Bilanzpolitische Gestaltungsmöglichkeiten

3.8.2.1 Fallbeispiel: Treulos-GmbH

Die Treulos-GmbH hat ein Stammkapital von DM 2.000.000,--. Die sonstigen Aktiva belaufen sich auf DM 2.400.000,--. Die sonstigen Passiva betragen DM 800.000,--.

Für die Bewertung einzelner Positionen des Anlage- und Umlaufvermögens sind zum 31.12.02 noch folgende Sachverhalte zu berücksichtigen:

- Zum Anlagevermögen des Unternehmens gehört eine Schweißanlage zur Herstellung von Baustahlmatten, die vor drei Jahren eigens nach den Plänen des Technikers der GmbH, Herrn Tüftel, gebaut wurde. Am Ende des Jahres 01 trat ein schwerwiegender Konstruktionsmangel auf, so daß die Maschine nur zu 20 % belastbar war. Da Herr Tüftel nicht damit gerechnet hat, den Fehler beheben zu können, mußte aufgrund der voraussichtlich dauernden Wertminderung zum 31.12.01 eine außerplanmäßige Abschreibung auf den niedrigeren beizulegenden Wert vorgenommen werden (§ 253 Abs.2 HGB), so daß die Maschine in der Bilanz zum 31.12.01 lediglich mit DM 100.000,-- angesetzt wurde; die Restnutzungsdauer beträgt am 31.12.01 noch 4 Jahre. Völlig unerwartet kann Herr Tüftel den Fehler am 2. Weihnachtsfeiertag des Jahres 02 beheben und die Maschine ist wieder voll einsatzbereit. Wäre der Konstruktionsfehler im Jahre 01 **nicht** aufgetreten, hätte sich unter Berücksichtigung planmäßiger Abschreibungen zum 31.12.02 ein Restbuchwert i.H.v. DM 300.000,-- ergeben.

- Das Unternehmen hält im Umlaufvermögen 100 Aktien an der Fruchtgroßhandlung Süß & Sauer AG, die für DM 300,-- je Stück erworben wurden und zum 31.12.01 mit dem niedrigeren Börsenkurs i.H.v. DM 50,-- je Stück bilanziert sind Der Kurswert der Aktie zum 31.12.02 beträgt aufgrund einer neuen Fruchtsaftkreation DM 500,-- je Stück.

- Ein unter der Position ''Fertige Erzeugnisse'' auszuweisender Bestand an Edelhölzern war am 31.12.01 mit dem niedrigeren beizulegenden Wert (vorsichtig geschätzter Verkaufserlös) i.H.v. DM 220.000,-- aktiviert; die Herstellungskosten betrugen DM 350.000,--. Auch zum 31.12.02 waren diese Fertigerzeugnisse noch in hervorragendem Zustand auf Lager; der vorsichtig geschätzte Verkaufserlös für diese inzwischen als Rarität geltenden Edelhölzer beträgt Ende 02 DM 500.000,--.

- Eine Tonne eines Spezial-Rohstoffes wurde im Jahre 01 für DM 45.000,-- pro Tonne angeschafft und befindet sich auch noch zum 31.12.02 unverändert auf Lager. Zur Vorwegnahme künftig nötiger Wertkorrekturen sind die Rohstoffe zum 31.12.01 mit dem niedrigeren Zukunftswert (erwarteter Marktpreis im kommenden Jahr) i.H.v. DM 35.000,-- pro Tonne aktiviert. Der Marktpreis des Spezial-Rohstoffes beträgt am 31.12.02 DM 48.000,-- pro Tonne. Die Geschäftsführung rechnet damit, daß der Marktpreis für diesen Rohstoff noch weiter steigen wird.

Es soll analog zu den vorhergehenden Fallbeispielen eine **Bilanz I (möglichst maximales Ergebnis)** und eine **Bilanz II (möglichst minimales Ergebnis)** erstellt werden.

Bilanz I der Treulos- GmbH

Aktiva		Passiva	
Schweißanlage	300.000	Gezeichnetes Kapital	2.000.000
Spezial-Rohstoff	45.000	**Jahresüberschuß**	**325.000**
Edelhölzer	350.000	Sonstige Passiva	800.000
Wertpapiere des Umlaufvermögens	30.000		
Sonstige Aktiva	2.400.000		
Bilanzsumme	**3.125.000**		**3.125.000**

Abbildung: B.64

Erläuterungen:

1. Für die Schweißanlage besteht ein **Wahlrecht** zur Zuschreibung auf die "fortgeführten Herstellungskosten". Entsprechend wird die Maschine in der Bilanz I der Treulos-GmbH mit DM 300.000,-- aktiviert.

2. Bei der Bewertung der Wertpapiere des Umlaufvermögens besteht ein Wahlrecht, höchstens auf die Anschaffungskosten zuzuschreiben. Es erfolgt eine Bilanzierung mit DM 30.000,--.

3. Bei der Bewertung der fertigen Erzeugnisse (Edelhölzer) besteht die Möglichkeit auf die Herstellungskosten zuzuschreiben. Im Interesse einer Ergebnismaximierung erfolgt eine Bilanzierung mit DM 350.000,--.

4. Für die Spezial-Rohstoffe besteht nach § 280 Abs.1 HGB die **Pflicht** zur Zuschreibung auf die Anschaffungskosten i.H.v. DM 45.000,--, da der Grund für die nur in der Handelsbilanz vorgenommene Abschreibung auf den niedrigeren Zukunftswert weggefallen ist.

Auf der Grundlage dieses Zahlenmaterials errechnet sich in der Bilanz I der Treulos-GmbH ein Jahres**überschuß** von **DM 325.000,--.**

Bilanz II der Treulos- GmbH

Aktiva		Passiva	
Schweißanlage	75.000	Gezeichnetes Kapital	2.000.000
Spezial-Rohstoff	45.000	**Jahresfehlbetrag**	**- 55.000**
Edelhölzer	220.000	Sonstige Passiva	800.000
Wertpapiere des Umlaufvermögens	5.000		
Sonstige Aktiva	2.400.000		
Bilanzsumme	**2.745.000**		**2.745.000**

Abbildung: B.65

Erläuterungen:

1. Im Interesse einer Ergebnisminimierung wird von der Möglichkeit der Beibehaltung des niedrigeren Wertansatzes Gebrauch gemacht. Entsprechend ist der Restbuchwert zum 31.12.01 (DM 100.000,--) über die Restnutzungsdauer (4 Jahre) abzuschreiben. Die Schweißanlage wird zum 31.12.02 mit DM 75.000,-- angesetzt.

2. Der niedrigere Kurswert zum 31.12 des Vorjahres kann beibehalten werden. Es erfolgt eine Bewertung der Wertpapiere zu DM 5.000,--.

3. Bei der Bewertung der fertigen Erzeugnisse wird ebenfalls das Beibehaltungswahlrecht nach § 280 Abs.2 HGB angewendet. Es erfolgt ein Ansatz mit DM 220.000,--.

4. Die Spezial-Rohstoffe sind aufgrund des Wertaufholungsgebots auch in der Bilanz II mit den Anschaffungskosten i.H.v. DM 45.000,-- anzusetzen.

In der Bilanz II der Treulos-GmbH errechnet sich auf der Grundlage dieses Zahlenmaterials ein Jahres**fehlbetrag** von **DM 55.000,--.**

Fazit:

Nutzt man den bilanzpolitischen Gestaltungsspielraum, so ergibt sich eine **Schwankungsbreite** von **DM 380.000,--**, d.h. es ist möglich, **DM 325.000,--** als **Jahresüberschuß** oder **DM 55.000,--** als **Jahresfehlbetrag** auszuweisen, **ohne** gegen irgendwelche gesetzlichen Vorschriften zu verstoßen. Anhand dieses Fallbeispiels wird deutlich, wie gering die Bedeutung des grundsätzlichen Wertaufholungsgebotes für Kapitalgesellschaften faktisch ist. Lediglich beim Wegfall der Gründe für die nur in der Handelsbilanz vorgenommene Abschreibung auf den niedrigeren Zukunftswert nach § 253 Abs.3 S.3 HGB greift das Wertaufholungsgebot. Im übrigen wird im vorliegenden Fall der bilanzpolitische Gestaltungsspielraum durch das Wertaufholungsgebot nicht eingeschränkt.

3.8.2.2 Aufgabe

An der Frisch-Auf-OHG sind die Herren Schwimmer als Logiker und Maier als Praktiker mit jeweils DM 150.000,-- beteiligt. Die sonstigen Aktiva betragen DM 500.000,-- und die sonstigen Passiva belaufen sich auf DM 250.000,--.

Im Anlage- und Umlaufvermögen der Frisch-Auf-OHG sind noch folgende Sachverhalte zu berücksichtigen:

1. Die OHG hält im Anlagevermögen 10 Aktien an der "Bip, Bär & Bop Rennfahrer AG", die DM 600,-- je Stück gekostet haben und zum 31.12.01 mit dem niedrigeren Börsenkurs i.H.v. DM 200,-- je Stück bilanziert sind. Der Kurswert der Aktie zum 31.12.02 beträgt aufgrund einer neuen Werbestrategie für Rennfahrer-Leasing DM 400,-- je Stück. Am 2.2.03 ist der Kurswert sogar sprungartig auf DM 650,-- je Stück gestiegen.

2. Drei Stück einer Doping-Maschine für Rennfahrer wurden im Jahre 01 für je DM 3.000,-- als Handelswaren angeschafft und befinden sich auch noch zum 31.12.02 in ausgezeichnetem Zustand auf Lager. Zur Vorwegnahme künftig nötiger Wertkorrekturen sind die Handelswaren zum 31.12.01 mit dem niedrigeren Zukunftswert (erwarteter Marktpreis im kommenden Jahr) i.H.v. je DM 2.000,-- aktiviert. Der Marktpreis der Handelswaren beträgt am 31.12.02 DM 5.000,-- pro Stück. Es ist damit zu rechnen, daß der Marktpreis für Doping-Maschinen im Jahre 03 auf weit über DM 20.000,-- pro Stück steigen wird, da die Produktion dieser Maschinen verboten werden soll.

3. Es besteht eine Forderung gegen den Hermeneutiker-Verein ''Raaben-e.V.'' aus Beratungsleistungen im Jahre 01 i.H.v. ursprünglich DM 200.000,--. Zum 31.12.01 wurde die Forderung auf die voraussichtliche Konkursquote von 10% abgeschrieben und somit mit DM 20.000,-- bilanziert. Anfang Dezember 02 wird der Frisch-Auf-OHG mitgeteilt, daß das Konkursverfahren abgeschlossen ist und eine Konkursquote von 50 % erreicht werden konnte. Entsprechend sind im Januar 03 auf dem Girokonto der Frisch-Auf-OHG DM 100.000,-- eingegangen.

Es sind analog zum Fallbeispiel der Treulos-GmbH eine **Bilanz I (möglichst maximales Ergebnis)** und eine **Bilanz II (möglichst minimales Ergebnis)** aufzustellen.

Lösung:

Bilanz I der Frisch-Auf- OHG

Aktiva		Passiva	
Wertpapiere des Anlagevermögens	4.000	Einlagen	300.000
Handelswaren	9.000	**Jahresüberschuß**	**63.000**
Forderungen	100.000	Sonstige Passiva	250.000
Sonstige Aktiva	500.000		
Bilanzsumme	**613.000**		**613.000**

Abbildung: B.66

Erläuterungen:

1. Für die Bewertung der Wertpapiere des Anlagevermögens besteht ein Wahlrecht, höchstens auf den Börsenkurs zum 31.12.02 i.H.v. DM 400,-- je Stück zuzuschreiben, da die Wertminderung gegenüber den historischen Anschaffungskosten am Bilanzstichtag nur zum Teil weggefallen ist. Es erfolgt eine Bilanzierung mit DM 4.000,--.

366

2. Für die Frisch-Auf-OHG besteht gemäß § 253 Abs.5 HGB ein **Wahlrecht** zur Zuschreibung auf die Anschaffungskosten der Handelswaren i.h.v. insgesamt DM 9.000,--.

3. Im Interesse einer Ergebnismaximierung wird von der Möglichkeit einer Zuschreibung der Forderung auf die tatsächliche Konkursquote von 50 % Gebrauch gemacht. Es erfolgt eine Bewertung zum 31.12.02 mit DM 100.000,--.

Auf der Grundlage des obigen Zahlenmaterials errechnet sich für die Frisch-Auf-OHG zum 31.12.02 ein Jahresǘbeschuß von **DM 63.000,--**

Bilanz II der der Frisch-Auf- OHG

Aktiva		Passiva	
Wertpapiere des Anlagevermögens	2.000	Einlagen	300.000
Handelswaren	6.000	**Jahresfehlbetrag**	**- 22.000**
Forderungen	20.000	Sonstige Passiva	250.000
Sonstige Aktiva	500.000		
Bilanzsumme	**528.000**		**528.000**

Abbildung: B.67

Erläuterungen:

In der Bilanz II der Frisch-Auf-OHG wird das für die OHG als Personenhandelsgesellschaft uneingeschränkt geltende **Beibehaltungswahlrecht** gemäß § 253 Abs.5 HGB voll ausgeübt, d.h. die niedrigeren Wertansätze zum 31.12.01 bleiben auch zum 31.12.02 bestehen.

Auf der Grundlage dieses Zahlenmaterial errechnet sich in der Bilanz II der OHG ein Jahres**fehlbetrag** von **DM 22.000,--.**

Fazit:

Nutzt man den bilanzpolitischen Gestaltungsspielraum, so ergibt sich eine **Schwankungs-breite von DM 85.000,--**, d.h. es ist möglich, **DM 63.000,--** als **Jahresüberschuß** oder **DM 22.000,--** als **Jahresfehlbetrag** auszuweisen, **ohne** gegen gesetzliche Vorschriften oder die Grundsätze ordnungsmäßiger Buchführung zu verstoßen.

- Für welche niedrigeren Wertansätze gilt das sog. "Beibehaltungswahlrecht"?
- Welche Werte dürfen bei einer evtl. Zuschreibung im Anlage- und im Umlaufvermögen nicht überschritten werden?
- Welche Besonderheit gilt für Kapitalgesellschaften im Zusammenhang mit dem sog. Beibehaltungswahlrecht?
- Wie können Vorstand oder Geschäftsführung durch Zuschreibung entstandene Buchgewinne von der Ausschüttung ausschließen?

4. Bewertung von Verbindlichkeiten und Rückstellungen

Da es beim **Eigenkapital** eines Unternehmens, das sich bei Kapitalgesellschaften grundsätzlich aus gezeichnetem Kapital, Kapitalrücklage, Gewinnrücklagen, Gewinnvortrag/Verlustvortrag und Jahresüberschuß/Jahresfehlbetrag zusammensetzt wenig Bewertungsprobleme gibt, reduziert sich die Bewertungsproblematik auf der Passivseite im wesentlichen auf die Bewertung der Verbindlichkeiten und Rückstellungen.

Das gezeichnete Kapital (Grund- oder Stammkapital) ist nach dem Nominalwertprinzip zum Nennbetrag anzusetzen (§ 283 HGB). Der Jahresüberschuß/Jahresfehlbetrag ist das Ergebnis der Erfolgsermittlung und die Rücklagenbildung ein Problem der Erfolgsverwendung (bspw. § 58 AktG, § 29 GmbHG).

4.1 Allgemeine Regelungen im handelsrechtlichen Jahresabschluß und in der Steuerbilanz für die Bewertung von Verbindlichkeiten

Bei der Bewertung von Verbindlichkeiten hat der Bilanzersteller als **generelle** Bewertungsmaxime zu beachten, daß Verbindlichkeiten mit dem Betrag anzusetzen sind, mit dem die Schuld zu erfüllen ist (sog. "Rückzahlungsbetrag"), und Rentenverpflichtungen mit ihrem (unter Berücksichtigung von Zinseszinsen nach versicherungsmathematischen Grundsätzen zu errechnenden) Barwert bilanziert werden müssen. Das ist in § 253 Abs.1 HGB festgelegt.

> **Merke:** Der **Rückzahlungsbetrag** im Sinne der Bewertungsvorschrift des § 253 Abs.1 S.2 HGB ist i.d.R. mit dem Betrag identisch, mit dem das Unternehmen die Verbindlichkeit eingegangen ist. Das ist vor allem bei Verbindlichkeiten aufgrund von Warenlieferungen und Leistungen, Bankschulden, Wechselschulden, Lohn- und Gehaltsverbindlichkeiten, Steuerschulden und für ähnliche Verpflichtungen der Fall, die keinen Darlehenscharakter tragen.

Verbindlichkeiten, die dem Grunde und der Höhe nach feststehen, sind dann in den handels-rechtlichen Jahresabschluß aufzunehmen, wenn sie eine **echte** Verpflichtung des Unterneh-mens begründen.

Merke: **Zivilrechtliche Schuldverhältnisse** dürfen im handelsrechtlichen Jahresab-schluß nur dann passiviert werden, wenn das Unternehmen mit einer Inanspruch-nahme durch die Gläubiger ernsthaft rechnen muß bzw. wenn das Unternehmen sich ohne zivilrechtliche Verpflichtung zur Zahlung verpflichtet fühlt und zu erwarten ist, daß es auch dieser Verpflichtung tatsächlich nachkommt!

Für die Bewertung von Verbindlichkeiten in der Steuerbilanz schreibt § 6 Abs.1 Ziff.3 EStG die sinngemäße Anwendung der Vorschriften über die Bewertung des nichtabnutzbaren Anlagevermögens und des Umlaufvermögens (§ 6 Abs.1 Ziff.2 EStG) vor. Dies bedeutet, daß Verbindlichkeiten in der Steuerbilanz mit ihren "Anschaffungskosten" bewertet werden müssen. Als Anschaffungswert einer Darlehensverbindlichkeit gilt nach der steuerlichen Rechsprechung deren Nennwert.

4.2 Der Wertansatz für Darlehen und Anleihen

Bei Darlehen und Anleihen können Bewertungsprobleme auftreten, wenn der Ausgabebetrag (= **Verfügungsbetrag**) nicht mit der tatsächlichen Schuld (= **Rückzahlungsbetrag**) überein-stimmt. Eine Differenz zwischen Verfügungsbetrag, Nennbetrag und Rückzahlungsbetrag kann entstehen durch die Vereinbarung

a)   eines Disagios (Darlehensabgeldes) oder

b)   eines Agios (Darlehendsaufgeldes, Rückzahlungsagios).

Die beiden Möglichkeiten zeigt das folgende Schaubild:

		Rückzahlungsbetrag
	+ Agio	**Fall b)**
Rückzahlungsbetrag	Nennbetrag	Verfügungsbetrag
Fall a)	- Disagio	
Verfügungsbetrag		

Abbildung: B.68

369

> **Merke:** Der Ansatz der Darlehen und Anleihen in der Bilanz muß **stets zum Rückzah-lungsbetrag** erfolgen.

Differenzen (= Unterschiedsbeträge) zwischen Verfügungsbetrag und Rückzahlungsbetrag dürfen im handelsrechtlichen Jahresabschluß aktivisch abgegrenzt werden (Aktivierungs-wahlrecht, siehe dazu Kapitel B.III.6.). Macht das Unternehmen von diesem Wahlrecht Gebrauch, dann ist der Unterschiedsbetrag durch planmäßige Abschreibungen zu tilgen (§ 250 Abs.3 S.2 HGB).

> **Merke:** Es liegt im **Ermessen** des Unternehmens, den Unterschiedsbetrag zwischen Verfügungs- und Rückzahlungsbetrag in **voller Höhe zu aktivieren** oder nur **teilweise zu aktivieren** oder **voll zu Lasten des Ergebnisses** des Jahres zu buchen, in dem die Verbindlichkeit erstmals zu passivieren war. Bei einer Aktivierung darf dieser Unterschiedsbetrag durch planmäßige Abschreibungen höchstens auf die Gesamtlaufzeit der Verbindlichkeit verteilt werden; eine kürzere Abschreibungszeit ist jedoch auch zulässig.

4.3 Die Bewertung von Rückstellungen

Die Höhe der Rückstellungen muß vom Unternehmen gegebenenfalls geschätzt werden, soweit der Betrag nicht genau bestimmbar ist. Rückstellungen sind Bilanzposten der Passiv-seite, die dem Grunde und/oder der Höhe nach noch ungewisse Ausgaben bilanz- und erfolgsmäßig erfassen sollen. Die ungewisse Schuld muß mit einiger Wahrscheinlichkeit bereits bestehen oder noch entstehen und die künftigen zur Tilgung der ungewissen Verbind-lichkeit zu leistenden Ausgaben müssen bereits im abgelaufenen oder im vorausgegangenen Wirtschaftsjahr verursacht sein.

Um Willkürlichkeiten bei der Schätzung der Höhe der Rückstellungen zu begrenzen, wird in § 253 Abs.1 S.2 HGB eine Dotierungsvorschrift für Rückstellungen festgelegt: ''Rückstel-lungen sind nur in Höhe des Betrags anzusetzen, der nach vernünftiger kaufmännischer Be-urteilung notwendig ist.''

Dies ist im Grunde eine Leerformel!

> **Merke:** Der bei der Bildung erforderlicher Rückstellungen zu befolgende Grundsatz der vorsichtigen Schätzung erlaubt **niemals** die Bildung von Rückstellungen ohne jede wirtschaftlich vertretbare Begründung oder mit einer offenbar unrichtigen und den tatsächlichen wirtschaftlichen Verhältnissen nicht entsprechenden Begründung.

Durch § 253 Abs.1 S.2 HGB ist für die Höhe des Ansatzes von Rückstellungen allgemein eine oberste Grenze zu fixieren versucht worden, die sehr vom subjektiven Ermessen des

Bewerters abhängt. Diese nur individuell und subjektiv schätzbare Bewertungsobergrenze für Rückstellungen

a) ist bei Rückstellungen, die gebildet werden **müssen** (für ungewisse Verbindlichkeiten; drohende Verluste aus schwebenden Geschäften; im Geschäftsjahr unterlassene Aufwendungen für Instandhaltung, die im folgenden Geschäftsjahr innerhalb von drei Monaten, oder für Abraumbeseitigung, die im folgenden Geschäftsjahr nachgeholt werden; Gewährleistungen, die ohne rechtliche Verpflichtung erbracht werden), zugleich der Wertansatz schlechthin, während

b) im Falle eines Passivierungswahlrechts (siehe dazu auch Kapitel B.II.2.2.2.3 und Kapitel B.III.) das Unternehmen die Rückstellungen mit einem Betrag dotieren darf, der zwischen dem Wert "**Null**" (d.h. keine Passivierung) und dem nach "**vernünftiger kaufmännischer Beurteilung**" gebotenen Wert (d.h. Passivierung) liegt.

Den Sachverhalt gibt das folgende Schaubild wieder:

Der Ansatz von Rückstellungen der Höhe nach

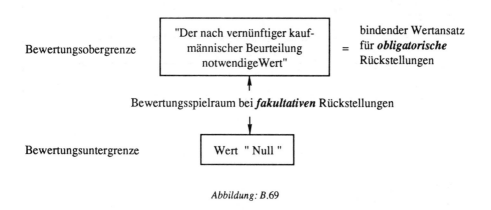

Abbildung: B.69

Merke: In der **Steuerbilanz** ist i.d.R. das Recht zur Bildung einer Rückstellung nicht gegeben, wenn handelsrechtlich zwar ein Passivierungswahlrecht aber keine Passivierungspflicht besteht!

Die folgende Abbildung stellt die Rückstellungsarten des § 249 HGB nach Passivierungspflicht, Passivierungswahlrecht und Passivierungsverbot vergleichend gegenüber:

Rückstellungen nach § 249 HGB

Bilanzielle Behandlung	Rückstellungen für
Passivierungs- pflicht	- Ungewisse Verbindlichkeiten - Pensionen, Anwartschaften und pensionsähnliche Verpflichtungen (beachte Art. 28 EGHGB !) - Drohende Verluste aus schwebenden Geschäften - Gewährleistungen ohne rechtliche Verpflichtung (sog. Kulanzrückstellungen) - Unterlassene Aufwendungen für Instandhaltung bei Nachholung innerhalb von 3 Monaten - Unterlassene Aufwendungen für Abraumbeseitigung, die im folgenden Geschäftsjahr nachgeholt werden
Passivierungs- wahlrecht	- Unterlassene Aufwendungen für Instandhaltung bei Nachholung innerhalb der letzten 9 Monate des folgenden Geschäftsjahres - ihrer Art nach genau umschriebene Aufwendungen
Passivierungs- verbot	- andere als im Gesetz genannte Zwecke

Abbildung: B.70

4.4 Bilanzpolitische Gestaltungsmöglichkeiten

4.4.1 Fallbeispiel: Treulos-GmbH

Die Treulos-GmbH hat ein Stammkapital von DM 2.000.000,--, die sonstigen Aktiva belaufen sich auf DM 2.400.000,-- und die sonstigen Passiva betragen DM 800.000,--. Am 31.12.02 stehen noch folgende Sachverhalte zur Entscheidung an:

- Die Treulos-GmbH ist zusammen mit der List und Tücke GmbH & Co. KG angeklagt, Lohnsteuer und Umsatzsteuer im großen Stil hinterzogen zu haben. Für den anstehenden Prozeß ist allein mit Kosten für einen Rechtsanwalt in Höhe von DM 50.000,-- zu rechnen.

- In den Wintermonaten des abgelaufenen Geschäftsjahres hat sich herausgestellt, daß die Heizungsanlage, die sämtliche Werksgebäude des Unternehmens versorgt, voraussichtlich demnächst wieder gründlich überholt werden muß. Als Reparaturaufwendungen werden DM 300.000,-- für wahrscheinlich gehalten.

- Das Dienstfahrzeug des Vorstandes, ein Porsche 911 Turbo, hat im letzten Monat ca. 20 Liter Öl auf 1.000 km gebraucht, mit einem Austauschmotor für DM 35.000,-- muß ernsthaft gerechnet werden.

Es soll analog den vorhergehenden Fallbeispielen eine **Bilanz I (möglichst maximales Ergebnis)** sowie eine **Bilanz II (möglichst minimales Ergebnis)** erstellt werden.

Bilanz I der Treulos-GmbH

Aktiva		Passiva	
Sonstige Aktiva	2.400.000	Gezeichnetes Kapital	2.000.000
		Jahresfehlbetrag	**- 450.000**
		Rückstellung für Prozeß-kosten (C. 4.)	50.000
		Rückstellung für Heizungs-reparatur (C.4.)	---
		Rückstellung für Austausch-motor (C. 4.)	---
		Sonstige Passiva	800.000
Bilanzsumme	**2.400.000**		**2.400.000**

Abbildung: B.71

Erläuterungen:

1. Die Prozeßkosten gelten als ungewisse Verbindlichkeiten. Es besteht somit die Pflicht zur Passivierung einer Rückstellung für Prozeßkosten. Rückstellungen sind in Höhe des Betrages anzusetzen, der nach vernünftiger kaufmännischer Beurteilung notwendig ist. Im Interesse eines möglichst maximalen Ergebnisausweises wird der Wert nach vernünftiger kaufmännischer Beurteilung möglichst niedrig gehalten, d.h. in diesem Fall sollen nur die voraussichtlichen Rechtsanwaltsgebühren zurückgestellt werden. Es erfolgt eine Passivierung von DM 50.000,--.

2. Für die voraussichtlich fällige Großreparatur der Heizungsanlage besteht die Möglichkeit der Passivierung einer Rückstellung für "genau umschriebene Aufwendungen". Im Interesse eines möglichst maximalen Ergebnisausweises wird die Rückstellung nach vernünftiger kaufmännischer Beurteilung mit dem Wert "Null" angesetzt, d.h. es wird faktisch auf die Passivierung verzichtet.

3. Der voraussichtlich fällige Austauschmotor für den Porsche 911 Turbo ist ebenso ein Fall für eine "Aufwandsrückstellung". Im Interesse eines möglichst maximalen Ergebnisausweises wird die Rückstellung mit dem Wert "Null" (nach vernünftiger kaufmännischer Beurteilung) bewertet, d.h. es wird faktisch das Wahlrecht zur Passivierung einer Aufwandsrückstellung nicht ausgeübt.

Unter der Prämisse der Ergebnismaximierung bzw. des Ausweises eines möglichst geringen Verlustes in diesem Beispiel, werden in der Bilanz I der Treulos-GmbH die Bewertungswahlrechte so ausgeübt, daß sich ein Jahres**fehlbetrag** von **DM 450.000,--** errechnet.

Bilanz II der der Treulos-GmbH

Aktiva		Passiva	
Sonstige Aktiva	2.400.000	Gezeichnetes Kapital	2.000.000
		Jahresfehlbetrag	**- 785.000**
		Rückstellung für Prozeß-kosten (C. 4.)	50.000
		Rückstellung für Heizungs-reparatur (C.4.)	300.000
		Rückstellung für Austausch-motor (C. 4.)	35.000
		Sonstige Passiva	800.000
Bilanzsumme	**2.400.000**		**2.400.000**

Abbildung: B.72

Erläuterungen:

1. An der Behandlung der Rückstellung für Prozeßkosten ändert sich gegenüber dem Ausweis in der Bilanz I nichts. Man könnte höchstens daran denken, daß es sich ohne Schwierigkeit mit dem Argument der "vernünftigen kaufmännischen Beurteilung" begründen läßt, zusätzlich zu den Anwaltskosten noch evtl. Gerichtskosten und sonstige Aufwendungen (z.B. Gutachter, Zeugen usw.) in die Rückstellung einzubeziehen. Unabhängig von diesen Überlegungen erfolgt eine Bewertung mit DM 50.000,--.

2. Im Interesse eines möglichst minimalen Ergebnisses wird von dem Wahlrecht zur Passivierung einer Aufwandsrückstellung für eine voraussichtliche Generalüberholung der Heizungsanlage Gebrauch gemacht, d.h. es erfolgt eine Passivierung mit DM 300.000,--.

3. Im Interesse eines möglichst minimalen Ergebnisses wird eine Aufwandsrückstellung für den Austauschmotor in Höhe von DM 35.000,-- gebildet.

Auf der Grundlage dieses Zahlenmaterials erhöht sich der Jahresfehlbetrag um den Betrag der zusätzlich passivierten Rückstellungen, d.h. in der Bilanz II der Treulos-GmbH errechnet sich ein Jahres**fehlbetrag** von **DM 785.000,--**.

4.4.2 Aufgabe

An der Frisch-Auf-OHG sind die Herren Schwimmer als Logiker und Maier als Praktiker mit je DM 150.000,-- beteiligt. Die sonstigen Aktiva betragen DM 500.000,--, die sonstigen Passiva belaufen sich auf DM 250.000,--.

Am 31.12.02 stehen noch folgende Sachverhalte zur Entscheidung an:

1. Die Frisch-Auf-OHG wird voraussichtlich wegen Lieferung schadhafter Stahlbleche zur Produzentenhaftung in Anspruch genommen. Der anstehende Prozeß kostet mindestens DM 25.000,--.

2. Im abgelaufenen Geschäftsjahr hat es wiederholt auf dem gesamten Werksgelände Stromausfall gegeben. Die werkseigenen Elektriker haben angeregt, daß es ratsam wäre zumindest die Stromversorgung der Hauptproduktionsstätte in Halle A und die Stromversorgung des Verwaltungsgebäudes aufgrund der hohen Inanspruchnahme in den abgelaufenen Geschäftsjahren einer Generalüberholung zu unterziehen. Auch die Geschäftsführung konnte überzeugt werden, daß das Unternehmen auf Dauer nicht konkurrenzfähig bleibt, wenn die Hauptsicherung weiterhin jedesmal durchbrennt, wenn im Sekretariat der Geschäftsführung die Kaffeemaschine eingeschaltet wird. Kosten der Reparatur in Höhe von DM 30.000,-- werden für wahrscheinlich gehalten.

3. Das mehrstöckige Verwaltungsgebäude wurde in den frühen 50er Jahren erbaut. Der inzwischen altersschwache Aufzug ist in der Zeit vom 6. bis 23. Dezember fünfmal steckengeblieben. Die Geschäftsführung hat gründlich abgewägt zwischen einer Reparatur des Aufzugs und einer völligen Stillegung, da die sehr sportlichen Geschäftsführer eine positive Korrelation zwischen Treppensteigen und Rückgang der krankheitsbedingten Fehltage in der Belegschaft festgestellt haben. Die Entscheidung ist zugunsten der Reparatur des Aufzugs gefallen, die ca. DM 20.000,-- kosten wird.

Es ist analog den vorhergehenden Fallbeispielen und Aufgaben eine **Bilanz I** zu erstellen, die ein möglichst **maximales** Ergebnis bzw. einen möglichst **geringen** Jahresfehlbetrag ausweist; ebenso ist eine **Bilanz II** zu erstellen, die ein möglichst **minimales** Ergebnis bzw. einen möglichst **hohen** Jahresfehlbetrag ausweist.

Bilanz I der Frisch-Auf- OHG

Aktiva		Passiva	
Sonstige Aktiva	500.000	Einlagen	300.000
		Jahresfehlbetrag	**- 75.000**
		Rückstellung für Prozeßkosten	25.000
		Rückstellung für Stromversorgung	---
		Rückstellung für Aufzug	---
		Sonstige Passiva	250.000
Bilanzsumme	**500.000**		**500.000**

Abbildung: B.73

Erläuterungen:

1. Für den anstehenden Prozeß besteht die **Pflicht** zur Passivierung einer Rückstellung in Höhe von DM 25.000,--.

2. Für die Reparatur der Stromversorgung bestünde die Möglichkeit eine Aufwandsrückstellung in Höhe von DM 30.000,-- zu bilden. Im Interesse eines möglichst hohen Ergebnisses bzw. möglichst geringen Verlustes wird auf die Passivierung verzichtet.

3. Für die Reparatur des Aufzugs bestünde ebenfalls die Möglichkeit eine Aufwandsrückstellung zu bilden. Im Interesse eines möglichst geringen Verlustausweises wird jedoch auf die Passivierung verzichtet.

Auf der Grundlage dieses Zahlenmaterials errechnet sich in der Bilanz I der Frisch-Auf-OHG ein Jahres**fehlbetrag** in Höhe von **DM 75.000,--**.

Bilanz II der der Frisch-Auf- OHG

Aktiva		Passiva	
Sonstige Aktiva	500.000	Einlagen	300.000
		Jahresfehlbetrag	**- 125.000**
		Rückstellung für Prozeßkosten	25.000
		Rückstellung für Stromversorgung	30.000
		Rückstellung für Aufzug	20.000
		Sonstige Passiva	250.000
Bilanzsumme	**500.000**		**500.000**

Abbildung: B.74

Erläuterungen:

1. Gegenüber dem Ausweis in der Bilanz I ändert sich in der Bilanz II nichts, d.h. die Rückstellung muß in Höhe von DM 25.000,-- passiviert werden. Es ließe sich höchstens mit vernünftiger kaufmännischer Beurteilung begründen, mehr als die DM 25.000,-- als Prozeßkosten zurückzustellen.

2. Im Interesse eines möglichst großen Verlustausweises wird das Wahlrecht zur Passivierung einer Aufwandsrückstellung für die Reparatur der Stromversorgung in Höhe von DM 30.000,-- ausgeübt.

3. Ebenso wird im Interesse eines möglichst geringen Ergebnisses für die Reparatur des Aufzugs eine Rückstellung in Höhe von DM 20.000,-- gebildet.

Auf der Grundlage dieses Zahlenmaterials **erhöht** sich der Jahres**fehlbetrag** der Frisch-Auf-OHG auf **DM 125.000,--**.

4.5 Testfragen

* Welche generelle Bewertungsmaxime existiert für die Bewertung von Verbindlichkeiten?

* Erläutern Sie den Unterschied zwischen Rückstellungen und Rechnungsabgrenzungsposten!

* Welche Möglichkeiten einer Differenz zwischen Verfügungsbetrag, Nennbetrag und Rückzahlungsbetrag gibt es und wie sind diese zu behandeln?

* Stellen sie sämtliche Rückstellungsarten zusammen für die ein Passivierungswahlrecht (PW), eine Passivierungspflicht (PP) und ein Passivierungsverbot (PV) besteht!

* Welche Faktoren bestimmen den Ansatz von Rückstellungen der **Höhe nach**? Versuchen Sie die für die Dotierung von (obligatorischen bzw. fakultativen) Rückstellungen notwendigen Entscheidungen in ihrem logischen Zusammenhang graphisch darzustellen!

* Was sind sog. Sonderposten mit Rücklageanteil?

5. Zusammenfassung der bilanzpolitischen Gestaltungsmöglichkeiten

Nachfolgend werden sämtliche "Teil-Bilanzen I" und "Teil-Bilanzen II" der Treulos-GmbH sowie der Frisch-Auf-OHG jeweils zu einer **"Gesamtbilanz I"** und **"Gesamtbilanz II"** aufaddiert, wobei sich dabei die "sonstigen Aktiva", "sonstigen Passiva" und das "gezeichnete Kapital" (Treulos-GmbH) bzw. die "Einlagen" (Frisch-Auf-OHG) entsprechend der Anzahl der Teil-Bilanzen vervielfachen.

Anhand dieser "Gesamtbilanzen" soll der bilanzpolitische Gestaltungsspielraum zwischen den Zielsetzungen **"Ergebnismaximierung"** und **"Ergebnisminimierung"** abschließend noch einmal verdeutlicht werden.

5.1 Fallbeispiel: Treulos-GmbH

Gesamtbilanz I der Treulos-GmbH

Aktiva		Passiva	
Aufwendungen für die Ingang-setzung und Erweiterung des Geschäftsbetriebs	150.000	Gezeichnetes Kapital	14.000.000
		Jahresüberschuß	**171.976**
Anlagevermögen		6b - Rücklage	---
Bohrkonzession	40.000	Rückstellung für unterlasene Aufwendungen für	
Firmenwert	250.000	Instandhaltung	---
Grundstück	250.000	Rückstellung für genau	
Gebäude	6.400	umschriebene Aufwendungen	---
Roboter	402.726	Rückstellung für Prozeßkosten	50.000
Bohrkran	100.000	Rückstellung für Heizungs-reparatur	---
Schweißanlage	300.000	Rückstellung für Austauschmotor	---
Wertpapiere des Anlagevermögens	90.000	**Sonstige Passiva**	**5.600.000**
Umlaufvermögen			
Walzblech	29.600		
Spezial-Rohstoff	45.000		
Gerüstteile	481.000		
Fremdkapitalzinsen	5.000		
Stahlträger	230.000		
Edelhölzer	350.000		
Forderungen	250.000		
Wertpapiere des Umlaufvermögens	30.250		
Rechnungsabgrenzungsposten (Damnum)	2.000		
Abgrenzungsposten für latente Steuern	10.000		
Sonstige Aktiva	16.800.000		
Bilanzsumme	**19.821.976**		**19.821.976**

Abbildung: B.75

Erläuterung:

In der Gesamtbilanz I der Treulos-GmbH werden sämtliche Teilbilanzen zusammengefaßt, die ein **möglichst maximales Ergebnis** ausweisen. In der Gesamtbilanz I der Treulos-GmbH errechnet sich ein **Jahresüberschuß** von **DM 171.976,--**.

Gesamtbilanz II der Treulos-GmbH

Aktiva		Passiva	
Aufwendungen für die Ingang- setzung und Erweiterung des Geschäftsbetriebs	---	Gezeichnetes Kapital	14.000.000
		Jahresfehlbetrag	**- 2.014.960**
		6b - Rücklage	130.000
Anlagevermögen		Rückstellung für unterlasene Aufwendungen für	
Bohrkonzession	40.000	Instandhaltung	240.000
Firmenwert	---	Rückstellung für genau	
Grundstück	250.000	umschriebene Aufwendungen	130.000
Gebäude	6.400	Rückstellung für Prozeßkosten	50.000
Roboter	388.000	Rückstellung für Heizungs-	
Bohrkran	90.000	reparatur	300.000
Schweißanlage	75.000	Rückstellung für Austauschmotor	35.000
Wertpapiere des Anlagevermögens	3.750	**Sonstige Passiva**	5.600.000
Umlaufvermögen			
Walzblech	26.640		
Spezial-Rohstoff	45.000		
Gerüstteile	340.000		
Fremdkapitalzinsen	---		
Stahlträger	180.000		
Edelhölzer	220.000		
Forderungen	---		
Wertpapiere des Umlaufvermögens	5.250		
Rechnungsabgrenzungsposten (Damnum)	---		
Abgrenzungsposten für latente Steuern	---		
Sonstige Aktiva	16.800.000		
Bilanzsumme	**18.470.040**		**18.470.040**

Abbildung: B.76

Erläuterung:

In der Gesamtbilanz II der Treulos-GmbH werden sämtliche Fallbeispiele zusammengefaßt, die ein **möglichst minimales Ergebnis** ausweisen. In der Gesamtbilanz II der Treulos-GmbH errechnet sich ein **Jahresfehlbetrag** von **DM 2.014.960,--**.

Fazit:

Der bilanzpolitische Gestaltungsspielraum bei gleicher Ausgangslage beträgt zwischen den Zielsetzungen "Ergebnismaximierung" und "Ergebnisminimierung" **absolut DM 2.186.936,--**

5.2 Aufgabe

Gesamtbilanz I der Frisch-Auf-OHG

Aktiva		Passiva	
Anlagevermögen		Einlagen	2.100.000
Erworbenes Patent	20.000	**Jahresüberschuß**	**93.185**
PC-Buchführungsprogramm	9.000	6b -Rücklage	---
Firmenwert	30.000	Rückstellung für unterlassene	
Erbbaurecht	20.000	Aufwendungen für Instand-	
Sattelschlepper	53.060	haltung	---
Lkw-Transporter	20.000	Rückstellung für genau um-	
Wertpapiere des Anlagevermögens	11.200	schriebene Aufwendungen	---
		Rückstellung für Prozeßkosten	25.000
Umlaufvermögen		Rückstellung für Strom-	
Eisen- und Stahlschrott	15.075	versorgung	---
Radarwarnanlagen	52.700	Rückstellung für Aufzug	---
Fremdkapitalzinsen	5.000	**Sonstige Passiva**	1.750.000
Stahlblech	45.900		
Handelswaren	9.000		
Forderungen	175.000		
Wertpapiere des Umlaufvermögens	1.250		
Rechnungsabgrenzungsposten	1.000		
(Damnum)			
Sonstige Aktiva	3.500.000		
Bilanzsumme	3.968.185		**3.968.185**

Abbildung: B.77

Erläuterung:

In der **Gesamtbilanz I** der Frisch-Auf-OHG werden sämtliche Teilbilanzen der Aufgaben zusammengefaßt, die ein **möglichst maximales Ergebnis** ausweisen. Auf dieser Grundlage errechnet sich in der Gesamtbilanz I der Frisch-Auf-OHG ein Jahres**überschuß** von **DM 93.185,--**.

Gesamtbilanz II der Frisch-Auf-OHG

Aktiva		Passiva	
Anlagevermögen		Einlagen	2.100.000
Erworbenes Patent	20.000	**Jahresfehlbetrag**	**- 273.963**
PC-Buchführungsprogramm	2.000	6b -Rücklage	10.000
Firmenwert	---	Rückstellung für unterlassene	
Erbbaurecht	1	Aufwendungen für Instand-	
Sattelschlepper	49.420	haltung	10.000
Lkw-Transporter	1	Rückstellung für genau um-	
Wertpapiere des Anlagevermögens	2.580	schriebene Aufwendungen	20.000
		Rückstellung für Prozeßkosten	25.000
Umlaufvermögen		Rückstellung für Strom-	
Eisen- und Stahlschrott	4.785	versorgung	30.000
Radarwarnanlagen	45.000	Rückstellung für Aufzug	20.000
Fremdkapitalzinsen	---	**Sonstige Passiva**	1.750.000
Stahlblech	40.000		
Handelswaren	6.000		
Forderungen	20.000		
Wertpapiere des Umlaufvermögens	1.250		
Rechnungsabgrenzungsposten	---		
(Damnum)			
Sonstige Aktiva	3.500.000		
Bilanzsumme	**3.691.037**		**3.691.037**

Abbildung: B.78

Erläuterung:

In der Gesamtbilanz II der Frisch-Auf-OHG werden sämtliche Teilbilanzen der Aufgaben zusammengefaßt, die ein **möglichst minimales Ergebnis** ausweisen. Auf dieser Grundlage errechnet sich in der Gesamtbilanz II der Frisch-Auf-OHG ein Jahres**fehlbetrag** von **DM 273.963,--**.

Fazit:

Der bilanzpolitische Gestaltungsspielraum zwischen der Zielsetzung "Ergebnismaximierung" und der Zielsetzung "Ergebnisminimierung" beträgt bei gleicher Ausgangslage **absolut DM 367.148,--**.

V. Der Anhang als Bestandteil des Jahresabschlusses von Kapitalgesellschaften

1. Vorbemerkungen

An früherer Stelle wurde bereits festgestellt, daß der Jahresabschluß von Kapitalgesellschaften um den sog. Anhang zu erweitern ist (§ 264 Abs.1 S.1 HGB, siehe dazu auch die Ausführungen in Kapitel B I. 1.).

Merke: Der Jahresabschluß von Kapitalgesellschaften setzt sich aus den **drei** Teilen "Bilanz","Gewinn- und Verlustrechnung" und "**Anhang**" zusammen.

Als gleichwertiger Bestandteil des Jahresabschlusses neben Bilanz und Gewinn- und Verlustrechnung unterliegt der Anhang demselben Normenrahmen, d.h. der Anhang hat ebenso wie die Bilanz und Gewinn- und Verlustrechnung ein den tatsächlichen Verhältnissen entsprechendes Bild der Vermögens-, Finanz- und Ertragslage zu vermitteln.

Im Anhang sind (§ 284 Abs.1 HGB)

- zum einen die gesetzlich vorgeschriebenen Angaben zu den einzelnen Posten der Bilanz und der Gewinn- und Verlustrechnung aufzunehmen und

- zum andern die Angaben zu machen, die in Ausübung eines Wahlrechts nicht in die Bilanz oder die Gewinn- und Verlustrechnung aufgenommen wurden.

Bei der inhaltlichen Umschreibung des Anhangs gemäß § 284 Abs.1 HGB handelt es sich in beiden Fällen um sog. **Pflichtangaben**. Im ersten Fall sind es Angaben, die nur im Anhang erscheinen können (**Pflichtangaben i.e.S.**) und im zweiten Fall sind es Pflichtangaben, die statt in der Bilanz oder der Gewinn- und Verlustrechnung eben in den Anhang aufgenommen werden (**Pflichtangaben i.w.S.**). Die gesetzlichen Grundlagen für die Angaben im Anhang finden sich sowohl im Handelsgesetzbuch wie auch in den Einzelgesetzen (AktG, GmbHG, PublG).

2. Pflichtangaben

Im folgenden werden die wichtigsten gesetzlich vorgeschriebenen Pflichtangaben für alle Kapitalgesellschaften aufgelistet, wobei die Angaben im Anhang gegliedert werden in:

- Bilanzierungs- und Bewertungsgrundsätze,

- Erläuterungen zur Bilanz,

- Erläuterungen zur Gewinn- und Verlustrechnung,

- Sonstige Angaben.

Pflichtangaben im Anhang

Aufzunehmende Information	gesetzliche Grundlage (HGB)	kleine Kap. ges.	mittel- große Kap. ges.	große Kap. ges.	Ausweis alternativ in:
I. Bilanzierungs- und Bewertungsgrundsätze					
- Angabe und Begründung der Abweichungen vom Grundsatz der Bilanzierungsstetigkeit.	§ 265 Abs.1	+	+	+	-
- Angabe und Begründung von geschäftszweigbedingten Ergänzungen der Gliederung von Bilanz und Gewinn- und Verlustrechnung.	§ 265 Abs.4	+	+	+	-
- Angabe der auf die Posten der Bilanz und Gewinn- und Verlustrechnung angewandten Bilanzierungs- und Bewertungsmethoden.	§ 284 Abs.2 Nr.1	+	+	+	-
- Angabe der Grundlagen für Währungsumrechnungen.	§ 284 Abs.2 Nr.2	+	+	+	-
- Angabe und Begründung der Abweichung von Bilanzierungs- und Bewertungsmethoden. Der dadurch bedingte Einfluß auf die Vermögens-, Finanz- und Ertragslage ist gesondert darzustellen.	§ 284 Abs.2 Nr.3	+	+	+	-
- Angabe der in die Herstellungskosten einbezogenen Fremdkapitalzinsen.	§ 284 Abs.2 Nr.5	+	+	+	-

Abbildung: B.79

383

Pflichtangaben im Anhang

Aufzunehmende Information	gesetzliche Grundlage (HGB)	kleine Kap. ges.	mittel- große Kap. ges.	große Kap. ges.	Ausweis alternativ in:
II. Erläuterungen zur Bilanz					
- Angabe und Erläuterung nicht vergleichbarer oder angepaßter Vorjahresbeträge.	§ 265 Abs.2	+	+	+	-
- Angabe der Mitzugehörigkeit eines Vermögensgegenstandes oder einer Schuld zu einem anderen Posten der Bilanz.	§ 265 Abs.3 S.1	+	+	+	Bilanz
- Gesonderter Ausweis von Posten, die in der Bilanz zur Erreichung größerer Klarheit zusammengefaßt werden.	§ 265 Abs.7 Nr.2	+	+	+	Bilanz
- Angabe eines Gewinn- oder Verlustvortrages im Falle der Bilanzerstellung nach teilweiser Ergebnisverwendung.	§ 268 Abs.1	+	+	+	Bilanz
- Darstellung der Entwicklung der einzelnen Posten des Anlagevermögens und des Postens "Aufwendungen für die Ingangsetzung und Erweiterung des Geschäftsbetriebs" **(Anlagegitter)**.	§ 268 Abs.2 S.1 und S.2	+	+	+	Bilanz
- Angabe der im Geschäftsjahr vorgenommenen Abschreibungen auf die Posten des Anlagevermögens und auf den Posten "Aufwendungen für die Ingangsetzung und Erweiterung des Geschäftsbetriebs".	§ 268 Abs.2 S.3	+	+	+	Bilanz

Abbildung: B.79 - Fortsetzung

Pflichtangaben im Anhang

Aufzunehmende Information	gesetzliche Grundlage (HGB)	kleine Kap. ges.	mittel- große Kap. ges.	große Kap. ges.	Ausweis alternativ in:
- Erläuterung von Beträgen größeren Umfangs unter der Position "sonstige Vermögensgegenstände", wenn diese erst nach dem Abschlußstichtag rechtlich entstehen.	§ 268 Abs.4 S.2	+	+	+	-
- Erläuterung von Beträgen größeren Umfangs unter der Position "Verbindlichkeiten", wenn diese erst nach dem Abschlußstichtag rechtlich entstehen.	§ 268 Abs.5 S.3	+	+	+	-
- Angabe eines nach § 250 Abs.3 HGB in den Rechnungsabgrenzungsposten aktivierten Disagios.	§ 268 Abs.6	+	+	+	Bilanz
- Erläuterung aktivierter Aufwendungen für Ingangsetzung und Erweiterung des Geschäftsbetriebs.	§ 269	+	+	+	-
- Angabe der Vorschriften, nach denen ein Sonderposten mit Rücklageanteil gebildet worden ist.	§ 273 S.2, 281 Abs.1 S.2	+	+	+	Bilanz
- Angabe der Rückstellung für latente Steuern.	§ 274 Abs.1	+	+	+	Bilanz
- Erläuterung eines als Bilanzierungshilfe aktivierten Abgrenzungspostens für latente Steuern.	§ 274 Abs.2	+	+	+	-

Abbildung: B.79 - Fortsetzung

Pflichtangaben im Anhang

Aufzunehmende Information	gesetzliche Grundlage (HGB)	kleine Kap. ges.	mittel- große Kap. ges.	große Kap. ges.	Ausweis alternativ in:
- Angabe und hinreichende Begründung der im Geschäftsjahr aus steuerrechtlichen Gründen unterlassenen Zuschreibungen.	§ 280 Abs.3	+	+	+	-
Angabe und hinreichende Begründung der im Geschäftsjahr allein nach steuerrechtlichen Vorschriften vorgenommenen Abschreibungen, getrennt nach Anlage- und Umlaufvermögen.	§ 281 Abs.2 S.1	+	+	+	Bilanz/ GuV
Ausweis eines erheblichen Differenzbetrages zwischen dem letzten Börsen- oder Marktpreis und dem nach § 240 Abs.4 bzw. § 256 HGB zur Bewertungsvereinfachung angesetzten Wert.	§ 284 Abs.2 Nr.4	+	+	+	-
- Angabe des Gesamtbetrages der Verbindlichkeiten mit einer Restlaufzeit von mehr als fünf Jahren.	§ 285 Nr.1a	+	+	+	-
- Angabe des Gesamtbetrages der Verbindlichkeiten, die durch Pfandrechte oder ähnliche Rechte gesichert sind, unter Angabe der Art und Form der Sicherheiten.	§ 285 Nr.1b	+	+	+	-
- Aufgliederung der Verbindlichkeiten mit einer Restlaufzeit von mehr als fünf Jahren und der durch Pfandrechte oder ähnliche Rechte gesicherten Verbindlichkeiten entsprechend dem vorgeschriebenen Gliederungsschema.	§ 285 Nr.2	-	+	+	Bilanz

Abbildung: B.79 - Fortsetzung

Pflichtangaben im Anhang

Aufzunehmende Information	gesetzliche Grundlage (HGB)	kleine Kap. ges.	mittel-große Kap. ges.	große Kap. ges.	Ausweis alternativ in:
- Erläuterung von Rückstellungen, die unter dem Posten "sonstige Rückstellungen" nicht gesondert ausgewiesen werden, wenn sie einen nicht unerheblichen Umfang haben.	§ 285 Nr.12	-	+	+	-
- Angabe der Gründe, warum ein Geschäfts- oder Firmenwert planmäßig über die Geschäftsjahre der voraussichtlichen Nutzung abgeschrieben wird.	§ 285 Nr.13	+	+	+	-
- Angabe bestimmter zusätzlicher Positionen, falls nur eine Bilanz in der für kleine Kapitalgesellschaften vorgeschriebenen Form zum Handelsregister eingreicht wird.	§ 327 Nr.1 S.2	-	+	-	Bilanz
III. Erläuterungen zur Gewinn- und Verlustrechnung					
- Gesonderter Ausweis von Posten, die in der Gewinn- und Verlustrechnung zur Erreichung größerer Klarheit zusammengefaßt werden.	§ 265 Abs.7 Nr.2	+	+	+	GuV
- Angabe von außerplanmäßigen Abschreibungen des Anlagevermögens (§ 253 Abs.2 S.3 HGB) und Abschreibungen des Umlaufvermögens zur Vorwegnahme künftig nötiger Wertkorrekturen (§ 253 Abs.3 S.3 HGB).	§ 277 Abs.3 S.1	+	+	+	GuV

Abbildung: B.79 - Fortsetzung

387

Pflichtangaben im Anhang

Aufzunehmende Information	gesetzliche Grundlage (HGB)	kleine Kap. ges.	mittel- große Kap. ges.	große Kap. ges.	Ausweis alternativ in:
- Erläuterung von Erträgen und Aufwendungen, die unter den Posten "außerordentliche Erträge" und "außerordentliche Aufwendungen" ausgewiesen sind, soweit sie für die Beurteilung der Ertragslage nicht von untergeordneter Bedeutung sind.	§ 277 Abs.4 S.2	+	+	+	-
- Erläuterung von Erträgen und Aufwendungen, die einem anderen Geschäftsjahr zuzurechnen sind, soweit sie für die Beurteilung der Ertragslage nicht von untergeordneter Bedeutung sind.	§ 277 Abs.4 S.3	+	+	+	-
- Angabe der Erträge aus der Auflösung des Sonderpostens mit Rücklageanteil und der Aufwendungen aus der Einstellung in den Sonderposten mit Rücklageanteil.	§ 281 Abs.2 S.2	+	+	+	GuV
- Angabe der Aufgliederung der Umsatzerlöse nach Tätigkeitsbereichen sowie nach geographisch bestimmten Märkten, soweit sich, unter Berücksichtigung der Organisation des Verkaufs von für die gewöhnliche Geschäftstätigkeit der Kapitalgesellschaft typischen Erzeugnissen und der für die gewöhnliche Geschäftstätigkeit der Kapitalgesellschaft typischen Dienstleistungen, die Tätigkeitsbereiche und geographisch bestimmten Märkte untereinander erheblich unterscheiden.	§ 285 Nr.4	-	-	+	-

Abbildung: B.79 - Fortsetzung

388

Pflichtangaben im Anhang

Aufzunehmende Information	gesetzliche Grundlage (HGB)	kleine Kap. ges.	mittel-große Kap. ges.	große Kap. ges.	Ausweis alternativ in:
- Angabe des Ausmaßes, in dem das Jahresergebnis dadurch beeinflußt wurde, daß bei Vermögensgegenständen im Geschäftsjahr oder in früheren Geschäftsjahren Abschreibungen aufgrund steuerrechtlicher Vorschriften vorgenommen oder beibehalten wurden oder Sonderposten nach § 273 HGB gebildet wurden. Anzugeben ist auch das Ausmaß erheblicher künftiger Belastungen, die sich aus einer solchen Bewertung ergeben.	§ 285 Nr.5	-	+	+	-
- Angabe, in welchem Umfang die Steuern vom Einkommen umd vom Ertrag das Ergebnis der gewöhnlichen Geschäftstätigkeit und das außerordentliche Ergebnis belasten.	§ 285 Nr.6	+	+	+	-
- Angabe des Materialaufwandes des Geschäftsjahres, gegliedert nach § 275 Abs.2 Nr.5 HGB, wenn das Umsatzkostenverfahren angewendet wird.	§ 285 Nr.8a	-	+	+	-
- Angabe des Personalaufwandes des Geschäftsjahres, gegliedert nach § 275 Abs.2 Nr.6 HGB, wenn das Umsatzkostenverfahren angewendet wird.	§ 285 Nr.8b	+	+	+	-

Abbildung: B.79 - Fortsetzung

Pflichtangaben im Anhang					
Aufzunehmende Information	gesetzliche Grundlage (HGB)	kleine Kap. ges.	mittel- große Kap. ges.	große Kap. ges.	Ausweis alternativ in:
IV. Sonstige Angaben					
- Angabe der in § 251 HGB bezeich- neten Haftungsverhältnisse, unter Angabe der gewährten Pfandrech- te und sonstigen Sicherheiten. Gesonderte Angabe der Haftungs- verhältnisse gegenüber verbunde- nen Unternehmen.	§ 268 Abs.7	+	+	+	gesondert **unter** der Bilanz
- Angabe des Gesamtbetrages der sonstigen finanziellen Verpflich- tungen, die nicht in der Bilanz erscheinen und auch nicht als Haftungsverhältnisse unter der Bilanz anzugeben sind, sofern diese Angabe für die Beurteilung der Finanzlage von Bedeutung ist. Gesonderte Angabe solcher Verpflichtungen gegenüber ver- bundenen Unternehmen.	§ 285 Nr.3	-	+	+	-
- Angabe der durchschnittlichen Anzahl der während des Ge- schäftsjahres beschäftigten Arbeit- nehmer, getrennt nach Gruppen.	§ 285 Nr.7	-	+	+	-
- Angabe der Gesamtbezüge der Mitglieder des Geschäftsführungs- organs, eines Aufsichtsrats, eines Beirats oder einer ähnlichen Einrichtung, getrennt für jede Per- sonengruppe.	§ 285 Nr.9a	-	+	+	-

Abbildung: B.79 - Fortsetzung

Pflichtangaben im Anhang

Aufzunehmende Information	gesetzliche Grundlage (HGB)	kleine Kap. ges.	mittel-große Kap. ges.	große Kap. ges.	Ausweis alternativ in:
- Angabe der Gesamtbezüge früherer Mitglieder (und ihrer Hinterbliebenen) des Geschäftsführungsorgans, eines Aufsichtsrats, eines Beirats oder einer ähnlichen Einrichtung, getrennt für jede Personengruppe. Anzugeben sind auch die für diese Personengruppen gebildeten oder nicht gebildeten Pensionsrückstellungen.	§ 285 Nr.9b	-	+	+	-
- Angabe der den Mitgliedern des Geschäftsführungsorgans, eines Aufsichtsrats, eines Beirats oder einer ähnlichen Einrichtung gewährten Vorschüsse und Kredite unter Angabe der Zinssätze, der wesentlichen Bedingungen und der gegebenenfalls im Geschäftsjahr zurückgezahlten Beträge sowie die zugunsten dieser Personen eingegangenen Haftungsverhältnisse.	§ 285 Nr.9c	+	+	+	-
- Angabe aller Mitglieder des Geschäftsführungsorgans und eines Aufsichtsrats, auch wenn sie im Geschäftsjahr oder später ausgeschieden sind, mit dem Familiennamen und mindestens einem ausgeschriebenen Vornamen. Der Vorsitzende eines Aufsichtsrats, sein Stellvertreter und ein etwaiger Vorsitzender des Geschäftsführungsorgans sind als solche zu bezeichnen.	§ 285 Nr.10	+	+	+	-

Abbildung: B.79 - Fortsetzung

Pflichtangaben im Anhang

Aufzunehmende Information	gesetzliche Grundlage (HGB)	kleine Kap. ges.	mittel- große Kap. ges.	große Kap. ges.	Ausweis alternativ in:
- Angabe von Name, Sitz, Höhe des Anteils am Kapital, Eigenkapital und letzten Jahresergebnis von anderen Unternehmen, an denen die Kapitalgesellschaft oder eine für Rechnung der Kapitalgesellschaft handelnde Person mindestens den fünften Teil der Anteile besitzt.	§ 285 Nr.11	+	+	+	gesonderte Aufstellung des Anteilsbesitzes
- Angabe von Name und Sitz des Mutterunternehmens der Kapitalgesellschaft, das den Konzernabschluß für den größten Kreis von Unternehmen aufstellt, und ihres Mutterunternehmens, das den Konzernabschluß für den kleinsten Kreis von Unternehmen aufstellt, sowie im Falle der Offenlegung der von diesen Mutterunternehmen aufgestellten Konzernabschlüsse der Ort, wo diese erhältlich sind.	§ 285 Nr.14	+	+	+	-

Abbildung: B.79 - Fortsetzung

3. Freiwillige Angaben

Zusätzlich zu den gesetzlich vorgeschriebenen Pflichtangaben können in den Anhang weitere Angaben aufgenommen werden.

> **Merke:** Werden freiwillige Angaben gemacht, so unterliegen diese ebenfalls der Offenlegungs- und Prüfungspflicht.

Als freiwillige Angaben kommen z.B. in Betracht:

- Ergänzende Erläuterungen zu Bilanz und Gewinn- und Verlustrechnung,

- Angaben über Arbeitsbedingungen, Umweltbeziehungen usw.,

- Bewegungsbilanz und Kapitalflußrechnung.

Um freiwillige Angaben handelt es sich auch in den Fällen, in denen von zulässigen größenabhängigen Erleichterungen kein Gebrauch gemacht wird.

4. Größenabhängige Erleichterungen

Wie auch dem obigen Schaubild über die Pflichtangaben im Anhang entnommen werden kann, gibt es für kleine und mittelgroße Kapitalgesellschaften größenabhängige Erleichterungen.

4.1 Erleichterungen für kleine Kapitalgesellschaften

Kleine Kapitalgesellschaften brauchen nicht anzugeben (§ 288 HGB):

- Aufgliederung der Verbindlichkeiten mit einer Restlaufzeit von mehr als fünf Jahren und der durch Pfandrechte oder ähnliche Rechte gesicherten Verbindlichkeiten (§ 285 Nr.2 HGB).

- Gesamtbetrag der sonstigen finanziellen Verpflichtungen (§ 285 Nr.3 HGB).

- Aufgliederung der Umsatzerlöse (§ 285 Nr.4 HGB).

- Ausmaß der Beeinflussung des Jahresergebnisses durch steuerliche Vergünstigungen (§ 285 Nr.5 HGB).

- Zahl der beschäftigten Arbeitnehmer (§ 285 Nr.7 HGB).

- Ausweis des Materialaufwands bei Anwendung des Umsatzkostenverfahrens (§ 285 Nr.8a HGB).

- Gesamtbezüge der aktiven und ehemaligen Organmitglieder (§ 285 Nr. 9a und b HGB).

- Sonstige Rückstellungen von erheblichem Umfang (§ 285 Nr.12 HGB).

4.2 Erleichterungen für mittelgroße Kapitalgesellschaften

Mittelgroße Kapitalgesellschaften brauchen die Umsatzerlöse nicht aufzugliedern (§ 288 i.V.m 285 Nr.4 HGB).

5. Unterlassen von Angaben

Gemäß § 286 HGB ist unter bestimmten Voraussetzungen eine Unterlassung von Angaben im Anhang geboten bzw. möglich.

a) Schutzklausel "zum Wohle des Staates"

§ 286 Abs.1 HGB schreibt zwingend vor, daß die Berichterstattung im Anhang insoweit zu unterbleiben hat, als es für das Wohl der Bundesrepublik Deutschland oder eines ihrer Bundesländer erforderlich ist.

Es handelt sich hier um eine **Mußvorschrift**, d.h. dem rechnungslegenden Unternehmen bleibt scheinbar keine Wahlmöglichkeit. Was jedoch unter dem "Wohl des Staates" zu verstehen ist, ist auslegungsbedürftig, so daß sich dennoch ein Gestaltungsspielraum ergibt, auch wenn die Meinung vertreten wird, daß diese Schutzklausel **eng** auszulegen ist.

b) Unterlassen der Umsatzaufgliederung

In § 286 Abs.2 HGB wird dem bilanzierenden Unternehmen die Möglichkeit eröffnet von der grundsätzlichen Pflicht zur Aufgliederung der Umsatzerlöse gemäß § 285 Nr.4 HGB abzusehen. Diese Aufgliederung kann unterbleiben, wenn die Aufgliederung nach vernünftiger kaufmännischer Beurteilung geeignet ist, der Kapitalgesellschaft oder einem Unternehmen, von dem die Kapitalgesellschaft mindestens 20 v.H. der Anteile besitzt, einen **erheblichen Nachteil** zuzufügen.

Die "vernünftige kaufmännische Beurteilung" ist ebenso eine Leerformel wie ein "erheblicher Nachteil", so daß der Inhalt dieser Vorschrift mehr als unbestimmt ist, sich mithin ein beachtlicher Ermssensspielraum eröffnet.

c) Unterlassen von Angaben über Beteiligungsgesellschaften

In § 286 Abs.3 HGB wird schließlich die Pflicht zur Angabe von Name und Sitz, Höhe des Anteils am Kapital, Eigenkapital und Ergebnis des letzten Geschäftsjahrs von Beteiligungsunternehmen gemäß § 285 Nr.11 HGB unter bestimmten Voraussetzungen aufgehoben, d.h. das bilanzierende Unternehmen kann von Angaben in diesem Sinne absehen, soweit die Angaben:

1. für die Darstellung der Vermögens- Finanz- und Ertragslage der Kapitalgesellschaft nach § 264 Abs.2 HGB von **untergeordneter Bedeutung** sind oder

2. nach vernünftiger kaufmännischer Beurteilung geeignet sind, der Kapitalgesellschaft oder dem anderen Unternehmen einen **erheblichen Nachteil** zuzufügen.

Die Angabe des Eigenkapitals und des Jahresergebnisses kann unterbleiben, wenn das Unternehmen, über das zu berichten ist, seinen Jahresabschluß nicht offenzulegen hat und die berichtende Kapitalgesellschaft weniger als die Hälfte der Anteile besitzt.

Analog zu den obigen Regelungen ist auch der Inhalt dieser Vorschrift mehr als unbestimmt, so daß sich wiederum ein beachtlicher Gestaltungsspielraum eröffnet.

VI. Der Lagebericht

1. Vorbemerkungen

Kapitalgesellschaften haben gemäß § 264 Abs.1 S.1 HGB zusätzlich zum Jahresabschluß einen sog. ''Lagebericht'' aufzustellen.

Im Lagebericht sind zumindest der Geschäftsverlauf und die Lage der Kapitalgesellschaft so darzustellen, daß ein den tatsächlichen Verhältnissen entsprechendes Bild vermittelt wird (§ 289 Abs.1 HGB).

Der Lagebericht **soll** eingehen auf

- Vorgänge von besonderer Bedeutung, die nach dem Schluß des Geschäftsjahres eingetreten sind,
- die voraussichtliche Entwicklung der Kapitalgesellschaft und
- den Bereich Forschung und Entwicklung.

| Merke: | Der Lagebericht ist **kein** Bestandteil des Jahresabschlusses! |

Der Lagebericht hat den Jahresabschluß durch allgemeine Informationen über die Gesamtlage der Gesellschaft zu ergänzen und informiert im wesentlichen die Gesellschafter. Aber auch Gläubiger, Mitarbeiter und interessierte Öffentlichkeit sollen durch den von großen und mittelgroßen Kapitalgesellschaften offenzulegenden Lagebericht (§§ 325 Abs.1, 326, 327 HGB) informiert werden.

Die Abbildung auf der folgenden Seite zeigt die Verpflichtung zur Erstellung eines Lageberichts von Kapitalgesellschaften und den grundsätzlichen Inhalt im Überblick.

Abbildung: B.80

2. Verpflichtung zur Erstellung eines Lageberichts

Kapitalgesellschaften haben gemäß § 264 Abs.1 S.1 HGB neben dem Jahresabschluß auch einen sog. Lagebericht aufzustellen.

Die gesetzlichen Vertreter von großen und mittelgroßen Kapitalgesellschaften haben den Lagebericht, wie den Jahresabschluß, innerhalb der ersten **drei** Monate des Geschäftsjahres für das abgelaufene Geschäftsjahr zu erstellen (§ 264 Abs.1 S.2 HGB).

Kleine Kapitalgesellschaften müssen den Lagebericht spätestens innerhalb der ersten **sechs** Monate aufstellen (§ 264 Abs.1 S.3 HGB).

3. Inhalt des Lageberichts

3.1 Mindestinhalt des Lageberichts

Wie oben bereits angesprochen, sind im Lagebericht gemäß § 289 Abs.1 HGB ''... **zumindest** der Geschäftsverlauf und die Lage der Kapitalgesellschaft so darzustellen, daß ein den tatsächlichen Verhältnissen entsprechendes Bild vermittelt wird''.

Durch diese Formulierung wird lediglich der **Mindestinhalt** des Lageberichts umschrieben, d.h. ergänzende Informationen sind zulässig, wenn dadurch ein verbesserter Einblick in die tatsächlichen Verhältnisse ermöglicht wird.

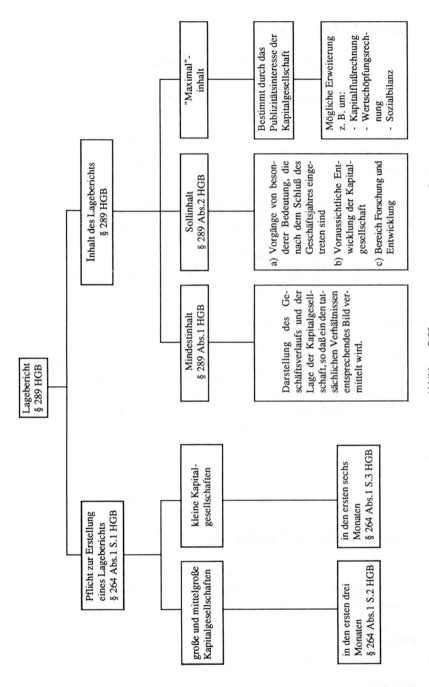

Lagebericht § 289 HGB

Pflicht zur Erstellung eines Lageberichts § 264 Abs.1 S.1 HGB

- große und mittelgroße Kapitalgesellschaften
  - in den ersten drei Monaten § 264 Abs.1 S.2 HGB
- kleine Kapitalgesellschaften
  - in den ersten sechs Monaten § 264 Abs.1 S.3 HGB

Inhalt des Lageberichts § 289 HGB

- **Mindestinhalt § 289 Abs.1 HGB**

  Darstellung des Geschäftsverlaufs und der Lage der Kapitalgesellschaft, so daß ein den tatsächlichen Verhältnissen entsprechendes Bild vermittelt wird.

- **Sollinhalt § 289 Abs.2 HGB**

  a) Vorgänge von besonderer Bedeutung, die nach dem Schluß des Geschäftsjahres eingetreten sind

  b) Voraussichtliche Entwicklung der Kapitalgesellschaft

  c) Bereich Forschung und Entwicklung

- **"Maximal"-inhalt**

  Bestimmt durch das Publizitätsinteresse der Kapitalgesellschaft

  Mögliche Erweiterung z. B. um:
  - Kapitalflußrechnung
  - Wertschöpfungsrechnung
  - Sozialbilanz

Abbildung: B.80

397

3.2 Sollinhalt des Lageberichts

Gemäß § 289 Abs.2 HGB **soll** der Lagebericht auch eingehen auf:

a) **Vorgänge von besonderer Bedeutung, die nach dem Schluß des Geschäftsjahres eingetreten sind.**

Die Berichterstattung erstreckt sich auf alle Vorgänge, ohne deren Kenntnis die Vermögens-, Finanz- und Ertragslage nicht beurteilt werden kann, soweit sie zwischen dem Bilanzstichtag und dem Zeitpunkt der Aufstellung des Lageberichts eingetreten sind.

b) **Die voraussichtliche Entwicklung der Kapitalgesellschaft.**

Dieser Abschnitt im Lagebericht hat Prognosecharakter. Im Gegensatz zur Darstellung des Geschäftsverlaufs und der Berichterstattung über wesentliche Vorgänge, die nach dem Bilanzstichtag eingetreten sind, kann bei dieser zukunftsorientierten Darstellung nicht über definitiv eingetretene Ereignisse und Vorgänge berichtet werden. Das Gesetz sagt nichts über die Art und den Umfang der Darstellung im einzelnen.

c) **Den Bereich Forschung und Entwicklung.**

Der Gegenstand dieser Angabe bezieht sich auf die unbestimmten Rechtsbegriffe "Forschung" und "Entwicklung". Für Art und Umfang der Darstellung sind hier vom Gesetz ebenfalls keine eindeutigen Vorgaben erkennbar. Die Geschäftsführung kann bei der Überlegung über welche Sachverhalte berichtet werden soll, im Interessenkonflikt stehen. Das Unternehmen ist insbesondere nicht verpflichtet, konkrete Forschungsergebnisse, Entwicklungsvorhaben oder besondere Forschungsziele im Detail anzugeben.

Merke: Der Gesetzgeber hat zum Inhalt des Lageberichts keine genauen Aussagen gemacht, so daß letztlich der Inhalt im wesentlichen durch das Publizitätsinteresse des Unternehmens bestimmt wird.

3.3 "Maximal"-inhalt des Lageberichts

Das Gesetz schreibt für den Lagebericht lediglich einen **"Mindestinhalt"** vor. Eine umfangreichere Berichterstattung ist somit möglich. In diesem Fall **kann** der Lagebericht nahezu beliebig erweitert werden, z.B. um:

- Kapitalflußrechnung,
- Kapitalerhaltungsrechnung,
- Sozialbilanz.

Der Erweiterung des Lageberichts sind im Grunde keine Grenzen gesetzt. Die freiwilligen Darstellungen werden, wie bereits oben bemerkt, durch das Publizitätsinteresse des Unternehmens bestimmt. Die Gesellschaft kann den Lagebericht somit auch zur informativen Selbstdarstellung "nutzen".

4. Form des Lageberichts

Für die formale Gestaltung des Lageberichts gibt es **keine** gesetzlichen Vorschriften wie etwa zur Bilanz und Gewinn- und Verlustrechnung.

Der formale Aufbau ist somit in das **Ermessen** des Bilanzierenden gestellt, wobei allerdings die allgemeinen Formvorschriften für den Jahresabschluß auch hier Beachtung finden, d.h. der Lagebericht hat **klar** und **übersichtlich** zu sein.

Für den grundsätzlichen Aufbau des Lageberichts empfiehlt sich eine Übernahme der mehr oder weniger vorgegebenen Einteilung des § 289 HGB.

ANHANG

Industrie-Kontenrahmen (IKR)

AKTIVA **Kontenklasse 0**

Anlagevermögen

---

0   **Immaterielle Vermögensgegenstände und Sachanlagen**

00   **Ausstehende Einlagen** (Bei Kapitalgesellschaften: auf das gezeichnete Kapital, bei Kommanditgesellschaften: ausstehende Kommanditeinlagen)

        001   noch nicht eingeforderte Einlagen

   * 002   eingeforderte Einlagen (Vgl. § 272 Abs. 1) und vgl. Ktn. 268 und 305)

01   **Aufwendungen für die Ingangsetzung und Erweiterung des Geschäftsbetriebes** (Vgl. § 269)

Immaterielle Vermögensgegenstände (Vgl. § 248 Abs. 2)

02   **Konzessionen, gewerbliche Schutzrechte und ähnliche Rechte und Werte sowie Lizenzen an solchen Rechten und Werten**

        021   Konzessionen

        022   Gewerbliche Schutzrechte

        023   ähnliche Rechte und Werte

        024   Lizenzen an Rechten und Werten

03   **Geschäfts- oder Firmenwert**

        031   Geschäfts- oder Firmenwert

        032   Verschmelzungsmehrwert

04   **Geleistete Anzahlungen auf immaterielle Vermögensgegenstände**

05 Grundstücke, grundstücksgleiche Rechte und Bauten einschließlich der Bauten auf fremden Grundstücken

050 unbebaute Grundstücke

051 bebaute Grundstücke

    0511 -- mit eigenen Rechten

    0519 -- mit fremden Rechten

052 grundstücksgleiche Rechte

053 Betriebsgebäude

    0531 -- auf eigenen Grundstücken

    0539 -- auf fremden Grundstücken

054 Verwaltungsgebäude

055 andere Bauten

056 Grundstückseinrichtungen

    0561 -- auf eigenen Grundstücken

    0569 -- auf fremden Grundstücken

057 Gebäudeeinrichtungen

058 frei

059 Wohngebäude

06 frei

07 Technische Anlagen und Maschinen

(Untergliederung nach den Bedürfnissen des Industriezweiges bzw. des Unternehmens. Nachstehende Positionen können dazu nur eine Anregung geben.)

070 Anlagen und Maschinen der Energieversorgung

071 Anlagen der Materiallagerung und -bereitstellung

072 Anlagen und Maschinen der mechanischen Materialbearbeitung, -verarbeitung und -umwandlung

073 Anlagen für Wärme-, Kälte- und chemische Prozesse sowie ähnliche Anlagen

074 Anlagen für Arbeitssicherheit und Umweltschutz

075 Transportanlagen und ähnliche Betriebsvorrichtungen

076 Verpackungsanlagen und -maschinen

077 sonstige Anlagen und Maschinen

078 Reservemaschinen und -anlageteile

079 geringwertige Anlagen und Maschinen

08   **Andere Anlagen, Betriebs- und Geschäftsausstattung**

080   andere Anlagen

081   Werkstätteneinrichtung

082   Werkzeuge, Werksgeräte und Modelle, Prüf- und Meßmittel

083   Lager- und Transporteinrichtungen

084   Fuhrpark

085   sonstige Betriebsausstattung

086   Büromaschinen, Organisationsmittel und Kommunikationsanlagen

087   Büromöbel und sonstige Geschäftsausstattung

088   Reserveteile für Betriebs- und Geschäftsausstattung

089   geringwertige Vermögensgegenstände der Betriebs- und Geschäftsausstattung

09   **Geleistete Anzahlungen und Anlagen im Bau**

090   geleistete Anzahlungen auf Sachanlagen

095   Anlagen im Bau

AKTIVA   Kontenklasse 1

Anlagevermögen

---

1   **Finanzanlagen**

10   **frei**

11   **Anteile an verbundenen Unternehmen** (vgl. § 271 Abs. 2)

110   --   an einem herrschenden oder einem mit Mehrheit beteiligten Unternehmen (vgl. § 272 Abs. 4 S. 4)

111   --   an der Konzernmutter, soweit nicht zu Kto. 110 gehörig (vgl. § 301 Abs. 4)

112   --   an Tochterunternehmen

:

117

118   --   frei

119   --   an sonstigen verbundenen Unternehmen

12   **Ausleihungen an verbundene Unternehmen**

120   --   gesichert, durch Grundpfandrechte oder andere Sicherheiten

125   --   ungesichert

13   **Beteiligungen** (vgl. § 271 Abs. 1)

    130   Beteiligungen an assoziierten Unternehmen (vgl. § 311 Abs. 1)
    135   andere Beteiligungen

14   **Ausleihungen an Unternehmen, mit denen ein Beteiligungsverhältnis besteht**

    140   --   gesichert, durch Grundpfandrechte oder andere Sicherheiten
    145   --   ungesichert

15   **Wertpapiere des Anlagevermögens**

    150   Stammaktien
    151   Vorzugsaktien
    152   Genußscheine
    153   Investmentzertifikate
    154   Gewinnobligationen
    155   Wandelschuldverschreibungen
    156   festverzinsliche Wertpapiere
    157   frei
    158   Optionsscheine
    159   sonstige Wertpapiere

16   **Sonstige Ausleihungen (Sonstige Finanzanlagen)**

    160   Genossenschaftsanteile (vgl. § 271 Abs. 1 S. 5)
    161   gesicherte sonstige Ausleihungen
    162   frei
    163   ungesicherte sonstige Ausleihungen
    164   frei
    165   Ausleihungen an Mitarbeiter, an Organmitglieder und an Gesellschafter (vgl. §§ 89 und 115 AktG, § 285 Nr. 9 c HGB sowie § 42 Abs. 3 GmbHG)

        1651   Ausl. an Mitarbeiter
        :
        1653
      *   1654   Ausl. an Geschäftsführer/Vorstandsmitglieder
        1655   frei
      *   1656   Ausl. an Mitglieder des Beirats/Aufsichtsrats
        1657   frei
      *   1658   Ausl. an Gesellschafter

    166
    :   frei
    168

    169   übrige sonstige Finanzanlagen

2   **Umlaufvermögen und aktive Rechnungsabgrenzung**

Vorräte

20   **Roh-, Hilfs- und Betriebsstoffe** 3)

     200   Rohstoffe/Fertigungsmaterial
     201   Vorprodukte/Fremdbauteile
     202   Hilfsstoffe
     203   Betriebsstoffe
     204
     :   frei
     205

21   **Unfertige Erzeugnisse, unfertige Leistungen**

     210   unfertige Erzeugnisse
     :
     217
     218   frei
     219   nicht abgerechnete Leistungen (unfertige Leistungen)

22   **Fertige Erzeugnisse und Waren**

     220   fertige Erzeugnisse
     :
     227
     228   Waren (Handelswaren) 3)
     229   frei

23   **Geleistete Anzahlungen auf Vorräte**

24   Forderungen aus Lieferungen und Leistungen 4)

240   Forderungen aus Lieferungen und Leistungen

:

244

245   Wechselforderungen aus Lieferungen und Leistungen (Besitzwechsel)

246

:   frei

248

249   Wertberichtigungen zu Forderungen aus Lieferungen und Leistungen

  2491   Einzelwertberichtigungen 5)

  2492   Pauschalwertberichtigungen

25   Forderungen gegen verbundene Unternehmen und gegen Unternehmen, mit denen ein Beteiligungsverhältnis besteht

*   Forderungen gegen verbundene Unternehmen

250   : Forderungen aus Lieferungen und Leistungen

251   : gegen verbundene Unternehmen

252   Wechselforderungen (verbundene Unternehmen)

253   sonstige Forderungen gegen verbundene Unternehmen

254   Wertberichtigungen zu Forderungen gegen verbundene Unternehmen 5)

*   Forderungen gegen Unternehmen, mit denen ein Beteiligungsverhältnis besteht.

255   : Forderungen aus Lieferungen und Leistungen gegen

256   : Unternehmen, mit denen ein Beteiligungsverhältnis besteht

257   Wechselforderungen

258   sonstige Forderungen gegen Unternehmen, mit denen ein Beteiligungsverhältnis besteht

259   Wertberichtigungen zu Forderungen bei Beteiligungsverhältnissen 5)

26   Sonstige Vermögensgegenstände

260   anrechenbare Vorsteuer

  2601   anrechenb. VorSt. 1/2 Satz

  2605   anrechenb. VorSt. 1/1 Satz

261   aufzuteilende Vorsteuer

  2611   aufzut. VorSt. 1/2 Satz

  2615   aufzut. VorSt. 1/1 Satz

262 sonstige USt.-Forderungen

    2621 Umsatzsteuerforderungen

    2622 USt.-Ford. laufendes Jahr

    2623 USt.-Ford. Vorjahr

    2624 USt.-Ford. frühere Jahre

    2625 § 13 BerlinFG

    2626 Kürzung BerlinFG

    2627 Kürzung Warenbezüge a.d. WgM-DDR

    2628 bezahlte Einfuhrumsatzsteuer

    2629 VorSt. im Folgejahr abziehbar

263 sonstige Forderungen an Finanzbehörden

264 Forderungen an Sozialversicherungsträger

265 Forderungen an Mitarbeiter, an Organmitglieder und an Gesellschafter (vgl. §§ 89 und 115 AktG, § 285 Nr. 9 c HGB sowie § 42 Abs. 3 GmbH)

    2651 Forderungen an Mitarbeiter

    :

    2653

  * 2654 Forderungen an Geschäftsführer/Vorstandsmitglieder

    2655 frei

  * 2656 Forderungen an Mitglieder des Beirats/Aufsichtsrats

    2657 frei

  * 2658 Forderungen an Gesellschafter

266 andere sonstige Forderungen

    2661 Ansprüche auf Versicherungs- sowie Schadensersatzleistungen

    2662 Kostenvorschüsse (soweit nicht Anzahlungen)

    2663 Kautionen und sonstige Sicherheitsleistungen

    2664 Darlehen, soweit nicht Finanzanlage

    2665

    :   frei

    2667

    2668 Forderungen aus Soll-Salden der Kontengruppe 44

267 andere sonstige Vermögensgegenstände (z.B. außer Betrieb gesetzte und zur Veräußerung oder Verschrottung bestimmte ehemalige Gegenstände des Sachanlagevermögens)

268 eingefordertes, noch nicht eingezahltes Kapital und eingeforderte Nachschüsse

* 2681 eingefordertes, noch nicht eingezahltes Kapital (vgl. § 272 Abs. 1 und vgl. Ktn. 305 und 002)

* 2685 eingeforderte Nachschüsse gem. § 42 Abs. 2 GmbHG (vgl. Kto. 318)

269 Wertberichtigungen zu sonstigen Forderungen und Vermögensgegenständen 5)

27 Wertpapiere

* 270 Anteile an verbundenen Unternehmen

2701 -- an einem herrschenden oder einem mit Mehrheit beteiligten Unternehmen (vgl. § 272 Abs. 4 S. 4)

2702 -- an der Konzernmutter soweit nicht zu Kto. 110 gehörig (vgl. § 301 Abs. 4)

2703 -- an Tochterunternehmen

:

2707

2708 frei

2709 -- an sonstigen verb. Unternehmen

* 271 eigene Anteile (vgl. § 265 Abs. 3 S. 2)

* Sonstige Wertpapiere

272 Aktien

273 variable verzinsliche Wertpapiere

274 festverzinsliche Wertpapiere

275 Finanzwechsel

276 frei

277 frei

278 Optionsscheine

279 sonstige Wertpapiere

28 Flüssige Mittel

280 Guthaben bei Kreditinstituten

:

284

285 Postgiroguthaben

286 Schecks

287 Bundesbank

288 Kasse

289 Nebenkassen

29 **Aktive Rechnungsabgrenzung** (vgl. § 250 Abs. 1 und 3)

* 290 Disagio
   291 Zölle und Verbrauchsteuern
   292 Umsatzsteuer auf Anzahlungen
   293 andere aktive Rechnungsabgrenzungsposten
   294 frei
* 295 aktive Steuerabgrenzung (vgl. § 274 Abs. 2)
   296
   :   frei
   298

Anmerkung: Die Konten 296 - 298 können je nach betrieblicher Organisation auch für die **innerjährige Rechnungsabgrenzung** eingesetzt werden.

* 299 **Nicht durch Eigenkapital gedeckter Fehlbetrag** (vgl. § 268 Abs. 3)

PASSIVA   Kontenklasse 3

---

3 **Eigenkapital und Rückstellungen**

Eigenkapital (vgl. § 272)

30 **Kapitalkonto/Gezeichnetes Kapital**

Bei Einzelfirmen und Personengesellschaften:

300 Kapitalkonto Gesellschafter A
   3001 Eigenkapital
   3002 Privatkonto
301 Kapitalkonto Gesellschafter B
   3011 Eigenkapital
   3012 Privatkonto

alternativ:

300 Festkapitalkonto
    3001 -- Gesellschafter A
    3002 -- Gesellschafter B
301 veränderliches Kapitalkonto
    3011 -- Gesellschafter A
    3012 -- Gesellschafter B
302 Privatkonto
    3021 -- Gesellschafter A
    3022 -- Gesellschafter B

Bei Kapitalgesellschaften:

   300 Gezeichnetes Kapital (vgl. § 272 Abs. 1 S. 1 u. § 283)
* 305 noch nicht eingeforderte Einlagen (vgl. § 272 Abs. 1 und vgl. Ktn. 268 und 001)

31 **Kapitalrücklage**
   311 Aufgeld aus der Ausgabe von Anteilen
   312 Aufgeld aus der Ausgabe von Wandelschuldverschreibungen
   313 Zahlung aus der Gewährung eines Vorzugs für Anteile
   314 andere Zuzahlungen von Gesellschaftern in das Eigenkapital
   315
   :   frei
   317
* 318 eingeforderte Nachschüsse gemäß § 42 Abs. 2 GmbHG (vgl. Kto. 268)

32 **Gewinnrücklagen**
* 321 gesetzliche Rücklagen
* 322 Rücklagen für eigene Anteile (vgl. § 272 Abs. 4)
    3221 -- für Anteile eines herrschenden oder eines mit Mehrheit beteiligten Unternehmens
    3222 -- für Anteile des Unternehmens selbst
* 323 satzungsmäßige Rücklagen
* 324 andere Gewinnrücklagen
* 325 Eigenkapitalanteil bestimmter Passivposten (vgl. § 58 Abs. 2 a AktG und § 29 Abs. 4 GmbHG)
    3251 EK-Anteil von Wertaufholungen
    3252 EK-Anteil von Preissteigerungsrücklagen

33 **Ergebnisverwendung** 6)
(anstelle Bilanzposition A IV "Gewinnvortrag/Verlustvortrag" gemäß § 266 Abs. 3)

331 Jahresergebnis (Jahresüberschuß/Jahresfehlbetrag) des Vorjahres

* 332 Ergebnisvortrag aus früheren Perioden (gesonderter Ausweis gemäß § 268 Abs. 1)

333 Entnahmen aus der Kapitalrücklage

334 Veränderungen der Gewinnrücklagen vor Bilanzergebnis

335 Bilanzergebnis (Bilanzgewinn/Bilanzverlust)

336 Ergebnisausschüttung

337 Zusätzlicher Aufwand oder Ertrag auf Grund Ergebnisverwendungsbeschluß (vgl. § 278 HGB, § 174 Abs. 2 Ziffer 5 AktG und § 29 Abs. 1 GmbHG)

338 Einstellungen in Gewinnrücklagen nach Bilanzergebnis

339 Ergebnisvortrag auf neue Rechnung

34 **Jahresüberschuß/Jahresfehlbetrag (Jahresergebnis)**

35 **Sonderposten mit Rücklageanteil** (vgl. § 247 Abs. 3, § 273 und § 281)

350 sog. steuerfreie Rücklagen

355 Wertberichtigungen auf Grund steuerlicher Sonderabschreibungen gemäß § 254 i.V. m. § 281 Abs. 1 u. Abs. 2 S. 2 (vgl. Kto. 697)

36 **Wertberichtigungen** (Bei Kapitalgesellschaften als Passivposten der Bilanz nicht mehr zulässig)

Rückstellungen (vgl. § 249)

37 **Rückstellungen für Pensionen und ähnliche Verpflichtungen**

371 Verpflichtungen für eingetretene Pensionsfälle

372 Verpflichtungen für unverfallbare Anwartschaften

373 Verpflichtungen für verfallbare Anwartschaften

374 Verpflichtungen für ausgeschiedene Mitarbeiter

375 Pensionsähnliche Verpflichtungen (z.B. Verpflichtungen aus Vorruhestandsregelungen)

38 **Steuerrückstellungen**

380 Gewerbeertragsteuer

381 Körperschaftsteuer

382 Kapitalertragsteuer

383 ausländ. Quellensteuer

384 andere Steuern vom Einkommen und Ertrag

* 385 latente Steuern (passive Steuerabgrenzung - vgl. § 274 Abs. 1 und vgl. Kto. 775)

386 frei

387 frei

388 frei (ursprünglich vorgesehen im Sinne von § 257 Abs. 1 HGB Reg.entw. v. 26.8.83 für Steuern vom Einkommen die Unternehmer/ Mitunternehmer vom steuerlich zugerechneten Gewinn zahlen. Vgl. Kto. 768) 7)

389 sonstige Steuerrückstellungen

339 Sonstige Rückstellungen

390 -- für Personalaufwendungen und die Vergütung an Aufsichtsgremien

391 -- für Gewährleistung

    3911 Vertragsgarantie

    3912 Kulanzgarantie

392 -- Rechts- und Beratungskosten

393 -- für andere ungewisse Verbindlichkeiten

394

: frei

396

397 -- für drohende Verluste aus schwebenden Geschäften

398 -- für unterlassene Instandhaltung

    3981 Pflichtrückstellungen (vgl. § 249 Abs. 1 S. 2 Ziff. 1)

    3982 freiwillige Rückstellungen (vgl. § 249 Abs. 1 S. 3)

399 -- für andere Aufwendungen gem. § 249 Abs. 2

PASSIVA   Kontenklasse 4

---

4 Verbindlichkeiten und passive Rechnungsabgrenzung

40 frei

41 Anleihen

* 410 Konvertible Anleihen

415 Anleihen - nicht konvertibel (Einzelfirmen u. Personengesellschaften können diese Kontengruppe auch für langfristige Investitionskredite nutzen)

42 Verbindlichkeiten gegenüber Kreditinstituten

420 Kredit, Bank A

:

424 Kredit, Bank Z

425 Investitionskredit, Bank A

:

428 Investitionskredit, Bank Z

429 sonstige Verbindlichkeiten gegenüber Kreditinstituten

43 Erhaltene Anzahlungen auf Bestellungen

44 Verbindlichkeiten aus Lieferungen und Leistungen 4)

440 Verbindlichkeiten aus Lieferungen und Leistungen (Inland)

445 Verbindlichkeiten aus Lieferungen und Leistungen (Ausland)

45 Wechselverbindlichkeiten

450 -- gegenüber Dritten

451 -- gegenüber verbundenen Unternehmen

452 -- gegenüber Unternehmen, mit denen ein Beteiligungsverhältnis besteht

46 Verbindlichkeiten gegenüber verbundenen Unternehmen 4)

460 -- aus Lieferungen und Leistungen / Inland

465 -- aus Lieferungen und Leistungen / Ausland

469 sonstige Verbindlichkeiten (verbundene Unternehmen)

47 Verbindlichkeiten gegenüber Unternehmen, mit denen ein Beteiligungsverhältnis besteht 4)

470 -- aus Lieferungen und Leistungen/Inland

475 -- aus Lieferungen und Leistungen/Ausland

479 sonstige Verbindlichkeiten (Beteiligungsverhältnis)

48 Sonstige Verbindlichkeiten

* 480 Umsatzsteuer

4801 Umsatzsteuer 1/2 Satz

4805 Umsatzsteuer 1/1 Satz

* 481 Umsatzsteuer nicht fällig

4811 Umsatzsteuer 1/2 Satz

4815 Umsatzsteuer 1/1 Satz

* 482 Umsatzsteuervorauszahlung

    4821 USt.-Vorauszahlung 1/11

    4822 USt.-Abzugsverfahren, UStVA Kennziffer 75

    4823 Nachsteuer, UStVA Kennziffer 65

    4824 USt. laufendes Jahr

    4825 USt. Vorjahr

    4826 USt. frühere Jahre

    4827 Einfuhr-USt. aufgeschoben

    4828 in Rechnung unberechtigt ausgew. Steuer, UStVA Kennziffer 69

    4829 frei

* 483 sonstige Steuer-Verbindlichkeiten

* 484 Verbindlichkeiten gegenüber Sozialversicherungsträgern

  485 Verbindlichkeiten gegenüber Mitarbeitern, Organmitgliedern und Gesellschaftern (vgl. § 42 Abs. 3 GmbHG)

    4851 Verb. geg. Mitarbeitern

    :

    4853

    4854 Verb. geg. Geschäftsfühern/Vorstandsmitgliedern

    4855 frei

    4856 Verb. geg. Mitgl. d. Beirats/Aufsichtsrats

    4857 frei

   * 4858 Verb. geg. Gesellschaftern

  486 andere sonstige Verbindlichkeiten

    4861 Verpflichtungen zu Schadenersatzleistungen

    4862 erhaltene Kostenvorschüsse (soweit nicht Anzahlungen)

    4863 erhaltene Kautionen

    4864

    :   frei

    4867

    4868 Verbindlichkeiten aus Haben-Salden der Kontengruppe 24

    4869 frei

  487 frei

  488 frei

  489 übrige sonstige Verbindlichkeiten

49 **Passive Rechnungsabgrenzung** (vgl. § 250 Abs. 2)

  490 passive Rechnungsabgrenzung

Anmerkung: Hier können je nach beliebiger Organisation weiter Konten für die **innerjährige Rechnungsabgrenzung** eingefügt werden.

5   **Erträge**

50   **Umsatzerlöse** (vgl. § 277 Abs. 1)

      500
      :   frei
      504
      505   st.freie Umsätze § 4 Ziff. 1 - 6 UStG
      506   st.freie Umsätze § 4 Ziff. 8 ff. UStG
      507   Lieferungen in das Währungsgebiet der Mark der DDR (WgM-DDR)
            5070   Erlöse 3 % Umsatzsteuer
            5075   Erlöse 6 % Umsatzsteuer
      508   Erlöse 1/2 USt.-Satz
      509   frei

51   **Umsatzerlöse** (vgl. § 277 Abs. 1)

      510   Umsatzerlöse für eigene Erzeugnisse
      :   und andere eigene Leistungen, 1/1 USt.-Satz
      513
      514   andere Umsatzerlöse, 1/1 USt.-Satz
      515   Umsatzerlöse für Waren, 1/1 USt.-Satz

      Erlösberichtigungen (soweit nicht den Umsatzerlösarten direkt zurechenbar)

      516   Skonti
            5161   Skonti, 1/2 USt.-Satz
            5165   Skonti, 1/1 USt.-Satz
      517   Boni
            5171   Boni, 1/2 USt.-Satz
            5175   Boni, 1/1 USt.-Satz
      518   andere Erlösberichtigungen
            5181   andere Erlösber. 1/2 USt.-Satz
            5185   andere Erlösber. 1/1 USt.-Satz
      519   frei

52 **Erhöhung oder Verminderung des Bestandes an unfertigen und fertigen Erzeugnissen**

521 Bestandsveränderungen an unfertigen und nicht abgerechneten Leistungen

522 Bestandsveränderungen an fertigen Erzeugnissen

523 frei

524 frei

* 525 zusätzliche Abschreibungen auf Erzeugnisse bis Untergrenze erwarteter Wertschwankungen gemäß § 253 Abs. 3 S. 3 (vgl. § 277 Abs. 3 S. 1)

* 526 steuerliche Sonderabschreibungen auf Erzeugnisse gemäß § 254 (vgl. § 279 Abs. 2 und § 281 Abs. 2 S. 1 und vgl. Kto. 6973

53 **Andere aktivierte Eigenleistungen**

530 selbsterstellte Anlagen

539 sonstige andere aktivierte Eigenleistungen

54 **Sonstige betriebliche Erträge** 8)

540 Nebenerlöse

5401 -- aus Vermietung und Verpachtung 8)

5402 -- frei

5403 -- aus Werksküche und Kantine

5404 -- aus anderen Sozialeinrichtungen

5405 -- aus Abgabe von Energien und Abfällen soweit nicht Umsatzerlöse

5406 -- aus anderen Nebenbetrieben

5407 -- frei

5408 -- frei

5409 -- sonstige Nebenerlöse

541 sonstige Erlöse 8)

5411 -- aus Provisionen

5412 -- aus Lizenzen

5413 -- aus Veräußerung von Patenten

542 Eigenverbrauch (umsatzsteuerpflichtige Lieferungen und Leistungen gemäß § 1 Abs. 1 Nr. 2 a, 2 b, 2 c und 3 UStG; vgl. Kto. 6935)

5421 Entn. v. Gegenst. gem. 2 a, 1/2 USt.-Satz

5422 Entn. v. Gegenst. gem. 2 a, 1/1 USt.-Satz

5423 Entn. v. so. Leistungen gem. 2 b,1/2 USt.-Satz

5424 Entn. v. so. Leistungen gem. 2 b,1/1 USt.-Satz

5425 Eigenverbrauch gem. 2 c, 1/2 USt.-Satz

5426 Eigenverbrauch gem. 2 c, 1/1 USt.-Satz

5427 Unentgeltl. Leistungen gem. Nr. 3, 1/2 USt.-Satz

5428 Unentgeltl. Leistungen gem. Nr. 3, 1/1 USt.-Satz

543 andere sonstige betriebliche Erträge

    5431 empfangene Schadenersatzleistungen

    5432 Schuldenerlaß

    5433 Steuerbelastungen an Organgesellschaften

    5434 Investitionszulagen

544 Erträge aus Werterhöhungen von Gegenständen des Anlagevermögens (Zuschreibungen gem. § 280 Abs. 1)

545 Erträge aus Werterhöhungen von Gegenständen des Umlaufvermögens außer Vorräten und Wertpapieren (Zuschreibungen gem. § 280 Abs. 1)

    5451 -- aus der Auflösung oder Herabsetzung der Einzelwertberichtigungen

    5452 -- aus der Auflösung oder Herabsetzung der Pauschalwertberichtigung

    5453 -- frei

    5454 -- aus Kurserhöhungen bei Forderungen in Fremdwährung und Valutabeständen

546 Erträge aus dem Abgang von Vermögensgegenständen

    5461 -- immaterielle Vermögensgegenstände

    5462 -- Sachanlagen

    5463 -- Umlaufvermögen (soweit nicht unter anderen Erlösen)

* 547 Erträge aus der Auflösung von Sonderposten mit Rücklageanteil (vgl. § 281 Abs. 2 und vgl. Kto. 697)

548 Erträge aus der Herabsetzung von Rückstellungen

    5481 Erträge aus der Auflösung von (nicht verbrauchten) Rückstellungen

    5489 Ausgleichsposten für (über andere Aufwendungen) verbrauchte Rückstellungen (z.B. bei Aufwendungen für Gewährleistung)

* 549 periodenfremde Erträge (soweit nicht bei den betroffenen Ertragsarten zu erfassen; vgl. § 277 Abs. 4 S. 3)

    5491 Rückerstattung von betrieblichen Steuern

    5492 Rückerstattung von Steuern vom Einkommen und Ertrag

    5493 Rückerstattung von sonstigen Steuern

    5494 andere Aufwandsrückerstattungen

    5495 Zahlungseingänge auf abgeschriebene Forderungen

    5496 andere periodenfremde Erträge

55 **Erträge aus Beteiligungen**

* Erträge aus Beteiligungen an verbundenen Unternehmen

* 550 Erträge aus Beteiligungen an verbundenen Unternehmen, mit denen Verträge über Gewinngemeinschaft, Gewinnabführung oder Teilgewinnabführung bestehen (gem. § 277 Abs. 3 ges. auszuweisen)

  551 Erträge aus Beteiligungen an anderen verbundenen Unternehmen

  552 Erträge aus Zuschreibungen zu Anteilen an verbundenen Unternehmen

  553 Erträge aus dem Abgang von Anteilen an verbundenen Unternehmen

  554 frei

* Erträge aus Beteiligungen an nicht verb. Unternehmen

* 555 Erträge aus Beteiligungen an nicht verbundenen Unternehmen, mit denen Verträge über Gewinngemeinschaft, Gewinnabführung oder Teilgewinnabführrungen bestehen (gem. § 277 Abs. 3 ges. auszuweisen)

  556 Erträge aus anderen Beteiligungen

  557 Erträge aus Zuschreibungen zu Anteilen an nicht verbundenen Unternehmen

  558 Erträge aus dem Abgang von Anteilen an nicht verbundenen Unternehmen

  559 frei

56 **Erträge aus anderen Wertpapieren und Ausleihungen des Finanzanlagevermögens**

* 560 Erträge von verbundenen Unternehmen aus anderen Wertpapieren und Ausleihungen des Anlagevermögens

    5601 Zinsen und ähnliche Erträge

    5602 Erträge aus Zuschreibungen zu anderen Wertpapieren

    5603 Erträge aus dem Abgang von anderen Wertpapieren

  565 Erträge von nicht verbundenen Unternehmen aus anderen Wertpapieren und Ausleihungen des Anlagevermögens

57 **Sonstige Zinsen und ähnliche Erträge**

* 570 sonstige Zinsen und ähnliche Erträge von verbundenen Unternehmen (einschl. Erträgen aus Wertpapieren des Umlaufvermögens)

  571 Bankzinsen

  572 frei

  573 Diskonterträge

  574 frei

  575 Bürgschaftsprovisionen

  576 Zinsen für Forderungen

  577 Aufzinsungserträge

578 Erträge aus Wertpapieren des Umlaufvermögens (soweit von nicht verbundenen Unternehmen)

    5781 Zinsen und Dividenden aus Wertpapieren des UV

    5782 zinsähnliche Erträge aus Wertpapieren des UV

    5783 Erträge aus der Zuschreibung zu Wertpapieren des UV

    5784 Erträge aus dem Abgang von Wertpapieren des UV

579 übrige sonstige Zinsen und ähnliche Erträge

58 **Außerordentliche Erträge** (vgl. § 277 Abs. 4)

59 **Erträge aus Verlustübernahme** (bei Tochtergesellschaft; Ausweis in der GuV vor der Pos. 20 Jahresüberschuß/Jahresfehlbetrag)

AUFWENDUNGEN   Kontenklasse 6

6 **Betriebliche Aufwendungen**

Materialaufwand

60 **Aufwendungen für Roh-, Hilfs- und Betriebsstoffe und für bezogene Waren**

    600 Rohstoffe/Fertigungsmaterial

    601 Vorprodukte/Fremdbauteile

    602 Hilfsstoffe

    603 Betriebsstoffe/Verbrauchswerkzeuge

    604 Verpackungsmaterial

    605 Energie

    606 Reparaturmaterial und Fremdinstandhaltung (sofern nicht unter 616, weil die Fremdinstandhaltung überwiegt)

    607 sonstiges Material

        6071 Putz- und Pflegematerial

        6072 Berufskleidung

        6073 Lebensmittel und Kantinenwaren

        6074 anderes sonstiges Material

    608 Aufwendungen für Waren

609 Sonderabschreibungen auf Roh-, Hilfs- und Betriebsstoffe und auf bezogene Waren (sofern das Kto. 609 noch für best. Materialien benötigt wird, können für diese Abschreibungen die Unterkonten 6198/6199 eingesetzt werden)

    6091 frei

  * 6092 zusätzliche Abschreibungen auf Material und Waren bis Untergrenze erwarteter Wertschwankungen gemäß § 253 Abs. 3 S. 3 bzw. nach vernünftiger kaufmännischer Beurteilung gem. § 253 Abs. 4 (vgl. § 279 Abs. 1 S. 1 und § 277 Abs. 3 S. 1)

  * 6093 steuerliche Sonderabschreibungen auf Material und Waren gem. § 254 (vgl. § 279 Abs. 2 u. § 281 Abs. 2 S. 1 und vgl. Kto. 6973)

61   Aufwendungen für bezogene Leistungen

  610 Fremdleistungen für Erzeugnisse und andere Umsatzleistungen

  611 Fremdleistungen für die Auftragsgewinnung (bei Auftragsfertigung-soweit einzelnen Aufträgen zurechenbar)

  612 Entwicklungs-, Versuchs- und Konstruktionsarbeiten durch Dritte

  613 weitere Fremdleistungen

    6131 Fremdleistungen für Garantiearbeiten

    6132 Leiharbeitskräfte für die Leistungserstellung

  614 Frachten und Fremdlager (incl. Vers. u. Nebenkosten)

  615 Vertriebsprovisionen (sofern nicht unter Kto. 676)

  616 Fremdinstandhaltung und Reparaturmaterial (alternativ zu Kto. 606, sofern die Fremdinstandhaltung überwiegt; eine Trennung von Fremdleistung und Material erscheint bei der Instandhaltung nicht sinnvoll)

  617 sonstige Aufwendungen für bezogene Leistungen

Aufwandsberichtigungen (soweit nicht den Aufwandsarten direkt zurechenbar)

  618 Skonti

    6181 Skonti 1/2 USt.-Satz

    6185 Skonti 1/1 USt.-Satz

  619 Boni und andere Aufwandsberichtigungen

    6191 Boni 1/2 USt.-Satz

    6195 Boni 1/1 USt.-Satz

    6197 andere Aufwandsberichtigungen

    :

    6199

Personalaufwand

62 Löhne

620 Löhne für geleistete Arbeitszeit einschl. tariflicher, vertraglicher oder arbeitsbedingter Zulagen
621 Löhne für andere Zeiten (Urlaub, Feiertag, Krankheit)
622 sonstige tarifliche oder vertragliche Aufwendungen für Lohnempfänger
623 freiwillige Zuwendungen
624 frei
625 Sachbezüge
626 Vergütungen an gewerbl. Auszubildende
627
: frei
628
629 sonstige Aufwendungen mit Lohncharakter

63 Gehälter

630 Gehälter einschließlich tariflicher, vertraglicher oder arbeitsbedingter Zulagen
631 frei
632 sonstige tarifliche oder vertragliche Aufwendungen
633 freiwillige Zuwendungen
634 frei
635 Sachbezüge
636 Vergütungen an techn./kaufm. Auszubildende
637
: frei
638
639 sonstige Aufwendungen mit Gehaltscharakter

64 Soziale Abgaben und Aufwendungen für Altersversorgung und für die Unterstützung

Soziale Abgaben

640 Arbeitgeberanteil zur Sozialversicherung (Lohnbereich)
641 Arbeitgeberanteil zur Sozialversicherung (Gehaltsbereich)
642 Beiträge zur Berufsgenossenschaft
643 sonstige soziale Abgaben
    6431 Beiträge zum Pensionssicherungsverein (PSV)
    6439 übrige sonstige soziale Abgaben

* *Aufwendungen für Altersversorgung*

644 gezahlte Betriebsrenten (einschl. Vorruhestandsgeld)

645 Veränderungen der Pensionsrückstellungen

646 Aufwendungen für Direktversicherungen

647 Zuweisungen an Pensions- und Unterstützungskassen

648 sonstige Aufwendungen für Altersversorgung

Aufwendung für Unterstützung

649 Beihilfen und Unterstützungsleistungen

65 Abschreibungen

* 650 Abschreibungen auf aktivierte Aufwendungen für die Ingangsetzung und Erweiterung des Geschäftsbetriebes (vgl. § 282)

Abschreibungen auf Anlagevermögen

651 Abschreibungen auf immaterielle Vermögensgegenstände des Anlagevermögens

    * 6511 Abschreibungen auf Rechte gem. Ktn.Gr. 02

    * 6512 Abschreibungen auf Geschäfts- oder Firmenwert

    * 6513 Abschreibungen auf Anzahlungen gem. Ktn.Gr. 04

* 652 Abschreibungen auf Grundstücke und Gebäude

* 653 Abschreibungen auf technische Anlagen und Maschinen

* 654 Abschreibungen auf andere Anlagen, Betriebs- und Geschäftsausstattung

    6541 Abschreibungen auf andere Anlagen und Betriebsausstattung

    :

    6543

    6544 Abschreibungen auf Fuhrpark

    6545 frei

    6546 Abschreibungen auf Geschäftsausstattung

    :

    6548

    6549 Abschreibungen auf geringwertige Wirtschaftsgüter

* 655 außerplanmäßige Abschreibungen auf Sachanlagen gem. § 253 Abs. 2 S.3 (vgl. § 279 Abs. 1 S. 2 u. § 277 Abs. 3)

* 656 steuerrechtliche Sonderabschreibungen auf Sachanlagen gem. § 254 (vgl. § 279 Abs. 2 u. § 281 Abs. 2 S. 1 und vgl. Kto. 6971)

* *Abschreibungen auf Umlaufvermögen (soweit das in d. Gesellsch. übliche Maß überschreitend, vgl. § 275 Abs. 2 Ziff. 7 b)*

657 unübliche Abschreibungen auf Vorräte

658 unübliche Abschreibungen auf Forderungen und sonstige Vermögensgegenstände

659 frei

66 Sonstige Personalaufwendungen

660 Aufwendungen für Personaleinstellung

661 Aufwendungen für übernommene Fahrtkosten

662 Aufwendungen für Werkarzt und Arbeitssicherheit

663 personenbezogene Versicherungen

664 Aufwendungen für Fort- und Weiterbildung

665 Aufwendungen für Dienstjubiläen

666 Aufwendungen für Belegschaftsveranstaltungen

667 frei (evtl. Aufwendungen für Werksküche und Sozialeinrichtungen)

668 Ausgleichsabgabe nach dem Schwerbehindertengesetz

669 übrige sonstige Personalaufwendungen

67 Aufwendungen für die Inanspruchnahme von Rechten und Diensten

670 Mieten, Pachten, Erbbauzinsen

671 Leasing

    6711 Leasing Sachmittel

    6712 Leasing EDV

672 Lizenzen und Konzessionen

673 Gebühren

674 Leiharbeitskräfte (soweit nicht unter 6132)

675 Bankspesen/Kosten des Geldverkehrs u. d. Kapitalbeschaffung

676 Provisionen (soweit nicht unter 611 oder 615)

677 Prüfung, Beratung, Rechtsschutz

678 Aufwendungen für Aufsichtsrat bzw. Beirat oder dergl.

679 frei

68 Aufwendungen für Kommunikation (Dokumentation, Informatik, Reisen, Werbung)

680 Büromaterial und Drucksachen

    6800 Büromaterial (sofern nicht unter 607)

    6805 Vordrucke/Formulare

    6806 andere Drucksachen

    :   (evtl. getrennt nach

    6809 Funktionsbereichen)

681 Zeitungen und Fachliteratur

    6811 Abonnements für Zeitungen und Fachliteratur

    6815 Bücher und sonstiges Informationsmaterial

682 Post

    6821 Porto

    6822 Telefon

    6823 andere Postnetzdienste

683 sonstige Kommunikationsmittel

684 frei

685 Reisekosten

    6851 Tagegeld und Übernachtung

    6852 Fahrt- und Flugkosten

    6853 Erstattung für private PKW-Benutzung und Parkgebühren

686 Gästebewirtung und Repräsentation

    6861 Bewirtung mit amtlichen Vordruck

    6862 Bewirtung ohne amtlichen Vordruck

    6863 Repräsentation

    6864

    :   frei

    6869 Spenden

687 Werbung

    6871 Werbegeschenke bis 50,00 DM

    6872 Werbegeschenke über 50,00 DM

    6873 übrige Werbeaufwendungen

688 frei

689 sonstige Aufwendungen für Kommunikation

69 Aufwendungen für Beiträge und sonstiges sowie Wertkorrekturen und periodenfremde Aufwendungen

690 Versicherungsbeiträge, diverse

691 Kfz.-Versicherungsbeiträge

692 Beiträge zu Wirtschaftsverbänden und Berufsvertretungen

693 andere sonstige betriebliche Aufwendungen

    6931 Verluste aus Schadensfällen

    6932 Forderungsverzicht

    6933 frei

    6934 frei

    6935 Eigenverbrauch (umsatzsteuerpflichtige Lieferungen und Leistungen ohne Entgelt gem. § 1 Abs. 1 UStG - soweit nicht an anderer Stelle als Aufwand oder Privatentnahme zu buchen; vgl. Kto. 542)

694 frei

695 Verluste aus Wertminderungen von Gegenständen des Umlaufvermögens (außer Vorräten und Wertpapieren)

    6951 Abschreibungen auf Forderungen wegen Uneinbringlichkeit

    6952 Einzelwertberichtigungen

    6953 Pauschalwertberichtigungen

    6954 Kursverluste bei Forderungen in Fremdwährung und Valutabeständen

 * 6955 zusätzliche Abschreibungen auf Forderungen in Fremdwährung und Valutabestände bis Untergrenze erwarteter Wertschwankungen gem. § 253 Abs. 3 S. 3 (vgl. § 277 Abs. 3 S. 1)

696 Verluste aus dem Abgang von Vermögensgegenständen

    6961 -- immaterielle Vermögensgegenstände

    6962 -- Sachanlagen

    6963 -- Umlaufvermögen (außer Vorräten und Wertpapieren)

697 Einstellungen in den Sonderposten mit Rücklageanteil

 * 6971 steuerliche Sonderabschreibungen auf Anlagevermögen gem. § 254 i.V.m. § 281 Abs 1 u. Abs. 2 S. 2 (vgl. Ktn. 656 und 7404)

    6972 frei

 * 6973 steuerliche Sonderabschreibungen auf Umlaufvermögen gem. § 254 i.V.m. § 281 Abs. 1 u. Abs. 2 S. 2 (vgl. Ktn. 526, 6095 u. 7403)

    6979 sonstige Einstellungen in den Sonderposten mit Rücklageanteil

698 Zuführungen zu Rückstellungen soweit nicht unter anderen Aufwendungen erfaßbar

    6981 Zuführungen für Gewährleistung

    6982 Zuführungen für Wechselobligo

    6989 Zuführungen aus sonstigem Grund

* 699 periodenfremde Aufwendungen(soweit nicht bei den betreffenden Aufwandsarten zu erfassen; vgl. § 277 Abs. 4 S. 3)

7   **Weitere Aufwendungen**

70   **Betriebliche Steuern**

    700   Gewerbekapitalsteuer

    701   Vermögensteuer

    702   Grundsteuer

    703   Kraftfahrzeugsteuer

    704   frei

    705   Wechselsteuer

    706   Gesellschaftsteuer

    707   Ausfuhrzölle

    708   Verbrauchsteuern

    709   sonstige betriebliche Steuern

71   **frei**

72   **frei**

73   **frei**

74   **Abschreibungen auf Finanzanlagen und auf Wertpapiere des Umlaufvermögens und Verluste aus entsprechenden Abgängen**

    740   Abschreibungen auf Finanzanlagen

       7401   frei

    * 7402   Abschreibungen auf den beizulegenden Wert gem. § 253 Abs. 2 S. 3 (Vgl. § 279 Abs. 1 S. 2 u. § 277 Abs. 3 S. 1)

    * 7403   steuerliche Sonderabschreibungen gem. § 254 (vgl. § 279 Abs. 2 u. § 281 Abs. 2 S. 1 und Kto. 6971)

    741   frei

    742   Abschreibungen auf Wertpapiere des Umlaufvermögens

       7421   Abschreibungen auf den Tageswert gem. § 253 Abs. 3 S. 1 und 2

    * 7422   zusätzliche Abschreibungen bis Untergrenze erwarteter Wertschwankungen gem. § 253 Abs. 3 S. 3 bzw. nach vernünftiger kfm. Beurteilung gemäß § 253 Abs. 4 (Vgl. § 279 Abs. 1 S. 1 u. § 277 Abs. 3 S.1)

    * 7423   steuerliche Sonderabschreibungen gem. § 254 (vgl. § 279 Abs. 2 u. § 281 Abs. 2 S. 1 und Kto. 6973)

    743   frei

    744   frei

745 Verluste aus dem Abgang von Finanzanlagen

746 Verluste aus dem Abgang von Wertpapieren des Umlaufvermögens

747

:   frei

748

* 749 Aufwendungen aus Verlustübernahme (gem. § 277 Abs. 3 S. 2 gesondert auszuweisen)

75   Zinsen und ähnliche Aufwendungen

* 750 Zinsen und ähnliche Aufwendungen an verbundene Unternehmen

751 Bankzinsen

    7511   Zinsen für Dauerkredite

    7512   Zinsen für andere Kredite

752 Kredit- und Überziehungsprovisionen

753 Diskontaufwand

754 Abschreibung auf Disagio

755 Bürgschaftsprovisionen

756 Zinsen für Verbindlichkeiten

757 Abzinsungsbeträge

758 frei

759 sonstige Zinsen und ähnliche Aufwendungen

76   Außerordentliche Aufwendungen (vgl. § 277 Abs. 4)

77   Steuern vom Einkommen und Ertrag

770 Gewerbeetragsteuer

771 Körperschaftsteuer

772 Kapitalertragsteuer

773 ausländ. Quellensteuer

774 frei

775 latente Steuern (vgl. § 274 und vgl. Kto. 385)

776 frei

777 frei

778 frei (ursprünglich vorgesehen im Sinne von § 257 Abs. 1 HGB-Reg.-entw. v. 26.8.83 für Steuern vom Einkommen, die Unternehmer/ Mitunternehmer von steuerlich zugerechneten Gewinnzahlen. Vgl. Kto. 388) 7)

779 sonstige Steuern vom Einkommen und Ertrag

78   Sonstige Steuern

79   Aufwendungen aus Gewinnabführungsvertrag (bei Tochtergesellschaft; Ausweis in GuV vor der Pos. 20 Jahresüberschuß/Jahresfehlbetrag)

8   **Ergebnisrechnungen**

80   **Eröffnung/Abschluß**

    800   Eröffnungsbilanzkonto
    801   Schlußbilanzkonto
    802   GuV-Konto Gesamtkostenverfahren
    803   GuV-Konto Umsatzkostenverfahren

Konten der Kostenbereiche für die GuV im Umsatzkostenverfahren

81   **Herstellungskosten**

    810   Fertigungsmaterial
    811   Fertigungsfremdleistungen
    812   Fertigungslöhne und -gehälter
    813   Sondereinzelkosten der Fertigung
    814   Primärgemeinkosten des Materialbereichs
    815   Primärgemeinkosten des Fertigungsbereichs
    816   Sekundärgemeinkosten des Materialbereichs (vgl. § 255 Abs. 2; anteilige Gemeinkosten des Verwaltungs- und Sozialbereichs)
    817   Sekundärgemeinkosten des Fertigungsbereichs (vgl. Hinweis unter Konto 816)

82   **Vertriebskosten**

83   **Allgemeine Verwaltungskosten**

84   **Sonstige betriebliche Aufwendungen**

Konten der kurzfristigen Erfolgsrechnung (KER) für innerjährige Rechnungsperioden (Monat, Quartal oder Halbjahr)

85 Korrekturkonten zu den Erträgen der Kontenklasse 5

850 Umsatzerlöse

851

852 Bestandsveränderungen

853 andere aktivierte Eigenleistungen

854 sonstige betriebliche Erträge

855 Erträge aus Beteiligungen

856 Erträge aus anderen Wertpapieren und Ausleihungen des Finanzvermögens

857 sonstige Zinsen und ähnliche Erträge

858 außerordentliche Erträge

859 frei

86 Korrekturkonten zu den Aufwendungen der Kontenklasse 6

860 Aufwendungen für Roh-, Hilfs- und Betriebsstoffe und für bezogene Waren

861 Aufwendungen für bezogene Leistungen

862 Löhne

863 Gehälter

864 Soziale Abgaben und Aufwendungen für Altersversorgung und für Unterstützung

865 Abschreibungen

866 sonstige Personalaufwendungen

867 Aufwendungen für die Inanspruchnahme von Rechten und Diensten

868 Aufwendungen für Kommunikation (Dokumentation, Informatik, Reisen, Werbung)

869 Aufwendungen für Beiträge und sonstiges sowie Wertkorrekturen und periodenfremde Aufwendungen

87 Korrekturkonten zu den Aufwendungen der Kontenklasse 7

870 betriebliche Steuern

871

: frei

873

874 Abschreibungen auf Finanzanlagen und auf Wertpapiere des Umlaufvermögens und Verluste aus entsprechenden Abgängen

875 Zinsen und ähnliche Aufwendungen

876 außerordentliche Aufwendungen

877 Steuern vom Einkommen und Ertrag

878 sonstige Steuern

879 frei

88 Kurzfristige Erfolgsrechnung (KER)

880 Gesamtkostenverfahren

881 Umsatzkostenverfahren

89 Innerjährige Rechnungsabgrenzung (alternativ zu 298 bzw. 498)

890 aktive Rechnungsabgrenzung

895 passive Rechnungsabgrenzung

Die Kontengruppen 85 - 87 erfassen die Gegenbuchungen zur KER auf Konto 880. Gleichzeitig enthalten sie die Abgrenzungsbeträge dieser periodenbereinigten Aufwendungen und Erträge zu den Salden der Kontenklasse 5 - 7. Die Gegenbuchung der Abgrenzungsbeträge erfolgt auf entsprechenden Konten der innerjährigen Rechnungsabgrenzung z.B. 298 bzw. 498 oder 890 bzw. 895.

KOSTEN- UND LEISTUNGSRECHNUNG (KLR) Kontenklasse 9

9 Kosten- und Leistungsrechnung

90 Unternehmensbezogene Abgrenzungen (betriebsfremde Aufwendungen und Erträge)

91 Kostenrechnerische Korrekturen

92 Kostenarten und Leistungsarten

93 Kostenstellen

94 Kostenträger

95 Fertige Erzeugnisse

96 Interne Lieferungen und Leistungen sowie deren Kosten

97 Umsatzkosten

98 Umsatzleistungen

99 Ergebnisausweise

*) Abgesehen von geringfügigen Ausnahmen wurde die Gliederung des IKR so angelegt, daß die laut den gesetzlichen Bilanz- und GuV-Gliederungsschemata für große Kapitalgesellschaften ausweispflichtigen Positionen jeweils eine Kontengruppe (zweistellige Nummern) belegen. Außerdem wurde bestimmten weiteren gesondert auszuweisenden Posten jeweils eine Kontengruppe eingeräumt. Die dann noch verbleibenden gesondert ausweispflichtigen Posten, die auf Einzelkonten (dreistellige Nummern) oder Unterkonten (vierstellige Nummern) erfaßt werden, wurden durch Kennzeichnung mit einem Stern (*) hervorgehoben. Zum Teil können einzelne Posten davon zusammengefaßt ausgewiesen werden. Die Pflicht zum gesonderten Ausweis kann sich auch auf den Anhang beziehen.

1) Hinweise auf Gesetzesparagraphen beziehen sich auf das HGB, sofern nichts anderes vermerkt ist.

2) Bestimmte Begriffe der gesetzlichen Gliederungsschemata können nicht in die Nomenklatur des Kontenrahmens selbst übernommen werden, weil sie sich nicht mit einem Konto oder einer Kontengruppe decken. Sie wurden deshalb in Kursivdruck als Zwischenüberschriften an die entsprechenden Stellen des Kontenrahmens eingefügt. Eine Ausnahme bilden demgegenüber die Kursivzeilen der Klasse 8, die als Überschriften zur Abgrenzung von getrennten Funktionsbereichen eingefügt wurden, sowie die Zwischenzeilen "Erlösberichtigungen" und "Aufwandsberichtigungen".

3) Für Anschaffungsnebenkosten und Anschaffungskostenminderungen können Unterkonten gebildet werden (vgl. Kontengruppe 20 und Konto 228).

4) Forderungen und Verbindlichkeiten aus Lieferungen und Leistungen werden im allgemeinen nach Inland und Ausland sowie ggf. nach weiteren Kundengruppierungen gegliedert. Für Forderungen und Verbindlichkeiten in Fremdwährung werden getrennte Konten geführt (vgl. Kontengruppen 24 und 44).

Für Verbindlichkeiten, die durch Pfandrechte oder ähnliche Rechte gesichert sind, empfiehlt es sich, in allen Kontengruppen jeweils getrennte Konten zu führen - vgl. § 285 Nr. 1 b u. Nr. 2 i.V.m. § 288 (vgl. Kontengruppen 44 - 48).

Eine Gliederung der Konten für Forderungen und Verbindlichkeiten nach den gesetzlich unterschiedenen Restlaufzeiten (vgl. § 268 Abs. 4 u. 5 und § 285 Nr. 1 a u. 2 i.V.m. § 288) wird nicht als generell zu empfehlen angesehen, da dies im Zeitablauf jeweils entsprechende Umbuchungen bedingen würde. Bei den Verbindlichkeiten ergäbe sich außerdem eine zusätzliche Komplikation durch die weitere gesetzliche Unterscheidung zwischen gesicherten und ungesicherten Verbindlichkeiten (vgl. § 285 Nr. 1 b u. Nr. 2). Es soll daher der Buchführungsorganisation im Einzelfall überlassen bleiben, ob sie dieses Kriterium der Restlaufzeiten im Kontenplan berücksichtigt.

5) Einzelwertberichtigungen können auch direkt auf den Einzelkonten bzw. auf Unterkonten zugeordnet werden (vgl. Konten 249, 254 u. 259).

6) Bei der Kontengruppe 33 ergibt sich eine Besonderheit. Sie steht anstelle der Position A IV der Passivseite "Gewinnvortrag/Verlustvortrag" des Bilanzgliederungsschemas. Eine gleichlautende Bezeichnung für die Kontengruppe erweist sich jedoch als nicht sinnvoll, weil in der Bilanz dieser Posten vom Gesetzgeber nur unter der Voraussetzung einer Bilanzaufstellung "vor Ergebnisverwendung" oder "nach vollständiger Ergebnisverwendung" vorgesehen ist. Bei Bilanzaufstellung "nach teilweiser Ergebnisverwendung" steht an dieser Stelle der Bilanz der Posten "Bilanzgewinn/Bilanzverlust". In allen drei Fällen ist es aber dieselbe Kontengruppe, die je nach den Voraussetzungen den einen oder den anderen Posten als Saldo ausweist. Es muß daher für die Kontengruppe eine Bezeichnung gewählt werden, die alle Alternativen abdeckt. Da sich in jedem Falle in dieser Kontengruppe die Buchungsschritte der "Ergebnisverwendung" abspielen, dürfte der Begriff "Ergebnisverwendung" die richtige Bezeichnung für diese Kontengruppe sein.

7) Die bei Einzelunternehmen und Personengesellschaften anfallenden Einkommensteuern für die Unternehmer/Mitunternehmer werden nicht in der Kontengruppe 77 erfaßt, sondern unmittelbar den jeweiligen Privatkonten belastet. Es besteht andererseits ein Interesse auch für den Bilanzleser, daß publizitätspflichtige Einzelunternehmen und Personengesellschaften ein mit Kapitalgesellschaften vergleichbares Ergebnis ausweisen können. Eine dem § 257 Abs. 1 HGB-Regierungsentwurf v. 26.8.83 entsprechende Regelung im Publizitätsgesetz wäre daher wünschenswert. (vgl. Konten 388 und 778).

8) Die mit den Konten 540 u. 541 angesprochenen Erträge können je nach den Verhältnissen des einzelnen Unternehmens auch zu den Umsatzerlösen gehören und sind dann in der Kontengruppe 50/51 zu erfassen (vgl. § 277 Abs.1).

Zusammenstellung wichtiger Sonderabschreibungen und erhöhter Absetzungen

§ 6 Abs.2 EStG, Abschn. 40 EStR

Betreff	Geringwertige Wirtschaftsgüter des Anlagevermögens deren Anschaffung- oder Herstellungskosten bzw. Teilwert abzüglich darin enthaltener Vorsteuer DM 800,-- nicht übersteigt.
Berechtigte	Land- und Forstwirte, Gewerbetreibende und selbständig Tätige.
Gewinnermittlung/ Buchführung	§§ 4 Abs.1 und Abs.3, 5 EStG/Buchführung oder Verzeichnis.
Begünstigungszeitraum/ zeitliche Voraussetzungen	Jahr der Anschaffung, Herstellung, Einlage oder Betriebseröffnung.
Art der Begünstigung	Volle Absetzung als Betriebsausgabe.
Sonstige Voraussetzungen	Die Wirtschaftsgüter müssen - abnutzbar, - beweglich und - selbständig nutzungsfähig sein.
Besonderheiten	In ein besonderes Verzeichnis müssen die geringwertigen Wirtschaftsgüter **nicht** aufgenommen werden, wenn die Anschaffungs- oder Herstellungskosten (abzüglich Vorsteuer) DM 100,-- nicht überschreiten. Nachträglicher Übergang von einer zeitanteiligen Abschreibung zur Vollabschreibung dieser geringwertigen Wirtschaftsgüter ist aufgrund des Nachholverbots für bewußt unterlassene Abschreibungen ausgeschlossen.

§ 7c EStG

Betreff	Baumaßnahmen an Gebäuden zur Schaffung neuer Mietwohnungen.
Berechtigte	Steuerpflichtiger.
Gewinnermittlung/ Buchführung	Bei Betriebsvermögen: Buchführung oder Verzeichnis.
Begünstigungszeitraum/ zeitliche Voraussetzungen	Bauantrag bzw. Baubeginn **nach** dem 02.10. 1989. Fertigstellung **vor** dem 01.01.1993. Anwendung der Vorschrift erstmals für den Veranlagungszeitraum 1989.
Art der Begünstigung	Erhöhte Absetzung im Jahr der Fertigstellung und in den folgenden 4 Jahren, jährlich 20 v. H. der durch die Baumaßnahme angefallenen Aufwendungen (berücksichtigungsfähige Aufwendungen höchstens DM 60.000,-- je Wohnung).

Sonstige Voraussetzungen	Die Wohnung muß im Begünstigungszeitraum fremden Wohnzwecken dienen.
Besonderheiten	Neben den erhöhten Absetzungen dürfen keine Mittel aus öffentlichen Haushalten unmittelbar oder mittelbar gewährt worden sein.

§ 7d EStG, Abschn. 77 EStR

Betreff	Abnutzbare bewegliche und unbewegliche Wirtschaftsgüter des Anlagevermögens, die dem **Umweltschutz** dienen.
Berechtigte	Land- und Forstwirte, Gewerbetreibende und selbständig Tätige.
Gewinnermittlung/ Buchführung	§§ 4 Abs.1 und Abs.3, 5 EStG/Buchführung oder Verzeichnis.
Begünstigungszeitraum/ zeitliche Voraussetzungen	Anschaffung oder Herstellung **nach** dem 31.12.1974 und **vor** dem 01.01.1991. Die Wirtschaftsgüter müssen in einem bereits 2 Jahre **bestehenden** Betrieb eingesetzt werden. Mindestens 5-jährige Zweckbindung.
Art der Begünstigung	Die erhöhte Absetzung tritt an die Stelle der Normal AfA nach § 7 EStG. Im Wirtschaftjahr der Anschaffung oder Herstellung können bis zu 60 v.H., in folgenden Wirtschaftsjahren bis zur vollen Absetzung jeweils bis zu 10 v.H. der Anschaffungs- oder Herstellungskosten abgesetzt werden. Nicht in Anspruch genommene erhöhte Absetzungen können nachgeholt werden. Nachträgliche Anschaffungskosten, die **vor** dem 1.1.1991 entstanden sind, können (abweichend von § 7a Abs.1 EStG) so behandelt werden, als wären sie im Wirtschaftsjahr der Anschaffung oder Herstellung entstanden.
Sonstige Voraussetzungen	Die Wirtschaftsgüter müssen **zu mehr als 70 v.H.** unmittelbar dem Umweltschutz dienen. Das Wirtschaftsgut muß in einer inländischen Betriebsstätte eingesetzt sein. Es ist eine behördliche Bescheinigung erforderlich und die Anschaffung oder Herstellung muß im öffentlichen Interesse sein.
Besonderheiten	Begünstigt sind auch Anzahlungen auf Anschaffungskosten und Teilherstellungskosten, Zuschüsse zur Mitbenutzung begünstigter Wirtschaftsgüter, sowie gebraucht erworbene Wirtschaftsgüter.

§ 7e EStG, §§ 13, 22 EStDV, Abschn. 78a EStR

Betreff	Fabrikgebäude, Lagerhäuser und landwirtschaftliche Betriebsgebäude.
Berechtigte	Gewerbetreibende, Land- und Forstwirte mit Vertriebenen- oder Verfolgteneigenschaft.

438

Gewinnermittlung/ Buchführung	§§ 4 Abs.1 und Abs.3, 5 EStG/Buchführung oder Verzeichnis.
Begünstigungszeitraum/ zeitliche Voraussetzungen	Herstellung **vor** dem 1.1.1993. Die Herstellung **nach** dem 31.12.1966 ist nur begünstigt, wenn das Gebäude vor Ablauf des 10 Kalenderjahres seit Beginn der Tätigkeit in der Bundesrepublik Deutschland hergestellt worden ist.
Art der Begünstigung	Sonderabschreibung bis zu je 10 v.H. neben der Normal-AfA im Jahr der Fertigstellung und dem darauffolgenden Jahr.
Sonstige Voraussetzungen	Verlust der früheren Erwerbsgrundlage durch Flucht, Vertreibung oder Verfolgung. Das Gebäude muß unmittelbar eigenen betrieblichen Zwecken dienen. Die Abschreibung ist nur zulässig, wenn der Steuerpflichtige Wohnsitz oder gewöhnlichen Aufenthalt in der Bundesrepublik Deutschland **vor** dem 1.1.1990 begründet hat und das Gebäude vor Ablauf des zwanzigsten Kalenderjahres seit der erstmaligen Wohnsitzbegründung hergestellt worden ist.
Besonderheiten	Normal-AfA nur linear, nicht degressiv.

§ 7f EStG, Abschn. 82 EStR

Betreff	Abnutzbares Anlagevermögen privater Krankenhäuser.
Berechtigte	Steuerpflichtige, die im Inland ein privates Krankenhaus betreiben.
Gewinnermittlung/ Buchführung	§§ 4 Abs.1 und Abs.3, 5 EStG/Buchführung oder Verzeichnis.
Begünstigungszeitraum/ zeitliche Voraussetzungen	Anschaffung oder Herstellung **nach** dem 31.12.1976.
Art der Begründung	Sonderabschreibung neben der Absetzung nach § 7 Abs.1 oder 4 EStG im Jahr der Anschaffung oder Herstellung und in den folgenden 4 Jahren bei **beweglichen** Wirtschaftsgütern bis insgesamt 50 v.H., bei **unbeweglichen** Wirtschaftsgütern bis 30 v.H. der Anschaffungs- oder Herstellungskosten. Beliebige Verteilung der Sonderabschreibung.
Sonstige Voraussetzungen	Das private Krankenhaus muß die Voraussetzungen des § 67 Abs.1 oder Abs.2 AO erfüllen. Die Wirtschaftsgüter des Anlagevermögens müssen dem Betrieb des Krankenhauses dienen. Die Voraussetzungen für das Vorliegen eines Krankenhauses sind detailliert geregelt und müssen im Zweifel gesondert geprüft werden (Abschn. 82 Abs.2, 3 und 4 EStR).
Besonderheiten	Normal-AfA nur linear, nicht degressiv. Begünstigt sind auch Anzahlung auf Anschaffungskosten und Teilherstellungskosten.

§ 7g EStG, Abschn. 83 EStR

Betreff	**Neue** bewegliche Wirtschaftsgüter des Anlagevermögens in kleinen und mittleren Betrieben.
Berechtigte	Land- und Forstwirte, Gewerbetreibende, selbständig Tätige.
Gewinnermittlung/ Buchführung	§§ 4 Abs.1 und Abs.3, 5 EStG/Buchführung oder Verzeichnis.
Begünstigungszeitraum/ zeitliche Voraussetzungen	Anschaffung oder Herstellung **nach** dem 31.12.1987.
Art der Begünstigung	Sonderabschreibung neben der Normal-AfA oder degressiven AfA im Jahr der Anschaffung oder Herstellung bis 20 v.H. der Anschaffungs- oder Herstellungskosten im Jahr der Anschaffung oder Herstellung und in den 4 folgenden Jahren.
Sonstige Voraussetzungen	Einheitswert des Betriebs nicht mehr als DM 240.000,-- und Gewerbekapital nicht mehr als DM 500.000,--. Ausschließlich oder fast ausschließlich betriebliche Nutzung im Jahr der Anschaffung oder Herstellung (eigenbetriebliche Nutzung mindestens 90 v.H.). Nur **neue** bewegliche Wirtschaftsgüter des Anlagevermögens sind begünstigt. Das Wirtschaftsgut muß mindestens 1 Jahr nach seiner Anschaffung oder Herstellung in einer inländischen Betriebsstätte verbleiben (unschädlich ist allerdings eine Veräußerung des Wirtschaftsgutes im Rahmen einer Gesamtbetriebsveräußerung).
Besonderheiten	Normal-AfA linear **oder** degressiv (Abschn. 45. Abs.5 EStR).

§ 7h EStG

Betreff	Modernisierungs- und Instandhaltungsmaßnahmen bei Gebäuden in Sanierungsgebieten und städtebaulichen Entwicklungsbereichen.
Berechtigte	Steuerpflichtige.
Gewinnermittlung/ Buchführung	Bei Betriebsvermögen: Buchführung oder Verzeichnis.
Begünstigungszeitraum/ zeitliche Voraussetzungen	Die Vorschrift ist erstmals anzuwenden für Maßnahmen, die **nach** dem 31.12.1991 abgeschlossen worden sind. Werden Anschaffungskosten begünstigt, kann die Maßnahme auch **vor** dem 1.1.1992 abgeschlossen worden sein (§ 52 Abs.12b EStG).
Art der Begünstigung	Erhöhte Absetzung an Stelle der Absetzung nach § 7 Abs.4 und 5 EStG bis zu 10 v.H. der Herstellungs- oder Anschaffungskosten im Jahr der Herstellung oder Anschaffung und in den folgenden 9 Jahren. Die erhöhte Absetzung kann auch für Anschaffungskosten in Anspruch genommen werden, die auf Sanierungsmaßnahmen entfallen, die **nach** dem rechtswirksamen Abschluß eines obligatorischen Erwerbsvertrags oder eines gleichstehenden Rechtsaktes durchgeführt worden sind.

Sonstige Voraussetzungen	Nachweis der erforderlichen Voraussetzungen durch eine Bescheinigung der zuständigen Gemeindebehörde. Erhöhte Absetzung nur, soweit die Herstellungs- oder Anschaffungskosten **nicht** durch Zuschüsse aus Sanierungs- oder Entwicklungsförderungsmitteln gedeckt sind.
Besonderheiten	Anwendung auch auf Gebäudeteile, die selbständige unbewegliche Wirtschaftsgüter sind, sowie auf Eigentumswohnungen und auf in Teileigentum stehende Räume.

§ 7i EStG

Betreff	Baumaßnahmen bei Baudenkmalen.
Begünstigte	Steuerpflichtige.
Gewinnermittlung/ Buchführung	Bei Betriebsvermögen: Buchführung oder Verzeichnis.
Begünstigungszeitraum/ zeitliche Voraussetzungen	Die Vorschrift ist erstmals anzuwenden für Baumaßnahmen, die **nach** dem 31.12.1991 abgeschlossen worden sind. Werden Anschaffungskosten begünstigt, kann die Baumaßnahme auch **vor** dem 1.1.1992 abgeschlossen worden sein (§ 52 Abs.12b EStG).
Art der Begünstigung	Erhöhte Absetzung an Stelle der Absetzung nach § 7 Abs.4 und 5 EStG bis zu 10 v.H. der Herstellungs- oder Anschaffungskosten im Jahr der Herstellung oder Anschaffung und in den folgenden 9 Jahren. Die erhöhte Absetzung kann auch für Anschaffungskosten in Anspruch genommen werden, die auf Baumaßnahmen entfallen, die **nach** dem rechtswirksamen Abschluß eines obligatorischen Erwerbsvertrages oder eines gleichstehenden Rechtsaktes durchgeführt worden sind.
Sonstige Voraussetzungen	Nachweis der Voraussetzungen durch eine Bescheinigung von der zuständigen Stelle. Erhöhte Absetzung nur, soweit die Herstellungs- oder Anschaffungskosten nicht durch Zuschüsse aus öffentlichen Kassen gedeckt sind.
Besonderheiten	Durch die Nutzung des Gebäudes muß die Erhaltung der schützenswerten Substanz auf Dauer gewährleistet sein. Die Baumaßnahme muß in Abstimmung mit der für Denkmalschutz oder Denkmalpflege zuständigen Behörde erfolgen.

§ 7k EStG

Betreff	Wohnungen mit Sozialbindung.
Berechtigte	Steuerpflichtige.
Gewinnermittlung/ Buchführung	Bei Betriebsvermögen: Buchführung oder Verzeichnis.
Begünstigungszeitraum/ zeitliche Voraussetzungen	Im Falle der Herstellung muß der Bauantrag **nach** dem 28.02.1989 gestellt worden sein. Im Falle der Anschaffung muß ein rechtswirksamer obligatorischer Vertrag **nach** dem 28.02.1989 abgeschlossen worden sein und die Anschaffung bis zum Ende des Jahres der Fertigstellung erfolgt sein. Die Wohnung muß **vor** dem 1.1.1993 fertiggestellt worden sein.
Art der Begünstigung	Erhöhte Absetzungen an Stelle von Absetzung nach § 7 Abs.4 und 5 EStG bis zu 10 v.H. der Anschaffungs- oder Herstellungskosten im Jahr der Fertigstellung und in den folgenden 4 Jahren. In den folgenden 5 Jahren jeweils 7 v.H. der Herstellungs- oder Anschaffungskosten. Nach Ablauf dieser 10 Jahre jährlich 3 1/3 v.H. des Restwertes bis zur vollen Absetzung.
Sonstige Voraussetzungen	Im Falle der Anschaffung erhöhte Absetzung durch den Erwerber nur, wenn der **Hersteller** weder Absetzungen nach § 7 Abs.5 EStG noch erhöhte Absetzungen noch Sonderabschreibungen in Anspruch genommen hat. Für die Wohnung dürfen keine Mittel aus öffentlichen Haushalten unmittelbar oder mittelbar gewährt worden sein. Die Wohnung muß im Jahr der Anschaffung oder Herstellung und in den folgenden 9 Jahren (**Verwendungszeitraum**) fremden Wohnzwecken dienen.
Besonderheiten	Für jedes Jahr des Verwendungszeitraumes muß durch eine Bescheinigung insbesondere nachgewiesen werden, daß die Wohnung an Personen mit **Wohnberechtigung** nach § 5 Wohnungsbindungsgesetz vermietet ist und die Miete eine von der Landesbehörde festgesetzte **Höchstgrenze** nicht überschreitet.

§ 76 EStDV, Abschn. 231, 232 EStR

Betreff	Bestimmte Wirtschaftsgüter und bestimmte Baumaßnahmen bei Land- und Forstwirten, deren Gewinn **nicht** nach Durchschnittssätzen zu ermitteln ist.
Berechtigte	Land- und Forstwirte.
Gewinnermittlung/ Buchführung	§§ 4 Abs.1 und Abs.3 EStG/Buchführung oder Verzeichnis. Bei Gewinnermittlung nach Durchschnittssätzen siehe § 78 EStDV.

Begünstigungszeitraum/ zeitliche Voraussetzungen	Anschaffung, Herstellung oder Um- und Ausbauten bis zum Ende des Wirtschaftsjahres 1991/1992. Zuschüsse müssen bis zum Ende des Wirtschaftsjahres 1991/92 hingegeben sein.
Art der Begünstigung	Sonderabschreibung neben Normal-AfA nach § 7 Abs.1 und Abs.4 EStG im Jahr der Anschaffung oder Herstellung und in den 2 folgenden Jahren bei beweglichen Wirtschaftsgütern bis insgesamt 50 v.H., bei unbeweglichen Wirtschaftsgütern bis insgesamt 30 v.H. der Anschaffungs- oder Herstellungskosten. Wird zur Finanzierung der Anschaffung, Herstellung oder des Um- bzw. Ausbaus ein Zuschuß hingegeben, können im Wirtschaftsjahr der Hingabe des Zuschusses und in den folgenden 2 Jahren Sonderabschreibungen bis zur Höhe von insgesamt 50 v.H. des Zuschusses vorgenommen werden. Beliebige Verteilung der Sonderabschreibung.
Sonstige Voraussetzungen	Die begünstigten Wirtschaftsgüter sind in Anlage 1 und 2 zur EStDV aufgeführt.
Besonderheiten	Normal-AfA nur linear, nicht degressiv, Nutzungsdauer bei **unbeweglichen** Wirtschaftsgütern höchstens 30 Jahre. Der Land- und Forstwirt muß den Zuschuß zum Zweck der Mitbenutzung der in Anlage 1 und 2 bezeichneten Wirtschaftsgüter hingeben. Der Empfänger muß den Zuschuß unverzüglich und unmittelbar zur Finanzierung der Anschaffung, Herstellung oder des Um- und Ausbaus verwenden. Die Inanspruchnahme der Bewertungsfreiheit nach § 76 EStDV schließt eine Inanspruchnahme von § 7e EStG aus. Bei Verlustentstehung durch die Sonderabschreibung ist § 15a EStG zu beachten.

§ 81 EStDV

Betreff	Bestimmte Wirtschaftsgüter des Anlagevermögens im Kohlen- und Erzbergbau.
Berechtigte	Gewerbetreibende.
Gewinnermittlung/ Buchführung	§ 5 EStG/Buchführung oder Verzeichnis.
Begünstigungszeitraum/ zeitliche Voraussetzungen	Im Jahr der Anschaffung oder Herstellung und in den folgenden 4 Jahren. Vorabraumkosten, die im Zusammenhang mit der Anschaffung- oder Herstellung von Wirtschaftsgütern für den Tagebaubetrieb aufgewendet wurden, müssen **nach** dem 31.12.1973 angefallen sein.
Art der Begünstigung	Sonderabschreibung neben der Normal-AfA bei **beweglichen** Wirtschaftsgütern bis insgesamt 50 v.H., bei **unbeweglichen** Wirtschaftsgütern bis insgesamt 30 v.H. der Anschaffungs- oder Herstellungskosten. Vorabraumkosten sind bis zu 50 v.H. sofort als Betriebsausgabe abziehbar. Beliebige Verteilung der Sonderabschreibung.

Sonstige Voraussetzungen	Errichtung, Zusammenschluß, Wiederaufschluß, Rationalisierung und Erweiterung bestimmter Anlagen. Die begünstigten Wirtschaftsgüter sind in Anlage 5 u. 6 zur EStDV aufgeführt. Die Förderungswürdigkeit ist durch eine behördliche Bescheinigung zu belegen.
Besonderheiten	Normal-AfA nur linear, nicht degressiv. Begünstigt sind auch Anzahlungen auf Anschaffungskosten und Teilherstellungskosten. Bei Verlustentstehung durch Sonderabschreibung ist § 15a EStG zu beachten.

§ 82a EStDV, Abschn. 158, 158a, 160a EStR

(Fassung für in der Zeit von 01.07.1985 - 31.12.1991 fertiggestellten Anlagen)

Betreff	1. Herstellungskosten für:
	  - Fernwärmeanschluß
	  - Wärmepumpen, Solaranlagen und Wärmerückgewinnungsanlagen
	  - Windkraftanlagen
	  - Gasgewinnungsanlagen
	  - Warmwasseranlagen, zentrale Heizungsanlage, Heizkessel, Brenner und dgl.
	2. Erhaltungsaufwand für Maßnahmen gemäß 1. in eigengenutzten Wohnungen ohne Nutzwertbesteuerung.
	3. Aufwendungen für die Anschaffung neuer Einzelöfen für 10 Jahre alte Wohnungen ohne Zentralheizung.

Berechtigte	Steuerpflichtige.
Gewinnermittlung/ Buchführung	Bei Betriebsvermögen: Buchführung oder Verzeichnis.
Begünstigungszeitraum/ zeitliche Voraussetzungen	

	zu 1)	Fertigstellung der Einbauten von **Anlagen** und **Einrichtungen nach** dem 30.6.1985 und **vor** dem 1.1.1992.
	zu 2)	Die **Erhaltungsaufwendungen** müssen **nach** dem 30.6.1985 und **vor** dem 1.1.1992 abgeschlossen sein.
	zu 3)	Die **Anschaffung** muß **nach** dem 30.6.1985 und **vor** dem 1.1.1992 erfolgt sein.

Art der Begünstigung	Erhöhte Absetzung an Stelle der Normal-AfA nach § 7 Abs.4 und 5 EStG oder der erhöhten AfA nach 7b EStG im Jahr der Herstellung und den 9 folgenden Jahren bis zu je 10 v.H. der Herstellungskosten. Sonderausgabenabzug der Erhaltungsaufwendungen und der Anschaffungskosten für Einzelöfen.
Sonstige Voraussetzungen	Im Falle des Anschlusses eines Gebäudes an eine Fernwärmeversorgung, muß das Gebäude vor dem 1.7.1983 fertiggestellt worden sein.

Die erhöhten Absetzungen können nicht vorgenommen werden, wenn für dieselbe Maßnahme eine Investitionszulage gewährt wird.

§ 82d EStDV, Abschn. 234 EStR

Betreff

Abnutzbare Wirtschaftgüter des Anlagevermögens, die der Forschung und Entwicklung dienen.

Berechtigte

Land- und Forstwirte, Gewerbetreibende und selbständig Tätige.

**Gewinnermittlung/
Buchführung**

§§ 4 Abs.1 und 3, 5 EStG/Buchführung oder Verzeichnis.

**Begünstigungszeitraum/
zeitliche Voraussetzungen**

Anschaffung oder Herstellung in der Zeit **vom** 19.5.1983 **bis** zum 31.12.1989.

Art der Begünstigung

Sonderabschreibung neben der Normal-AfA im Wirtschaftsjahr der Anschaffung oder Herstellung und 4 folgenden Wirtschaftsjahre,
- bei **beweglichen** Wirtschaftsgütern bis zu insgesamt 40 v.H.,
- bei **unbeweglichen** Wirtschaftsgütern sowie Ausbauten und Erweiterungen, die zu **mehr als 2/3** der Forschung und Entwicklung dienen, bis zu insgesamt 15 v.H.,
- bei **unbeweglichen** Wirtschaftsgüter sowie Ausbauten und Erweiterungen, die **zu mehr als 1/3** der Forschung und Entwicklung dienen, bis zu insgesamt 10 v.H.
der Anschaffungs- oder Herstellungskosten.

Sonstige Voraussetzungen

Bewegliche Wirtschaftsgüter müssen **ausschließlich, unbewegliche** Wirtschaftsgüter zu **mehr als 2/3** oder **wenigstens zu 1/3** seit ihrer Anschaffung oder Herstellung mindestens 3 Jahre in einer inländischen Betriebssätte der Forschung und Entwicklung des Steuerpflichtigen dienen.

Besonderheiten

Die Wirtschaftsgüter müssen zur **Grundlagenforschung, Neuentwicklung** und zur **Weiterentwicklung** von Erzeugnissen oder Herstellungsverfahren verwendet werden. Sonderabschreibung auch für Wirtschaftsgüter, die nur mittelbar der Forschung und Entwicklung dienen.
Normal-AfA nur linear, nicht degressiv. Begünstigt sind auch Anzahlungen auf Anschaffungskosten und Teilherstellungskosten. Gleichzeitig mit der Sonderabschreibung ist auch eine Investitionszulage (§ 4 InvZulG) möglich. Bei Verlustentstehung durch die Sonderabschreibung ist § 15a EStG zu beachten.

§ 82f EStDV

Betreff	Handelsschiffe, Seefischerei-Schiffe und Luftfahrzeuge.
Berechtigte	Gewerbetreibende.
Gewinnermittlung/ Buchführung	§ 5 EStG/Buchführung oder Verzeichnis.
Begünstigungszeitraum/ zeitliche Voraussetzungen	Anschaffung oder Herstellung **vor** dem 1.1.1995. Handels- und Seefischerei-Schiffen dürfen innerhalb von **8 Jahren** nach ihrer Anschaffung- oder Herstellung **nicht veräußert** werden. Für Luftfahrzeuge gilt eine Frist von **6 Jahren.**
Art der Begünstigung	Sonderabschreibung neben der Normal-AfA im Jahr der Anschaffung oder Herstellung und in den 4 folgenden Jahren bis insgesamt 40 v.H. der Anschaffungs- oder Herstellungskosten, bei Luftfahrzeugen bis insgesamt 30 v.H. der Anschaffungs- oder Herstellungskosten.
Sonstige Voraussetzungen	Handels- und Seefischerei-Schiffen müssen in ein inländisches Seeschiffregister und Luftfahrzeuge müssen in die deutsche Luftfahrzeugrolle eingetragen sein.
Besonderheiten	Normal-AfA nur linear, nicht degressiv. Begünstigt sind auch Anzahlungen auf Anschaffungskosten und Teilherstellungskosten. Die Sonderabschreibung darf u.U. zur Entstehung oder Erhöhung eines Verlustes führen (vgl. Abschn. 45 Abs.7 EStR).

§ 82g EStDV, Abschn. 159, 160a EStR

Betreff	Bestimmte Baumaßnahmen im Sinne des Baugesetzes.
Berechtigte	Steuerpflichtige.
Gewinnermittlung/ Buchführung	Bei Betriebsvermögen: Buchführung oder Verzeichnis.
Begünstigungszeitraum/ zeitliche Voraussetzungen	Die Baumaßnahmen müssen **nach** dem 31.7.1971 und **vor** dem 1.1.1992 durchgeführt werden.
Art der Begünstigung	Erhöhte Absetzungen an Stelle der AfA nach § 7 Abs.4 bzw. 5 EStG oder § 7b EStG im Jahr der Herstellung und den 9 folgenden Jahren jeweils bis zu 10 v.H. der durch Zuschüsse nicht gedeckten Herstellungskosten.

Sonstige Voraussetzungen	Modernisierungs- und Instandsetzungsmaßnahmen für Gebäude in einem förmlich festgelegten Sanierungsgebiet oder städtebaulichen Entwicklungsbereich, sowie Maßnahmen, die der Erhaltung, Erneuerung und funktionsgerechten Verwendung eines Gebäudes dienen, das wegen seiner geschichtlichen, künstlerischen oder städtebaulichen Bedeutung erhalten bleiben soll. Die tatsächliche Durchführung der Baumaßnahmen muß durch eine Bescheinigung der zuständigen Gemeindebehörde nachgewiesen werden.
Besonderheiten	Gilt auch für eigengenutzte Einfamilienhäuser, sofern die Herstellungskosten nicht in die Bemessungsgrundlage des § 10e EStG einbezogen wurden (§ 52 Abs.21 EStG).

§ 82i EStDV, Abschn. 160, 160a EStR

Betreff	Baumaßnahmen zur Erhaltung von Baudenkmälern.
Berechtigte	Steuerpflichtige.
Gewinnermittlung/ Buchführung	Bei Betriebsvermögen: Buchführung oder Verzeichnis.
Begünstigungszeitraum/ zeitliche Voraussetzungen	Die Vorschrift ist erstmals anzuwenden für Herstellungsarbeiten, die **nach** dem 31.12.1977 abgeschlossen werden.
Art der Begünstigung	Sonderabschreibung an Stelle der Normal-AfA nach § 7 Abs.4 im Jahr der Herstellung und in den neun folgenden Jahren jeweils bis zu 10 v.H. der Herstellungskosten.
Sonstige Voraussetzungen	Die Voraussetzungen der höhten Absetzung und die Erforderlichkeit der Herstellungskosten müssen durch eine behördliche Bescheinigung nachgewiesen werden.
Besonderheiten	Gilt auch für eigengenutzte Einfamilienhäuser, sofern die Herstellungskosten nicht in die Bemessungsgrundlage des § 10e EStG einbezogen wurden (§ 52 Abs.21 EStG).

§§ 7, 9, 12, 40 Schutzbaugesetz, §§ 1,2,3 Schutzbau-Höchstbetragsverordnung Abschn. 42b EStR

Betreff	Schutzräume.
Berechtigte	Steuerpflichtige.
Gewinnermittlung/ Buchführung	Bei Betriebsvermögen: Buchführung oder Verzeichnis

Begünstigungszeitraum/ zeitliche Voraussetzungen	Rückwirkung steuerlicher Vergünstigungen bei Hausschutzräumen, die **nach** dem 31.12.1958 und **vor** dem 1.1.1966 fertiggestellt worden sind.
Art der Begünstigung	Erhöhte Absetzung an Stelle der Normal-AfA im Jahr der Fertigstellung und in den 11 folgenden Jahren jeweils bis zu 10 v.H. der tatsächlichen Herstellungskosten abzüglich eines gewährten Zuschußbetrages, jedoch nicht mehr als der gesetzliche Höchstbetrag.
Sonstige Voraussetzungen	Einbau von Schutzräumen in Neubauten und bestehende Gebäude. Behördliche Bescheinigung ist erforderlich.
Besonderheiten	Gilt auch für eigengenutzte Einfamilienhäuser, sofern die Herstellungskosten nicht in die Bemessungsgrundlage des § 10e EStG einbezogen wurden (§ 52 Abs.21 EStG). Die Vergünstigung gilt nicht für Schutzräume in Gebäuden, die in Berlin belgen sind.

§ 14 BerlinFG
(Fassung ab 1.1.1990)

Betreff	Abnutzbare bewegliche und unbewegliche Wirtschaftsgüter im Anlagevermögen einer Betriebsstätte in Berlin (West), sowie Schiffe.
Berechtigte	Land- und Forstwirte, Gewerbetreibende, selbständig Tätige.
Gewinnermittlung/ Buchführung	§§ 4 Abs.1 und 3, 5 EStG/Buchführung oder Verzeichnis.
Begünstigungszeitraum/ zeitliche Voraussetzungen	Im Jahr der Anschaffung oder Herstellung und in den 4 folgenden Wirtschaftsjahren.
Art der Begünstigung	Erhöhte Absetzungen an Stelle der Normal-AfA nach § 7 EStG im Wirtschaftsjahr der Anschaffung oder Herstellung und in den 4 folgenden Wirtschaftsjahren bis zu insgesamt 75 v.H. der Anschaffungs- oder Herstellungskosten.
Sonstige Voraussetzungen	**Bewegliche** Wirtschaftsgüter müssen **neu** sein und mindestens **3 Jahre** nach ihrer Anschaffung oder Herstellung in einer in Berlin (West) belegenen Betriebstätte verbleiben. **Unbewegliche** in Berlin (West) belegene Wirtschaftsgüter müssen mindestens **3 Jahre** im Betrieb des Steuerpflichtigen zu **mehr als 80 v.H.** der Fertigung oder Wiederherstellung von Wirtschaftsgütern oder Forschung und Entwicklung oder Geschäftsführung oder Verwaltung dienen. **Schiffe** müssen **mindestens 8 Jahre** nach ihrer Anschaffung oder Herstellung in einer in Berlin (West) belegenen Betriebsstätte verbleiben und im ungebrauchten Zustand vom Hersteller erworben worden sein.

Besonderheiten	Begünstigt sind auch Ausbauten und Erweiterungen und andere nachträgliche Herstellungsarbeiten sowie Anzahlungen auf Anschaffungskosten und Teilherstellungskosten. Die erhöhte Absetzung darf u.U. zur Entstehung oder Erhöhung eines Verlustes führen (Abschn. 45 Abs.7 EStR).

§ 14a Abs.1 und Abs.2 BerlinFG

Betreff	Mehrfamilienhäuser in Berlin (West).
Berechtigte	Steuerpflichtiger (Bauherr oder Erwerber).
Gewinnermittlung/ Buchführung	Bei Betriebsvermögen: Buchführung oder Verzeichnis.
Begünstigungszeitraum/ zeitliche Voraussetzungen	Im Falle des Erwerbs muß die Anschaffung bis zum Ende des Jahres der Fertigstellung erfolgt sein.
Art der Begünstigung	Erhöhte Absetzung an Stelle der AfA nach § 7 Abs.4 oder 5 EStG im Jahr der Fertigstellung oder Anschaffung und im darauffolgenden Jahr jeweils bis zu 14 v.H., in den folgenden 10 Jahren bis zu je 4 v.H. der Anschaffungs- oder Herstellungskosten. Nach Ablauf dieser 12 Jahre jährlich 3.5 v.H. des Restwertes bis zur vollen Absetzung. Nachholung nicht ausgenutzter erhöhter Absetzungen ist innerhalb der ersten 4 Jahre möglich.
Sonstige Voraussetzungen	Das Mehrfamilienhaus muß zu mehr als 2/3 Wohnzwecken dienen. Im Falle der Anschaffung des Gebäudes darf der **Erwerber** die erhöhte Absetzung nur dann ansetzen, wenn der **Hersteller** weder die AfA nach § 7 Abs.5 EStG noch erhöhte Absetzungen oder Sonderabschreibungen in Anspruch genommen hat.
Besonderheiten	Erhöhte Absetzung auch für Ausbauten und Erweiterungen, die zu mehr als 80 v.H. Wohnzwecken dienen.

§ 14a Abs.4 und Abs.5 BerlinFG

Betreff	Mehrfamilienhäuser in Berlin (West).
Berechtigte	Steuerpflichtiger (Bauherr oder Erwerber)
Gewinnermittlung/ Buchführung	Bei Betriebsvermögen: Buchführung oder Verzeichnis.
Begünstigungszeitraum/ zeitliche Voraussetzungen	Im Falle des Erwerbs muß die Anschaffung bis zum Ende des Jahres der Fertigstellung erfolgt sein. Das Gebäude muß in den ersten 3 Jahren nach Fertigstellung zu mehr als 80 v.H. Wohnzwecken dienen.

449

Art der Begünstigung	Erhöhte Absetzung an Stelle der erhöhten Absetzung nach § 14a Abs.1 Berlin FG abweichend von § 7 Abs.4 und 5 EStG, im Jahr der Fertigstellung (Anschaffung) und den beiden folgenden Jahren bis zu insgesamt 50 v.H. der Herstellungs- oder Anschaffungskosten.
Sonstige Voraussetzungen	Das Mehrfamilienhaus muß im steuerbegünstigten oder frei finanzierten Wohnungsbau errichtet sein. Im Falle der Anschaffung des Gebäudes darf der **Erwerber** die erhöhte Absetzung nur geltend machen, wenn der **Hersteller** weder Abschreibungen nach § 7 Abs.5 EStG noch erhöhte Absetzungen oder Sonderabschreibungen in Anspruch genommen hat. Vor Ablauf von 5 Jahren nach der Fertigstellung oder Anschaffung dürfen für Wohnungen in dem begünstigten Gebäude keine öffentlichen Mittel im Sinne des § 6 Abs.2 des 2. Wohnungsbaugesetzes gewährt werden.
Besonderheiten	Spätestens 4 Jahre nach der Fertigstellung oder Anschaffung ist der Restwert nach § 7 Abs.4 EStG abzusetzen. Begünstigt sind auch Ausbauten und Erweiterungen, sowie Anzahlungen auf Anschaffungskosten und Teilherstellungskosten.

§ 14b BerlinFG

Betreff	Modernisierungsmaßnahmen bei Mehrfamilienhäuser in Berlin (West).
Berechtigte	Steuerpflichtiger.
Gewinnermittlung/ Buchführung	Bei Betriebsvermögen: Buchführung oder Verzeichnis.
Begünstigungszeitraum/ zeitliche Voraussetzungen	Das Mehrfamilienhaus muß **vor** dem 1.1.1961 bzw. 1.1.1978 fertiggestellt worden sein. Nach Beendigung der Modernisierung muß das Gebäude mindestens 3 Jahre zu mehr als 2/3 Wohnzwecken dienen.
Art der Begünstigung	Erhöhte Absetzung an Stelle der Absetzung nach § 14a BerlinFG oder nach § 7 Abs.4 und 5 EStG im Jahr der Beendigung der Modernisierung und den beiden folgenden Jahren bis zu 50 v.H. der Herstellungskosten. Der Restwert ist in 5 gleichen Jahresbeträgen abzusetzen.
Sonstige Voraussetzungen	Die begünstigten Modernisierungsmaßnahmen sind in § 14b Abs.3 BerlinFG abschließend aufgelistet. Z.B. Wohnungsabschluß in einer bestehenden Wohnung, Anschlüsse für Küche und Heizung, neuzeitliche sanitäre Anlagen, Kanalanschlüsse, Umbau von Fenstern und Türen.

Bei Anschlüssen an Kanalisation und Wasserversorgung kann der 1.1.1961 als Zeitpunkt der spätesten Fertigstellung des Gebäudes entfallen, wenn durch eine behördliche Bescheinigung nachgewiesen wird, daß zum tatsächlichen Fertigstellungszeitpunkt des Gebäudes ein Kanalanschluß und eine Wasserversorgung nicht möglich waren.

§ 14c BerlinFG

Betreff	Baumaßnahmen an Gebäuden zur Schaffung neuer Mietwohnungen.
Berechtigte	Steuerpflichtige.
Gewinnermittlung/ Buchführung	Bei Betriebsvermögen: Buchführung oder Verzeichnis.
Begünstigungszeitraum/ zeitliche Voraussetzungen	Bauantrag bzw. Baubeginn **nach** dem 2.10.1989, Fertigstellung **vor** dem 1.1.1993.
Art der Begünstigung	Modifizierte Anwendung von § 7c EStG. Erhöhte Absetzung im Jahr der Fertigstellung und in den folgenden 2 Jahren jährlich bis zu 33 1/3 v.H. der durch die Baumaßnahme angefallenen Aufwendungen (Bemessungsgrundlage: höchstens DM 75.000,-- je Wohnung). Bei Wohnungen, die im steuerbegünstigten oder frei finanzierten Wohnungsbau errichtet worden sind, beträgt die Bemessungsgrundlage höchstens DM 100.000,-- je Wohnung und es ist eine erhöhte Absetzung im Jahr der Fertigstellung und in den beiden folgenden Jahren bis zu 100 v.H. möglich.
Sonstige Voraussetzungen	Die Wohnung muß vom Zeitpunkt der Fertigstellung an mindestens 5 Jahre fremden Wohnzwecken dienen. Die Begünstigung gilt nicht für Wohnungen, die durch den Umbau bisher gewerblich oder landwirtschaftlich genutzter Räume geschaffen worden sind.
Besonderheiten	Gleichzeitig mit der erhöhten Absetzung können auch unmittelbar oder mittelbar öffentliche Haushaltmittel in Anspruch genommen werden.

§ 14d BerlinFG

Betreff	Wohnungen mit Sozialbindung.
Berechtigte	Steuerpflichtige.
Gewinnermittlung/ Buchführung	Bei Betriebsvermögen: Buchführung oder Verzeichnis.

Begünstigungszeitraum/ zeitliche Voraussetzungen	Im Falle der Herstellung muß der Bauantrag **nach** dem 28.2.1989 gestellt worden sein. Im Falle der Anschaffung muß ein rechtswirksamer obligatorischer Vertrag **nach** dem 28.2.1989 abgeschlossen sein, und die Anschaffung muß bis zum Ende des Jahres der Fertigstellung erfolgt sein. Die Wohnung muß **vor** dem 1.1.1993 fertiggestellt worden sein.
Art der Begünstigung	Modifizierte Anwendung von § 7k EStG. Erhöhte Absetzung im Jahr der Fertigstellung und dem darauffolgenden Jahr bis zu 20 v.H. der Herstellungs- oder Anschaffungskosten. In den folgenden 10 Jahren jeweils 5,5 v.H. der Herstellungs- oder Anschaffungskosten. Bei im frei finanzierten Wohnungsbau errichteten Wohnungen erhöhte Absetzung im Jahr der Fertigstellung und den folgenden 4 Jahren bis zu insgesamt 75 v.H. der Herstellungs- oder Anschaffungskosten, spätestens vom 5 Jahr nach dem Jahr der Fertigstellung an Restwertabschreibung nach § 7 Abs.4 EStG.
Sonstige Voraussetzungen	Im Falle der Anschaffung erhöhte Absetzung durch den Erwerber nur, wenn der **Hersteller** weder Absetzungen nach § 7 Abs.5 EStG noch erhöhte Absetzungen noch Sonderabschreibungen in Anspruch genommen hat. Die Wohnung muß im Jahr der Anschaffung oder Herstellung und in den folgenden 9 Jahren (Verwendungszeitraum) fremden Wohnzwecken dienen. Für jedes Jahr des Verwendungszeitraumes muß durch eine Bescheinigung insbesondere nachgewiesen werden, daß die Wohnung an Personen mit Wohnberechtigung nach § 5 Wohnungsbindungsgesetz vermietet ist und die Miete eine von der Landesbehörde festgesetzte Höchstgrenze nicht überschreitet.
Besonderheiten	Die erhöhte Absetzung kann auch dann vorgenommen werden, wenn öffentliche Mittel im Sinne des § 6 Abs.1 des 2. Wohnungsbaugesetzes gewährt werden. Erhöhte Absetzungen können auch für Teilherstellungskosten und für Anzahlungen auf Anschaffungskosten in Anspruch genommen werden. In diesem Fall dürfen bei Erstellung **nicht** frei finanzierter Wohnungen die erhöhten Absetzungen 20 v.H. der aufgelaufenen Teilherstellungskosten oder Anzahlungen nicht überschreiten.

§ 3 ZRFG

Betreff	Investitionen im Zonenrandgebiet.
Berechtigte	Land- und Forstwirte, Gewerbetreibende und selbständig Tätige.
Gewinnermittlung/ Buchführung	§§ 4 Abs.1 und Abs.2, 5 EStG/Buchführung oder Verzeichnis.

Begünstigungszeitraum/ zeitliche Voraussetzungen	Die Wirtschaftsgüter müssen **nach** dem 31.12.1977 angeschafft oder hergestellt worden sein.
Art der Begünstigung	Die vorzeitig gewährten Sonderabschreibungen dürfen bei beweglichen und unbeweglichen Wirtschaftsgütern des Anlagevermögens insgesamt 50 v.H. der Anschaffungs- oder Herstellungskosten nicht überschreiten. Inanspruchnahme im Jahr der Anschaffung oder Herstellung und in den folgenden 4 Jahren. Bei **unbeweglichen** Wirtschaftsgüter, für die der Antrag auf Baugenehmigung **vor** dem 1.4.1985 gestellt worden ist bzw. der Baubeginn **vor** dem 1.4.1985 erfolgt ist, dürfen die Sonderabschreibungen 40 v.H. der Anschaffungs- oder Herstellungskosten nicht überschreiten.
Sonstige Voraussetzungen	Für gebrauchte Wirtschaftsgüter siehe BFH v. 11.09.1975, BStBl. 76 II S.11.
Besonderheiten	Nur linear Normal-AfA. Begünstigung auch für Anzahlungen auf Anschaffungskosten und Teilherstellungskosten.

AUFGABEN UND LÖSUNGEN

Aufgaben

(Lösungen ab Seite 474)

Aufgabe 1:

Welche Bilanzpositionen verändern sich durch die nachfolgenden Geschäftsvorfälle?
Entscheiden Sie, ob es sich um Aktiv- oder Passivtausch, um Aktiv-Passiv-Mehrung oder -Minderung handelt.

1. Wareneinkauf gegen Barzahlung bei Fa. List, Cham
2. Warenbarverkauf unter Einkaufspreis an Fernande Mandl
3. Privateinlage in bar
4. Kundenzahlung durch Postscheckiiberweisung
5. Kauf einer Schreibmaschine gegen Barscheck (bei Bankguthaben) bei Fa. Wildenauer, Eslarn
6. Bareinzahlung bei der Bank (bei Bankschuld)
7. Barbezahlung der betrieblichen Kraftfahrzeugsteuer
8. Warenentnahme
9. Lieferant verkauft uns auf Ziel
10. Kunde Bähr zieht Skonto ab und bezahlt mit Scheck
11. Annahme eines Kundenwechsels
12. Warenverkauf über Einstandspreis auf Ziel
13. Lieferant Wildenauer erhält einen Wechsel von uns
14. Kauf eines betrieblichen Grundstücks gegen bar
15. Bank gewährt Hypothekenschuld
16. Zinslastschrift der Bank
17. Miete für Privatwohnung wird vom Bankkonto abgebucht
18. Kauf eines Lieferwagens bei Fa. Dr. Hohl KG gegen Bankscheck
19. Lohnzahlungen in bar
20. Warenrücksendung des Kunden R. Diegmann, Bad Tölz
21. Kunde Steiner geht in Konkurs und unsere Forderung wird uneinbringlich
22. Wir zahlen eine Tilgungsrate auf die Hypothek in bar
23. Lieferwagen wird unter Bilanzwert verkauft an Dipl.-Kfm. M. Raab
24. Warenrücksendung an den Lieferanten Dr. Broermann
25. Barzahlung für Reparatur des Lieferwagens bei Autohändler Schwinn
26. Überweisung der Stromrechnung an Elektrizitätswerk München vom Bankkonto

Aufgabe 2:

Erstellen Sie aus folgenden Angaben eine Bilanz:

Gebäude 30.000,-- DM; Fuhrpark 12.000,-- DM;
Waren 16.000,-- DM; Forderungen 8.000,-- DM;
Kasse 12.000,-- DM; Verbindlichkeiten 13.000,-- DM;
Darlehensschuld 18.000,-- DM.

Stellen Sie die neue Bilanz auf, wie sie sich nach Berücksichtigung nachstehender Geschäftsvorfälle ergibt! Ermitteln Sie den Erfolg!

a)   Warenverkauf auf Ziel für 8.000,-- DM (Einstandspreis 6.000,-- DM);
b)   Darlehensrückzahlung 10.000,-- DM;
c)   Pkw-Verkauf gegen 3.000,-- DM bar (Buchwert 4.000,-- DM);
d)   Lohnzahlung 1.500,-- DM bar.

Aufgabe 3:

Lösen sich die nachstehende Bilanz in Konten auf und bilden Sie die Buchungssätze für
die Konteneröffnung.

Aktiva		Bilanz der Fa. Steinradler zum 31.12.01		Passiva
I. Anlagevermögen			I. Eigenkapital	141.620
1. Grundstücke				
a) Grund u. Boden	27.000		II. Fremdkapital	
b) Gebäude	118.000		1. Darlehen	60.000
2. Fuhrpark	12.000		2. Bank (Verb.)	4.700
3. Einrichtung	8.500		3. Verbindlichkeiten	24.600
4. Wertpapiere	12.400		4. Schuldwechsel	12.000
II. Umlaufvermögen				
1. Warenvorräte	46.350			
2. Forderungen	12.600			
3. Postscheck	5.430			
4. Kasse	640			
	242.920			242.920

458

Aufgabe 4:

Buchen Sie auf die vorstehend eröffneten Konten die folgenden Geschäftsvorfälle, und schließen Sie diese Konten anschließend ab. Ermitteln Sie den Erfolg durch Betriebsvermögensvergleich. Begründen Sie das Ergebnis.

1.	Kunde Rabenvogel bezahlt per Banküberweisung	2.000,-- DM
2.	Barabhebung vom Bankkonto	500,-- DM
3.	Einlösung eines Schuldwechsels in bar	800,-- DM
4.	Postscheküberweisung an Lieferant Fux	3.200,-- DM
5.	Kunde Schmaus bezahlt Rechnung bar	2.100,-- DM
6.	Bareinzahlung bei der Bank	1.800,-- DM
7.	Wareneinkauf auf Ziel bei Fa. Maier	4.000,-- DM
8.	Kunde Rabenvogel überweist auf die Bank	1.700,-- DM
9.	Kauf einer weiteren Aktie gegen bar	170,-- DM
10.	Beleihung eines Grundstückes gegen hypothekarische Sicherheit. Auszahlung in bar	10.000,-- DM
11.	Bareinzahlung bei der Bank	8.000,-- DM
12.	Wareneinkauf gegen Bankscheck	3.700,-- DM
13.	Kauf eines gebrauchten PKW gegen Bankscheck	3.000,-- DM
14.	Banküberweisung an Lieferer Witzig	1.050,-- DM
15.	Kunde Dr. List gibt uns einen Wechsel (Besitzwechsel)	1.800,-- DM

Beachte: Wird durch einen Geschäftsvorfall eine Schuld oder Vermögensart begründet, für die in der Eröffnungsbilanz keine Position vorhanden war, wird dafür mit der Buchung des Geschäftsvorfalles ein neues Konto (ohne Eröffnungsbestand) aufgemacht.

Aufgabe 5:

Beantworten Sie für die nachstehenden Geschäftsvorfälle jede der folgenden Fragen:

a) Welche Bilanzposten ändern sich und welche Konten werden berührt?
b) Handelt es sich um Aktiv- und/oder Passivkonten?
c) Liegt ein Zugang und/oder Abgang vor?
d) Wie lautet der Buchungssatz?

Beispiel: Ein Lieferant erhält einen Schuldwechsel!

a) Berührt werden das Lieferantenkonto (Verbindlichkeiten) und das Schuldwechselkonto
b) Beide Konten sind Passivkonten
c) Zugang auf dem Schuldwechselkonto - Abgang auf dem Konto Verbindlichkeiten (Passivtausch)
d) Verbindlichkeiten an Schuldwechsel

1. Barzahlung einer Kundenforderung
2. Warenverkauf auf Ziel
3. Banküberweisung an den Lieferanten
4. Bareinzahlung auf das Postscheckkonto
5. Lieferant erhält Besitzwechsel
6. Wareneinkauf gegen Bankscheck
7. Kauf eines Grundstücks bei Kaufpreisstundung
8. Bankgutschrift für Kfz-Verkauf
9. Darlehensgewährung in bar gegen hypothekarische Sicherheit
10. Bankabbuchung für Aktienkauf
11. Wir schicken unverkäufliche Ware an den Lieferer zurück
12. Gegenlieferung eines Kunden
13. Kunde schickt Wechsel
14. Barabhebung bei der Bank
15. Darlehensrückzahlung durch Postscheküberweisung
16. Bareinlösung eines Schuldwechsels

Aufgabe 6:

Deuten Sie die folgenden Buchungssätze!
Welcher Geschäftsvorfall liegt jeweils zugrunde?

1. Kasse an Waren
2. Verbindlichkeiten an Bank
3. Besitzwechsel an Kundenforderungen
4. Waren an Postscheck
5. Fuhrpark an Verbindlichkeiten
6. Geschäftsausstattung an Waren
7. Kasse an Darlehensforderung
8. Verbindlichkeiten an Besitzwechsel
9. Bank an Grundstücke
10. Wertpapiere an Kasse
11. Verbindlichkeiten an Schuldwechsel
12. Darlehensverbindlichkeit an Fuhrpark

Aufgabe 7:

Bilden Sie für die folgenden Geschäftsvorfälle die Buchungssätze und geben Sie die jeweiligen Gewinnauswirkungen an:

1. Kunde zahlt Rechnung zum Teil bar und den Rest mit Scheck
2. Banküberweisung an den Lieferer mit Skontoabzug

3. Wohnungs- und Ladenmiete wird vom Bankkonto abgebucht
4. Kunde sendet einen Teil der Lieferung zurück und zahlt den Rest mit Scheck
5. Kauf eines PKW (Marke Porsche 944) gegen Inzahlungnahme des Altwagens (Marke Honda Civic), Wechselhingabe für den Differenzbetrag
6. Ausgleich einer Lieferantenrechnung durch Besitz- und Schuldwechsel

Aufgabe 8:

Deuten Sie die Geschäftsvorfälle, die nachfolgenden Buchungssätzen zugrunde liegen und geben Sie die Gewinnauswirkungen an:

1. Verbindlichkeiten an Besitzwechsel
2. Privat an Bank
3. Kasse an Telefonkosten
4. Zinsen an Bank
5. Kasse an Löhne
6. Besitzwechsel an Kundenforderung
7. Privat und Miete an Bank
8. Fuhrpark an Bank und Fuhrpark
9. Grundstücke und Bank an Grundstücke
10. Verbindlichkeiten an Waren (Handelswaren)
11. Kasse an Wertpapiere
12. Privat an Heizungskosten
13. Miete an Privat

Aufgabe 9:

Bilden Sie zu den nachfolgenden Geschäftsvorfällen die Buchungssätze (keine Umsatzsteuer):

1. Banküberweisung an den Lieferer nach Abzug
   von 3% Skonto   291,-- DM

2. Warenverkauf an Kunden auf Ziel unter Gewährung
   von 15% Mengenrabatt. Listenpreis   800,-- DM

3. Lieferant überweist uns einen Bonus für
   langjährige Geschäftsbeziehungen   600,-- DM

4. Kunde begleicht offene Rechnungen unter
   Abzug von 3% Skonto; Bankeingang   155,20 DM

5.	Privatentnahme von Waren	220,-- DM
6.	Wareneinkauf auf Ziel	1.800,-- DM
7.	Nachträglicher Mengenrabatt darauf in Höhe von 20%	360,-- DM
8.	Rücksendungen von Kunden; Rechnungen waren noch nicht bezahlt	180,-- DM
9.	Rücksendung der beanstandeten Ware an den Lieferer	120,-- DM
10	Banküberweisung von Kunden unter Abzug von 3% Skonto; Gutschrift	1.164,-- DM
11.	Zahlung von Eingangsfrachten bar	85,-- DM
12.	Warenverkauf bar unter Abzug von 3% Skonto und 10% Treuerabatt. Listenpreis	450,-- DM
13.	Gutschrift für Mängelrüge vom Lieferer	320,-- DM
14.	Wareneinkauf auf Ziel	1.300,-- DM
15.	Bonus an Kunden ; Bankabbuchung	580,-- DM
16.	Warenverkauf auf Ziel zum Rechnungsbetrag von 810,-- DM; Anzahlung bar	100,-- DM
17.	Wir berechnen dem Lieferer die entstandenen Eingangsfrachten	85,-- DM
18.	Der Inhaber entnimmt 1.000,-- DM Bargeld und für 400,-- DM Waren	1.400,-- DM
19.	Darlehensforderung an Lieferanten wird durch eine Warenlieferung von ihm getilgt	2.500,-- DM
20.	Kunde bemängelt die Qualität einer Ware und erhält Gutschrift über	90,-- DM

Aufgabe 10:

Bilden Sie die Buchungssätze zu den nachfolgenden Geschäftsvorfällen (mit Umsatzsteuer):

1.	Banküberweisung eines Kunden Rechnungsbetrag	5.060,-- DM	
	- 2% Skonto	101,20 DM	4.958,80 DM
2.	Banküberweisung an Lieferer		2.859,-- DM

3. Warenverkäufe auf Ziel 6.340,-- DM
   Umsatzsteuer 634,-- DM 6.974,-- DM

4. Rücksendungen eines Kunden im
   Rechnungswert von brutto 253,-- DM

5. Warenentnahme zum Einstandspreis 400,-- DM

6. Kauf von Büromaterial (incl. USt) 48,40 DM

7. Gehaltszahlung per Postscheck 1.248,-- DM

8. Wareneinkauf auf Ziel 5.300,-- DM
   Umsatzsteuer 530,-- DM 5.830,-- DM

9. Eingangsfrachten bar 410,-- DM
   Umsatzsteuer 41,-- DM 451,-- DM

10. Gutschrift für eine Mängelrüge
    vom Lieferanten (incl. USt) 583,-- DM

11. Kunde zahlt mit Banküberweisung nach
    Abzug von 3% Skonto, Bankeingang 2.614,15 DM

12. Kauf von Büromöbel gegen Rechnung
    Listenpreis 1.400,-- DM
    - 10% Rabatt 140,-- DM
    zuzgl. USt. ?

13. Bezahlung der Büromöbel mit Postscheck-
    überweisung nach Abzug von 3% Skonto ?

14. Kunde erhält einen Umsatzbonus in Höhe von
    550,-- DM vom Bankkonto gutgeschrieben 550,-- DM

15. Verkauf einer gebrauchten Schreibmaschine
    zum Buchwert von 100,-- DM gegen
    Barzahlung (incl. USt) 176,-- DM

16. Warenverkauf gegen bar nach Abzug von
    3% Skonto. Listenpreis 1.350,-- DM

17. Kunde erhält nachträglich 10% Rabatt aus
    Lieferung (16) per Banküberweisung ?

18. Bankgutschrift eines Lieferantenbonus 902,-- DM

19. Rücksendung an den Lieferer wegen Falsch-
    lieferung, Warenwert 2.000,-- DM

20. Barzahlung von Briefmarken 60,-- DM

21. Eingangsfrachten netto 360,-- DM
    Barzahlung 396,-- DM

22.	Banküberweisung an Lieferer nach Abzug von 3% Skonto	6.324,40 DM
23.	Warenverkauf auf Ziel, Warenwert	800,-- DM
24.	Kunde geht in Konkurs: wir holen unsere unter Eigentumsvorbehalt gelieferte Ware Warenwert	1.800,-- DM
25.	Wir berechnen bar bezahlte Eingangs-frachten an den Lieferanten weiter. Rechnungsbetrag netto	410,-- DM

Aufgabe 11:

Bilden Sie für die folgenden Geschäftsvorfälle die Buchungssätze!

1. Die Kraftfahrzeugsteuer für den LKW des Betriebes mit 218,-- DM und die Steuer für den Privatwagen des Betriebsinhabers mit 176,-- DM werden zusammen mit Post-scheckübersweisung bezahlt.

2. Die Grunderwerbsteuer für ein unbebautes Grundstück, das als Lagergelände vorge-sehen ist, wird mit Bankscheck über 4.800,-- DM bezahlt.

3. Der Einkommensteuer-Ersatzungsanspruch des Betriebsinhabers in Höhe von 329,-- DM wird mit einer Umsatzsteuerschuld verrechnet und eine Banküberweisung über die restliche Umsatzsteuerschuld in Höhe von 786,-- DM ausgestellt.

4. Barkauf von Wechselsteuermarken für 45,-- DM

5. Gewerbesteuernachzahlung für früheren Erhebungszeitraum wird bar bei der Finanz-kasse in Höhe von 1.200,-- DM bezahlt.

6. Bei der Lieferung von 1200 Flaschen französischen Champagner (Waren) wurden auf die Rechnung in Höhe von 9.600,-- DM eine Schaumweinsteuer in Höhe von 1.800,-- DM und eine Einfuhrumsatzsteuer von 960,-- DM bar bezahlt.

7. Für eine leichtfertige Steuerverkürzung wird dem Unternehmer eine Geldbuße in Höhe von 800,-- DM auferlegt, die er bar bezahlt.

8. Für die unterlassene Gewerbesteuervorauszahlung in Höhe von 630,-- DM wird ein Säumniszuschlag in Höhe von 30,-- DM berechnet. 660,-- DM werden vom Bankkon-to überwiesen.

9. Überweisung von einbehaltener Lohnsteuer in Höhe von 812,-- DM und Kirchensteu-er in Höhe von 64,96 DM an die Finanzkasse.

Aufgabe 12:

Verbuchen Sie die nachfolgenden Geschäftsvorfälle:

1. Wir verkaufen Handelswaren gegen 90-Tage-Akzept:

Warenwert	24.000,-- DM
Zinsen	10% p.a.
Spesen	100,-- DM

   Zinsen und Spesen werden vom Akzeptanten bar bezahlt.

2. Kunde übergibt uns einen Wechsel als Remittent zur Begleichung seiner Verbindlichkeit in Höhe von 13.200,-- DM; Wechselsumme 18.400,-- DM. Wir überweisen ihm den Differenzbetrag nach Abzug von 276,-- DM Zinsen und 54,-- DM Spesen vom Bankkonto.

3. Wir geben die Tratte über 24.000,-- DM an unseren Lieferanten weiter, der uns nach Abzug von 450,-- DM Zinsen und 120,-- DM Spesen einen Betrag von 23.373,-- DM gutschreibt.

4. Am Verfalltag präsentierter Wechsel über 18.400,-- DM geht zu Protest. Protestkosten von 210,-- DM werden uns bar bezahlt.

5. Unsere Rückgriffsrechnung lautet:

Wechselsumme	18.400,-- DM
Fremdkosten	210,-- DM
Zinsen	60,-- DM
Spesen	100,-- DM

6. Wir lassen Warenwechsel über 16.500,-- DM von unserer Bank diskontieren: Diskontspesen 70,-- DM und Diskontzinsen 363,-- DM. Wir teilen unserem Kunden den Sachverhalt mit.

7. Wechsel (Punkt 6) geht zu Protest und die Bank macht uns regreßpflichtig. Zusätzlich wird unser Konto bankseitig mit 187,-- DM Protestkosten und 90,-- DM Spesen sowie 71,50 DM Zinsen belastet.

Aufgabe 13:

Der Fachhändler für Schweißausrüstungen Raab und Söhne, Moosach, stellt bei seinen Abschlußarbeiten zum 31.12.1990 folgendes fest:

a) Autohaus Schön, Schöner & Steiner KG, Coburg, gegenüber dem eine bislang als zweifelsfrei angesehene Forderung in Höhe von 35.200 DM besteht, hat Vergleich beantragt und gleichzeitig seinen Gläubigern eine Vergleichsquote von 20% in Aussicht gestellt.

b) Der Konkurs der Yachtbau Schwimmer & Co., gegen die eine Forderung von ursprünglich 27.500 DM besteht, die jedoch aufgrund der Konkursantragstellung bereits (um 60%) auf 40% einzelwertberichtigt wurde, wurde mangels Masse abgelehnt.

c) Die Baufirma Prunk und Protz, Icking, gegen die eine bislang als zweifelsfrei angesehene Forderung in Höhe von 41.800 DM bestand, hat Vergleich angemeldet; das Gericht teilt Raab eine endgültige Vergleichsquote von 30% seiner Forderungen mit.

d) Der Porsche-Verleih Bär GbdR, gegen den eine wegen Vergleichsantrages (um 70%) auf 30% einzelwertberichtigte Forderung von (nach Berichtigung) 1.920 DM (enthalten 480,-- DM Umsatzsteuer) besteht, kann plötzlich aufgrund einer Erbschaft doch eine Vergleichsquote von 60% erzielen und hat am Vortag den entsprechenden Betrag auf das Bankkonto überwiesen.

e) Die Hochbaufirma Praktiker, Augsburg, gegen die eine Forderung von ursprünglich 34.100 DM bestand, die wegen deren Illiquidität schon (um 60%) auf 40% einzelwertberichtigt wurde, ist mittlerweile in Konkurs gegangen. Aufgrund der Unternehmenszerschlagung erhielt Raab am Vortag eine Überweisung von 20% seiner ursprünglichen Forderung auf das Bankkonto.

f) Auf den Bruttobetrag der Forderungen von (vor Einzelwertberichtigungen) 2.607.000 DM nimmt Raab eine Pauschalwertberichtigung von 2% vor.

Führen Sie die notwendigen Abschlußbuchungen durch!

Aufgabe 14:

Die Aluminiumgießerei Grauguß hat am 23. September 05 einen neuen elektronisch gesteuerten Schmelzofen zum Listenpreis von 427.900 DM (incl. USt) gekauft; dabei wurde vom Hersteller ein Rabatt von 20% auf den Listenpreis gewährt. Bei der Aufstellung des Ofens durch die Lieferfirma fielen 8.800 (zuzügl. USt) an Montagekosten an.

Am 24. Oktober 05 wurde der alte Ofen für 60.000 DM zuzüglich USt an eine Kleingießerei gegen Bankscheck verkauft. Dieser war am 10. Februar 01 zum Preis von 326.700 DM (incl. USt) gekauft (Nutzungsdauer 7 Jahre) und seitdem unter der Zielsetzung der Gewinnminimierung abgeschrieben worden. Gleichzeitig waren damals 3.300 DM (incl. USt) an Montagekosten angefallen.

Für den Abtransport des alten Ofens wurden vom Spediteur 2.640 DM an Speditionskosten in Rechnung gestellt, die vom Postscheckkonto überwiesen wurden.

Die Rechnung für den neuen Ofen wurde am 28. September 05 unter Abzug von 2% Skonto vom Bankkonto überwiesen.

Der neue Backofen hat eine geschätzte Nutzungsdauer von 6 Jahren und soll unter der Zielsetzung der Gewinnminimierung abgeschrieben werden.

a)   Verbuchen Sie den Anlagenzugang am 10. Februar 01!

b)   Verbuchen Sie den Anlagenzugang am 23. September 05!

c)   Verbuchen Sie den Anlagenabgang am 24. Oktober 05!

d)   Verbuchen Sie die Bezahlung der Rechnungen für den neuen Ofen und für die Speditions-
     kosten!

e1)   Wie lautet die Abschreibungsbuchung für den neuen Ofen zum 31.12.05 (Begründung!)?

e2)   Wie lautet die Abschreibungsbuchung für den neuen Ofen zum 31.12.05, wenn die Nutzungsdauer statt 6 nun 11 Jahre betrüge (Begründung!)?

Aufgabe 15:

Berechnen Sie den Wert des Endbestandes nach der gewogenen Durchschnittsmethode, dem Fifo-, Lifo- und Hifo-Verfahren für folgende Fälle: **steigende** Preise, **schwankende** Preise, **fallende** Preise. Entscheiden Sie anhand der jeweils angegebenen Stichtagswerte, wie gemäß § 253 Abs.3 HGB in den einzelnen Fällen zu verfahren ist (Höhe des Bilanzansatzes).

-   **Fall I: steigende Preise.** Anfangsbestand 100 EH à 24,-- DM;
    Zugänge: 100 EH à 26,-- DM, 300 EH à 27,-- DM, 200 EH à 28,-- DM;
    Endbestand: 100 EH; Stichtagswerte des Endbestandes a) 2.800,-- DM, b) 2.600,-- DM.

-   **Fall II: schwankende Preise.** Anfangsbestand 100 EH à 26,-- DM,
    Zugänge: 200 EH à 28,-- DM; 100 EH à 24,-- DM, 100 EH à 25,-- DM, 300 EH à 27,-- DM;
    Endbestand: 100 EH; Stichtagswert des Endbestandes a) 2.400,-- DM, b) 2.650,-- DM.

-   **Fall III: fallende Preise.** Anfangsbestand 200 EH à 28,-- DM;
    Zugänge: 300 EH à 27,-- DM, 100 EH à 26,-- DM, 100 EH à 25,-- DM, 100 EH 24,-- DM;
    Endbestand: 100 EH; Stichtagswert des Endbestandes a) 2.400,-- DM, b) 2.000,-- DM.

Aufgabe 16:

Beweisen Sie die Behauptung, daß sich durch die Wahl des Abschreibungsverfahrens kombiniert mit der Schätzung der individuellen Nutzungsdauer der Periodengewinn erheblich beeinflussen läßt. Folgende Angaben stehen zur Verfügung: Anschaffungskosten DM 90.000,--; Schrottwert DM 0,--, Abschreibung einmal digital, einmal linear, einmal geometrisch-degressiv für eine geschätzte Nutzungsdauer von 5 bzw. 3 Jahren.
Stellen Sie die Lösung (alternative Abschreibungsverläufe) in einer Vergleichstabelle dar.

Aufgabe 17:

Anschaffungskosten DM 10.000,--, betriebsgewöhnliche Nutzungsdauer 10 Jahre, Teilwert am Ende des 5. Jahres DM 3.000,--. Ermitteln Sie die lineare AfA und die Teilwertabschreibung.

Aufgabe 18:

Anschaffungskosten DM 100.000,--, Nutzungsdauer 10 Jahre, Abschreibung linear, a.o. Wertminderung im 4. Jahr DM 15.000,--.
Stellen Sie in einer Vergleichstabelle den Abschreibungsverlauf dar, wenn die Nutzungsdauer

        a) unverändert bleibt oder
        b) sich auf 7 Jahre verkürzt.

Aufgabe 19:

Sie sind Vorstand der neugegründeten Happyfitness AG und sollen entscheiden, welche Abschreibungsmethode für den Maschinenpark gewählt werden soll.
Anschaffungswert der zu bewertenden Maschinen DM 720.000,--, voraussichtliche Nutzungsdauer 10 Jahre, voraussichtlicher Schrottwert DM 20.000,--.
Welche Abschreibungsmethode würden Sie vorschlagen, wenn innerhalb der ersten drei Jahre eine möglichst hohe Gesamtabschreibung ausgewiesen werden soll?

Aufgabe 20:

Ein bebautes Grundstück wurde für DM 393.600,-- erworben, Grundfläche 820 qm, Anschaffungsnebenkosten DM 37.428,--, Verkehrswert für gleichwertige Grundflächen 50 DM/qm.

Wie hoch sind die Anschaffungskosten für das Grundstück und für das Gebäude und wie ist bei der Bewertung des Gebäudes zu verfahren (Abschreibungssatz 2,5 %), wenn der Kaufpreis um DM 40.000,-- überhöht war und bezahlt wurde, weil das Gebäude dringend benötigt worden ist?

Aufgabe 21:

Die Metallgießerei Goldig AG legt nachstehende Bilanz zum 31.12.01 vor:

	DM
Aktivseite	
A. Anlagevermögen	
I. Immaterielle Vermögensgegenstände	
1. Gewerbliche Schutzrechte (Patente)	70.000,--
2. Firmenwert	90.000,--
II. Sachanlagen	
1. Grundstücke und Bauten	740.000,--
2. Technische Anlagen und Maschinen	680.000,--
3. Betriebs- und Geschäftsausstattung	270.000,--
III. Finanzanlagen	
1. Beteiligungen	120.000,--
davon Aktien 90.000,-- DM	
2. Wertpapiere des Anlagevermögens (Obligationen)	30.000,--
B. Umlaufvermögen	
I. Vorräte	
1. Roh-, Hilfs- und Betriebsstoffe	500.000,--
2. Unfertige Erzeugnisse	60.000,--
3. Fertige Erzeugnisse	230.000,--
II. Forderungen und sonstige Vermögensgegenstände	
1. Forderungen aus Lieferungen und Leistungen	210.000,--
2. Sonstige Vermögensgegenstände	40.000,--
III. Wertpapiere	
1. Anteile an verbundenen Unternehmen	20.000,--
2. Sonstige Wertpapiere (Aktien)	30.000,--
IV. Schecks, Kassenbestand, Guthaben bei Kreditinstituten	140.000,--
C. Rechnungsabgrenzungsposten	25.000,--
Bilanzsumme	**3.255.000,--**

Passivseite

		DM
A. Eigenkapital		
	I. Gezeichnetes Kapital	1.300.000,--
	II. Kapitalrücklage	13.000,--
	III. Gewinnrücklagen	
	1. Gesetzliche Rücklage	20.000,--
	2. andere Gewinnrücklagen	40.000,--
	IV. Gewinnvortrag	10.000,--
	V. Jahresüberschuß	90.000,--
B. Rückstellungen		
	1. Rückstellungen für Pensionen	50.000,--
	2. Sonstige Rückstellungen	70.000,--
C. Verbindlichkeiten		
	1. Verbindlichkeiten gegenüber Kreditinstituten	500.000,--
	2. Erhaltene Anzahlungen auf Bestellungen	100.000,--
	3. Verbindlichkeiten aus Lieferungen und Leistungen	1.062.000,--

Bilanzsumme   **3.255.000,--**

Prüfen Sie anhand der folgenden Erläuterungen, ob die einzelnen Bilanzpositionen den handelsrechtlichen Bilanzierungs- und Bewertungsvorschriften genügen! Versuchen Sie Ihre Ansicht knapp zu begründen.

Erläuterungen:

1. Die ausstehenden nicht eingeforderten Einlagen auf das gezeichnete Kapital in Höhe von DM 50.000,-- wurden mit dem gezeichneten Kapital verrechnet.

2. Die Patente wurden von der Goldig AG selbst entwickelt; die Herstellungskosten beliefen sich auf DM 60.000,--. Von einem Interessenten wurden DM 70.000,-- geboten.

3. Aufgrund einer langen Dürre nahm die Metallgießkannenproduktion der Goldig-AG einen ungeahnten Aufschwung. Daher wurde erstmals ein Firmenwert in die Bilanz aufgenommen.

4. Da die unbebauten Grundstücke im nächsten Jahr verkauft werden sollen und ihr Wert am Abschlußstichtag DM 270.000,-- betrug, wurde zu den Anschaffungskosten in Höhe von DM 250.000,-- eine Zuschreibung von DM 20.000,-- vorgenommen.

5. Am 01.04.01 wurden für DM 100.000,-- neue Maschinen gekauft. Die voraussichtliche betriebsgewöhnliche Nutzungsdauer beträgt 10 Jahre. Es wurde linear abgeschrieben

(d.h. Bilanzansatz per 31.12.01 DM 90.000,--). Wegen einer Produktionsumstellung konnten die neuen Maschinen ab 01.06.01 nicht mehr eingesetzt werden. Da es sich um Spezialmaschinen für die patentierte Metallgießkannenproduktion handelt, sind die Geräte für andere Unternehmen nicht von Interesse. Die Schrotthändler Schwind und Rostig GmbH & Co. KG aus Darmstadt bieten DM 5.000,-- für die veralteten Maschinen.

6. Von den Forderungen entfallen DM 100.000,-- auf den Metallgießkannenhändler Schwind, gleichzeitig Kommanditist der Schwind & Rostig GmbH & Co. KG. Aufgrund seines ausschweifenden Lebenswandels hat Herr Schwind bis auf seinen weißen heißgeliebten Porsche 911 sein gesamtes Vermögen verpraßt. Schweren Herzens bietet er seinen Porsche zum Ausgleich der Forderungen an. Infolge der zahlreichen Sonderausstattungen (weiße Lederliegesitze, höhenverstellbares Rallye-Lenkrad, Heckflosse etc.) erscheint ein Zeitwert von DM 70.000,-- angemessen.

7. Die Obligationen (Nennwert DM 30.000,--) hatten am Bilanzstichtag einen Kurs von 110 % und waren zu 105 % gekauft worden.

8. Die Aktien bei den Beteiligungen im Nennwert von DM 60.000,-- wurden mit dem Kurs am Tag der Bilanzaufstellung (13.3.02) zu 150 % bilanziert. Die Goldig AG hatte sie zum Kurs von 133 1/3 % gekauft; am 31.12.01 wurden sie mit 50 % notiert.

9. Der Rohstoff Eisen wurde zu DM 5000,-- je Tonne gekauft und bilanziert. Der Zeitwert am Bilanzstichtag betrug DM 4.500,-- je Tonne. Laut Inventar lagen 40 t auf Lager.

10. Dem Vorstandsvorsitzenden Dr. Fischer-Winkelmann wurde 01 eine betriebliche Pension zugesagt und mit dem Barwert i.H.v. DM 50.000,-- passiviert. Des weiteren wurden im Jahre 01 Pensionszusagen an Betriebsangehörige (Barwert DM 150.000,--) gemacht. Um den Ausweis eines Verlustes zu vermeiden, wurde auf eine Passivierung verzichtet.

11. Die sonstigen Rückstellungen wurden von DM 50.000,-- auf DM 70.000,-- erhöht, da im nächsten Jahr ein Info-Stand der Goldig AG auf der Gießkannenmesse in München geplant ist.

Aufgabe 22:

Die Kurzschluß-AG hat im Geschäftsjahr 01 25.000 Stück Staubsauger und 100.000 Stück Kühlschränke produziert. Am 31.12.01 befinden sich noch 500 Stück Staubsauger auf Lager; die Kühlschränke konnten im Geschäftsjahr vollständig abgesetzt werden.
Zur Bewertung des Lagerbestandes werden aus dem Rechnungswesen des Unternehmens folgende Informationen bereitgestellt:

	Staubsauger DM	Kühlschränke DM
Voraussichtlicher Verkaufserlös pro Stück (abzüglich noch anfallender Aufwendungen)	180,--	370,--
Herstellungskosten pro Stück auf "Normalkostenbasis"		
- Fertigungsmaterial	80,--	130,--
- Fertigungslöhne	60,--	70,--
- Lizenzgebühren	10,--	0,--
- anteilige Abschreibungen	30,--	50,--
- anteilige kalkulatorische Zinsen	18,--	22,--
- anteilige Kosten für Forschung und Entwicklung (Weiterentwicklung der lfd. Produktion)	5,--	10,--

Des weiteren sind im Jahre 01 noch
die folgenden "sonstigen Kosten" angefallen:

- Verwaltungsgemeinkosten   2.400.000,--
- Vertriebsgemeinkosten   1.600.000,--
- Sondereinzelkosten des Vertriebs   500.000,--

Die Kapazitätsauslastung betrug wie in den vorangegangenen Jahren sowohl bei der Staubsaugerproduktion als auch bei der Kühlschrankproduktion 80 %.

Bei den in den Fertigungskosten enthaltenen anteiligen Abschreibungen handelt es sich um kalkulatorische Abschreibungen vom höheren Wiederbeschaffungswert des zukünftigen Beschaffungszeitpunktes der an der Fertigung beteiligten Aggregate. Die kalkulatorische Abschreibung wurde auf der Basis eines linearen Abschreibungsverlaufs berechnet, der der vermuteten tatsächlichen Abnutzung entspricht.

Im Abschreibungsplan für die bilanzielle Abschreibung gemäß § 253 Abs.2 HGB wird von einem degressiven Abschreibungsverlauf für die betroffenen Aggregate ausgegangen. Die anteilige bilanzielle Abschreibung für die betreffende Periode beträgt gemäß diesem Abschreibungsplan DM 40,-- je Staubsauger und DM 55,-- je Kühlschrank. Sie liegt um jeweils DM 15,-- über der auf der Basis eines linearen Abschreibungsverlaufes errechneten anteiligen Abschreibung.

Die kalkulatorischen Zinsen sind berechnet auf das für die Fertigung betriebnotwendige Kapital, das zu 50 % aus Fremdkapital besteht. Der Zinssatz für die kalkulatorischen Zinsen beträgt k=12 %; der für die Fremdmittel tatsächlich gezahlte Fremdkapital-Zinssatz ist i=8 %.

1. Ermitteln Sie die obere Grenze der Herstellungskosten des Lagerbestandes gemäß § 255 Abs.2 und 3 HGB!

2. Mit welchem Wert ist der Lagerbestand zum 31.12.01 im handelsrechtlichen Jahresabschluß anzusetzen?

Aufgabe 23:

Bei der Aufstellung des Jahresabschlusses für das Jahr 01 muß die Bilanzbuchhalterin Rehklau der Hirschdieb AG entscheiden, ob für folgende Geschäftsvorfälle Rückstellungen zu bilden sind:

1. Voraussichtliche Kosten für die Prüfung des Jahresabschlusses für das Jahr 01: DM 30.000,--.

2. Im Jahre 01 unterlassene Reparaturen, die im 2. Halbjahr 02 nachgeholt werden: DM 15.000,--.

3. Geschätzte Kosten einer beabsichtigten Verlagerung von verschiedenen Betriebsabteilungen: DM 100.000,--.

4. Schadensersatzforderung (DM 20.000,--) des Kunden Dr. Fischer-Winkelmann, der durch ein selbstauslösendes fehlerhaftes Jagdgewehr am Nasenflügel verletzt wird. Der Prozeß wird vermutlich im Jahre 02 verloren. In diesem Fall hätte die Hirschdieb AG auch noch die Gerichtskosten i.H.v. DM 500,-- zu tragen.

5. Ein konkurrierendes Unternehmen verklagt die Hirschdieb AG auf Schadensersatz i.H.v. DM 120.000,-- wegen Verletzung des Gebrauchsmustergesetzes, weil sie Jagdgewehre vertreibt, die den Produkten des Klägers verblüffend ähnlich sehen. Anwalts-, Gutachter- und Gerichtskosten werden auf DM 16.000,-- geschätzt. Es ist damit zu rechnen, daß der Klage stattgegeben wird.

6. Ein bisher nicht erfüllter Vertrag über die Lieferung von Schießständen sieht einen Verkaufspreis von DM 870.000,-- vor. Infolge nicht vorhersehbarer technischer Schwierigkeiten und falscher Schätzung der benötigten Fertigungsstunden ist am Bilanzstichtag mit einem Verlust aus diesem Vertrag i.H.v. DM 100.000,-- zu rechnen.

Die Bilanzbuchhalterin Rehklau fühlt sich den gestellten Aufgaben nicht gewachsen und wendet sich daher vertrauensvoll an die ehemals renommierte, inzwischen jedoch stark unterbeschäftigte Beratungsgesellschaft Steiner & Partner. Was werden die ''Experten'' aus Coburg der völlig verstörten Frl. Rehklau raten?

Lösungen

Lösung zu Aufgabe 1:

Bilanzposition	Aktivtausch	Passivtausch	Aktiv-Passiv-Mehrung	Aktiv-Passiv-Minderung
1. Warenbestände, Kasse	x			
2. Waren, Zahlungsmittel, Eigenkapital	x			x
3. Kasse, Eigenkapital			x	
4. Postscheckkonto, Forderungen	x			
5. Betriebs- und Geschäftsausstattung, Bankkonto	x			
6. Bankverbindlichkeiten, Kasse				x
7. Kasse, Eigenkapital				x
8. Warenbestände, Eigenkapital				x
9. Warenbestände, Verbindlichkeiten			x	
10. Forderungen, Eigenkapital, Bankkonto	x			x
11. Besitzwechsel, Forderungen	x			
12. Warenbestände, Forderungen Eigenkapital	x		x	
13. Verbindlichkeiten, Schuldwechsel		x		
14. Kasse, Grunstücke	x			
15. Bankkonto, Verbindlichkeiten			x	
16. Eigenkapital, Bankkonto				x
17. Eigenkapital, Bankkonto				
18. Fuhrpark, Bankkonto	x			
19. Eigenkapital, Kasse				x
20. Warenbestände, Forderungen	x			
21. Eigenkapital, Forderungen				x
22. Verbindlichkeiten, Kasse				x
23. Zahlungsmittel, Eigenkapital, Fuhrpark	x			x
24. Verbindlichkeiten, Warenbestände				x
25. Eigenkapital, Kasse				x
26. Eigenkapital, Bankkonto				x

Lösung zu Aufgabe 2:

1.

Aktiva		Anfangsbilanz		Passiva
Gebäude	30.000,--	Eigenkapital	47.000,--	
Fuhrpark	12.000,--	Darlehen	18.000,--	
Waren	16.000,--	Verbindlichkeiten	13.000,--	
Forderungen	8.000,--			
Kasse	12.000,--			
	78.000,--		78.000,--	

2. Geschäftsvorfälle:

   a) Waren   : ./.   6.000,-- DM
      Gewinn   : +   2.000,-- DM   (Eigenkapital)
      Forderungen : +   8.000,-- DM

   b) Darlehen   : ./. 10.000,-- DM
      Kasse   : ./. 10.000,-- DM

   c) Fuhrpark   : ./.   4.000,-- DM
      Verlust   : ./.   1.000,-- DM   (Eigenkapital)
      Kasse   : +   3.000,-- DM

   d) Kasse   : ./.   1.500,-- DM
      Lohn-Aufwand : ./. 1.500,-- DM   (Eigenkapital)

3.

Aktiva		Schlußbilanz		Passiva
Gebäude	30.000,--	Eigenkapital	46.500,--	
Fuhrpark	8.000,--	Darlehen	8.000,--	
Waren	10.000,--	Verbindlichkeiten	13.000,--	
Forderungen	16.000,--			
Kasse	3.500,--			
	67.500,--		67.500,--	

Lösung zu Aufgabe 3:

Konto Grund und Boden	an	Eröffnungsbilanzkonto	27.000,-- DM
Konto Gebäude	an	Eröffnungsbilanzkonto	118.000,-- DM
Konto Fuhrpark	an	Eröffnungsbilanzkonto	12.000,-- DM
Konto Einrichtung	an	Eröffnungsbilanzkonto	8.500,-- DM

Konto Wertpapiere	an	Eröffnungsbilanzkonto	12.400,-- DM
Konto Warenvorräte	an	Eröffnungsbilanzkonto	46.350,-- DM
Konto Forderungen	an	Eröffnungsbilanzkonto	12.600,-- DM
Konto Postscheck	an	Eröffnungsbilanzkonto	5.430,-- DM
Konto Kasse	an	Eröffnungsbilanzkonto	640,-- DM
Eröffnungsbilanzkonto	an	Konto Eigenkapital	141.620,-- DM
Eröffnungsbilanzkonto	an	Konto Darlehen	60.000,-- DM
Eröffnungsbilanzkonto	an	Konto Bank	4.700,-- DM
Eröffnungsbilanzkonto	an	Konto Verbindlichkeiten	24.600,-- DM
Eröffnungsbilanzkonto	an	Konto Schuldwechsel	12.000,-- DM

Lösung zu Aufgabe 4:

Buchungssätze:

1.	Bank	an	Forderungen	2.000,-- DM
2.	Kasse	an	Bank	500,-- DM
3.	Schuldwechsel	an	Kasse	800,-- DM
4.	Verbindlichkeiten	an	Postscheck	3.200,-- DM
5.	Kasse	an	Forderungen	2.100,-- DM
6.	Bank	an	Kasse	1.800,-- DM
7.	Waren	an	Verbindlichkeiten	4.000,-- DM
8.	Bank	an	Forderungen	1.700,-- DM
9.	Wertpapiere	an	Kasse	170,-- DM
10.	Kasse	an	Darlehen	10.000,-- DM
11.	Postscheck	an	Kasse	8.000,-- DM
12.	Waren	an	Bank	3.700,-- DM
13.	Fuhrpark	an	Bank	3.000,-- DM
14.	Verbindlichkeiten	an	Bank	1.050,-- DM
15.	Besitzwechsel	an	Forderungen	1.800,-- DM

Erfolgsermittlung:

Nach Aufstellung der nebenstehenden Zwischenbilanz zeigt sich, daß das Anfangskapital gleich dem Endkapital ist, mithin der Erfolg gleich Null ist. Begründung hierfür ist, daß nur erfolgsneutrale Vermögensumschichtungen stattgefunden haben.

Aktiva	Zwischenbilanz		Passiva	
I. Anlagevermögen			I. Eigenkapital	141.620
1. Grundstücke				
a) Grund u. Boden	27.000		II. Fremdkapital	
b) Gebäude	118.000		1. Darlehen	70.000
2. Fuhrpark	15.000		2. Verbindlichkeiten	24.350
3. Einrichtung	8.500		3. Schuldwechsel	11.200
4. Wertpapiere	12.570			
II. Umlaufvermögen				
1. Warenvorräte	54.050			
2. Forderungen	5.000			
3. Besitzwechsel	1.800			
4. Bank	550			
5. Postscheck	2.230			
6. Kasse	2.470			
	247.170			247.170

Lösung zu Aufgabe 5:

(+ bedeutet Mehrung, - bedeutet Minderung)

Soll-Buchung	Aktiv-Konto	Passiv-Konto	Haben-Buchung	Aktiv-Konto	Passiv-Konto
1. Kasse	+		Forderungen	-	
2. Forderungen	+		Waren	-	
3. Verbindlichkeiten		-	Bank	-	
4. Postscheck	+		Kasse	-	
5. Verbindlichkeiten		-	Besitzwechsel	-	
6. Waren	+		Bank	-	
7. Grundstücke	+		Verbindlichkeiten		+
8. Bank	+		Fuhrpark	-	
9. Kasse	+		Darlehen		+
10. Wertpapiere	+		Bank	-	
11. Verbindlichkeiten		-	Waren	-	
12. Waren	+		Forderungen	-	
13. Besitzwechsel	+		Forderungen	-	
14. Kasse	+		Bank	-	
15. Darlehen		-	Postscheck	-	
16. Schuldwechsel		-	Kasse	-	

Lösung zu Aufgabe 6:

1. Warenverkauf gegen Barzahlung
2. Banküberweisung an den Lieferanten
3. Kunde schickt Wechsel
4. Wareneinkauf gegen Postscheck
5. Kfz-Kauf gegen Rechnung (Ziel)
6. Schreibmaschinenhändler entnimmt für sein Büro Schreibmaschine aus dem Warenlager
   oder:
   Kauf einer Schreibmaschine gegen Warenlieferung (Tausch)
7. Schuldner zahlt Darlehen bar zurück
8. Bezahlung von Verbindlichkeiten mit Besitzwechsel
9. Grundstücksverkauf gegen Scheck (oder Überweisung)
10. Barkauf von Wertpapieren
11. Lieferant erhält Schuldwechsel
12. Bank holt sicherungsübereigneten Pkw ab

Lösung zu Aufgabe 7:

1.	Kasse			
	Bank	an	Forderungen	erfolgsneutral
2.	Verbindlichkeiten	an	Bank	teilweise
			Skontoertrag	erfolgswirksam
3.	Mietaufwand			erfolgswirksam
	Privatentnahme	an	Bank	erfolgsneutral
4.	Waren			
	Bank	an	Forderungen	erfolgsneutral
5.	Fuhrpark	an	Fuhrpark	
			Wechsel	erfolgsneutral
6.	Verbindlichkeiten	an	Besitzwechsel	
			Schuldwechsel	erfolgsneutral

Lösung zu Aufgabe 8:

1.	Lieferant erhält Besitzwechsel	erfolgsneutral
2.	Bankabhebung für private Zwecke	erfolgsneutral
3.	Rückerstattung von Telefonkosten	Aufwandsstorno

4.	Bank belastet uns mit Zinsen		Aufwand
5.	Rückzahlung eines Lohnvorschusses		erfolgsneutral *
6.	Kunde akzeptiert Wechsel		erfolgsneutral
7.	Banküberweisung	für Wohnungsmiete	erfolgsneutral
		für Ladenmiete	Aufwand
8.	Kauf eines Pkw gegen Inzahlungnahme des Altwagens, Differenzbetrag wird mit Scheck bezahlt		erfolgsneutral
9.	Grundstückstausch, wir erhalten für Wertdifferenz Bankscheck Grundstücksabgang zum Buchwert		erfolgsneutral
10.	Gegenlieferung an Lieferanten oder:		erfolgsneutral
	Rücksendung an Lieferanten		erfolgsneutral
11.	Barverkauf von Wertpapieren (Buchwerte)		erfolgsneutral
12.	Heizungskostenanteil der Privatwohnung		Aufwandsstorno
13.	Unternehmer bezahlt Ladenmiete von seinem privaten Bankkonto		Aufwand

* Lohnvorschüsse sind kein Aufwand, sondern eine sonstige Forderung, auch wenn sie aus Vereinfachungsgründen oft dem Lohnkonto belastet werden.

Lösung zu Aufgabe 9:

1.	440	300,-- DM	an	280	291,-- DM
				618	9,-- DM
2.	240	680,-- DM	an	515	680,-- DM
3.	280	600,-- DM	an	619	600,-- DM
4.	280	155,20 DM	an	240	160,-- DM
	516	4,80 DM			
5.	302	220,-- DM	an	228	220,-- DM
6.	228	1.800,-- DM	an	440	1.800,-- DM
7.	440	360,-- DM	an	228	360,-- DM
8.	515	180,-- DM	an	240	180,-- DM
9.	440	120,-- DM	an	228	120,-- DM

				an		
10.	280	1.164,-- DM		an	240	1.200,-- DM
	516	36,-- DM				
11.	229	85,-- DM		an	288	85,-- DM
12.	288	392,85 DM		an	515	405,-- DM
	516	12,15 DM				
13.	280	320,-- DM		an	228	320,-- DM
14.	228	1.300,-- DM		an	440	1.300,-- DM
15.	517	580,-- DM		an	280	580,-- DM
16.	288	100,-- DM		an	515	810,-- DM
	240	710,-- DM				
17.	440	85,-- DM		an	229	85,-- DM
18.	302	1.400,-- DM		an	288	1000,-- DM
					228	400,-- DM
19.	228	2.500,-- DM		an	2664	2.500,-- DM
20.	515	90,-- DM		an	440	90,-- DM

Lösung zu Aufgabe 10:

				an		
1.	280	4.958,80 DM		an	240	5.060,-- DM
	517	92,-- DM				
	480	9,20 DM				
2.	440	2.859,-- DM		an	280	2.859,-- DM
3.	240	6.974,-- DM		an	515	6.340,-- DM
					480	634,-- DM
4.	515	230,-- DM		an	240	253,-- DM
	480	23,-- DM				
5.	302	440,-- DM		an	228	400,-- DM
					480	40,-- DM
6.	680	44,-- DM		an	288	48,40 DM
	260	4,40 DM				
7.	630	1.248,-- DM		an	285	1.248,-- DM
8.	228	5.300,-- DM		an	440	5.830,-- DM
	260	530,-- DM				
9.	229	410,-- DM		an	288	451,-- DM
	260	41,-- DM				

10.	280	583,-- DM	an	228	530,-- DM	
				260	53,-- DM	
11.	280	2.614,15 DM	an	240	2.695,-- DM	
	516	73,50 DM				
	480	7,35 DM				
12.	087	1.260,-- DM	an	440	1.386,-- DM	
	260	126,-- DM				
13.	440	1.386,-- DM	an	285	1.344,42 DM	
				618	37,80 DM	
				260	3,78 DM	
14.	517	500,-- DM	an	280	550,-- DM	
	480	50,-- DM				
15.	288	176,-- DM	an	086	100,-- DM	
				546	60,-- DM	
				480	16,-- DM	
16.	288	1.440,45 DM	an	515	1.350,-- DM	
	516	40,50 DM		480	130,95 DM	
17.	515	135,-- DM	an	280	148,50 DM	
	480	13,50 DM				
18.	280	902,-- DM	an	619	820,-- DM	
				260	82,-- DM	
19.	440	2.200,-- DM	an	229	2.000,-- DM	
				260	200,-- DM	
20.	6821	60,-- DM	an	288	60,-- DM	
21.	229	360,-- DM	an	288	360,-- DM	
	260	36,-- DM				
22.	440	6.520,-- DM	an	280	6.324,40 DM	
				618	177,82 DM	
				260	17,78 DM	
23.	240	880,-- DM	an	515	800,-- DM	
				480	80,-- DM	
24.	515	1.800,-- DM	an	240	1.980,-- DM	
	480	180,-- DM				
25.	440	451,-- DM	an	229	410,-- DM	
				260	41,-- DM	

Lösung zu Aufgabe 11:

1.	703	218,-- DM	an	285	394,-- DM
	302	176,-- DM			
2.	050	4.800,-- DM	an	280	4.800,-- DM
3.	480	1.115,-- DM	an	302	329,-- DM
				280	786,-- DM
4.	675	45,-- DM	an	288	45,-- DM
5.	770	1.200,-- DM	an	288	1.200,-- DM
6.	228	10.400,-- DM	an	288	11.360,-- DM
	260	960,-- DM			
7.	302	800,-- DM	an	288	800,-- DM
8.	770	660,-- DM	an	280	660,-- DM
9.	489	876,96 DM	an	280	876,96 DM

Lösung zu Aufgabe 12:

1.	245	26.476,-- DM	an	515	24.000,-- DM
	288	760,-- DM		573	660,-- DM
				675	100,-- DM
				480	2.476,-- DM
2.	245	18.400,-- DM	an	240	13.200,-- DM
				573	276,-- DM
				675	54,-- DM
				480	33,-- DM
				280	4.837,-- DM
3.	440	23.373,-- DM	an	245	24.000,-- DM
	753	450,-- DM			
	675	120,-- DM			
	260	57,-- DM			
4.	246	18.400,-- DM	an	245	18.400,-- DM
	675	210,-- DM	an	288	210,-- DM
5.	240	18.770,-- DM	an	246	18.400,-- DM
				675	310,-- DM
				573	60,-- DM

6.	280	16.067,-- DM	an	245	16.500,-- DM
	753	330,-- DM			
	480	33,-- DM			
	675	70,-- DM			
7.	246	16.500,-- DM	an	280	16.848,50 DM
	675	277,-- DM			
	753	71,50 DM			

Umsatzsteuerkorrektur entfällt, da die Kunden nicht benachrichtigt wurden.

Lösung zu Aufgabe 13:

a)	244	9600,-- DM	an	240	35.200,-- DM
	6951	25.600,-- DM			
b)	6951	10.000,-- DM	an	244	12.500,-- DM
	480	2.500,-- DM			
c)	244	12.540,-- DM	an	240	41.800,-- DM
	6951	26.600,-- DM			
	480	2.660,-- DM			
d)	280	3.168,-- DM	an	5451	1.440,-- DM
	480	192,-- DM		244	1.920,-- DM
e)	280	6.820,-- DM	an	244	15.500,-- DM
	480	2.480,-- DM			
	6951	6.200,-- DM			
f)	6953	46.000,-- DM	an	240	46.000,-- DM

Rechenweg:

	2.607.000,-- DM	
-	77.000,-- DM	(35.200 + 41.800, Einzelwertberichtigungen)
=	2.530.000,-- DM	
-	230.000,-- DM	(10% Umsatzsteuer)
=	2.300.000,-- DM	davon 2% = **46.000,--**

Lösung zu Aufgabe 14:

a) Anlagenzugang 10.02.01:

326.700 : 1,1	=	297.000,-- DM netto
Montage	+	3.000,-- DM netto
Anschaffungskosten	=	**300.000,-- DM**

073	300.000,-- DM	an	440	330.000,-- DM
260	30.000,-- DM			

b) Anlagenzugang 23.09.05:

427.900 : 1,1	=	389.000,-- DM netto
Rabatt 20%	-	77.800,-- DM
Anschaffungspreis	=	311.200,-- DM
Montage	+	8.800,-- DM netto
Anschaffungskosten	=	**320.000,-- DM**

073	320.000,-- DM	an	440	352.000,-- DM
260	32.000,-- DM			

c) Anlagenabgang 24.10.05:

Jahr	degr. Abschr.	Restbuchwert	lin. Abschr.	Restbuchwert
01	90.000,-- DM	210.000,-- DM	42.857,14 DM	257.142,85 DM
02	63.000,-- DM	147.000,-- DM	35.000,-- DM	175.000,-- DM
03	44.100,-- DM	102.900,-- DM	29.400,-- DM	117.600,-- DM
04	30.870,-- DM	72.030,-- DM	25.725,-- DM	77.175,-- DM
05	18.007,50 DM	54.022,50 DM	20.008,33 DM	52.021,67 DM

In der vorstehenden Tabelle sind jeweils die Abschreibungsbeträge bei degressiver Abschreibung und alternativ bei Wechsel zur linearen Abschreibung durch Verteilung des Restbuchwertes auf die Restnutzungsdauer.

Es zeigt sich, daß im Jahre 05 ein Übergang von der degressiven zur linearen Abschreibung eine höhere (als Aufwand den Gewinn mindernde) Abschreibung bewirkt, die im Sinne einer Gewinnminimierung vorzuziehen ist.

Zu beachten ist dabei, daß im letzten Jahr "pro rata temporis", d.h. nur noch für die Dauer, die der Vermögensgegenstand im Unternehmen war (aufgerundet auf volle Monate), abgeschrieben werden darf, um den Restwert im Zeitpunkt des Verkaufs zu ermitteln. In der Aufgabe ist dies noch zehn Monate der Fall, somit sind 10/12 der Jahresabschreibung anzusetzen. Im Jahr der Anschaffung galt dagegen die steuerliche Vereinfachungsregel, die bei einer Anschaffung im ersten Halbjahr noch den Ansatz der vollen Jahresabschreibung erlaubt.

Zu buchen ist zunächst die - ansonsten am Jahresende vorgenommene - Abschreibungsverbuchung für die letzten zehn Monate, denn danach erst enthält das Konto den Restbuchwert im Zeitpunkt des Verkaufs:

653	20.008,33 DM	an	073	20.008,33 DM

Anschließend erfolgt die Ausbuchung des Ofens zum Restbuchwert; der diesen übersteigende Betrag ist ein Ertrag aus dem Abgang von Gegenständen des Anlagevermögens (Konto 546):

280	66.000 DM	an	073	52.021,67 DM
			480	6.000,-- DM
			546	7.978,33 DM

d) Rechnungsbezahlung:

Neuer Ofen

440	352.000,-- DM	an	280	344.960,-- DM
			618	6.400,-- DM
			260	640,-- DM

Spedition:

614	2.400,-- DM	an	285	2.640,-- DM
260	240,-- DM			

e1) Abschreibung des neuen Ofens:

1. Bei Nutzungsdauer 6 Jahre:

Unter der Zielsetzung der Gewinnminimierung ist die Abschreibungsmethode zu wählen, die die höchsten Abschreibungsbeträge ergibt. Dabei sind die beiden vom Steuerrecht gesetzten Grenzen für die Höhe der degressiven Abschreibung zu beachten (nicht über 30% und nicht mehr als die dreifache lineare Abschreibung, § 7 Abs. 2 EStG).

Bei einer Nutzungsdauer von 6 Jahren kann mit vollen 30% abgeschrieben werden, da damit das Dreifache der linearen Abschreibung (3 x 16,66%) nicht überschritten wird. Zu beachten ist, daß in der Aufgabe der neue Ofen in der zweiten Jahreshälfte angeschafft worden ist, so daß nach den steuerlichen Vorschriften nur die Hälfte der Jahresabschreibung als Aufwand verbucht werden kann.

653	48.000,-- DM	an	073	48.000,-- DM

e2) 2. Bei Nutzungsdauer 11 Jahre:

Liegt die geschätzte Nutzungsdauer bei 11 Jahren, liegt das Dreifache der linearen Abschreibung über 30% (3 x 9,0909% = 27,27%), so daß dies die relevante Obergrenze darstellt. Verbucht wird daher:

653	43.636,36 DM	an	073	43.636,36 DM

Lösung zu Aufgabe 15:

Fall I: Steigende Preise

1. *Bestandsentwicklung:*

AB	100 EH à 24,-- DM	=	2.400,-- DM
Zugang	100 EH à 26,-- DM	=	2.600,-- DM
	300 EH à 27,-- DM	=	8.100,-- DM
	200 EH à 28,-- DM	=	5.600,-- DM
	700 EH		18.700,-- DM

Endbestand: 100 EH
Stichtagswert Endbestand:
a) 2.800,-- DM
b) 2.600,-- DM

2. *Gewogene Durchschnittsmethode:*

Abgang	600 EH à 26,7143 DM	=	16.028,57 DM
EB	100 EH à 26,7143 DM	=	2.671,43 DM

Bilanzansatz:
a)   2.671,43 DM
b)   2.600,-- DM (Abschreibung = 71,43 DM)

3.   *Fifo-Methode:*
Veräußerungsfiktion:

100 EH à 24,-- DM	=	2.400,-- DM
100 EH à 26,-- DM	=	2.600,-- DM
300 EH à 27,-- DM	=	8.100,-- DM
100 EH à 28,-- DM	=	2.800,-- DM
600 EH		15.900,-- DM

Endbestand: 100 EH
Bilanzansatz:
a)   2.800,-- DM
b)   2.600,-- DM (Abschreibung = 200,-- DM)

4.   *Lifo-Methode:*
Veräußerungsfiktion:

200 EH à 28,-- DM	=	5.600,-- DM
300 EH à 27,-- DM	=	8.100,-- DM
100 EH à 26,-- DM	=	2.600,-- DM
600 EH		16.300,-- DM

Endbestand: 100 EH à 24,-- DM   =   2.400,-- DM
Bilanzansatz:
a)   2.400,-- DM
b)   2.400,-- DM

5.   *Hifo-Methode:*
Veräußerungsfiktion:

200 EH à 28,-- DM	=	5.600,-- DM
300 EH à 27,-- DM	=	8.100,-- DM
100 EH à 26,-- DM	=	2.600,-- DM
600 EH		16.300,-- DM

Endbestand: 100 EH à 24,-- DM   =   2.400,-- DM

Bilanzansatz:
a)   2.400,-- DM
b)   2.400,-- DM

Fall II: Schwankende Preise

1. *Bestandsentwicklung:*

AB	100 EH à 26,-- DM	=	2.600,-- DM
Zugang	200 EH à 28,-- DM	=	5.600,-- DM
	100 EH à 24,-- DM	=	2.400,-- DM
	100 EH à 25,-- DM	=	2.500,-- DM
	300 EH à 27,-- DM	=	8.100,--
	800 EH		21.200,-- DM

Endbestand: 100 EH
Stichtagswert EB:
a)   2.400,-- DM
b)   2.650,-- DM

2. *Gewogene Durchschnittsmethode:*

Abgang	700 EH à 26,50 DM	=	18.550,-- DM
EB	100 EH à 26,50 DM	=	2.650,-- DM

Bilanzansatz:
a)   2.400,-- DM (Abschreibung = 250,-- DM)
b)   2.650,-- DM

3. *Fifo-Methode:*
    Veräußerungsfiktion:

100 EH à 26,-- DM	=	2.600,-- DM
200 EH à 28,-- DM	=	5.600,-- DM
100 EH à 24,-- DM	=	2.400,-- DM
100 EH à 25,-- DM	=	2.500,-- DM
200 EH à 27,-- DM	=	5.400,-- DM
700 EH		18.500,-- DM

Endbestand: 100 EH à 27,-- DM = 2.700,-- DM

488

Bilanzansatz:
a) 2.400,-- DM (Abschreibung = 300,-- DM)
b) 2.650,-- DM (Abschreibung = 50,-- DM)

4. *Lifo-Methode:*
Veräußerungsfiktion:

300 EH à 27,-- DM	=	8.100,-- DM
100 EH à 25,-- DM	=	2.500,-- DM
100 EH à 24,-- DM	=	2.400,-- DM
200 EH à 28,-- DM	=	5.600,-- DM
700 EH		18.600,-- DM

Endbestand: 100 EH à 26,-- DM = 2.600,-- DM
Bilanzansatz:
a) 2.400,-- DM (Abschreibung = 200,-- DM)
b) 2.600,-- DM

5. *Hifo-Methode:*
Veräußerungsfiktion:

200 EH à 28,-- DM	=	5.600,-- DM
300 EH à 27,-- DM	=	8.100,-- DM
100 EH à 26,-- DM	=	2.600,-- DM
100 EH à 25,-- DM	=	2.500,-- DM
700 EH		18.800,-- DM

Endbestand: 100 EH à 24,-- DM = 2.400,-- DM
Bilanzansatz:
a) 2.400,-- DM
b) 2.400,-- DM

Fall III: Fallende Preise

1. *Bestandsentwicklung:*

AB	200 EH à 28,-- DM	=	5.600,-- DM
Zugang	300 EH à 27,-- DM	=	8.100,-- DM
	100 EH à 26,-- DM	=	2.600,-- DM
	100 EH à 25,-- DM	=	2.500,-- DM
	100 EH à 24,-- DM	=	2.400,-- DM
	800 EH		21.200,-- DM

Endbestand: 100 EH
Stichtagswert EB:
a) 2.400,-- DM
b) 2.000,-- DM

2. *Gewogene Durchschnittsmethode:*

Abgang	700 EH à 26,50 DM	=	18.550,-- DM
EB	100 EH à 26,50 DM	=	2.650,-- DM

Bilanzansatz:
a) 2.400,-- DM (Abschreibung = 250,-- DM)
b) 2.000,-- DM (Abschreibung = 650,-- DM)

3. *Fifo-Methode:*
Veräußerungsfiktion:

200 EH à 28,-- DM	=	5.600,-- DM
300 EH à 27,-- DM	=	8.100,-- DM
100 EH à 26,-- DM	=	2.600,-- DM
100 EH à 25,-- DM	=	2.500,-- DM
700 EH		18.800,-- DM

Endbestand: 100 EH à 24,-- DM = 2.400,-- DM
Bilanzansatz:
a) 2.400,-- DM
b) 2.000,-- DM (Abschreibung = 400,-- DM)

4. *Lifo-Methode:*
   Veräußerungsfiktion:

100 EH à 24,-- DM	=	2.400,-- DM
100 EH à 25,-- DM	=	2.500,-- DM
100 EH à 26,-- DM	=	2.600,-- DM
300 EH à 27,-- DM	=	8.100,-- DM
100 EH à 28,-- DM	=	2.800,-- DM
700 EH		18.400,-- DM

   Endbestand: 100 EH à 28,-- DM = 2.800,-- DM
   Bilanzansatz:
   a) 2.400,-- DM (Abschreibung = 400,-- DM)
   b) 2.000,-- DM (Abschreibung = 800,-- DM)

5. *Hifo-Methode:*
   Veräußerungsfiktion:

200 EH à 28,-- DM	=	5.600,-- DM
300 EH à 27,-- DM	=	8.100,-- DM
100 EH à 26,-- DM	=	2.600,-- DM
100 EH à 25,-- DM	=	2.500,-- DM
700 EH		18.800,-- DM

   Endbestand: 100 EH à 24,-- DM = 2.400,-- DM
   Bilanzansatz:
   a) 2.400,-- DM
   b) 2.000,-- DM (Abschreibung = 400,-- DM)

Lösung zu Aufgabe 16:

Jahr	digital		linear		geom.-degressiv*	
	ND = 5 J.	ND = 3 J.	ND = 5 J.	ND = 3 J.	ND = 5 J.	ND = 3 J.
1. Jahr	30.000	45.000	18.000	30.000	27.000	27.000
2. Jahr	24.000	30.000	18.000	30.000	18.900	18.900
3. Jahr	18.000	15.000	18.000	30.000	13.230	44.100
4. Jahr	12.000	-	18.000	-	9.261	-
5. Jahr	6.000	-	18.000	-	21.609	-
Summe	90.000	90.000	90.000	90.000	90.000	90.000

* Abschreibungssatz gewählt nach § 7 Abs. 2 EStG

Lösung zu Aufgabe 17:

Jahr	Abschreibung	Buchwert
1. Jahr	1.000	9.000
2. Jahr	1.000	8.000
3. Jahr	1.000	7.000
4. Jahr	1.000	6.000
5. Jahr	3.000 *	3.000 (= Teilwert)
6. Jahr	600	2.400
.		
.		
.		
10. Jahr	600	-
Summe	10.000	

* **Zusammensetzung:**

lineare AfA	1.000,-- DM
Teilwertabschreibung	2.000,-- DM
Abschreibung im 5. Jahr	3.000,-- DM

Lösung zu Aufgabe 18:

Jahr	linear	
	a)	b)
1. J.	10.000	10.000
2. J.	10.000	10.000
3. J.	10.000	10.000
4. J.	25.000	25.000
5. J.	7.500	15.000
6. J.	7.500	15.000
7. J.	7.500	15.000
8. J.	7.500	-
9. J.	7.500	-
10. J.	7.500	-
Summe	100.000	100.000

Lösung zu Aufgabe 19:

Jahr	linear	geom.-degr.*	arithm-degr.
1. J.	70.000	210.000	127.273
2. J.	70.000	147.000	114.546
3. J.	70.000	102.900	101.819
Summe	210.000	459.900	343.638

* Nach § 7 Abs. 2 EStG

Die geometrisch-degressive Methode führt zur höchsten Gesamtabschreibung innerhalb der ersten drei Jahre.

Lösung zu Aufgabe 20:

a) Aufteilung der Anschaffungsnebenkosten auf Grundstück und Gebäude:

(393.600,-- DM : 41.000,-- DM) = (37.428,-- DM : x)

x = 3.899,-- DM (Grundstücksanteil)

b) Anschaffungskosten:
Grundstück   44.899,-- DM
Gebäude   386.129,-- DM

c) Bemessungsgrundlage der Abschreibungen sind immer die Anschaffungskosten, auch wenn sie überhöht sein sollten.

Lösung zu Aufgabe 21:

1. Verstoß gegen das Bruttoprinzip gemäß § 246 Abs.2 HGB. Ausstehende Einlagen auf das gezeichnete Kapital sind auf der Aktivseite vor dem Anlagevermögen gesondert auszuweisen und entsprechend zu bezeichnen (§ 272 HGB). Wahlweise dürfen die nicht eingeforderten ausstehenden Einlagen auch **offen** von dem Posten ''gezeichnetes Kapital'' abgesetzt werden.

2. Für immaterielle Vermögensgegenstände des Anlagevermögens, die nicht entgeltlich erworben wurden, besteht ein Aktivierungsverbot (§ 248 Abs.2 HGB).

493

3. Nur ein dervativer Firmenwert darf aktiviert werden (§ 255 Abs.4 HGB). Für einen originären Firmenwert besteht ein Aktivierungsverbot (§ 248 Abs.2 HGB).

4. Gemäß § 253 Abs.1 HGB dürfen die Anschaffungskosten nicht überschritten werden.

5. Die Maschinen sind zwingend auf DM 5.000,-- abzuschreiben, da die Wertminderung von Dauer ist (§ 253 Abs.2 S.3 HGB).

6. Gemäß § 253 Abs.3 HGB sind die Forderungen auf ihren niedrigeren beizulegenden Wert abzuschreiben.

7. Die Obligationen sind zum Anschaffungskurs (DM 31.500,--) anzusetzen (§ 253 Abs.1 HGB).

8. Der Bilanzansatz von DM 90.000,-- ist zu hoch. Obergrenze der Bewertung sind die Anschaffungskosten in Höhe von DM 80.000,-- (§ 253 Abs.1 HGB). Bei der Bilanzierung des Anlagevermögens gilt das gemilderte Niederstwertprinzip (§ 253 Abs.2 S.3 HGB). Da es sich um eine voraussichtlich nicht dauerhafte Wertminderung handelt, hat die Goldig AG ein **Wahlrecht**, ob sie die Aktien zu 133 1/3 % oder zu 50 % bilanziert.

9. Gemäß § 253 Abs.3 HGB muß der niedrigere Wert (DM 4.500,-- je Tonne) angesetzt werden (strenges Niedertwertprinzip).

10. Nach § 249 Abs.1 HGB besteht für betriebliche Pensionszusagen eine Passivierungspflicht. Daher sind DM 150.000,-- zusätzlich zu passivieren.

11. Rückstellungen dürfen nur für die im Gesetz genannten Zwecke gebildet werden (§ 249 HGB). Die Bildung einer Rückstellung für die geplante Teilnahme an einer Gießkannenmesse ist nicht zulässig.

Bilanzkorrekturen:

Aktivseite	*Korrektur*	*neu*
A. Ausstehende Einlagen auf das gezeichnete Kapital	+ 50.000,--	50.000,--
B. Anlagevermögen		
I. Immaterielle Vermögensgegenstände		
1. Gewerbliche Schutzrechte (Patente)	- 70.000,--	-,--
2. Firmenwert	- 90.000,--	-,--
II. Sachanlagen		
1. Grundstücke und Bauten	- 20.000,--	720.000,--
2. Technische Anlagen und Maschinen	- 85.000,--	595.000,--
3. Betriebs- und Geschäftsausstattung	-,--	270.000,--

III. Finanzanlagen
1. Beteiligungen   - 10.000,--   110.000,--
2. Wertpapiere des Anlagevermögens   + 1.500,--   31.500,--
   (Obligationen)

		Korrektur	neu
III.	Finanzanlagen		
	1. Beteiligungen	- 10.000,--	110.000,--
	2. Wertpapiere des Anlagevermögens (Obligationen)	+ 1.500,--	31.500,--
C.	Umlaufvermögen		
	I. Vorräte		
	1. Roh-, Hilfs- und Betriebsstoffe	- 20.000,--	480.000,--
	2. Unfertige Erzeugnisse	-,--	60.000,--
	3. Fertige Erzeugnisse	-,--	230.000,--
	II. Forderungen und sonstige Vermögensgegenstände		
	1. Forderungen aus Lieferungen und Leistungen	- 30.000,--	180.000,--
	2. Sonstige Vermögensgegenstände	-,--	40.000,--
	III. Wertpapiere		
	1. Anteile an verbundenen Unternehmen	-,--	20.000,--
	2. Sonstige Wertpapiere (Aktien)	-,--	30.000,--
	IV. Schecks, Kassenbestand, Guthaben bei Kreditinstituten	-,--	140.000,--
D.	Rechnungsabgrenzungsposten	-,--	25.000,--

Bilanzsumme   **2.981.500,--**

Passivseite		*Korrektur*	*neu*
A.	Eigenkapital		
	I. Gezeichnetes Kapital	+ 50.000,--	1.350.000,--
	II. Kapitalrücklage	-,--	13.000,--
	III. Gewinnrücklagen		
	1. Gesetzliche Rücklage	-,--	20.000,--
	2. andere Gewinnrücklagen	-,--	40.000,--
	IV. Gewinnvortrag	-,--	10.000,--
	V. Jahresüberschuß/-fehlbetrag	- 453.500,--	-363.500,--
B.	Rückstellungen		
	1. Rückstellungen für Pensionen	+ 150.000,--	200.000,--
	2. Sonstige Rückstellungen	- 20.000,--	50.000,--
C.	Verbindlichkeiten		
	1. Verbindlichkeiten gegenüber Kreditinstituten	-,--	500.000,--
	2. Erhaltene Anzahlungen auf Bestellungen	-,--	100.000,--
	3. Verbindlichkeiten aus Lieferungen und Leistungen	-,--	1.062.000,--

Bilanzsumme   **2.981.500,--**

Lösung zu Aufgabe 22:

1. Teilaufgabe:

Die Staubsauger müssen im Umlaufvermögen unter der Position "fertige Erzeugnisse" angesetzt werden (§ 266 Abs.2 HGB, Position B.I.3.).

Die Ermittlung der Herstellungskosten erfolgt gemäß § 255 Abs.2 und 3 HGB

- Fertigungsmaterial (Materialeinzelkosten)   80,-- DM

- Fertigungslöhne (Fertigungseinzelkosten)   60,-- DM

- Lizenzgebühren (Sondereinzelkosten der Fertigung)   10,-- DM

- Abschreibungen

   -- Ist-Bilanzabschreibung degressiv DM 40,--

   -- kalkulatorische AfA lt. Angabe DM 30,--

   -- Bilanzabschreibung linear DM 25,--
      Grundsatz: Ansatz der kalkulatorischen AfA,
      wenn nicht höher als die bilanzielle AfA   30,-- DM

- Kalkulatorische Zinsen
   nur Fremdkapitalzinsen 8 % (DM 18,-- x 50 % x 8 %/12 %) =   6,-- DM
   DM 9,-- = 12 %
   DM 6,-- = 8 %

- Anteilige Kosten für Forschung und Entwicklung sind aktivierbar,
   da es sich im vorliegenden Fall um Aufwendungen für die Weiterentwicklung der lfd. Produktion handelt (Fertigungsgemeinkosten) 5,-- DM

- Vertriebs- und Verwaltungskosten
   80% = normaler Geschäftsverlauf

   Annahme: Gemeinkosten sind proportional zur hergestellten Menge

   -- Verwaltungsgemeinkosten DM 2.400.000,-- : 125.000 Stück =   19,20 DM

   -- Vertriebsgemeinkosten sind nicht aktivierungsfähig
      (§ 255 Abs.2 S.6 HGB)

   -- Sondereinzelkosten des Vertriebs
      (Aktivierungsverbot nach § 255 Abs.2 S.6 HGB)

Obere Grenze der Herstellungskosten   210,20 DM pro Stück

2. Teilaufgabe:

Bei Vermögensgegenständen des Umlaufvermögens gilt das strenge Niederstwertprinzip gemäß § 253 Abs.3 HGB. Der Bilanzansatz des Lagerbestandes beträgt demnach DM 90.000,-- (500 Stück x niedrigerer beizulegender Wert DM 180,-- pro Stück).

Lösung zu Aufgabe 23:

Nach umfangreichen Recherchen empfiehlt die Beratungsgesellschaft der Buchhalterin die Lektüre des § 249 HGB. Frl. Rehklau ist außer sich vor Freude und sieht sich nun imstande, die gestellten Aufgaben selbständig zu lösen:

1. Passivierungspflicht in Höhe von DM 30.000,-- (ungewisse Verbindlichkeit).

2. Passivierungswahlrecht in Höhe von DM 15.000,-- gemäß § 249 Abs.1 S.3 HGB.

3. Passivierungsverbot

4. Passivierungspflicht in Höhe von DM 20.500,-- (ungewisse Verbindlichkeit).

5. Passivierungspflicht in Höhe von DM 136.000,-- (ungewisse Verbindlichkeit).

6. Passivierungspflicht in Höhe von DM 100.000,-- (drohende Verluste aus schwebenden Geschäften).

Literaturhinweise

Die folgende Literatur wurde bei der Abfassung des Buches verwendet bzw. eingearbeitet:

Adler/Düring/Schmaltz: Rechnungslegung und Prüfung der Unternehmen, 5. Auflage, Band I und II, Stuttgart 1987

Bähr, Gottfried/Fischer-Winkelmann, Wolf F./Kugler, Lothar/Munkert, Michael (Hrsg.): Beck'sches Prüfungshandbuch, Arbeitspapiere für die Jahresabschlußprüfung, Band I und II, München 1989

Beck'scher Bilanz-Kommentar: Der Jahresabschluß nach Handels- und Steuerrecht, 2. Auflage, München 1990

Beck'sches Steuerberater-Handbuch 1990, München 1990

Coenenberg, Adolf G.: Jahresabschluß und Jahresabschlußanalyse, 11. Auflage, Landsberg am Lech 1990

Falterbaum/Beckmann: Buchführung und Bilanz, 13. Auflage, Achim 1989

Glade, Anton: Rechnungslegung und Prüfung nach dem Bilanzrichtlinien-Gesetz, Herne/Berlin 1986

Gross, Gerhard/Schruff, Lothar: Der Jahresabschluß nach neuem Recht, 2. Auflage, Düsseldorf 1986

Hofbauer, Max A./Kupsch, Peter (Hrsg.): Bonner Handbuch Rechnungslegung, Bonn, Stand 1989

Institut der Wirtschaftsprüfer in Deutschland e.V. (Hrsg.): Wirtschaftsprüfer-Handbuch 1985/86, Band I und II, 9. Auflage, Düsseldorf 1985 und 1986

Küting, Karlheinz/Weber, Claus-Peter (Hrsg.): Handbuch der Rechnungslegung, 3. Auflage, Stuttgart 1990

Schmolke, Wolf-Dieter/Deitermann, Manfred: Industrielles Rechnungswesen IKR, 9. Auflage, Darmstadt 1986

Sachregister

Gabler-Fachliteratur zum Thema „Buchführung und Jahresabschluß"

Horst Albach / Karl-Heinz Foster (Hrsg.)
**Beiträge
zum Bilanzrichtlinien-Gesetz**
Das neue Recht in Theorie und Praxis
1987, VIII, 368 Seiten, gebunden,
DM 68,–
ISBN 3-409-13006-3

Horst Albach / Günter Klein (Hrsg.)
**Harmonisierung der
Rechnungslegung in Europa**
1988, XX, 262 Seiten, gebunden,
DM 48,–
ISBN 3-409-13718-1

Horst Albach / Günter Klein (Hrsg.)
**Harmonisierung der
Konzernrechnungslegung in Europa**
1990, ca. 350 Seiten, gebunden,
ca. DM 98,–
ISBN 3-409-13378-X

Wolfgang Becker
Konzernrechnungslegung
Handelsrechtliche Grundlagen
1989, XV, 288 Seiten, Broschur,
DM 44,–
ISBN 3-409-11614-1

Walther Busse von Colbe
Bilanzen
Jahres- und Konzernabschlüsse in
Fragen und Antworten
5., völlig neu bearbeitete Auflage 1988,
193 Seiten, Broschur, DM 44,–
ISBN 3-409-16173-2

Walther Busse von Colbe /
Dieter Ordelheide
Konzernabschlüsse
Rechnungslegung für Konzerne nach
betriebswirtschaftlichen Grundsätzen
und gesetzlichen Vorschriften
6., vollständig neu bearbeitete Auflage
1991, ca. 500 Seiten, gebunden,
ca. DM 98,–
ISBN 3-409-16744-7

Walther Busse von Colbe /
Dieter Ordelheide
Konzernabschlüsse
Übungsaufgaben, Beispiele und Fälle
6., überarbeitete Auflage 1990, ca.
180 Seiten, Broschur, ca. DM 38,–
ISBN 3-409-16760-9

Werner Engelhard /
Hans Raffée
**Grundzüge der
doppelten Buchhaltung**
3., vollständig überarbeitete Auflage
1991, ca. 200 Seiten, Broschur,
ca. DM 38,–
ISBN/ 3-409-10615-4

Wolfgang Hilke
Bilanzpolitik
3., vollständig überarbeitete Auflage
1990, ca. 280 Seiten, Broschur,
ca. DM 48,–
ISBN 3-409-36602-4

GABLER

BETRIEBSWIRTSCHAFTLICHER VERLAG DR. TH. GABLER GMBH, TAUNUSSTRASSE 54, 6200 WIESBADEN

Gabler-Fachliteratur zum Thema „Buchführung und Jahresabschluß"

Ulrich Leffson
Wirtschaftsprüfung
4., vollständig überarbeitete und
erweiterte Auflage 1988, XXIV,
400 Seiten, gebunden, DM 78,–
ISBN 3-409-35074-8

Winfried Mellwig / Adolf Moxter /
Dieter Ordelheide (Hrsg.)
**Einzelabschluß und
Konzernabschluß**
Beiträge zum neuen Bilanzrecht,
Band 1
1988, XIII, 192 Seiten, Broschur,
DM 68,–
ISBN 3-409-11611-7

Winfried Mellwig / Adolf Moxter /
Dieter Ordelheide (Hrsg.)
Handelsbilanz und Steuerbilanz
Beiträge zum neuen Bilanzrecht,
Band 2
1989, 216 Seiten, Broschur, DM 68,–
ISBN 3-409-11613-3

Adolf Moxter
Bilanzlehre
Band 1: Einführung in die Bilanztheorie
3., vollständig umgearbeitete Auflage
1984, XII, 171 Seiten, gebunden,
DM 44,–
ISBN 3-409-11605-2

Band 2: Einführung in das neue
Bilanzrecht
3., vollständig umgearbeitete Auflage
1986, XIV, 156 Seiten, gebunden,
DM 44,–
ISBN 3-409-11606-0

Klaus Peter Sauer
Bilanzierung von Software
Rechnungslegung für Anwender-
Software nach Handels- und
Steuerrecht unter Berücksichtigung US-
amerikanischer Vorschriften, 1988, XII,
199 Seiten, gebunden, DM 78,–
ISBN 3-409-11700-8

Friedrich Wilhelm Selchert
**Jahresabschlußprüfung der
Kapitalgesellschaften**
1988, XXIV, 678 Seiten, gebunden,
DM 124,–
ISBN 3-409-35082-9

Erik Sonnemann (Hrsg.)
**Rechnungslegung, Prüfung,
Wirtschaftsrecht und Steuern
in den USA**
1989, 386 Seiten, gebunden, DM 89,–
ISBN 3-409-13502-2

Klaus v. Wysocki
PC-Trainer
Jahres- und Konzernabschlüsse
1990, VI, zwei 5,25"-Disketten,
Begleitheft mit 22 Seiten,
Kunststoffkassette, DM 68,–
ISBN 3-409-13505-7

Zu beziehen über den Buchhandel
oder den Verlag.

Stand der Angaben und Preise:
1.8.1990.
Änderungen vorbehalten.

GABLER

BETRIEBSWIRTSCHAFTLICHER VERLAG DR. TH. GABLER GMBH, TAUNUSSTRASSE 54, 6200 WIESBADEN